윤내현 지음

한국 고대사 신론

만권당

머리말

    고정관념은 강하게 작용한다. 필자는 지난 몇 년 동안 한국 고대사에 관한 논문을 발표하면서 이것을 절실하게 느꼈다. 지금까지의 통설과 크게 다른 한국 고대사에 관한 필자의 견해가 발표되는 동안 그 내용에 공감하고 격려를 보내준 분들도 있었지만, 강한 반발 또는 의문을 표시한 분들도 있었다. 그런데 놀랍게도 필자의 견해에 반발이나 의문을 표시한 분들의 생각은 그동안의 통설이나 필자의 주장을 뒷받침하는 사료의 비교·검토를 통한 것이 아니라, 그동안의 통설에 의한 영향으로 형성된 기존 관념에서 비롯된 것이라는 인상을 받았다.

    역사학은 근거에 의존한다. 따라서 그 근거의 확실성을 입증하기 위해 사료의 가치를 논하고 사료의 내용을 정확하게 파악하기 위해 사료의 분석과 비판이라는 작업을 수행한다. 이러한 작업 없이는 어떠한 문제에 대해서도 역사학이란 이름으로 발언이 허용될 수는 없다.

    역사학자는 글을 쓰고 말을 하는 것이 직업의 한 부분이다. 그러나 스스로 얻어낸 연구 결과 없이는 글과 말을 삼가야 하는 학자적 양식 또한 지켜야 한다. 그러므로 필자는 한국 고대사에 관한 논의가 활발하게 일어나기를 바라는 한편으로 우리 학계에서 1차 사료의 검토부터 먼저 행해지기를 기대한다.

한국 고대사가 충분하게 밝혀지지 못했음은 일찍부터 지적되었다. 그리고 거기에 산재해 있는 오류가 사대사관(事大史觀)과 식민사관(植民史觀)의 영향 때문이라는 논의도 있었다. 그러나 한국의 역사학자 어느 누구도 자신이 사대사관이나 식민사관의 추종자나 그 아류라고는 생각하지 않을 것이다. 그렇지만 한국 고대사에 존재하는 오류가 사대사관과 식민사관의 영향 아래서 범해졌고 그것을 아직까지 극복하지 못했다면 한국의 역사학자는 그 책임을 면할 수 없을 것이다.

필자는 한국 고대사에 관해 연구하고 몇 편의 논문을 집필하는 동안 기존의 한국 고대사 체계가 완전히 수정되지 않으면 안 된다는 사실을 확인하게 되었다. 그리고 그러한 수정 작업의 책임이 필자에게도 있음을 절실하게 느끼게 되었다. 필자가 전공 분야인 중국 고대사의 연구를 잠시 중단하고 한국 고대사에 관한 논문을 발표하게 된 이유가 여기에 있다.

그러나 이 책에 싣고 있는 내용은 필자가 상정한 한국 고대사의 대체적인 얼개일 뿐이며, 앞으로 부분적인 수정과 보완을 필요로 한다. 그리고 여기에 부수된 많은 문제들이 해결되어야 할 과제로 남아 있다. 이러한 과제들은 앞으로 능력 있는 한국사 학자들에 의해 연구·해결될 것으로 믿으며 필자가 범한 오류가 있다면 질정이 있기를 바란다.

이 책에 실린 6편의 글 내용에는 중복된 부분이 많이 있다. 그 이유는 그것들이 원래 각각 독립된 논문으로 집필·발표되었기 때문이다. 개정판도 현재 필자의 신체적 상황이 허락되지 않아 내용의 수정, 보완을 거의 할 수 없었다는 점은 크나큰 아쉬움으로 남는다. 이 점 독자들의 너

그러운 이해를 바란다.

　책의 개정판을 추진해준 한가람역사문화연구소 이덕일 소장과 원고를 꼼꼼히 검토해준 이도상 선생, 여러모로 어려운 상황에서 개정판 출간을 허락해주신 만권당 출판사 양진호 대표에게 진심으로 감사드린다.

2017년 9월

윤내현

차례

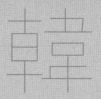

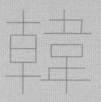

韓國古代史新論

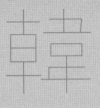

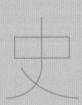

서 장

◉

시
작
하
는
글

필자는 1983년 6월 한국사연구회의 월례발표회에서 「기자신고(箕子新考)」를 발표한 바 있다. 그것은 기자(箕子)가 실존했던 인물이었음을 확인하고 그 이동 경로와 기자국(箕子國)의 마지막 위치 등을 고증한 내용이었다. 그때 필자는 어느 분으로부터 앞으로 이 문제와 연관된 한국 고대사에 관해 연구를 계속할 것이냐는 질문을 받았다. 이 질문에 대해서, 필자는 중국사가 전공이므로 이제부터는 중국사 연구로 복귀할 것이며 한국 고대사에 대해서는 더 연구할 계획이 없다고 답변했다. 그런데 그 후 필자는 국사편찬위원회에서 주최한 한국사 학술회의에서 「중국 문헌에 나타난 고조선(古朝鮮) 인식」을 발표한 이래 한국 고대사에 관한 논문을 계속해서 발표했다. 따라서 필자는 위의 답변에 대한 약속을 지키지 못했다는 미안한 생각을 가지고 있다.

그러나 필자가 계속해서 한국 고대사에 관한 논문을 발표하게 된 데는 이유가 있었다. 「기자신고」를 발표할 당시 필자는 「기자신고」의 내용이 고조선·위만조선(衛滿朝鮮)·한사군(漢四郡) 등의 한국 고대사 구조와 전개에 관한 여러 가지 문제를 해결할 수 있는 관건이 될 것으로 믿고 있었다. 즉 한국 고대사를 전공하는 학자들이 그것을 출발점으로 해서 미궁에 빠져 있는 한국 고대사의 많은 문제들을 해결해줄 것으로 기대했다. 그러나 이러한 기대를 충족시켜줄 만한 한국 사학계의 움직임을 느낄 수가 없었다. 그뿐만 아니라 「중국 문헌에 나타난 고조선 인식」을 발표한 이후 한국 고대사에 관한 필자의 견해에 상당히 강한 반발이 한국 사학계에 일어나고 있음을 느낄 수 있었다.

필자의 견해에 대한 반발이 필자가 활용한 사료나 논리 전개에 모순이 있음을 지적한 것이거나 종래의 정설 또는 통설이 필자의 견해보다 충분한 근거가 있음을 제시한 것이라면, 그것은 마땅히 학문적인 차원에서 수렴되어야 한다고 생각한다. 그러나 그것이 종래의 정설 또는 통설의 영향으로 인한 선입관이거나 종래의 정설 또는 통설을 지지해왔던 학자들이 학계에서 누리고 있는 권위의 영향 때문이라면, 그것은 학자적인 양식으로 단호히 배제되어야 한다고 필자는 믿고 있다. 만약 한국 고대사에 대한 종래의 인식체계가 잘못된 것이라면 그것은 민중의 의식, 특히 역사의식의 형성과 성장에 주는 영향이라는 점에서 볼 때, 형법에 의해 처벌되는 범죄보다도 더 무서운 해독을 민중에게 끼칠 수 있다는 점을 필자는 의식하지 않을 수 없었다.

따라서 한국 고대사의 인식체계가 전면적으로 재검토되어야 할 문제점이 제기되었다면 조속하고도 진지하게 그 문제를 검토해보는 것이 한국사 학자들이 해야 할 임무일 것으로 필자는 생각했다. 그러나 필자가 「기자신고」를 발표한 이래 오늘에 이르기까지 그러한 문제를 학문적 차원에서 진지하게 검토한 논문은 한국 사학계에 제출되지 않았다. 그래서 필자는 그러한 문제가 필자에 의해서 제기되었으므로 한국 고대사의 체계를 확실한 고증에 의해 구명하고 가능한 한 조속한 기일 내에 그것을 학계에 제시할 의무가 필자에게 있다고 생각했다. 이것이 그동안 필자가 한국 고대사 관계 논문을 계속해 발표한 까닭이다.

종래의 정설 또는 통설과는 다른 한국 고대사 인식체계를 제시한 것이 필자가 처음이 아님은 주지의 사실이다. 일찍이 신채호·장도빈·정인보 등의 민족사학자들은, 서로의 견해에 약간의 차이가 있기는 했지만 한국 고대사 전개 지역을 한반도로 국한하지 않고 만주 지역으로까지 확대해보고자 했던 것이다. 따라서 해방 후의 한국 사학계에는 종래의 정설 또는 통설이 된 한국 고대사 인식체계와, 그것과는 전혀 다른 민족사학자들의 한국 고대사 인식체계가 병존하고 있었다. 그런데 그후 민족사학자들의 한국 고대사 인식체계는 그 가능성 여부도 검토된 바 없이 적어도 역사학을 전문직으로 하는 한국 역사학계에서는 축출되었다. 그리고 대학의 역사학도들에게조차도 그러한 설은 별로 소개되지 않고 있는 것이 현실이다. 따라서 한국 역사학도들은 한국 고대사의 체계에 관해서 제출된 서로 다른 주장을 비교·검토할 기회를 잃고 있는 것이다. 이러한 현실은 역사학도들의 의식을 편견으로 유도할 위험이 있다는 점에서 중요한 문제점으로 제기될 수 있을 것이다.

역사적 사실은 그것을 후대의 학자들이 어떻게 인식하든 간에 사실 그대로 존재하는 것이다. 바꾸어 말하면, 후대 역사학자들의 인식 내용에 따라 역사적 사실이 바뀔 수는 없는 것이다. 그렇기 때문에 역사학도가 역사적 사실을 바르게 인식하고자 할 때, 그것을 종래의 학자들이 어떻게 인식해왔느냐 하는 점에 관심을 갖기보다는 직접적인 사료에 따라 그 사실을 구명·확인하는 작업에 더 열심이어야 할 것이다. 따라서 한국 고대사의 체계와 전개에 대한 인식도 분명한 근거에 입각한 새로운 견해가 제출되었다면, 종래의 정설 또는 통설이 그동안 많은 학자들에 의해 지지 또는 추종되었다는 이유만으로 그 기득권을 변함없이 인정받을 수는 없을 것이다. 필자는 한국 고대사에 관한 종래의 여러 견해 가운데 어느 하나를 부정하거나 옹호하는 전제 위에서 논의를 전개시킬 의사는 없다. 단지 고조선에서 한사군에 이르는 한국 고대사의 전개에 관한 여러 견해와 사료를 구체적이고 종합적으로 검토한 업적을 가지고 있지 못한 상황에서, 한국 역사학계가 어느 하나의 견해를 정설로 일방통행시키고 있는 데 문제가 있음을 지적하고 있는 것이다.

이 책에 수록된 6편의 글은 고조선으로부터 한사군에 이르기까지의 한국 고대사의 구조와 전개에 대한 필자의 견해가 전체적으로 반영된 것인데, 독자들의 이해에 편의를 제공하기 위해 각 글의 성격을 간단히 소개할 필요가 있을 것 같다. 이미 목차에서 확인되듯이 6편의 글은 「고조선의 위치와 강역」, 「고조선의 도읍 천이고」, 「고조선의 사회 성격」, 「기자신고」, 「위만조선의 재인식」, 「한사군의 낙랑군과 평양의 낙랑」 등인데, 이 가운데 「고조선의 위치와 강역」을 제외한 다른 5편의 내용은 필자에 의해 최초로 제출된 독자적인 견해라고 해도 무방할 것이다. 그러나 고조선의 위치와 강역에 관해서는 일찍부터 학계에서 논의가 있어 왔던 것으로, 필자가 사료의 검토를 통해 얻어낸 결론은 이미 연구·발표된 일부 학자들의 견해와 대부분이 근접될 것이다. 따라서 필자는 부분적인 보완과 기존의 견해를 발전시킨 결론에 도달하게 될 것이다.

본론에서 확인되겠지만, 「고조선의 위치와 강역」에서 필자는 고조선의 위치를 오늘날 발해(渤海) 북안(北岸)으로 보고 그 강역은 오늘날 중국 하북성(河北省) 동북부에 있는 난하(灤河)로부터 한반도 북부의 청천강에 이르렀을 것으로 보게 될 것이다. 그런데 이와 매우 비슷한 견해가 상당수 북한 학자들의 지지를 받고 있으므로 이것이 북한 학자들의 설인 것처럼 오해를 불러일으킬 수 있다. 그러나 고조선의 서쪽 국경을 난하로 본 견해는 일찍이 1916년에 장도빈이 제출했다. 그리고 신채호, 정인보, 최동 등도 그 견해가 장도빈의 것과 완전히 일치하지는 않았지만 고조선의 강역을 발해 북안으로까지 확대해보고자 했다. 따라서 고조선의 강역을 발해 북안으로까지 확대해보려고 했던 견해는 민족사학자들에 의해 이미 제출되었던 것이다. 그러나 당시 한국 역사학계의 학문 수준이 그러했듯이 근대적 역사 연구 방법의 측면에서 볼 때 그들의 주장은 사료 제시와 논리 전개에 있어서 설득력을 갖기에 충분하지 못했다.

하지만 이 같은 민족사학자들의 견해는 한국사의 연구가 진전됨에 따라 재검토의 여지가 있었음에도 역사학을 전문으로 하는 한국 역사학계로부터는 외면을 당했고, 이른바 재야사학자라고 불리는 일부 인사들에 의해 계승되고 있다. 그러나 그들은 역사 연구가 전문이 아니었기 때문에 그 연구 수준이 민족사학자들의 연구 수준을 극복하지 못하고 있다는 느낌을 면하지 못하고 있다. 한편 북한에서는 1960년대에 고조선의 위치를 오늘날 평양을 중심으로 한 한반도 북부로 보는 견해와 오늘날 발해 북안으로 보는 견해 사이에 큰 논쟁이 있은 후, 지금은 고조선의 강역을 오늘날 중국 요령성(遼寧省)에 있는 대릉하(大凌河)로부터 한반도 북부의 청천강까지로 보는 설이 우세하다. 이 설은 필자의 견해와 완전히 일치하는 것은 아니지만 결국 북한에서 우세한 위치에 있는 설은 민족사학자들의 견해가 수용된 것임을 알 수 있다.

그런데 고조선의 위치를 오늘날 평양을 중심으로 한 한반도 북부가 아닌 다른 지역으로 보고자 할 때 고조선 자체에 관한 연구뿐만 아니라 그것을 뒷받침할 수 있는 기자, 위만조선, 한사군, 평양의 낙랑 유적 등에 관한 충분한 연구 결과가 있어야 한다. 그러나 필자는 아직까지 이에 대한 설득력 있는 연구 업적을 접하지 못했다. 그래서 필자는 종래의 연구 업적이 주는 선입관을 배제하고 이미 선학(先學)들에 의해 발굴된 자료와 필자가 새로 발견한 자료들을 종합적으로 분석·검토할 것이다.

그 결과 고조선의 위치와 강역에 대해서 필자는 민족사학자들의 견해에 상당히 접근한 결론에 도달하게 될 것이다. 그러나 그것은 민족사학자들의 설을 지지하거나 옹호하려는 전제 위에서 얻어진 결론이 아님을 분명히 밝혀두고자 한다.

「고조선의 도읍 천이고」에서는 고조선의 천도 과정과 도읍의 위치를 추적할 것이다. 『삼국유사(三國遺事)』에 인용된 『고기(古記)』에 따르면 고조선은 도읍을 네 번 옮겼는데, 이에 대한 고증은 아직까지 행해진 바가 없다. 고조선의 천도는 고조선의 성쇠 및 고조선족의 활동 영역과 관계를 갖는 것으로 중요한 의미를 지닌 것이다. 그래서 필자는 중국의 옛 문헌에 기록된 내용과 고조선이 겪었던 역사적 상황을 연결시켜 검토하고 그에 따라 고조선의 도읍지를 추정하여 『삼국유사』에 인용된 『고기』의 기록이 정확함을 확인할 것이다.

「고조선의 사회 성격」에서 필자는 고조선이 인류 사회의 전개 과정에서 어느 단계에 도달해 있었는지를 확인하고, 그 사회 구조를 구명할 것이다. 이 작업은 근래에 인류학자들에 의해 제출된 사회진화론에 기초할 것인데 그 이론을 중국에 적용해 하나의 모형을 도출하고 고조선을 그것과 비교해 검토함으로써 세계사적 보편 원리에 입각한 객관성 있는 결론에 도달하게 될 것이다. 그 결과 고조선은 이미 국가 단계의 사회에 진입했고 그 사회 구조는 중국의 고대국가와 유사한 읍제국가(邑制國家)로서 동양적 고대봉건제의 특징을 지니고 있었음이 확인될 것이다.

「기자신고」에서 필자는 기자가 실존한 인물이었음을 확인하고 그 이동 과정과 정착지를 추적할 것이다. 그리고 기자국이 마지막으로 위치했던 곳이 오늘날 중국 하북성 동북부 난하의 동부 연안, 즉 고조선의 서쪽 변경이었음이 확인될 것이다. 주지하는 바와 같이 한국 역사학계에서는 기자의 동래설(東來說)은 물론이고 심지어는 기자의 존재까지도 부정되고 있는 것이 현실이다. 그러나 기자에 대한 충분한 연구 업적을 가지고 있지 못한 것도 현실이다. 우선 기자동래설이 부정되었던 역사적 배경을 살펴볼 필요가 있다. 원래 기자동래설을 부정한 것은 한국의 학자들이 아니었다. 고려 후기로부터 조선시대에 걸친 기간의 한국 유학자들은, 오히려 기자동래설을 옹호하면서 한민족이 중국의 현인(賢人)으로 전해오는 기자의 교화를 받았음을 긍지로 삼고자 했다. 그런데 그러한 기자의 동래설을 부정한 것은 일본인 학자들이었다. 일본인 학자들이 기자동래설을 부정한 것은 단군조선(檀君朝鮮), 즉 고조선의 존재를 부정한 것과 그 맥을 같이한다.

일본인 학자들이 한국의 역사를 본격적으로 연구하게 된 것은 일본의 대륙 진출과 연관을 맺고 있다. 청일전쟁에서 승리를 거두고 다시 러일전쟁을 유리한 위치에서 종결지어 대륙 진출의 이권을 차지하게 된 일본은, 그것을 정당화시킬 수 있는 학문적 뒷받침이 필요했다. 이에 따라 본격적인 동양사 연구가 시작되었고 그 초기의 과제는 한국과 만주의 역사와 지리에 관한 것이었다. 그리고 그 결과로 나타난 것이 단군의 존재를 후대에 만들어진 전설로 처리함으로써 고조선의 존재를 부정하고, 다시 기자동래설을 부정함으로써 한국 고대사 인식에 혼란을 일으켰던 것이다. 결국 한국 고대사에서 고조선과 기자동래설을 제거하고 위만조선을 그 출발점으로 잡음으로써, 중국의 망명인에 의해 건립된 위만조선과 그 뒤를 이은 한사군을 중국 세력의 한반도 진출로 인식되도록 만들었다. 그리고 한반도의 토착 세력이 그러한 중국 세력의 자극을 받아 성장한 것으로 논리를 귀결시킴으로써, 진정한 한민족의 역사는 삼국시대부터 개시된 것처럼 의식을 유도했던 것이다.

이렇게 해서 구성된 일본인 학자들의 한국 고대사 체계를 한국 역사학계는 근본적으로 검토하여 재정리할 기회를 갖지 못하고, 그 체계 위에다 고조선의 존재만을 겨우 인정하는 것으로써 지금까지 만족해왔다. 따라서 잘못 구성된 한국 고대사의 체계와 사료 사이에는 서로 모순된 부분이 나타나기 마련이었는데, 그것을 사료가 정확하지 못한 것으로 취급하는 일이 자주 있었다. 예를 들면 사료에는 기자의 후손으로 기록된 준왕(準王)을 기자가 부정됨에 따라 고조선의 왕으로 견강부회한 것은 하나의 좋은 예가 될 것이다.

「위만조선의 재인식」에서는 위만조선의 건국 과정, 그 위치와 강역 및 역사적 성격과 의미 등을 재검토할 것이다. 앞에서 언급한 바와 같이 위만조선은 기자국의 정권을 탈취해 성립되었으므로 그 초기 위치는 기자국 말기의 위치와 동일하게 된다. 그런데 기자국은 위만에게 정권을 탈취당할 당시에 고조선의 서쪽 변경인 오늘날 중국 하북성 동북부의 난하 중하류 동부 연안에 위치하고 있었다. 따라서 위만조선은 고조선의 서부 변경에서 출범하여 그 영역을 점차 확대하면서 고조선과 병존하던 정치 세력으로서, 한국 사학계의 통설처럼 고조선의 후계 세력이 될 수는 없는 것이다. 그리고 위만은 서한(西漢)에서 망명해온 인물이므로 위만의 기자국 정권 탈취는 중국 지역에서 전국시대(戰國時代)로부터 서한 초에 이르는 기간 동안 일어난 정치적 사건과의 연관 속에서 인식되어야 한다. 그러므로 필자는 그와 같은 인식을 통해서 위만조선의 성격을 명확하게 구명하려고 노력할 것이다.

여기서 위만조선의 흥망과 더불어 한 가지 밝혀져야 할 것은, 고구려(高句麗)·예맥(濊貊)·부여(夫餘)·옥저(沃沮)·낙랑(樂浪) 등 여러 정치 세력의 독립이다. 중국의 옛 문헌 기록에 따르면, 위의 부족들은 위만조선이 건립되기 이전에는 원래 오늘날 요하(遼河) 서쪽 지역에 거주했었다. 그런데 위만조선이 멸망한 후에는 그들의 거주 지역이 요하 동쪽의 만주와 한반도 북부 지역으로 바뀌면서 각각 독립된 정치세력으로 등장하게 된다. 이러한 변화는 위만조선의 흥기 및 그 멸망과 연관이 있을 것임을 시사한다. 즉 위만조선의 멸망이 한국 고대사에 있어서 열국시대(列國時代)의 개시를 가져왔을 가능성을 발견하게 되는 것이다. 필자는 이러한 문제를 사료를 통해서 구체적으로 확인할 것이다.

「한사군의 낙랑군과 평양의 낙랑」에서는 한사군의 낙랑군 위치를 고증하고 오늘날 평양에 있었던 낙랑의 실체를 밝힐 것이다. 앞에서 언급한 바와 같이 위만조선의 강역은 오늘날 중국 하북성 동북부 난하 동부 연안으로부터 요하에 조금 못 미치는 지역이었으므로, 위만조선이 멸망하고 그 지역에 설치되었던 한사군은 당연히 오늘날 요하 서쪽 지역에 위치했어야 한다. 그런데 지금까지 한국 역사학계에서는 한사군의 위치를 한반도 북부와 요하 동쪽의 만주 지역으로 인식해왔다. 그리고 한사군 가운데 낙랑군은 오늘날 평양 지역에 위치했던 것으로 믿어왔다. 필자는 사료를 통해서 이러한 오류를 바로잡을 것이다.

그런데 '낙랑군의 위치가 오늘날 평양 지역이 아니었다면, 이 지역에는 당시에 어떤 정치세력이 존재했는가? 평양 지역에서 발견된 낙랑 유적은 어떻게 설명해야 하는가?' 등이 문제로 등장한다. 이러한 문제들도 사료와 발굴 보고서의 검토를 통해 밝혀질 것이다. 즉 오늘날 평양 지역에는 한사군의 낙랑군과는 다른 낙랑이 존재했음이 확인될 것이다.

고대사 연구에서 가장 곤란한 점은 사료의 부족일 것이다. 이 점은 한국 고대사 연구에서도 예외는 아니어서, 필자의 견해가 개진되는 과정에서 사료의 제약성 때문에 근거 제시에 미흡한 부분이 있을 수 있다. 그러나 그것을 한국 고대사 전개의 전체적인 맥락에서 본다면 이해가 가능할 것이다. 그리고 지금까지 한국 역사학계가 받아들인 통설과 필자의 견해를, 그것을 뒷받침하고 있는 근거를 통해 학자적인 양식으로 비교·검토해본다면 독자들은 필자의 견해에 공감하리라 믿는다.

韓國古代史新論

제 1 장

◉

고조선의 위치와 강역

1. 들어가며

고조선의 위치를 오늘날 평양을 중심으로 한 한반도 북부로 보는 것은 한국 역사학계의 통설로 되어 있다. 그런데 문헌에 나타난 기록을 통해볼 때, 이와 같은 견해가 고려 중기에도 존재했음은 분명하지만 당시에는 주류를 이루지 못했고, 학계에서 주류를 형성하게 된 것은 조선시대에 들어선 이후였던 것으로 보여진다. 그 후 일본인 학자들에 의해 오늘날 평양 지역에서 발굴된 중국식의 유적이 한사군의 낙랑군 유적으로 보고됨으로써 고조선의 위치에 대한 그러한 견해가 고고학적으로도 입증된 것으로 인식되었다.

그러나 고조선의 위치를 오늘날 평양을 중심으로 한 한반도 북부로 보는 견해가 통설로 정착된 이후에도 그러한 견해를 부정하고 고조선의 위치를 한반도 밖에서 찾으려는 노력은 부단히 계속되어왔다. 특히 대한제국 말기 이후에 민족주의의 대두에 따른 한국 고대사 연구는 종래의 한국 고대사 인식체계를 전면적으로 거부하기에까지 이르렀다. 비록 학자들 간의 견해 차이는 있었지만 한국 고대사를 한반도 밖으로 확대해 인식하려고 했다는 점에서는 민족사학자들 사이에 공통점이 있었다. 그러나 불행하게도 일제의 한반도 강점에 항거해야 했던 민족사학자들은 편안하게 역사 연구에만 몰두할 처지가 못 되었고, 자신들의 학문을 토론이나 비판을 통해 정리할 기회도 얻을 수 없었다. 따라서 민족사학자들의 역사 연구는 실증성의 결여나 논리체계의 미숙을 보여주고 있다.

그렇다고 해서 민족사학자들의 한국 고대사 인식체계를 전혀 근거가 없는 것으로 일축해버릴 수는 없다. 실증성의 결여가 근거가 전혀 없다는 뜻으로 해석될 수는 없으며, 논리체계의 미숙이 연구 결과를 부정하는 것으로까지 연장될 수는 없기 때문이다. 그러나 안타깝게도 해방 후 70여 년이 넘어 오늘에 이르기까지 한국 역사학계에서는 그들의 한국 고대사 인식체계나 지리적 범위에 대한 진지한 검토를 해본 적이 없다. 특히 고조선·위만조선·한사군의 위치에 대해서는 거의 재검토되지 않은 채 오늘날 평양을 중심으로 한 한반도 북부설이 통설로 정착되어 왔다. 이러한 한국 사학계의 자세는 지나치게 안일한 것이었다고 생각된다.

필자는 근래에 고조선의 위치를 평양 지역으로 볼 수 없는 자료들을 발견하면서 민족사학자들의 한국 고대사 인식체계에도 관심을 갖게 되었다. 그리고 그들의 연구 결과가 비록 필자의 견해와 완전히 일치되지는 않는다고 하더라도 종래의 통설보다는 사실에 접근되어 있는 부분이 있다는 점도 발견하게 되었다. 따라서 필자는 선입관을 버리고 객관적인 사료에 근거해 고조선의 위치를 복원할 필요를 느끼게 되었다.

그러나 지금까지 한국에서는 『삼국사기(三國史記)』, 『삼국유사』, 『제왕운기(帝王韻紀)』보다 연대가 앞서는 역사 문헌은 발견되지 않고 있는데,

이 문헌들은 12세기 이후에 저술된 것들이기 때문에 고조선에 관한 연구는 중국 문헌을 활용할 수밖에 없게 된다. 그러므로 필자는 고조선의 위치를 확인함에 있어서 고조선이 존재했던 당시나 그로부터 오래지 않은 시기의 중국 문헌에 나타난 기록, 즉 선진시대(先秦時代)로부터 양한시대(兩漢時代)까지의 기록을 주로 활용할 것이다. 고대사 연구에 있어서는 자료의 빈약 때문에 후대의 기록을 통해서 그 앞의 시대를 유추하는 연구 방법이 채용되기도 하지만, 그것은 당시의 기록이 존재하지 않거나 당시의 기록만으로는 해결이 불가능한 불가피한 경우에 한한 것이며 최선의 방법은 아닌 것이다.

그러나 고조선의 경우, 충분하다고는 말할 수 없겠지만 그 위치와 강역, 국가 구조, 사회 성격 등을 밝힐 수 있는 기록이 상당히 많이 남아 있음을 발견하게 되었다. 그럼에도 고조선에 관한 종래의 연구를 보면 매우 늦은 시대의 자료에 의존한 경우를 자주 보게 된다. 이러한 연구 결과는 이미 변화된 후대의 상황을 고조선시대에다 복원시킬 위험이 있는 것이다. 따라서 이러한 연구 방법은 고대사 연구에 있어서 사료 활용의 미숙함을 드러낸 것으로서 매우 경계해야 할 것이다.

고조선의 위치와 강역에 대해서 한국 역사학계의 통설과는 다른 견해가 일찍이 민족사학자들에 의해 제출된 이래, 이는 한국의 재야사학자(바른 호칭이라고는 생각하지 않으나 일반적으로 통용되는 것에 따랐다)와 일부 북한 학자들에 의해 계승·전개되었다. 따라서 필자는 민족사학자들의 견해를 수용·보완한 북한 학자들의 연구 업적과 그들이 발굴한 자료도 많이 활용하겠지만, 그것을 일일이 주기(註記)하지 않을 것이며 대표적인 문헌 몇 권만을 소개하는 데 그칠 것이다. 이 점은 분단시대에 있어서 한국 역사학계가 겪고 있는 고통이므로 독자들의 이해를 바랄 뿐이다.

2. 한반도 북부설의 비판

고조선·위만조선·한사군의 위치를 한반도 북부로 보는 것은 한국 역사학계의 통설로 되어 있다. 이와는 다른 견해가 있었음에도 한반도 북부설이 한국 역사학계에 정착하게 된 것은 다음의 몇 가지 이유 때문이었다고 생각된다.

첫째로, 한국과 중국의 옛 문헌에는 고조선의 도읍이 평양이었다고 기록되어 있는데 그 명칭이 한반도 북부에 있는 오늘날 평양과 일치되어 지명의 동일성으로 인해 그 가능성이 발견되었다. 둘째로, 한국과 중국의 옛 문헌에 대한 주석자들은 대체로 오늘날 평양이 고조선의 평양이었던 것으로 기록했다. 셋째로, 고려 중기로부터 조선시대까지의 대부분의 학자들이 오늘날 평양을 고조선의 도읍지로 인식하여 고조선의 위치를 한반도 북부로 보는 것이 학계의 주류를 이루었다. 넷째로, 오늘날 평양에서는 중국식의 유적이 발굴된 바 있는데 그것이 한사군의 낙랑군 유적일 것으로 인식됨으로써 고고학적으로도 문헌의 기록을 뒷받침해주는 것처럼 보였다.

그러나 이상의 근거에 대해 선입관을 배제하고 통찰해보면 다음과 같은 의문이 제기되며, 그것들이 '고조선의 한반도 북부설(北部說)'을 지지하는 근거가 될 수 없음을 알게 된다. 우선 고대 한국어에서 평양(平壤)은 어떤 뜻을 지녔으며 고조선의 평양이 오늘날 평양을 지칭하는 것이었는가 하는 의문이 제기될 수 있다. 최근의 언어학 연구 결과에 따르면, 고대 한국어에서 평양은 '대읍(大邑)' 또는 '장성(長城)'을 의미했다.[1]

---

1   이병선, 『한국고대국명지명연구』, 형설출판사, 1982, p. 132.

읍(邑)은 취락을 뜻하므로 대읍은 큰 취락을 말한다. 고대에는 언어의 개념이 세분화되어 있지 않았기 때문에 취락은 소읍(小邑)과 대읍으로만 구분되어, 일반의 취락은 읍 또는 소읍이라고 했고 일정한 지역의 정치적·종교적 중심을 이루는 취락은 모두 대읍이라고 했다.[2] 따라서 고대 한국어에서 평양은 오늘날의 큰 취락 또는 도읍에 해당하는 보통명사였던 것이다. 이렇게 볼 때 평양은 반드시 한 곳에만 있었을 수는 없으며, 경우에 따라서는 도읍이 이동함에 따라 평양이라는 명칭도 이동했을 것으로 보아야 한다. 그리고 평양이 고대 한국어였다면 평양이라는 명칭이 고조선에서만 사용되지는 않았을 것이다. 따라서 오늘날 평양이 고조선의 도읍지였다고 단정할 수는 없게 된다.

여기서 한 가지 유의해야 할 것은 고조선의 도읍을 평양으로 기록한 중국 문헌은 당(唐) 시대 이후의 것이라는 점이다. 고조선과 위만조선 연구의 기본 사료인 『사기(史記)』와 『한서(漢書)』 「조선전(朝鮮傳)」에는 위만조선의 도읍이 왕험성(王險城)이었다고 기록되어 있고,[3] 그 주석으로 실린 『사기집해(史記集解)』와 『사기색은(史記索隱)』은 고조선 또는 위만조선의 도읍지였을 것으로 추정되는 곳의 지명이 험독(險瀆)이었다고 전하고 있다.[4] 이로 보아 고조선·위만조선 시대에는 도읍에 대한 명칭으로 평양보다는 왕험성이나 험독이 주로 사용되었을 가능성이 있다. 그런데 왕험(王險)을 『삼국사기』와 『삼국유사』에서는 왕검(王儉)이라고 기록하고 있어,[5] 험(險)과 검(儉)은 통용되었거나 중국인들이 고조선 지

---

2   윤내현, 『상주사(商周史)』, 민음사, 1984, pp. 41~42 참조.
3   『사기』 권115 「조선열전」, 『한서』 권95 「서남이양오조선전(西南夷兩奧朝鮮傳)」.
4   위와 같음.
5   『삼국사기』 권17 「고구려본기」 〈동천왕 21년〉조.
      『삼국유사』 권1 「기이(紀異)」 〈고조선〉조.

역의 지명을 한자로 옮기는 과정에서 검이 험으로 잘못 기록되었을 것이므로, 왕험성은 왕검성(王儉城), 험독은 검독(儉瀆)이었을 것이다. 그리고 왕검성은 임검성 즉 임금성, 검독은 검터로 읽어야 할 텐데, 고대 한국어로 검은 임금을 뜻하므로 왕검성이나 검독은 모두 도읍을 지칭하는 말이었다.[6] 이렇게 볼 때 왕검성은 검터가 한자화되면서 임금과 터의 중국표현인 왕(王) 자와 성(城) 자가 검과 결합되어 왕검성이 되었을 것이므로, 검독 즉 검터라는 말이 왕검성이라는 말의 원형이었을 것으로 생각된다.

여기서 평양이 고조선의 도읍이었다는 중국 문헌의 기록을 살펴볼 필요가 있다. 『사기』 「진시황본기(秦始皇本紀)」에는 조선(朝鮮)이라는 명칭이 보이는데,[7] 이 조선에 대해서 『사기정의(史記正義)』에 주석하기를 "『괄지지(括地志)』에 이르기를 고(구)려가 통치하는 평양성은 본래 한(漢)나라의 낙랑군 왕험성인데 바로 옛 조선이다."[8]라고 했고, 『통전(通典)』에서는 "고구려의 도읍인 평양성은 바로 옛 고조선의 왕험성이었다."고 했다.[9] 그리고 『구당서(舊唐書)』 〈고(구)려전〉에서도 "고구려는 평양성에 도읍했는데 바로 한나라의 낙랑군 옛 땅"이라고 했다.[10] 주지하는 바와 같이 『사기정의』에 인용된 『괄지지』는 당 태종의 넷째아들인 위왕(魏王) 태(泰) 등이 편찬했으며, 『사기정의』는 장수절(張守節), 『통

6 정인보, 『조선사연구』, 서울신문사, 1947, pp. 41~45, 59.
7 『사기』 권6 「진시황본기」 〈26년〉조.
8 위의 주석으로 실린 『사기정의』. "括地志云, 高(句)麗治平壤城, 本漢樂浪郡王險城, 即古朝鮮也."
9 『통전』 권185 「변방」 1 〈동이〉 상(上) 서략(序略).
10 『구당서』 권199 상 「동이열전」 〈고(구)려전〉. "高(句)麗者, ……, 其國都於平壤城, 即漢樂浪郡之故地."

전』은 두우(杜佑)에 의해 모두 당시대에 편찬되었다. 그런데 고조선으로부터 오랜 세월이 지난 당시대의 기록이 얼마나 신빙성이 있는지, 이 문헌들에 나타난 평양이 반드시 오늘날 평양을 지칭하고 있는지에 대해서일단 검토해볼 필요가 있을 것이다.

먼저 위의 여러 문헌들에 나오는 평양의 위치가 한결같이 오늘날 평양으로 기록되어 있지 않다는 점에 유의해야 한다. 『사기』「진시황본기」의 본문에는

　　진제국의 땅이 동쪽으로 해(海)에 이르고 조선에 미쳤다.[11]

고 했는데, 『사기정의』에서 장수절은 주석하기를 여기의 해는 발해(渤海)를 의미한다[12]면서 "『괄지지』에 이르기를, 고(구)려가 통치하는 평양성은 본래 한나라의 낙랑군 왕험성인데 바로 옛 조선이다."[13]라고 했다. 진제국의 동북부 경계는 오늘날 하북성 동북부에 있는 난하 상류·중류와 난하의 하류 동부 연안에 있는 창려(昌黎) 갈석(碣石)까지였으므로[14] 해를 발해로 본 장수절의 주석은 옳다고 생각되며, 발해와 더불어 언급된 조선은 한반도일 수 없고 발해로부터 가까운 곳에 있어야 한다. 이 조선을 장수절은 한의 낙랑군 왕험성, 고구려의 평양성으로 본 것이다.

다음에 고조선의 서쪽 경계를 확인하는 과정에서 밝혀지겠지만, 오늘날 난하 동부 연안, 즉 고조선의 서쪽 변경에는 조선이라는 지명이 있었

11　주 7과 같음. "地東至海暨朝鮮."
12　주 8과 같음.
13　위와 같음.
14　윤내현, 「고조선의 서변경계고」『남사정재각박사 고희기념 동양학논총』, 고려원, 1984, pp. 1~38 및 이 책 제1장 제3절 참조.

는데 후에 서한의 무제(武帝)가 위만조선을 멸망시키고 한사군을 설치하면서 난하 중류와 하류 동부 연안에 낙랑군을 설치함에 따라 그곳은 낙랑군의 조선현(朝鮮縣)이 되었다.[15] 이 조선현 지역에는 기자국이 그 말기에 중국의 통일세력인 진제국에 밀려 이주해 와서 있다가 오래지 않아 위만에게 정권을 탈취당한 바 있었다.[16] 따라서 기자국과 위만조선의 도읍이던 왕검성은 이 지역에 있었다는 것이 된다. 이렇게 볼 때 장수절이 말한 고구려의 평양성은 오늘날 난하 중하류 동부 연안에 위치한 조선현 지역에 있었던 위만조선의 왕검성이었음을 알 수 있다.

그런데 두우는『통전』에서 고구려가 부여의 남쪽에 있었다고 전하면서, 고구려는 본래 조선의 땅인데 그곳에 서한 무제가 현을 설치해 낙랑군에 속하게 했다고 말하고 도읍인 평양성은 옛 조선국의 왕험성이었다고 했다.[17] 이 기록에서 두우가 낙랑군·조선국 왕험성·고구려 평양성을 오늘날 어느 지역으로 인식했는지는 분명하게 드러나 있지 않다. 하지만 이들을 동일한 지역으로 인식했음은 분명하다. 그리고『구당서』는 고구려의 도읍인 평양성이 한나라 낙랑군의 옛 땅이라면서 평양성의 위치에 대해서는, "동쪽으로 바다를 건너 신라(新羅)에 이르고 서북쪽으로는 요수(遼水)를 건너 영주(營州)에 이르며 남쪽으로는 바다를 건너 백제(百濟)에 이르고 북쪽으로는 말갈(靺鞨)에 이른다."[18]고 했는데, 이 기록에 나오는 평양성은 오늘날 평양을 말하고 있는 것으로는 생각되지 않는다. 왜냐하면 이 기록에 나오는 평양이 오늘날 평양을 지칭한다면

---

15 위 글, 「고조선의 서변경계고」, pp. 31~35 및 이 장의 주 156~164 본문 참조.
16 윤내현, 「기자신고」『한국사연구』41, pp. 40~48.
17 주 9와 같음.
18 『구당서』권199 상 「동이열전」〈고(구)려전〉. "其國都於平壤城, 即漢樂浪郡之故地, ……, 東渡海至於新羅, 西北渡遼水至于營州, 南渡海至于百濟, 北至靺鞨."

신라와 백제의 위치를 말하면서 굳이 바다 건너에 있다고 말할 필요가 없을 것이며, 그 방향에 대한 표현도 옳지 않기 때문이다. 필자는 이 평양도 앞에서 언급한 바와 같이 오늘날 난하 중하류 동부 연안에 있었던 위만조선의 왕검성과 동일한 곳일 것으로 생각하는데, 그렇게 되면 신라·백제와의 지리적 관계에 대한 표현도 합당함을 알 수 있다. 이상의 고찰에서 고구려의 평양성이 오늘날 평양만을 지칭한 것이 아니었음을 분명히 알 수 있다. 따라서 필자는 고구려의 평양성에 대한 재검토의 필요를 느끼고 있지만 그것은 다음 기회로 미루고자 한다.

그런데 『삼국유사』에서 일연(一然)은, 『위서(魏書)』에 이르기를 단군왕검이 아사달(阿斯達)에 도읍해 개국하고 국호를 조선이라고 했다고 전하면서 아사달에 대해서 주석하기를 "경(經)에는 무엽산(無葉山) 또는 백악(白岳)이라고 했는데 백주(白州) 땅에 있다. 혹은 개성(開城) 동쪽에 있었다고도 하는데 백악궁(白岳宮)이 그것이다."라고 했다.[19] 그리고 또 일연은, 『고기』에 이르기를 단군왕검이 평양성에 도읍하고 처음으로 조선이라고 칭했다고 기록하고, 평양성에 대해서 주석하기를 당시의 서경(西京)이라고 했다.[20] 일연 시대의 서경은 오늘날 평양이므로 일연은 고조선의 도읍을 오늘날 평양으로 인식했던 것처럼 보이지만 『위서』가 전한 고조선의 첫 도읍인 아사달에 대해서는 개성 동쪽이라고 했으니, 그는 고조선 도읍의 위치에 대해서 확신하지 못했고 당시의 견해들을 주석으로 기입했을 것으로 생각된다.

일연이 고조선의 도읍을 개성 동쪽 또는 오늘날 평양으로 주석을 한

---

19 『삼국유사』 권1 「기이」 〈고조선〉조. "經云無葉山, 亦云白岳, 在白州地, 或云在開城 東, 今白岳宮是."

20 위와 같음.

것을 보면 그가 고조선의 위치를 한반도 북부로 상정했을 것으로 볼 수도 있을 것이다. 그러나 그렇게 되려면 다음과 같은 기록에서 모순이 발견된다. 일연은 『삼국유사』에서 위만조선에 관해 『한서』 「조선전」을 인용하면서, 위만조선의 도읍인 왕검성은 낙랑군 패수(浿水) 동쪽에 있었다는 신찬(臣瓚)의 설을 주석으로 싣고 있다.[21] 그러나 왕검성의 위치가 구체적으로 당시의 어디였는지는 언급하지 않았다. 그러면서도 마한(馬韓)에 대해서는 『위지(魏志)』를 인용해 "위만(魏滿 : 衛滿)이 조선(기자국)을 공격하니 조선(기자국)왕 준이 좌우의 궁인(宮人)을 거느리고 바다를 건너 남쪽 한(韓)의 땅에 이르러 개국하고 마한이라고 불렀다."[22]고 했다. 그리고 마한은 고구려, 진한(辰韓)은 신라였다는 최치원(崔致遠)의 설을 소개하고, 그에 대해서 주석하기를, 고구려가 마한을 병합했기 때문에 고구려를 마한이라고 했고 또 고구려 땅에(고구려가 병합한 마한 지역) 마읍산(馬邑山)[23]이 있었기 때문에 마한이라는 명칭이 생겼다고 했다.[24] 그러면서도 일연은 마한의 위치에 대해서는 언급하지 않았다. 그러나 『삼국유사』〈태종춘추공(太宗春秋公)〉조에서 당의 소정방(蘇定方)이 고구려 군대를 패강[浿江 : 오늘날 대동강]에서 격파하고 마읍산을 빼앗아 병영으로 삼고 마침내 평양성을 포위했다[25]고 했으니, 일연은 마읍

---

21 『삼국유사』 권1 「기이」 〈위만조선〉조. "臣瓚曰, 王儉城在樂浪郡浿水之東."
　　이 설은 『사기』 「조선열전」과 『한서』 「조선전」에 주석으로 실려 있다.

22 『삼국유사』 권1 「기이」 〈마한〉조. "魏(衛)滿擊朝鮮, 朝鮮王準率宮人左右, 越海而南至韓地, 開國號馬韓."

23 『삼국유사』 〈마한〉조에는 읍산(邑山)이라고 기록되어 있으나, 『동사강목(東史綱目)』부록 하 「삼한」조에 이 내용을 인용하고 있는데 거기에는 마읍산(馬邑山)으로 되어 있다. 이로 보아 현존하는 『삼국유사』에는 마(馬) 자가 탈락되었음을 알 수 있다.

24 주 22와 같음.

25 『삼국유사』 권1 「기이」 〈태종춘추공〉조. "七年壬戌, 命定方爲遼東道行軍大摠管, 俄

산이 있었던 오늘날 평양 지역을 마한으로 인식했을 것으로 생각된다.

　이러한 필자의 생각이 옳다면, 일연은 준왕이 위만의 공격을 받고 바다를 건너 마한에 이르렀다고 했으므로 기자국이나 위만조선의 위치를 오늘날 평양 지역으로 보지 않았고 바다 건너 먼 곳에 있었던 것으로 인식했음을 알 수 있다. 그렇다면 위만조선은 고조선 지역에 있었으므로 고조선도 오늘날 평양 지역에 있을 수 없게 된다. 그런데도 일연이 고조선의 도읍지에 대해서 개성 동쪽 또는 오늘날 평양으로 주석을 한 것은, 그 자신이 그렇게 믿어서라기보다는 당시의 여러 견해를 참고로 기록했을 것으로 생각된다. 그러나 고조선의 위치에 관한 일연 자신의 분명한 견해는 확인되지 않는데, 그것은 당시 역사인식의 한계성을 말해준다.

　그러면 고조선의 위치에 대해서『삼국사기』와『제왕운기』에는 어떻게 나타나 있는가?

　『삼국사기』「고구려본기(高句麗本紀)」에는, 동천왕(東川王) 21년(서기 247)에 환도성(丸都城)이 난을 겪어 다시 도읍할 수 없으므로 평양성을 쌓고 백성과 종묘사직을 옮겼는데 평양은 본래 선인(仙人) 왕검의 택(宅)으로서 왕의 도읍이었던 왕검(王儉)이라고도 한다고 기록되어 있다.[26] 선인 왕검을 고조선의 단군왕검으로 보는 통념에 따른다면 이 기록은 평양이 고조선의 도읍이었던 것으로 인식되었음을 전해주고 있다. 하지만 여기에 나오는 평양이 당시 어느 지역에 있었는지에 대해서는

　　改平壤道, 破高(句)麗之衆於浿江, 奪馬邑山爲營, 遂圍平壤城.”
　　이 기록은『삼국사기』권7「신라본기」〈문무왕〉조 하, 권22「고구려본기」〈보장왕〉조 하 및『신당서』권220「동이열전」〈고(구)려전〉에도 보인다.
26　『삼국사기』권17「고구려본기」〈동천왕 21년〉조. “王以丸都城經亂, 不可復都, 築平 壤城, 移民乃廟社, 平壤者本仙人王儉之宅也, 或云, 王之都王儉.”

언급을 하지 않고 있다. 다음에 밝혀지겠지만, 동천왕 21년에는 오늘날 평양 지역에 중국의 동한(東漢) 광무제(光武帝)에 의해 설치된 낙랑(한 사군의 낙랑군과는 다름)이 아직 존재하고 있었으므로[27] 동천왕 21년에 천도했던 평양은 오늘날 평양일 수가 없게 된다. 그리고 한사군이 설치되어 있던 시기에 오늘날 평양 지역에는 최리(崔理)의 낙랑국(樂浪國)이 있었던 것으로 『삼국사기』에 기록되어 있으므로,[28] 김부식(金富軾)은 한 사군의 낙랑군이 오늘날 평양 지역에 있었던 것으로 인식하지 않았음을 알 수 있다. 결국 김부식이 고조선의 위치를 한반도 북부로 인식했었다는 근거를 『삼국사기』에서는 찾을 수가 없다.

『제왕운기』에는 요동에 중국과는 다른 하나의 별천지가 있었는데 그 가운데의 사방 1,000리가 조선이었다고 기록되어 있어,[29] 고조선이 요동에 있었던 것으로 인식했음을 알 수 있다. 그러면서도 단군이 산신(山神)이 되었다는 아사달은 당시의 구월산(九月山)인데 궁홀(弓忽) 또는 삼위(三危)라고도 부른다고 주석했다.[30] 여기에 나오는 구월산을 황해도에 있는 오늘날 구월산으로 인정한다면 이승휴(李承休)는 고조선의 위치를 한반도 북부로 보았고 요동을 한반도를 포괄한 지역으로 인식했다고 말할 수 있을 것이다. 그러나 일반적으로 요동은 한반도를 포괄한 지리 개념으로는 사용되지 않는다. 그리고 이승휴는 『제왕운기』 「고구려기(高句麗紀)」에서 고구려가 마한의 왕검성에서 개국했다고 기록하고 마한의 왕검성은 당시의 서경, 즉 오늘날 평양이라고 주석했다.[31] 즉 고구

27 주 68~74의 본문 참조.
28 『삼국사기』 권14 「고구려본기」 〈대무신왕 15년〉조 및 이 장의 주 68~70의 본문 참조.
29 『제왕운기』 권 하.
30 위와 같음.
31 위 책, 권 하 「고구려기」.

려가 마한의 왕검성에서 개국한 것으로 인식한 점에는 문제가 있지만 오늘날 평양 지역을 마한으로 보았으므로 고조선의 위치를 오늘날 평양 지역으로 보았을 것 같지는 않다. 그렇다면 이승휴가 고조선의 아사달을 구월산으로 주석한 것은 당시 학자들의 견해를 참고로 반영한 것이거나, 황해도에 있는 오늘날의 구월산과는 다른 구월산이 고조선 지역에 있었다는 것이 된다. 어쨌든 『제왕운기』에서도 고조선의 위치를 오늘날 평양으로 본 확증은 찾을 수가 없다.

그런데 『고려사(高麗史)』「지리지(地理志)」에 이르면,

> 평양부(平壤府)는 본래 세 조선의 옛 도읍으로서, 당요(唐堯) 무진년(戊辰年)에 신인(神人)이 단목(檀木)의 아래로 내려오니 국인(國人)들이 그를 받들어 군주(君主)로 삼아 평양에 도읍하고 호(號)를 단군(檀君)이라 하니 이것이 전조선(前朝鮮)이요, 서주(西周) 왕국의 무왕(武王)이 상(商) 왕국을 멸망시키고 기자를 조선에 봉하니 이것이 후조선(後朝鮮)이다. 그 후 41대 후손인 준(準) 때에 연나라 사람 위만이 망명해 와서 1,000여 명의 무리를 모아 준의 땅을 공탈(攻奪)하고 왕험(검)성에 도읍하니, 이것이 위만조선이다.[32]

라고 했다. 이와 같이 『고려사』에서는 오늘날 평양이 고조선·기자조선·위만조선의 도읍지였다고 단정하고, 이 세 조선이 같은 지역에서 계

---

32 『고려사』 권58 「지(志)」 권12 「지리」 3, "西京留守官平壤府, 本三朝鮮舊都, 唐堯戊辰歲, 神人降于檀木之下, 國人立爲君, 都平壤, 號檀君, 是爲前朝鮮, 周武王克商, 封箕子于朝鮮, 是爲後朝鮮, 逮四十一代孫準時, 有燕人衛滿亡命, 聚黨千餘人, 來奪準地, 都于王儉城, 是爲衛滿朝鮮."

승관계에 있었던 것으로 인식했다. 이것은 조선시대 초기의 한국 고대사 인식태도를 대표한 것이라고 볼 수 있는데, 그 후 이러한 인식태도가 조선시대 전 기간을 통해 학계의 주류를 이루었다. 그리고 오늘날에도 기자조선의 존재는 부정하면서도 고조선과 위만조선의 도읍지를 오늘날 평양으로 보는 것은 한국 역사학계의 통설이 되어 있다.

한국 고대사의 인식태도가 이와 같은 변화를 보인 것은, 『삼국사기』가 편찬된 고려 중기 이래 구한말로부터 일제 강점기에 걸쳐 근대사학이 성립될 때까지 한국의 역사인식이 유교사관에 바탕을 둔 것을 주류로 삼았기 때문이었다. 한국이 유교문화권에 편입되고 영토가 반도로 축소된 후대의 역사경험은 자연히 고대의 역사경험과는 다를 수밖에 없었다. 따라서 이제 한국사는 유교문화권이라는 시야에서 유교라는 새로운 가치체계를 가지고 인식될 수밖에 없었다. 이에 기자가 주목되고 중세적 세계질서로서 사대관계가 존중되었고, 그 결과 사대관계가 형성된 이후의 현 강토인 반도를 실지(失地)인 만주보다 더 중시하는 새로운 한국사 인식의 성립을 보게 되었던 것이다.

이러한 학계의 분위기 속에서 일본인 학자들에 의해 오늘날 평양 지역에서 발견·발굴된 중국식의 유적이 서한의 무제가 위만조선을 멸망시키고 그 지역에 설치했던 한사군의 낙랑군 유적일 것으로 보고됨으로써,[33] 그것은 고조선·위만조선의 도읍을 오늘날 평양으로 보는 데 적극적인 고고학적 근거가 되었다. 옛 문헌들은 위만조선이 고조선 지역에 있었고 한사군이 위만조선 지역에 설치되었다고 전하고 있으므로, 이러한 선후관계가 부정되지 않고, 평양의 중국식 유적이 한사군의 낙랑군

---

33 關野貞 等, 『樂浪郡時代の遺跡』, 朝鮮總督府, 昭和 2(1927).

유적임이 틀림없다면 오늘날 평양이 고조선의 중심지였음에 대해서 의문을 가질 수 없게 된다.

평양에서 중국식의 유적이 발굴된 후, 한사군의 낙랑군이 오늘날 평양에 설치되었을 것이라는 설에 반대했던 일부 학자들은 그곳에서 출토된 유물이 위조품일 것이라며 일소에 붙이기도 했다.[34] 그러나 그 많은 유적과 유물을 모두 위조품으로 간단히 처리할 수는 없는 것이어서 학계의 반향을 불러일으키지는 못했다. 따라서 필자는 평양 지역에서 출토된 유물 가운데서 이 유적을 한사군의 낙랑군 유적으로 인식하도록 만든 대표적인 것들을 검토하여 그 타당성 여부를 살펴보고자 한다.

첫째로, 봉니(封泥)가 있다.[35] 평양 지역에서는 지금까지 200점이 넘는 봉니가 수집되었다고 하는데 이렇게 많은 봉니가 한 곳에서 수집된 예가 없으므로, 처음부터 그것들은 모두 진품일 것인지 의문을 갖도록 만들었다. 그 의문점은 이미 정인보에 의해서 구체적으로 지적된 바 있다.[36] 필자는 평양에서 출토된 봉니 전부를 위조품으로 취급하고 싶지는 않다. 하지만 그 가운데 위조품이 상당수 포함되어 있을 것이라는 점은 인정하고 싶다. 예를 들면, '낙랑대윤장(樂浪大尹章)'이라는 봉니가 있는데 대윤은 왕망(王莽)시대의 관직명이다. 서한시대에는 군(郡)을 다스리는 지방장관을 태수(太守)라 했는데, 왕망시대에는 이것을 대윤으로 바꾸었다. 따라서 대윤이라는 관직명에 따르면 이 봉니는 왕망시대의 것처럼 보인다. 그러나 왕망시대에는 서한시대에 사용하던 모든 군명을

---

34 앞 책, 『조선사연구』, pp. 196~214.
    사회과학원 고고학연구소, 『고조선문제연구』, 사회과학출판사, 1973, pp. 139~164.
35 앞 책, 『樂浪郡時代の遺跡』, pp. 28~32.
36 주 34와 같음.

개명했는데, 낙랑군은 낙선군(樂鮮郡)이 되었다.[37] 그러므로 이 봉니가 왕망시대에 만들어졌다면 '낙선대윤장(樂鮮大尹章)'이 되어야 한다. 다시 말하면, 이 봉니는 군명과 관직명이 일치하지 않은 것으로 보아 진품일 수가 없는 것이다.[38]

어쨌든 이 봉니들은 토성(土城) 부근에서 수집되었다고 하는데, 그 가운데 중요한 것으로는 '낙랑태수장(樂浪太守章)'·'낙랑우위(樂浪右尉)'·'염한장인(誹邯長印)' 등이 있다. 서한과 동한의 관직을 보면 군에는 태수가 있었고 큰 현에는 승(丞)과 좌위(左尉)·우위(右尉)가 있었으며 작은 현에는 장(長)이 있었다. 그리고 『한서』「지리지」에 따르면 당시의 낙랑군에는 25개의 현이 있었는데, 그 가운데 조선현(朝鮮縣)과 염한현(誹邯縣)이 있었다. 따라서 '낙랑태수장'·'조선우위'·'염한장인' 등의 봉니는 오늘날 평양 지역에 낙랑군·조선현·염한현의 치소(治所)가 있었음을 구체적으로 보여주는 증거로 제시되었다. 그러나 주지하는 바와 같이 봉니는 공문서를 보낼 때 봉함하는 것으로 사용되었다. 따라서 봉니가 출토된 곳은 봉니의 주인이 보낸 공문서를 받은 곳이 된다. 그러므로 '낙랑태수장'·'조선우위'·'염한장인' 등의 봉니가 진품이라고 하더라도, 평양 지역은 낙랑태수·조선우위·염한장 등으로부터 공문을 받았던 곳이 되는 것이며 그들이 거주하던 곳이 될 수는 없는 것이다.[39]

둘째로 봉니가 수집되었던 토성 지역에서는 '대진원강(大晉元康)'·'낙랑예관(樂浪禮官)'·'낙랑부귀(樂浪富貴)' 등의 문자가 새겨져 있는 기

---

37 『한서』권28 하 「지리지」하 〈낙랑군〉조.
38 앞 책, 『조선사연구』, pp. 204~205.
39 위 책, p. 202.

와가 출토되었는데,[40] 이것도 오늘날 평양 지역이 낙랑군의 치소였음을 알게 하는 증거로 제시되었다. 여기서 먼저 확인해야 할 것은 '대진 원강'이라는 연호이다. 대진 원강은 서진(西晉) 혜제(惠帝)의 연호로서 서기 291년부터 299년 사이가 된다. 따라서 이 기와에서 확인된 연대에 따르면, 이 유적의 연대는 한사군이 설치되었던 서한 무제 원봉(元封) 3년(서기전 108)보다 400여 년이 뒤진 서기 290년대의 유적인 것이다. 다시 말하면 한사군의 낙랑군 유적으로 보기에는 연대가 맞지 않는다. 앞에서 언급된 봉니들의 서체에 대해서 정인보는 한대의 것으로 보기에는 너무 정돈되어 있음을 지적한 바 있는데,[41] 위의 기와에서 확인된 연대로 보아 봉니들도 한대보다는 훨씬 훗날에 만들어졌을 것으로 생각된다. 그리고 '낙랑예관'·'낙랑부귀' 등은 오늘날 평양이 낙랑이라고 불렸음을 보여주는 것이기는 하지만, 그것이 한사군의 낙랑군이었음을 입증하는 것이 될 수는 없다. 앞에서 언급한 바와 같이 이 유적의 연대는 한사군의 설치 연대와 크게 차이가 날 뿐 아니라, 다음에 확인되겠지만 오늘날 평양 지역에는 한사군의 낙랑군과는 다른 낙랑이 존재했었기 때문이다.

셋째로, 고분군(古墳群)이 있다. 평양 지역에서는 중국식의 고분이 많이 발견되었는데 그 가운데 일부가 일본인 학자들에 의해 발굴되었다. 발굴자들은 그 위치와 묘제(墓制)로 보아 제1호분이 가장 오래된 것이며 규모가 가장 큰 것 가운데 하나라고 했다.[42] 따라서 발굴자들의 견해가 옳다면 평양 지역의 중국식 고분은 모두 제1호분보다 늦은 시기의

---

40 앞 책,『樂浪郡時代の遺跡』, pp. 22~23, 43.
41 앞 책,『조선사연구』, pp. 203~204.
42 앞 책,『樂浪郡時代の遺跡』, pp. 172~183.

것이 된다. 그런데 제1호분 출토 유물 가운데는 '화천(貨泉)'이 있었다.[43] 화천은 왕망시대에 주조된 것이다. 따라서 이 고분의 연대는 왕망시대 이전으로 올라갈 수가 없다. 왕망시대는 불과 15년간이었고 그 뒤는 동한시대가 되므로 왕망시대에 주조된 화폐가 한반도에까지 도달된 시간을 감안한다면 제1호분의 조성 연대는 동한시대로 보아야 한다. 결국 고분군의 조성 연대는 한사군의 설치 연대보다는 훨씬 늦은 것이다.

넷째로, 왕광묘(王光墓)와 왕우묘(王旴墓)에서 출토된 인장(印章)이 있다. 왕광묘에서는 '낙랑태수연왕광지인(樂浪太守掾王光之印)'·'신광(臣光)'·'왕광사인(王光私印)' 등의 목제 인장이 출토되었고, 왕우묘에서는 '오관연왕우(五官掾王旴)'·'왕우인신(王旴印信)' 등의 목제 인장이 출토되었다.[44] 그런데 태수연(太守掾)이나 오관연(五官掾)은 모두 군태수(郡太守)에게 속해 있던 군리(郡吏)들이었다. 따라서 이 인장들은 오늘날 평양 지역이 한사군의 낙랑군 치소였음을 알게 하는 증거로 제시되었다. 그런데 군태수에게 속해 있던 군리들이 반드시 군치소에서만 근무했던 것은 아니며, 군치소로부터 멀리 떨어진 곳에서 근무하는 경우가 있었음을 배제해서는 안 된다. 다음에 밝혀지겠지만 오늘날 평양 지역에 있었던 낙랑은 한때 행정적으로 낙랑군의 지시를 받는 속현(屬縣)과 같은 위치에 있었다. 따라서 군리인 태수연이나 오관연이 모두 군태수에게 속해 있었다는 것이 낙랑군의 치소였다는 의미가 될 수는 없는 것이다. 그런데 여기서 중요한 것은 이 고분의 연대이다. 인장의 서체에서도 그것이 서한시대보다 늦은 시기의 것임을 알 수 있는데 왕우묘에서 명문(銘文)이 있는 칠기가 출토되어 그 조성 연대를 분명하게

---

43 위 책, p. 179.
44 駒井和愛, 『樂浪』, 中央公論社, 昭和 47(1972), pp. 14~15.

해주었다. 칠기 가운데는 '영평 12년(永平十二年)'이라는 명문이 있는 것이 있었는데[45] 영평 12년은 동한의 명제(明帝) 때로서 서기 69년이 된다. 따라서 이 고분의 조성 연대는 서기 69년 이전으로는 올라갈 수 없다. 그리고 이 고분에서 출토된 목재를 이용해 방사성탄소측정이 행해진 바 있는데, 그 결과는 서기 133년(1850±250 B. P.)이었다.[46] 이것은 과학적인 방법에 의해 얻어진 유일한 평양의 낙랑 유적에 대한 연대로서 매우 중요한 의미를 지닌 것이다. 결국 이 고분도 한사군이 설치된 서한시대의 것이 아니라 그보다 훨씬 늦은 동한시대의 것이다.

다섯째로, 점제평산군신사비(秥蟬平山君神祠碑)가 있다.[47] 이 비는 앞에서 언급된 토성의 동북 약 150미터 지점에서 발견되었는데 비문의 첫 머리를 보면 "○화이년사월무오(○和二年四月戊午), 점제장발흥(秥蟬長渤興)"으로 시작된다. 그런데 서한과 동한시대에 장은 현을 다스리던 관리였으므로 이 비는 점제현의 장이 세웠을 것으로 보았다. 그리고 『한서』「지리지」를 보면 서한시대의 낙랑군에는 점제현(黏蟬縣)이 있었고,[48] 『후한서(後漢書)』「군국지(郡國志)」에 따르면 동한시대의 낙랑군에는 점제현(占蟬縣)이 있었다.[49] 이로 보아 서한시대의 점제현(黏蟬縣)이 동한시대에는 점제현(占蟬縣)이 되었음을 알 수 있는데, 점(黏)·점(占)·점(秥)이 당시에는 통용되었기 때문에 비문에서는 점제(秥蟬)로 기록되었을 것으로 보았다. 따라서 비문에 나오는 점제(秥蟬)는 서한시대 낙랑군의 점제현(黏蟬縣)을 말하며 이 비가 서 있는 지역이 바로 점제현

---

45 위 책, p. 123.
46 위 책, p. 5.
47 앞 책, 『樂浪郡時代の遺跡』, pp. 240~245.
48 『한서』 권28 하 「지리지」 하 〈낙랑군〉조.
49 『후한서』 「지(志)」 23 「도국(都國)」 5 〈낙랑군〉조.

지역일 것으로 인식했다.[50] 이에 대해서 정인보는 점제장(秥蟬長)이 자신의 관할 지역에 비를 세울 경우에는 자신의 직명을 새겨넣지 않는 것이 한시대의 비문 양식이라면서, 비문에 점제장이라고 되어 있는 것으로 보아 이 비가 서 있는 지역이 점제(秥蟬)가 아님을 알 수 있다고 주장했다.[51] 그러나 이 견해는 크게 반향을 불러일으키지 못했다. 비문의 양식이 언제나 일치했을 것으로는 볼 수 없기 때문에 정인보의 주장이 설득력 있다고는 볼 수 없지만 참고할 가치는 있다고 생각된다.

그런데 필자는 이 비에 대해서 두 가지 문제점을 지적해두고자 한다. 첫째는 이 비가 세워진 연대이다. 비문의 첫 자는 마손이 심해 판독이 불가능하고, 둘째 자는 화(和), 셋째 자는 이(二)와 비슷했다고 한다. 그런데 화(和) 자가 들어간 중국의 연호는 원화(元和)·장화(章和)·영화(永和)·광화(光和)·태화(太和) 등이 있는데 원화가 가장 빠른 연호이다. 원화는 동한 장제(章帝)의 연호로서 원화 2년은 서기 85년이다. 따라서 비문의 연호를 가장 빠른 것으로 계산하더라도 이 비는 동한시대의 것이 된다. 다시 말하면 한사군의 설치 연대보다는 훨씬 늦은 것이다. 둘째로 점(黏)·점(占)·점(秥)이 음이 같다고 해서 동일한 의미로 볼 수가 있을 것인가 하는 점이다. 음은 같으면서도 다른 문자를 굳이 사용한 것은 서로 구별할 이유가 있었기 때문이었을 것으로 필자는 생각한다. 다시 말하면 점제(秥蟬)는 점제(黏蟬)나 점제(占蟬)와는 음이 동일한 다른 지명이었을 것이다. 이 비의 건립 연대가 서한시대가 아니라는 점은 이러한 필자의 생각을 강하게 뒷받침한다.

---

50   주 47과 같음.
51   앞 책, 『조선사연구』, p. 197.

여섯째로, 효문묘동종(孝文廟銅鍾)이 있다.[52] 이 동종의 명문은 '효문 묘동종용십근(孝文廟銅鍾用十斤), 중십십근(重卌十斤), 영광삼년육월조 (永光三年六月造)'라고 되어 있다. 영광은 서한 원제(元帝)의 연호로서 영광 3년은 서기전 41년이므로 이 동종은 서한시대에 제조된 것이다. 이 동종은 제9호분에서 출토된 것으로 추정되었는데, 이러한 동종이 평양 지역에서 출토된 것은 평양이 서한의 낙랑군 치소로서 효문묘(孝文廟)가 있었음을 알게 하는 증거라고 인식됐다. 효문(孝文)은 서한의 문제(文帝)를 말하는데 과연 오늘날 평양 지역에 효문묘가 설치될 수 있었을까? 서한시대에는 군국묘(郡國廟)가 있었는데, 군국묘는 고조가 그의 아버지 태상황(太上皇)의 묘를 모든 제후왕의 도읍지에 설치하도록 함으로써 시작되었다.[53] 그러나 군국묘로서의 황제의 묘가 모든 군에 설치되었던 것은 아니다. 군국은 그곳을 순행했거나 잠시라도 거주한 일이 있는, 다시 말하면 그 지역과 연고가 있는 황제에 대해서만 묘를 설치할 수가 있었다.[54]

그런데 한사군은 무제 때 설치되었고 문제는 무제보다 앞선 황제였다. 그러므로 문제는 낙랑군과 연고를 맺을 수는 없었을 것이다. 따라서 설령 오늘날 평양 지역이 한사군의 낙랑군이었다고 하더라도 그곳에 효문묘는 설치될 수 없는 것이다. 여기서 한 가지 알아두어야 할 것은 서한의 군국묘는 원제 영광 4년(서기전 40), 즉 평양에서 출토된 동종이 제조된 1년 후에 모두 폐지되었다는 것이다. 그리고 효문묘동종이 출토된

---

52 앞 책, 『樂浪郡時代の遺跡』, pp. 219~225.
53 『한서』 권1 하 「고제기(高帝紀)」 하 〈10년〉조.
54 앞 책, 『조선사연구』, p. 214.
     『한서』 권27 상 「오행지(五行志)」 상 〈무제 건원〉조.

제9호분의 조성 연대는, 함께 출토된 동경(銅鏡) 가운데 서한시대 이후의 것이 있는 것으로 보아,[55] 동한시대 이전으로는 올라갈 수 없을 것이라는 점이다. 이상과 같은 점을 종합해볼 때, 이 효문묘동종은 다른 곳의 군국묘에서 사용되었던 것이 군국묘가 폐지된 후 어떤 경로를 거쳐 제9호분 주인의 소유가 되었다가 그의 사망과 더불어 부장품으로 묻혔을 것임을 알 수 있다.

일곱째로, '부조예군(夫租薉君)'·'부조장(夫租長)' 등의 은인(銀印)이 있다.[56] 이 은인은 1958년 평양의 정백동 토광묘에서 출토되었는데, 이 묘의 연대를 서기전 2세기 또는 서기전 1세기 무렵으로 추정하지만[57] 정확하지는 않다. 그런데 『한서』「지리지」에 따르면 서한의 낙랑군에는 부조현(夫租縣)이 있었다.[58] 그러므로 평양에서 '부조예군'·'부조장' 등의 은인이 출토되었다는 것은, 그 지역이 한사군의 낙랑군이었음을 알게 하는 증거라고 인식하는 학자가 있다.[59] 그러나 이미 김정학이 지적했듯이 '부조예군'의 은인은 낙랑군 설치 이전에 만들어진 것이다.[60] 한사군이 설치된 서한시대 이후의 관직을 보면 군(郡)에는 태수(太守)·대윤(大尹)·승(丞)·장사(長史)가 있었고 현에는 영(令)이나 장(長)·승(丞)·위(尉) 등이 있었을 뿐, 군(君)이라는 관직은 없었다.

---

55 앞 책, 『樂浪郡時代の遺跡』, pp. 76~77.

56 리순진, 「부조예군묘에 대해」『고고민속』 1964년 4호.
앞 책, 『고조선문제연구』, pp. 150~151.

57 위 책, p. 151 및 김정학, 「청동기의 전개」『한국사론』 13, 국사편찬위원회, 1983, p. 133.

58 『한서』권28 하 「지리지」하 〈낙랑군〉조.

59 靳楓毅, 「論中國東北地區含曲刀青銅短劍的文化遺存」(下) 『考古學報』 1983年 1期, pp. 51~52.

60 앞 글, 「청동기의 전개」, p. 133.

그러나 『한서』 「무제기(武帝紀)」에 "원삭(元朔) 원년(서기전 128) 가을에 동이(東夷)의 예군(薉君)인 남려(南閭) 등 28만 명이 항복하니 그곳을 창해군(蒼海郡)으로 삼았다."[61]는 기록이 있어 동이의 예족(薉族)이 군이라는 관직을 사용했음을 알 수 있다. 그런데 앞에서 언급했듯이 『한서』 「지리지」에 따르면 부조현은 낙랑군에 속했는데, 낙랑군 지역은 한사군이 설치되기 이전에는 위만조선에 속해 있었다. 따라서 부조예군은 고조선이나 위만조선에서 사용했던 관직명임을 알 수 있는 것이다. 그리고 부조예군의 묘에서는 전형적인 고대 한국 청동기인 세형동검 등도 출토되어 그 주인이 중국계가 아님을 알게 해주었다.[62] '부조예군'의 은인이 한으로부터 주어졌을 것으로 보는 견해가 있지만[63] 필자는 고조선이나 위만조선에서 만들어졌을 가능성을 인정하고 있다. 고조선은 서주시대 이래 중국 지역과 밀접한 관계를 맺고 있었으므로,[64] 한자는 물론 중국의 문물제도가 상당히 수입되어 있었을 것이며, 위만조선에 이르면 그 지배계층의 상당수가 중국 망명객에 의해 형성되어 있었을 것인데[65] 그들은 서한의 문물제도에 매우 친숙해 있었을 것이기 때문이다.

이상의 고찰로써 '부조예군' 은인이 한사군의 낙랑군과는 직접적인 관계를 가지고 있지 않다는 것은 확인된다. 하지만 그 출토 지점은 고조

---

61 『한서』 권6 「무제기」 〈원삭 원년〉조. "東夷薉君南閭等口二十八萬人降, 爲蒼海郡."

62 주 56과 같음.

63 주 60과 같음.

64 윤내현, 「중국 문헌에 나타난 고조선 인식」 『한국사론』 14, 국사편찬위원회, 1984, pp. 125~133.

65 위만조선의 지배층은 중국인에 의해 완전히 점유되지 않았고, 토착민 호족이 상당히 진출해 중국인 유력자와 토착호족 사이에 어느 정도의 타협이 이루어졌을 것으로 보고 있다(三上次男, 「衛氏朝鮮國의政治・社會的性格」 『中國古代史의諸問題』, 東京大學出版會, 1954, pp. 217~218).

선·위만조선의 부조였고 후에는 낙랑군의 부조현이 아니었겠느냐는 의문은 여전히 남아 있다. 그러나 다음에 확인되겠지만 한사군의 낙랑군은 오늘날 중국 하북성 동북부에 있는 난하의 동부 연안에 있었다.[66] 따라서 낙랑군의 부조현이나 고조선·위만조선 시기의 부조도 그 지역에 있었다는 것이 된다. 그러므로 '부조예군'은인은 위만조선이 기자국의 정권을 탈취한 후 고조선의 서부를 잠식하던 시기 또는 서한의 무제가 위만조선을 침공하던 시기에 당시 지배계층이던 부조예군이 이에 항거하면서 오늘날 평양 지역으로 이주해 왔을 것임을 알게 해준다. 오늘날 평양은 원래 마한 지역이었는데 난하 동부 연안에 있었던 낙랑의 토착민들이 외세에 항거하다 평양 지역으로 이주해 와서 그 지역의 지배세력으로 군림함으로써 평양 지역도 낙랑이라는 명칭을 얻게 되었을 것으로 필자는 믿고 있다.

이제 '부조장'이라는 은인에 대해 살펴볼 차례다. 앞에서 언급했듯이 서한시대의 현에는 장이라는 관직이 있었다. 따라서 이 은인은 낙랑군 부조현의 장이 소유했던 것이라고 볼 수 있다. 그러나 유의해야 할 점은 이 '부조장' 은인은 문자의 형태만 알아볼 수 있도록 부식시킨 것으로, 인장으로는 사용할 수 없는 형식적인 물건이라는 것이다. 그러므로 이 묘의 주인이 부조현의 장이었다고 하더라도 그가 사망 시에는 자신이 사용했던 인장을 소지하고 있지 못했음을 알 수 있다. 따라서 필자는 부조장묘의 주인도 먼 곳으로부터의 이주민이었을 것으로 믿고 있다. 이 부조장묘는 앞의 부조예군묘와는 불과 50미터 떨어진 곳에 있었기 때문에 서로 친연관계에 있었을 것으로 학계는 믿고 있다.[67] 그런데 필자는

---

66 주 158~162 참조.
67 앞 책, 『고조선문제연구』, p. 151.

다음과 같이 인식하고 싶다. 즉 부조장은 부조예군과 친연관계에 있었거나 그 후손이었는데 부조예군이 외세에 항거하다 오늘날 평양으로 이주한 후 그 지역에 남아 낙랑군 부조현의 장이 되었다가, 후에 그도 부조예군이 거주하고 있던 평양으로 이주해 왔을 것으로 보는 것이다.

지금까지 고찰한 바를 종합해볼 때, 해방 이후에 출토된 '부조예군'·'부조장'의 은인은 한사군의 낙랑군이 오늘날 평양 지역에 있었다는 적극적인 증거가 될 수 없고, 해방 전 일본인 학자들에 의해 조사·발굴된 고분·토성 등 이른바 평양의 낙랑 유적은 그 조성 연대가 한사군이 설치되었던 서한시대가 아니라 그보다 늦은 동한시대 이후의 것이라는 결론에 도달한 것이다. 이 유적에서 출토된 유물 중에는 서한시대나 그 이전의 것이 포함되어 있었지만, 그것들은 늦은 시기에 제조된 유물과 함께 출토됨으로써 후대에 묻혀진 것임을 알게 해주었다. 이른바 낙랑 유적의 성격을 밝힘에 있어서 중요한 것은 출토된 유물의 제조 연대가 아니라 유적의 조성 연대인 것이다.

여기서 필자는 한 가지 의문을 갖게 된다. 그것은 한사군의 낙랑군은 서한 전기에 설치되었는데 오늘날 평양 지역이 한사군의 낙랑군이었다면 어찌해서 그곳에서 서한의 유적은 보이지 않는가 하는 점이다. 한사군은 서한시대에 설치되었지만 유적은 그보다 늦게 조성되었을 수도 있다. 그러나 그 많은 중국식의 고분과 유적이 모두 동한시대 이후의 것이라면 그 성격을 재검토할 필요가 있는 것이다.

그렇다면 한사군이 설치되어 있던 시기에 오늘날 평양에는 어떠한 정치세력이 있었으며, 평양에서 출토된 유물 가운데 '낙랑예관'·'낙랑부귀' 등의 문자가 새겨져 있는 기와는 이 지역이 낙랑과 관계가 있음을 알게 하는데 그것을 어떻게 이해해야 하는가? 이러한 의문은 다음의 기록이 해명해준다.

『삼국사기』「고구려본기」〈대무신왕(大武神王) 15년(서기 32)〉조에

> 여름 4월에 왕자 호동(好童)이 옥저를 여행했는데 낙랑왕 최리가 출행했
> 다가 그를 보고는 묻기를, 그대의 얼굴을 보니 보통 사람 같지 않은데 혹
> 시 북쪽의 나라 신왕(神王)의 아들이 아닌가 하고, 드디어는 함께 돌아가
> 딸을 그의 아내로 삼게 했다.[68]

라는 기록이 보인다. 위의 내용에서 신왕은 고구려의 대무신왕을 뜻하
는 것이니 최리는 고구려를 북쪽의 나라라고 불렀음을 알게 된다. 따라
서 최리의 낙랑국은 고구려의 남쪽에 있었다는 것이 된다. 이 기록은 서
기 32년의 상황을 전하고 있는데 당시에 고구려 남쪽의 동부에는 예(濊)
또는 예맥(濊貊)이 있었고 최리의 낙랑국은 예의 서쪽에 있었으므로,[69]
최리의 낙랑국 위치는 평양 지역이 될 수밖에 없게 된다. 종래에는 고조
선·위만조선·한사군의 위치를 평양 지역으로 보았기 때문에 최리의
낙랑국에 대해서는 관심을 기울이지 않았다.

그런데 이제 최리의 낙랑국을 복원시켜놓고 보면 문제점이 발견된다.
그것은 당시에 한사군이 이미 설치되어 있었는데 만약 한사군의 낙랑군
이 오늘날 평양 지역에 있었다면 최리의 낙랑국과 한사군의 낙랑군, 즉
2개의 낙랑이 같은 지역에 있었다는 모순을 나타내게 된다. 이러한 현
상은 존재할 수가 없다. 따라서 필자는 서로 다른 지역에 있었던 2개의

---

68 『삼국사기』 권14 「고구려본기」〈대무신왕 15년〉조. "夏四月, 王子好童, 遊於沃沮, 樂
浪王崔理, 出行因見之, 問曰, 觀君顏色, 非常人, 豈非北國神王之子乎, 遂同歸以女
妻之."

69 『후한서』 권85 「동이열전」〈고구려전〉·〈예전(濊傳)〉. "濊北與高句麗·沃沮, 南與辰
韓接, 東窮大海, 西至樂浪."

낙랑을 상정하게 된다. 하나는 오늘날 중국 하북성 동북부에 있는 난하 하류 동부 연안, 즉 위만조선 지역의 서부에 설치되어 있었던 한사군의 낙랑군이요, 다른 하나는 오늘날 평양 지역에 있었던 최리의 낙랑국이 그것이다. 그러므로 낙랑에 관한 문헌의 기록은 2종류로 구별해서 읽어야 한다.

오늘날 평양 지역에 있었던 최리의 낙랑국은 서기 37년에 멸망하게 된다. 『삼국사기』「고구려본기」〈대무신왕 20년(서기 37)〉조에는,

(대무신)왕이 낙랑을 습격하여 그곳을 멸망시켰다.[70]

라고 했는데, 이 기록만으로는 어느 낙랑을 멸망시켰는지가 분명하지 않다. 그러나 같은 책 「신라본기(新羅本紀)」〈유리 이사금(儒理尼師今) 14년(서기 37)〉조에는,

고구려의 왕 무휼(無恤 : 대무신왕)이 낙랑을 습격하여 그곳을 멸망시켰다. 그 나라(낙랑국) 사람 5,000명이 투항해 오므로 6부락으로 나누어 살게 했다.[71]

라고 했으니, 고구려의 대무신왕이 멸망시킨 낙랑은 신라와 접한 지역에 있었으므로 최리의 낙랑국임을 알 수 있다.

그로부터 7년이 지난 후의 기록인 『삼국사기』「고구려본기」〈대무신

---

70 『삼국사기』권14 「고구려본기」〈대무신왕 20년〉조. "王襲樂浪滅之."
71 『삼국사기』권1 「신라본기」〈유리 이사금 14년〉조. "高句麗王無恤, 襲樂浪滅之, 其國人五千來投, 分居六部."

왕 27년(서기 44)〉조에는,

> 가을 9월에 (동)한의 광무제가 병사를 파견해 바다를 건너 낙랑을 정벌하고 그 땅을 취해 군현을 만드니, 살현(薩縣 : 오늘날 청천강) 이남은 (동)한에 속하게 되었다.[72]

는 기록이 보인다. 종래에는 이 기록을 한사군의 낙랑군과 연결시켜 인식했다. 그런데 그렇게 인식하기에는 논리적인 모순이 있다. 이 시기에는 한사군이 설치되어 있었으므로 이미 자기들의 영토가 되어 있는 한사군의 낙랑군에 군사를 파견하여 그곳을 정벌하고 그 땅을 취해 군현을 만들었다는 것이 되기 때문이다. 따라서 이 기록은, 한사군의 낙랑군을 정벌한 것이 아니라 최리의 낙랑국이 있었던 오늘날 평양 지역을 쳤음을 말하고 있는 것임을 알 수 있다. 바다를 건넜다는 내용은 그것을 한층 명확하게 해준다. 최리의 낙랑국은 이보다 7년 전에 이미 고구려에 의해 멸망되었지만 그 지역이 낙랑국이 있었던 곳이기 때문에 낙랑이라고 표현한 것이다.

　동한의 광무제가 낙랑국이 있었던 평양 지역을 친 것은 고구려를 견제하기 위해서였다고 생각된다. 당시에 동한은 세력이 성장하고 있던 고구려와 국경을 접하고 있었기 때문에, 이를 견제하기 위해서는 그 배후를 공략하고 그곳에 군사식민지를 만들 필요를 느꼈을 것이다. 한편 낙랑국이 고구려에 멸망된 것은 오래지 않았으므로, 그 주민들은 아직 고구려에 동화되지 않았을 것이고 또 저항감도 가지고 있었을 것이다.

72　『삼국사기』 권14 「고구려본기」 〈대무신왕 27년〉조. "秋九月, 漢光武帝, 遣兵渡海伐樂浪, 取其地爲郡縣, 薩水已南, 屬漢."

낙랑국의 지배계층은 원래 한사군이 설치되기 이전에 낙랑군 지역으로 부터 이주해 온 사람이 대부분이었을 것이므로 그러한 연고관계를 이용하여 동한의 세력을 빌려 낙랑국을 재건하고자 했을 가능성도 있다. 이러한 당시의 상황을 이용해서 동한의 광무제는 비교적 용이하게 평양지역을 칠 수 있었을 것으로 생각된다. 그 후 이 지역은 한반도에 있어서의 중국의 군사기지 및 교역의 거점으로 중요한 역할을 했을 것이다. 앞에서 인용된 『삼국사기』 「고구려본기」 〈대무신왕 27년〉조 기록에 따르면, 동한 광무제의 군사에 의해 점령된 지역은 오늘날 청천강까지였는데 이것이 아마도 낙랑국의 북쪽 경계선이었을 것이다.

동한 광무제에 의해 점령된 평양 지역은 그전의 명칭에 따라 낙랑이라 불렸고, 행정적으로는 한사군의 낙랑군에 속하게 되었던 것 같다. 평양 지역이 낙랑이라고 불렸음은 토성 지역에서 수집된 '낙랑예관'·'낙랑부귀' 등이 새겨진 기와에 의해 알 수 있는데, 일연은 『삼국유사』에서 평양 지역의 낙랑은 "한시대 낙랑군의 속현 땅이었을 것"[73]이라고 했고, 조선시대의 이익도 같은 견해를 피력한 바 있다.[74]

결론적으로 말하면 오늘날 평양 지역에서 발견된 중국식 유적인 이른바 낙랑 유적은 동한 광무제에 의해 설치되었던 군사기지인 낙랑의 유적인 것이다. 마지막으로 한 가지 부연해둘 것은, 오늘날 평양 지역에서 연대가 빠른 중국식의 유적이 발견된다 하더라도 그것을 바르게 인식하는 데는 매우 조심성이 필요하다는 것이다. 왜냐하면 앞에서 언급했듯이 평양 지역에 있었던 낙랑국의 지배계층은 대부분 위만조선의 팽창과 서한 무제의 침략으로 인해 낙랑군 지역으로부터 한사군이 설치되기 이

---

73 『삼국유사』 권1 「기이」 〈낙랑국〉조.
74 이익, 『성호사설유선(星湖僿說類選)』 권1 하 「지리문(地理門)」 〈서군(西郡)〉.

전에 이주해 온 사람들인데, 낙랑군 지역은 고조선·위만조선의 서쪽 변경에 위치하여 중국 지역과 접경하고 있었기 때문이다. 따라서 이들은 중국의 문물에 매우 친숙해 있었을 것이라는 점에 항상 유의해야 할 것이다.

지금까지 살펴본 바를 결론지으면, 문헌과 고고학 자료를 분석·검토해볼 때 오늘날 평양 지역에 고조선·위만조선·한사군의 낙랑군이 위치했었다는 분명한 근거는 없다는 것이 된다. 그러므로 이제부터는 종래의 선입관을 배제하고 충실하게 사료에 따라 고조선의 위치를 복원하는 작업에 임해야 할 것이다.

3. 고조선의 위치와 요동

앞에서 언급했듯이 한국에서 가장 오래된 역사 문헌인『삼국사기』·『삼국유사』·『제왕운기』의 내용을 면밀하게 분석·검토해보면, 이 책의 저자들이 고조선의 위치를 한반도 북부로 인식하지 않았을 것이라는 사실을 발견하게 된다.

이러한 사실을 뒷받침하는 기록을 몇 개 더 찾아볼 수 있다.『삼국사기』「고구려본기」에는, 영양왕(嬰陽王) 23년(서기 612) 중국 수(隋) 양제(煬帝)가 고구려를 침공할 그의 군대에게 훈시하기를, "좌군(左軍) 12대(隊)는 누방(鏤方)·장잠(長岑)·명해(溟海)·개마(蓋馬)·건안(建安)·남소(南蘇)·요동(遼東)·현도(玄菟)·부여(扶餘)·조선(朝鮮)·옥저(沃沮)·낙랑(樂浪) 등의 길로 향하고, 우군(右軍) 12대는 점제(黏蟬)·함자(含資)·혼미(渾彌)·임둔(臨屯)·후성(候城)·제해(提奚)·답돈(踏頓)·숙신(肅愼)·갈석(碣石)·동이(東暆)·대방(帶方)·양평(襄平) 등의 길로 향해서 계속 진군하여 평양에서 총집(摠集)하라."[75]고 했다고 기록되어 있다. 이 도로명 가운데는 한사군의 낙랑군에 속해 있었던 현의 명칭이 들어 있고, 요동·현도·옥저·낙랑·임둔 등이 보이며, 그 위치가 분명한 갈석도 포함되어 있다. 이 도로명은 오늘날 중국 하북성 동북부에 있는 난하의 동쪽에 있었던 지명과 일치하며 한반도에 있었던 지명이 아니었음은 분명하다. 따라서 이 내용은 낙랑군·현도군·임둔군·옥저 등이 한반도에 있지 않았음을 의미하며, 일찍이 이익이 주장했던 것처럼 고조선이 요동 지역에 위치했었음을 알게 한다.[76]

한사군의 낙랑군이 요동 지역에 있었음을 알게 하는 기록도 보이는데, 그것은 바로 고조선이 요동 지역에 있었다는 것을 의미하는 것이다. 『삼국사기』「고구려본기」〈태조대왕 94년(서기 146)〉조에 따르면, 그해 가을에 태조대왕이 장수를 보내 한의 요동군(遼東郡) 서안평현(西安平縣)을 습격해 대방현령(帶方縣令)을 죽이고 낙랑태수(樂浪太守)의 처자를 포로로 붙잡은 사실이 있다.[77] 이 내용은 한사군의 낙랑군과 대방이 요동 지방에 있었음을 알게 해준다. 그리고 『삼국사기』「고구려본기」〈태조대왕 69년(서기 121)〉조에는 태조대왕이 마한·예맥의 기병 1만여 명을 인솔하고 가서 현도성을 포위했다는 기록이 있는데,[78] 이 기록은 고구려와 마한·예맥 사이에 한사군이 존재하지 않았고 고구려와 마

---

75 『삼국사기』권20 「고구려본기」〈영양왕 23년〉조. "左十二軍, 出鏤方·長岑·溟海·蓋馬·建安·南蘇·遼東·玄菟·扶餘·朝鮮·沃沮·樂浪等道. 右十二軍, 出黏蟬·含資·渾彌·臨屯·候城·提奚·踏頓·肅愼·碣石·東暆·帶方·襄平等道, 絡驛引途, 摠集平壤."

76 주 74와 같음.

77 『삼국사기』권15 「고구려본기」〈태조대왕 94년〉조. "秋八月, 王遣將, 襲漢遼東西安平縣, 殺帶方令, 掠得樂浪太守妻子."

78 위 책,〈태조대왕 69년〉조. "王率馬韓·穢貊一萬餘騎, 進圍玄菟城."

한·예맥이 인접했거나 그 사이에 그들의 동맹세력이 위치하고 있어서 서로 왕래가 자유스러웠음을 말해준다. 만일 고구려와 마한 사이를 한 사군이 가로막고 있었다면 고구려의 태조대왕이 마한과 예맥의 기병을 사용할 수 없었을 것이다. 이 기사는 『후한서』 「효안제기(孝安帝紀)」와 같은 책 「동이열전(東夷列傳)」에도 보인다.[79]

그런데 『삼국사기』·『삼국유사』·『제왕운기』 등은 고조선에 대해서 연구하기에는 너무 후대의 기록일 뿐만 아니라 그 내용도 고조선의 위치에 대해서 명확하게 밝혀놓고 있지 않기 때문에 앞에 든 기록을 해석함에 있어서도 학자에 따라서는 필자와 다른 견해를 가질 수가 있다. 그러므로 이러한 결함을 보완하기 위해서는 고조선·위만조선·한사군이 설치되어 있었던 당시의 기록을 활용해야 한다. 그러나 안타깝게도 그러한 한국 문헌은 존재하지 않는다. 따라서 중국 문헌을 이용할 수밖에 없다. 종래에는 한국 고대사를 연구하는 데 흔히 『삼국지(三國志)』 「오환선비동이전(烏丸鮮卑東夷傳)」(이하 「동이전」)이 중시되었다. 그러나 고조선과 위만조선을 연구하는 데 있어서는 이것이 보충자료는 될 수 있으나 기본 사료가 될 수는 없다. 왜냐하면 『삼국지』는 3세기 후반에 편찬되었으므로 위만조선이나 그 이전 시대의 고조선을 연구하기에는 너무 늦은 시기의 기록이다. 『삼국지』 「동이전」은 그 이전 시대에 대해서도 언급을 하지만 대부분 당시의 상황을 싣고 있다. 그런데 위만조선의 성장과 서한 무제의 위만조선 침략 등 역사적 대사건을 겪으면서 한국 고대사에 등장한 여러 정치세력의 위치와 판도가 이미 크게 변화되어 있었다는 사실을 알아야 한다.

---

79 『후한서』 권5 「효안제기」 〈건광 원년〉조·권85 「동이열전」 〈고구려전〉.

그러므로 고조선의 위치를 확인하는 작업은 고조선이 존재했던 당시나 그로부터 오래지 않은 기록의 검토로부터 출발해야 한다. 주지하는 바와 같이 고조선의 위치를 전하는 가장 오랜 문헌은 『산해경(山海經)』이다. 『산해경』은 전국시대로부터 서한 초에 걸쳐서 저술되었을 것으로 추정되므로 고조선이 존재하던 당시의 기록인 것이다. 『산해경』의 「해내북경(海內北經)」에는,

조선은 열양(列陽)의 동쪽에 있는데 바다의 북쪽, 산의 남쪽에 위치하며 열양은 연나라(燕國)에 속한다.[80]

고 했고, 같은 책 「해내경(海內經)」에는,

동해의 안, 북해의 귀퉁이에 명칭을 조선이라고 부르는 나라가 있다.[81]

고 했다. 이 기록은 고조선이 북쪽은 산과 접하고 남쪽은 바다와 접하며 중국의 동해 안쪽에 있었음을 전하고 있다. 따라서 고조선은 한반도 북부에 위치할 수 없음을 알 수 있다. 왜냐하면 당시에 한반도 남부에는 삼한이나 그 전신의 사회가 있었기 때문에 고조선의 남쪽이 바다와 접할 수 없으며, 중국의 동해는 한국의 황해를 말하는데 한반도는 중국의 동해 밖이 되므로 『산해경』의 기록과는 일치되지 않는다.

고조선의 위치를 좀 더 분명하게 전해주는 기록은 『사기』 「조선열전(朝鮮列傳)」이다. 『사기』 「조선열전」은 위만조선에 관한 기록이지만 위

---

80 『산해경』 권12 「해내북경」. "朝鮮在列陽東, 海北山南, 列陽屬燕."
81 위 책, 권18 「해내경」. "東海之內, 北海隅, 有國名曰朝鮮."

만조선은 고조선 지역에 위치했으므로 위만조선 지역이 확인되면 그 지역이 바로 고조선 지역이 된다는 데 이의가 있을 수 없다. 『사기』「조선열전」에는 서한의 무제가 군사를 파견하여 위만조선을 쳤다는 기록이 있다. 그 내용을 보면,

> 그해 가을 누선장군(樓船將軍) 양복(楊僕)을 파견했는데 제(齊)를 출발해 발해에 떴다. …… 누선장군은 제나라의 병사 7,000명을 거느리고 먼저 왕험(王險)에 이르렀다. 우거왕(右渠王)은 성을 지키다가 누선군이 적은 것을 탐지하고 바로 성을 나가 누선을 공격하니 누선군은 패해 흩어져 도망했다.[82]

고 되어 있다. 이 기록에 따르면 누선장군 양복이 이끈 수군은 제나라를 출발해 발해를 항해한 후 위만조선의 우거왕과 전쟁을 벌였다. 그런데 제나라는 오늘날 산동성이었으므로 발해의 위치가 확인되면 누선군의 항해 방향을 알 수 있고 그렇게 되면 위만조선의 위치가 밝혀지게 된다.

종래에는 이 발해에 대해 오늘날 황해를 지칭한 것으로 인식했다.[83] 하지만 그것은 분명한 근거 위에서 제출되었던 것이 아니라 고조선의 위치를 한반도 북부로 상정하고 산동성으로부터 한반도 북부에 이르는 항로에 맞추어 해석된 것이었다. 이 같은 해석 방법은 선후가 뒤바뀌어 있는 것이다. 고조선의 위치가 미정된 상태에서 충실하게 사료의 인도에 따라 고조선의 위치를 복원하는 것이 옳은 방법인 것이다.

---

82 『사기』권115 「조선열전」. "其秋, 遣樓船將軍楊僕從齊浮渤海, ……, 樓船將軍將齊兵七千人先至王險, 右渠城守, 窺知樓船軍少, 即出城擊樓船, 樓船軍敗散走."
83 王先謙, 『漢書補注』列傳 卷65 「西南夷兩奧朝鮮傳」〈朝鮮傳〉.

그러면 당시의 발해는 어디였는가? 이에 대한 해답은 『전국책(戰國策)』과 『사기』에서 찾을 수 있다. 『전국책』 「제책(齊策)」에는 "제(齊)나라의 북쪽에 발해가 있다."[84]고 했고, 『사기』 「하거서(河渠書)」에는 "황하(黃河)가 발해로 흘러들어간다."[85]고 했다. 『전국책』은 전국시대의 상황을 전해주고 『사기』는 서한 무제 때에 편찬되었으므로, 이 기록들은 전국시대와 서한시대의 발해의 위치를 알게 해준다. 그런데 전국시대의 제나라는 오늘날 산동성에 위치했으므로 당시의 발해는 산동성 북쪽에 있었다는 것이 되며, 황하는 오늘날 발해로 흘러들어가므로 당시의 발해는 오늘날 발해와 다름이 없었음을 알게 된다. 이렇게 볼 때 위만조선을 정벌하기 위해 양복의 군대는 산동성을 출발하여 북쪽으로 발해를 항해했고 위만조선의 우거왕은 이에 맞아 싸웠으니, 위만조선의 위치는 발해의 북쪽, 즉 오늘날 중국 하북성 동북부로부터 요령성 지역에 위치했을 것임을 알게 된다.

『사기』 「조선열전」에 따르면, 서한 무제가 위만조선을 침략할 때 양복의 누선군과는 별도로 좌장군(左將軍) 순체(荀彘)가 이끈 육군이 요동에 출격해 위만조선의 우거왕을 친 것으로 되어 있다.[86] 이 기록은 요동이 위만조선의 영토였음을 알게 해준다. 요동이 위만조선의 영토였음은 다음과 같은 기록에서도 확인된다. 『사기』 「조선열전」의 첫머리에는 위만조선이 성립되기 이전에 있었던 고조선과 연·진(秦)·서한 사이의 국경 변화에 대한 기록이 있다. 그 내용을 보면

---

84 『전국책』 권8 「제(齊)」 1. "蘇秦爲趙合從, 說齊宣王……, 齊南有太山, 東有琅邪, 西有淸河, 北有渤海, 此所謂四塞之國也."
85 『사기』 권29 「하거서」.
86 『사기』 권115 「조선열전」. "左將軍荀彘出遼東, 討右渠."

연나라가 전성기로부터 진번(眞番)·조선(고조선 서쪽 변경의 지명)을
침략해 복속시키고 관리를 두기 위해 장새(鄣塞)를 축조했다. 진(秦)나라
가 연나라를 멸망시키니 그것이 요동의 외요(外徼)에 속하게 되었다.
(서)한이 일어나 그것이 멀어서 지키기 어려우므로 다시 요동의 옛 요새
를 수리하고 패수까지를 경계로 삼았다.[87]

고 했다. 이 기록에서 서한 이전에는 고조선과의 국경선에 장새와 요동
의 외요 등 초소가 있었는데 서한이 일어나 그것이 멀어서 지키기 어려
워지자 요동의 옛 요새를 다시 수리해 사용했다고 했으므로, 요동의 옛
요새는 요동의 외요보다 서한 지역으로 후퇴된 지역에 있었을 것임을
알 수 있다. 따라서 요동의 외요가 있었던 요동 지역은 고조선에 속해
있었다는 것이 된다. 그런데 위 기록에 따르면 장새와 요동의 외요는 전
국시대에 연나라가 고조선의 서쪽 변경인 진번·조선 지역을 침공한 후
설치되었으므로, 그 이전에도 본래는 그 지역이 고조선에 속해 있었음
을 알 수 있다.

요동이 고조선의 영역에 속해 있었음은 『전국책』의 기록에서도 확인
된다. 『전국책』「연책(燕策)」에는 전국시대의 책사였던 소진(蘇秦)이 연
나라의 문후(文侯 : 서기전 362~서기전 333)를 만나서 합종의 필요성을
역설하면서,

연나라의 동쪽에는 조선의 요동이 있고 북쪽에는 임호(林胡)·누번(樓
煩)이 있으며 서쪽에는 운중(雲中)·구원(九原)이 있고 남쪽에는 호타(呼

---

87 위와 같음. "自始全燕時嘗略屬眞番·朝鮮, 爲置史, 築鄣塞. 秦滅燕, 屬遼東外徼. 漢
    興, 爲其遠難守, 復修遼東故塞, 至浿水爲界."

陀)·역수(易水)가 있으며 국토가 사방 2,000리나 되며…….[88]

라고 말하고 있다. 『전국책』은 서한의 유향(劉向)이 편찬한 것이지만, 위의 소진과 문후의 대화는 중국의 전국시대에 고조선이 연나라와 국경을 접하고 있었음을 알게 해준다. 그런데 '연나라의 동쪽에 조선의 요동이 있다'는 구절의 원문을 보면 '燕東有朝鮮遼東'이라고 되어 있으므로, 이를 혹시 조선과 요동을 분리시켜 '연나라의 동쪽에 조선과 요동이 있다'고 해석하고 요동이 고조선에 속하지 않았던 것으로 오해할 가능성도 없지 않다. 그러나 조선과 요동의 지리적 관계는 요동이 서쪽에 위치해 연나라와 접해 있었다고 하는 것은 주지의 사실이다. 그러므로 요동이 고조선에 속하지 않았다면 마땅히 연나라에서 가까운 요동을 먼저 언급하고 다음에 조선을 언급해 '燕東有遼東朝鮮'이라고 기록했어야 할 것이다. 설령 이 기록에 대한 필자의 해석에 문제가 있다고 하더라도, 요동이 고조선 영역이었음은 이미 앞에서 확인되었고 또 다음에 요동의 위치를 밝히는 과정에서 그 대부분이 고조선의 영토였음이 드러나게 될 것이므로 크게 문제가 되지는 않는다.

그러므로 고조선의 위치를 밝히기 위해서는 요동의 위치를 확인할 필요가 있다. 요동은 요수의 동쪽 또는 동북쪽 지역을 말한다. 전국시대 말기에 여불위(呂不韋)가 편찬한 『여씨춘추(呂氏春秋)』「유시람(有始覽)」에는 당시의 6대 강으로 하수(河水)·적수(赤水)·요수(遼水)·흑수(黑水)·강수(江水)·회수(淮水) 등이 열거되어 있다.[89] 동한시대의 고유(高

---

88 『전국책』 권29 「연(燕)」 1. "蘇秦將爲從, 北說燕文侯曰, 燕東有朝鮮遼東, 北有林胡·樓煩, 西有雲中·九原, 南有呼陀·易水, 地方二千餘里……."
89 『여씨춘추』 권13 「유시람」.

誘)는 요수에 대해서 주석하기를,

> 요수는 지석산(砥石山)에서 나와 새(塞)의 북쪽으로부터 동쪽으로 흘러
> 곧게 요동의 서남에 이르러 바다로 들어간다.[90]

고 했다. 서한시대에 유안(劉安)이 편찬한 『회남자(淮南子)』「추형훈(墜
形訓)」에도 당시의 6대 강이 기록되어 있는데, 그 내용은 『여씨춘추』에
실린 것과 동일하다.[91] 『회남자』에 나오는 요수에 대해서도 고유는 주석
하기를, "요수는 갈석산(碣石山)에서 나와 새의 북쪽으로부터 동쪽으로
흘러 곧게 요동의 서남에 이르러 바다로 들어간다."[92]고 해 『여씨춘추』
의 요수 기록과 동일한 내용을 전해 주고 있다. 단지 요수의 시원지를
『여씨춘추』의 주석에서는 지석산이라 했고 『회남자』의 주석에서는 갈석
산이라고 한 차이가 있을 뿐이다. 어쨌든 위 고유의 주석은 요수가 요동
의 서남부 경계를 이루는 강이었음을 전해주고 있다.

그러므로 고조선과 위만조선이 있었던 시기인 전국시대와 서한시대
의 요동을 확인하기 위해서는 당시의 요수가 오늘날 어느 강이었는가를
알 필요가 있게 된다. 그런데 고유는 요수의 시원지에 대해서 지석산과
갈석산을 들었으니 그 가운데 하나는 착오일 것임이 분명한데, 지석산
은 아직까지 고증되지 못한 상태에 있으나 갈석산은 오늘날 중국 하북
성 동북부에 있는 창려에 위치하고 있다.[93] 이 갈석산은 고대 중국의 동

---

90 위와 같음. "遼水出砥石山自塞北東流, 直至遼東之西南入海."

91 『회남자』 권13 「추형훈」.

92 위와 같음. "遼水出碣石山, 自塞北東流, 直遼東之西南入海."

93 高洪章·董寶瑞, 「碣石考」『歷史地理』 3輯, 上海人民出版社, 1983, pp. 225~228.
중국의 옛 문헌에 나오는 갈석산은 바다에 침몰되었을 것이라는 이른바 '갈석창해설

북부 변경에 위치했던 산의 명칭으로 자주 문헌에 등장한다. 그런데 갈석산에서 가까운 곳에 있는 강으로는 오늘날 난하밖에 없다. 갈석산은 발해의 해안으로부터 북쪽으로 약 20킬로미터 떨어진 곳에 위치하므로 바다와의 거리가 너무 가까워 요수의 시원지가 될 수는 없겠지만, 서로 가까운 지역에 있었기 때문에 착오를 일으켰을 것으로 본다면, 고유가 주석한 요수는 오늘날 중국 하북성 동북부에 있는 난하일 것으로 추정할 수 있다. 요수의 흐름 방향에 대하여 고유는 말하기를 '새의 북쪽으로부터 동쪽으로 흐른다'고 했는데, 이는 오늘날 난하 하류의 흐름 방향과 일치한다.

춘추시대로부터 서한시대에 이르는 시기의 요수의 위치를 확인할 수 있는 좀 더 분명한 기록이 『설원(說苑)』에 보인다. 『설원』「변물(辨物)」편에는 춘추시대에 제나라의 환공(桓公)이 관중(管仲)과 함께 고죽국(孤竹國)을 침공한 내용이 실려 있다. 그 기록을 보면, 그들은 고죽국에 이르기 전에 비이(卑耳)라는 계곡을 10리쯤 못 가서 강을 건넜는데 그 강의 명칭이 요수(遼水)로 되어 있다.[94] 이 기록은 『관자(管子)』「소문(小問)」편에 있는 것을 옮겨 적은 것인데, 『관자』의 기록에는 강을 건넌 것으로만 되어 있고 강의 이름은 적혀 있지 않았다. 그런데 『설원』에는 요수라는 강 이름이 삽입되어 있다. 따라서 『설원』의 저자인 유향이 강 이름을 확인해 보충했음을 알 수 있다. 그런데 고죽국의 위치는 대체로 오늘날 중국 하북성 동북부 노룡현(盧龍縣) 지역이었을 것이라는 데 이론

(碣石滄海說)'이 있었으나, 근래의 연구 결과에 의해 오늘날 하북성 동북부, 즉 난하 동부 연안에 있는 창려의 갈석산이 문헌에 나오는 갈석산임이 확인되었다.
94 『설원』 권18 「변물」.

이 없으며,[95] 노룡현은 난하의 하류 동부 연안에 위치하고 있다.

서주시대로부터 전국시대에 이르기까지 제나라는 오늘날 산동성에 있었고 당시에 제나라의 환공과 관중은 오늘날 중국 하북성 북부에 있었던 산융(山戎)을 토벌한 후 동쪽을 향해 고죽국 침공에 나섰으므로, 그 지리적 관계로 보아 제나라의 환공과 관중이 고죽국을 침공할 때 건넌 요수는 오늘날 난하였음을 알 수 있다. 『관자』는 전국시대의 저술이지만 제나라의 환공은 춘추시대 초기인 서기전 7세기의 인물이었으며 『설원』은 서한의 유향에 의해 저술되었으므로, 춘추시대 또는 전국시대로부터 서한시대 초기에 이르기까지는 오늘날 난하가 요수로 불렸음을 알 수 있다.

오늘날 난하가 요수였음은 『수경주(水經注)』에서도 확인된다. 오늘날 난하는 유수(濡水)라고도 불렸는데,[96] 『수경주』「유수」조를 보면 앞에 소개된 『관자』「소문」편의 환공이 고죽국을 정벌한 내용이 실려 있다. 그리고 비여현(肥如縣) 근처의 산 위에 있는 사당에 얽힌 전설도 실려 있고, 전설에 등장한 그 지역의 강 이름이 요수로 불렸던 것으로 기록되어 있다.[97] 비여현은 고죽국 지역으로서 오늘날 난하 하류 유역에 있었다.[98] 이로써 『수경주』의 편찬자인 역도원(酈道元)도 오늘날 난하를 요수로 인정했음을 알게 된다.

그런데 지금까지 많은 학자들은 오늘날 요하를 고조선·위만조선 시

---

95 陳槃, 『不見於春秋大事表之春秋方國稿』, 冊1 「孤竹」, 中央研究院歷史語言研究所, 民國 59(1970), pp. 28~31.

96 藏勵龢 等, 『中國古今地名大辭典』, 商務印書館, 民國 64(1975), pp. 1281~1282.

97 『수경주』 권14 「유수」조.

98 『한서』 권28 하 「지리지」 하에 따르면, 비여현은 영지현(令支縣)과 접해 요서군(遼西郡)에 속해 있었는데 영지현에는 고죽성(孤竹城)이 있었다.

대의 요수로 인정하고 그 동쪽 지역을 요동으로 인식했다. 그러므로 요수라는 강 이름이 어느 시기에 오늘날 요하를 대신해왔는지를 확인할 필요가 있다. 『한서』 「지리지」 〈현도군(玄菟郡)〉조를 보면 『한서』의 편찬자인 반고(班固) 자신의 주석으로 요수가 기록되어 있는데, 이 강은 중국의 문헌에 등장한 요수 가운데 가장 동쪽에 위치한 것으로, 그 위치나 흐름 방향으로 보아 오늘날 요하이다.[99] 다시 말하면 『한서』 「지리지」에 보이는 요수는 오늘날 난하가 아니라 요하인 것이다. 따라서 이 기록에 따라 서한시대와 그 이전의 요수는 오늘날 요하였다고 주장하는 학자가 있을 수 있다. 그러나 여기서 알아야 할 것은 『한서』는 동한시대에 편찬되었으므로 서한 말까지의 역사와 지리를 수록하고 있는데 서한 초부터 말기 사이에는 서한의 동북 지역의 영역에 크게 변화가 일어났다는 사실이다. 즉 서한 무제가 원봉 3년(서기전 108) 위만조선을 멸망시키고 그 지역에 낙랑(樂浪)·진번(眞番)·임둔(臨屯)·현도(玄菟)의 한사군을 설치해 서한의 영토가 오늘날 요하에까지 이르게 되었던 것이다. 이러한 결과로 요수라는 명칭이 오늘날 난하로부터 요하로 이동했던 것이다. 이로 보아 요수는 고대 중국인들이 그들의 동북부 국경을 이루는 강에 대해서 부르던 명칭이었던 것임을 알 수 있다.

오늘날 요하가 원래 요수가 아니었음은 『삼국유사』 기록에서 확인된다. 『삼국유사』 「순도조려(順道肇麗)」에는 "요수는 일명 압록(鴨淥)이었는데 지금은 안민강(安民江)이라고 부른다."[100]고 했다. 이로써 서한 무제 이후 중국인들이 오늘날 요하를 요수라고 부른 후에도 고구려인들은 그것을 압록수라고 불렀으며 고려시대에는 안민강이라고 했음을 알 수

---

99 『한서』 권28 하 「지리지」 하 〈현도군〉조 '고구려현'의 주석.
100 『삼국유사』 권3 「순도조려」. "遼水一名鴨淥, 今云安民江."

있다. 고대 중국인들은 동북부 국경을 이루는 강을 요수라고 했고 고대 한국인들은 그것을 압록수라고 했던 것이다.

지금까지의 고찰을 통해 분명해진 것은, 고조선·위만조선 시대의 요수는 오늘날 중국 하북성 동북부에 있는 난하였고 오늘날 요하가 아니었으며, 당시 요동은 오늘날 난하 동북쪽 지역을 지칭했다는 것이다. 따라서 요동은 고조선·위만조선의 영토였으므로 난하의 동쪽 지역이 고조선의 영토였다는 것이 된다. 그런데 요수라는 명칭이 오늘날 난하로부터 요하로 옮겨온 후에도 난하의 동북부 유역을 여전히 요동이라고 불렀던 것이니, 『삼국지』 「동이전」 〈고구려전〉에,

고구려는 요동의 동쪽 1,000리 떨어진 곳에 있다.[101]

고 했는데, 중국의 삼국시대에 고구려는 서쪽 국경을 오늘날 요하와 접하고 있었으므로 당시의 요동은 오늘날 난하 동북부 유역이었음을 알 수 있다.

그런데 『관자』를 보면 춘추전국시대에 연나라에도 요동이 있었던 것으로 되어 있다. 『관자』 「지수(地數)」편에는 관중이 제나라의 환공에게 말한 내용 가운데,

초나라에는 여한(汝漢)의 금이 있고 제나라에는 거전(渠展)의 염(鹽)이 있으며, 연나라에는 요동의 자(煮)가 있다.[102]

---

101 『삼국지』 권30 「동이전」 〈고구려전〉. "高句麗在遼東之東千里."
102 『관자』 권23 「지수(地數)」. "管子對曰, 夫楚有汝漢之金, 齊有渠展之鹽, 燕有遼東之煮, 此三者, 亦可以當武王之數."

고 한 것이 있는 것으로 보아, 연나라에는 자(煮)의 생산지인 요동이 있었음을 알 수 있다. 자는 짠물을 끓여서 만든 소금을 말하므로 연나라의 요동은 해변 지역이었을 것이다. 제나라의 환공과 관중은 춘추 초기(서기전 7세기 초)의 인물이었으므로 연나라의 요동은 춘추 초기부터 있었다고 볼 수 있다. 지금까지 고찰한 바를 종합해보면, 요동은 고조선에 속한 부분이 있었고 연나라에 속한 부분도 있었는데 연나라에 속한 부분은 바다에 접해 있었다는 것이 된다.

요동은 요수의 동북 지역에 대한 명칭이었음은 앞에서 확인되었다. 따라서 연나라는 부분적이지만 요수의 동북부 지역에까지 영토를 가지고 있었다는 것이 된다. 그러므로 고조선의 요동을 명확하게 인식하기 위해서는 연나라의 요동이 요동의 어느 부분이었는지를 밝힐 필요가 있다. 『염철론(鹽鐵論)』「험고(險固)」편에는 연나라의 국경에 대해서,

> 대부(大夫)가 말하기를······ "연나라는 갈석에 의해 막혔고 사곡(邪谷)에 의해 끊겼으며 요수에 의해 둘러싸였다. ······ 이것들은 나라를 굳게 지킬 수 있게 하니 산천은 나라의 보배이다."라고 했다.[103]

는 기록이 보인다. 이 기록에서 갈석과 사곡이 요수와 더불어 연나라의 국경을 이루고 있었음을 알 수 있다. 여기에서 언급된 갈석은 진한시대에도 같은 명칭으로 불렸던 곳으로 앞에서 언급된 바 있는 갈석산이 있는 곳인데, 오늘날 중국 하북성 동북부에 있는 난하 하류의 동부 연안에 있는 창려 갈석이었다는 것은 주지의 내용이다. 그런데 당시의 요수는

---

103 『염철론』 권9 「험고」. "大夫曰, ······, 燕塞碣石, 絶邪谷, 繞援遼, ······者, 邦國之固, 而山川社稷之寶也."

오늘날 난하였으므로 연나라 요동의 남부 지역은 오늘날 난하 하류 동부 연안의 발해와 접한 하북성 내의 일부로서 창려 갈석까지였음을 알 수 있다.

그러면 연나라 요동의 북부 경계는 어디였는가? 그것은 다음과 같은 기록들에서 확인된다. 『여씨춘추』에는 전국시대 각국의 요새 가운데서 대표적인 것으로 대분(大汾)·명액(冥阨)·형완(荊阮)·방성(方城)·효(殽)·정형(井陘)·영자(令疵)·구주(句注)·거용(居庸) 등을 들고 있다.[104] 이 가운데 영자와 거용은 연나라의 국경에 있던 요새인데 동한의 고유는 영자에 대해서 주석하기를, "영자는 요서에 있는데 이곳은 바로 영지(令支)이다."[105]라고 했다. 거용은 오늘날 북경 북방에 그 유적이 남아 있다. 그런데 『한서』「지리지」〈요서군(遼西郡)〉조에 따르면 영지에는 고죽성이 있었으니[106] 영지가 고죽국 지역이었음을 알 수 있다. 고죽국의 중심지가 난하 하류의 동부 연안으로 오늘날 노룡현 지역이었다는 것은 주지의 사실이다.[107] 두우는 『통전』에서 고죽성이 당나라시대의 노룡현에 있었다고 했다.[108]

그런데 난하가 유수로도 불린 바가 있음은 앞에서 말했는데 『수경주』「유수」조를 보면 "유수는 동남으로 흘러 노룡의 옛 성의 동쪽을 지난다."고 했고 또 "동남으로 흘러 영지현 옛 성의 동쪽을 지난다."고 되어 있으니,[109] 영지는 유수의 서쪽에 있었다는 것이 된다. 영지는 전국시대

---

104 『여씨춘추』 권13 「유시람」.
105 위와 같음. "令疵在遼西, 則是令支."
106 『한서』 권28 하 「지리지」 하 〈요서군〉조 '영지현' 주석. "有孤竹城, 莽曰令氏亭."
107 주 95와 같음.
108 『통전』 권178 「주군(州郡)」 8 〈평주〉.
109 『수경주』 권14 「유수」조.

에는 영자였고 유수는 난하의 옛 명칭이었으므로, 연나라의 국경 요새였던 영자는 오늘날 난하 서부 연안에 있었다는 것이 된다. 그러므로 영자의 이북 지역에 난하의 상류와 중류에 의해 고조선과 연나라 사이의 국경이 형성되었을 것임을 알 수 있다. 다시 말하면 오늘날 난하 중하류의 서부 연안에 위치했던 영자새(令疵塞)로부터 난하의 하류 동부 연안에 위치한 창려 갈석에 이르는 선을 경계로 하여 난하와 그 사이가 연나라의 요동이었음을 알 수 있다. 따라서 요동의 대부분은 고조선에 속해 있었고 그 서남부 귀퉁이 일부가 연나라에 속해 있었던 것이다.

여기서 한 가지 의문이 제기될 수 있다. 그것은 고죽국의 중심지가 난하 하류의 동부 연안이었다면 어찌해서 영지의 고죽성은 난하의 서부 연안에 위치했었는가, 하는 점이다. 이 점은 다음과 같이 이해된다. 영지의 고죽성은 방위용의 것으로서 원래 고죽국이 난하의 서부 연안까지 진출했으나 후에 연나라의 세력이 확장되면서 그 지역이 연나라에 속하게 되었을 것으로 생각된다. 다음에 확인되겠지만 이와 비슷한 예를 고조선과 서한 사이에서 볼 수 있다. 전국시대에 연나라의 진개(秦開)가 고조선을 침략한 후 국경 초소를 난하의 동부 연안에 설치한 바 있는데, 그 후 서한 초에 이르러 서한이 그것을 유지하기가 곤란하므로 국경 초소를 난하의 서부 연안으로 옮겼던 것이다. 다시 말하면 고대에는 국경 초소가 국경선을 이루는 강의 건너편에 설치된 예가 있었던 것이다.

또 한 가지 해명해야 할 것은 요령성에서 출토된 연나라의 청동기에 관한 것이다. 오늘날 중국 요령성 능원현(凌源縣) 마창구(馬廠溝)에서는 '언후(匽侯)'라는 명문이 있는 연나라의 청동기가 출토된 바 있다.[110] 이

---

110 熱河省博物館籌備組,「熱河凌源縣海島營子村發現的古代青銅器」『文物參考資料』 1955年 8期, p. 16.

청동기의 출토 지점은 연나라의 요동 지역을 조금 벗어난 고조선의 요동에 속하는 곳이다. 일부 학자들은 이 청동기의 출토에 근거하여 그 지역이 연나라에 속했을 것으로 보고 있으나[111] 그것은 당시에 고조선 지역으로 망명했던 연나라 사람이 있었음을 알게 해준다. 『사기』 「연소공세가(燕召公世家)」에 따르면 전국시대 말에 연나라가 진나라에 의해 멸망될 때 연왕 희(喜)가 요동으로 도망한 것으로 되어 있다.[112] 그런데 같은 사건을 전하는 『사기』 「진시황본기」 기록에는 단순히 연왕 희가 요동으로 도망했다고 전하지 않고, 연왕 희가 동쪽의 요동을 회수해서 그곳의 왕이 되었다고 했다.[113]

이 기록은 연왕 희가 도망간 곳이 연나라의 요동임을 분명하게 해준다. 만약 연왕 희가 고조선의 요동으로 도망갔다면 그곳을 회수했다는 표현을 사용할 수가 없을 것이기 때문이다. 그런데 서기전 222년(연왕 희 33)에 진나라가 요동을 치고 연왕 희를 붙잡았다.[114] 이러한 당시의 상황으로 보아 연왕 희의 일행 가운데 일부가 고조선 지역으로 망명을 했고, 앞의 '언후' 청동기는 그들이 남긴 유물일 것으로 생각된다. 『사기』 「조선열전」과 『삼국지』 「동이전」에 주석으로 실린 『위략(魏略)』에 따르면, 위만은 옛 연·제 망명자들을 규합하여 기자국의 준왕으로부터 정권을 탈취했는데 이러한 연·제 망명자들은 이미 전국시대에도 있었다고 보아야 한다.

이상으로서 전국시대의 연나라 요동은 확인되었는데, 진시대로부터

---

111 劉澤華 等, 『中國古代史』, 人民出版社, 1979, p. 63.
112 『사기』 권34 「연소공세가」 〈연왕 희 29년〉조.
113 『사기』 권6 「진시황본기」 〈21년〉조.
114 『사기』 권34 「연소공세가」 〈연왕 희 33년〉조.

서한 초에 이르기까지 중국에 속해 있었던 요동은 어느 지역이었는가? 이 시기에 중국에 속해 있었던 요동도 전국시대와 다름이 없었다. 진나라에 속해 있었던 요동의 위치는 『사기』「진시황본기」에서 확인된다. 거기에는 다음과 같은 내용의 기록이 있다. 진제국의 2세 황제가 동부의 군·현을 순행했는데 그때 이사(李斯)·거질(去疾)·덕(德) 등의 대신들이 수행을 하게 되었다. 갈석산에 이르러 진시황제가 세웠던 비석의 한 귀퉁이에 2세 황제를 수행했던 대신들이 그들의 이름을 기념으로 새겨넣고 돌아왔다. 이에 대해서 2세 황제는 대신들의 이름만 새겨넣고 시황제의 공덕을 새겨넣지 않은 것을 꾸짖었다. 그러자 대신들이 잘못을 빌고 다시 갈석산에 가서 시황제의 공덕비를 세우고 돌아왔는데, 이에 대해서 『사기』의 저자인 사마천(司馬遷)은 대신들이 요동에 다녀왔다고 적고 있다.[115] 이는 진시대의 요동이 갈석산이 있는 지역임을 말하고 있는 것이다. 갈석산은 오늘날 중국 하북성 동북부의 창려 갈석에 있는 것으로 오늘날 난하 하류 동부 연안임을 앞에서 이미 언급했다. 이로써 진시대의 요동은 오늘날 요하 동쪽이 아니라 난하 동북쪽이었다는 것이 분명해졌다.

그러면 서한 초에 중국에 속해 있었던 요동은 어느 지역이었는가? 『한서』「장진왕주전(張陳王周傳)」에는 서한 초에 주발(周勃)이 연왕(燕王) 노관(盧綰)의 반란을 평정한 기록이 있는데, 그 내용 가운데 당시의 요동군 주변의 상황을 전하는 것이 있다. 노관은 원래 서한 고조와 동향의 막역한 친구로서 서한 왕조 개국공신이었기 때문에 서한 고조 5년(서기전 202) 8월에 연왕에 봉해졌다. 그 후 서한 왕실에 모반했다가 고조

---

115 『사기』 권6 「진시황본기」〈2세 황제 원년〉조.

12년(서기전 195) 4월에 흉노로 도망한 것으로 되어 있다.[116] 주발은 이 반란을 평정하면서 노관을 추격해 장성(長城)에까지 이르렀고 그 과정에서 상곡군(上谷郡) 12현, 우북평(右北平) 16현, 요동군 29현, 어양군(漁陽郡) 22현을 평정했다는 것이다.[117]

그런데 서한은 고조 때에 새로 장성을 축조했거나 동북부 지역으로 영토를 확장한 일이 없다. 오히려 흉노를 비롯한 주변의 이민족들로부터 심한 압박을 받고 있었다. 따라서 주발이 노관의 반란을 평정하면서 도달한 장성은 진장성(秦長城)을 뜻하는 것이며 그 과정에서 평정된 요동군을 포함한 여러 군현은 진장성의 안쪽에 있었을 것임을 알 수 있다. 그런데 『한서』「지리지」〈요동군〉조를 보면 요동군은 진시대에 설치된 것으로 되어 있다.[118] 진제국의 요동은 앞에서 확인된 바와 같이 오늘날 난하 하류 동부 연안으로 전국시대 연나라의 요동과 동일한 지역이었는데, 그 지역이 요동군이었던 것이다. 따라서 서한시대의 요동군도 진시대의 요동군과 동일한 지역이었을 것인데 그것은 장성의 위치를 확인하면 자연히 밝혀질 것이다.

『사기』「흉노열전(匈奴列傳)」에 따르면 전국시대 말기에 연나라는 동호(東胡)를 포함한 이민족의 침입을 방어하기 위해 조양(造陽)으로부터 양평(襄平)까지 장성을 쌓고 상곡・어양・우북평・요서・요동 등의 군을 설치한 것으로 되어 있다.[119] 그리고 『회남자』「인간훈(人間訓)」에는 진제국이,

---

116 『사기』 권93 「한신(韓信)・노관(盧綰)열전」〈노관전〉.
117 『한서』 권40 「장진왕주전」〈주발전〉.
118 『한서』 권28 하 「지리지」 하 〈요동군〉조 주석.
119 『사기』 권110 「흉노열전」.

서쪽으로는 유사(流沙)에 이르고, 북쪽으로는 요수와 만나며, 동쪽으로는 조선과 국경을 맺는 장성을 축조했다.[120]

고 기록되어 있다. 이 내용에서 진장성의 동단은 바로 고조선의 서쪽 경계였음을 알 수 있다. 그런데 『사기』「몽염열전(蒙恬列傳)」에 따르면, 진 제국이 중국을 통일한 후 몽염(蒙恬)에 의해 진장성이 축조되었는데 그 것은 임조(臨洮)에서 시작되어 요동에 이르렀던 것으로 되어 있다.[121] 따라서 앞에서 언급된 전국시대 말기에 축조된 연장성은 그 동단이 양 평에 이르렀고, 진장성의 동단은 요동이었다는 것이 된다.

그렇다면 이 두 지점은 전혀 다른 곳을 말하는 것인가? 아니면 같은 지역에 대한 다른 표기인가? 이 점을 확인하기 위해서는 양평의 위치를 밝힐 필요가 있다. 『사기』「흉노열전」의 연장성 기록에 나오는 양평에 대해서, 『사기색은』은 주석하기를, 삼국시대 오나라 사람인 위소(韋昭) 의 말을 인용해 삼국시대의 요동군 치소[122]라고 말했을 뿐 그 이상 양 평의 위치에 대해서 언급하지 않고 있다. 그런데 『위서』「지형지(地形志)」〈영주(營州)〉조 '요동군'에는, 북위(北魏)시대 요동군에는 양평과 신창(新昌) 2개의 현이 있었던 것으로 기록되어 있다.[123] 그리고 양평현 에 대한 주석에는 양평현은 서한과 동한을 거쳐 진(晉)시대에 이르기까 지 변화가 없다가 그 후 일시 폐지된 일이 있으나, 북위의 효명제(孝明帝) 정광(正光) 연간(520~525)에 다시 설치되었다고 했다.[124] 이로 보아

---

120 『회남자』 권18 「인간훈」. "築脩城, 西屬流沙, 北擊遼水, 東結朝鮮."
121 『사기』 권88 「몽염열전」. "築長城, 因地形, 用制險塞, 起臨洮, 至遼東, 延袤萬餘里."
122 『사기』 권110 「흉노열전」의 주석 『사기색은』.
123 『위서』 권106 「지형지」 상 〈영주〉조 '요동군(遼東郡)'.
124 위의 '요동군 양평현'에 대한 주석. "二漢·晉屬, 後罷, 正光中復."

양평의 위치는 북위시대까지 변화가 없었음을 알 수 있다. 그러므로 서한시대로부터 북위시대에 이르기까지의 기록에서 양평의 위치를 확인해낸다면 그곳이 바로 연장성의 동단인 양평인 것이다.

그런데 『진서(晉書)』「지리지」〈평주(平州)〉조를 보면, 동한 말기에 공손탁(公孫度)과 그의 아들 공손강(公孫康) 그리고 그의 손자 공손문의(公孫文懿)는 양평이 속한 요동에서 할거했으며 위나라에서는 동이교위(東夷校尉)를 두어 양평에 거주하게 했고, 요동·창려·현도·대방·낙랑 5군으로 나누어 평주(平州)로 삼았다가 후에 다시 유주(幽州)로 합한 것으로 되어 있다.[125] 여기에 나오는 양평을 『후한서』에서도 확인할 수 있는데, 같은 책 「원소·유표열전(袁紹劉表列傳)」에는 공손강에 대해서 그가 요동인이고 양평 지역에 거주했던 것으로 되어 있다.[126] 따라서 양평은 요동에 있었다는 것이 되는데, 여기서 말하는 요동이 어느 지역이었는지가 문제로 남는다. 오늘날 요하 동쪽인가, 아니면 서한 초 이전에 요수로 불렸던 오늘날 난하 동쪽인가 하는 점이다.

이 점은 『후한서』의 이현(李賢)의 주석이 해명해준다. 당시대의 이현은 『후한서』「원소·유표열전」에 보이는 공손강의 거주지였던 양평에 대해 주석하기를, "양평은 현인데 요동군에 속해 있었다. 그 옛 성이 오늘날 평주 노룡현 서남에 있다."[127]고 했다. 당시대의 평주 노룡현은 동한시대의 비여현인

---

125 『진서』 권14 「지리지」 상 〈평주〉조. "後漢末, 公孫度自號平州牧. 及其子康·康子文懿亦擅據遼東, 東夷九種皆服事焉. 魏置東夷校尉, 居襄平, 而分遼東·昌黎·玄菟·帶方·樂浪五郡爲平州, 後還合爲幽州."

126 『후한서』 권74 하 「원소·유표열전」 하 〈원소전(袁紹傳)〉.

127 위의 〈원소전〉에 나오는 양평에 대한 주석. "襄平, 縣, 屬遼東郡, 故城在今平州盧龍縣西南."

데, 비여현은 고죽성이 있었던 영지현(令支縣)과 접해 있었다.[128] 따라서 비여현은 고죽국 지역이었던 오늘날 난하 하류 동부 연안에 있었다는 것이 된다. 그러므로 연장성의 동단인 양평이 있었던 요동은 오늘날 요하 동쪽이 아니라 난하의 동쪽을 지칭한 것이었음을 알 수 있다. 앞에서 언급했듯이 『사기』 「흉노열전」에서 사마천은 진장성의 동단이 요동에 이르렀다고 말한 바 있는데, 이 요동도 오늘날 요하 동쪽이 아니라 난하 동쪽을 지칭한 것이다. 중국을 통일한 진나라에 의해 축조된 진장성은 전국시대부터 있었던 여러 장성을 보수·연결해 완성시킨 것으로, 그 동단 부분은 연장성을 이용했을 것으로 보아야 한다. 그렇다면 연장성의 동단을 양평, 진장성의 동단을 요동이라고 표현한 것은 전혀 다른 지역을 뜻하는 것이 아니라 같은 지역에 대한 다른 표현에 지나지 않는 것이다. 요동은 넓은 지역명으로 표현된 것이고 양평은 구체적인 지명인 것이다. 이러한 필자의 견해는 『통전』의 기록이 뒷받침해준다. 두우는 『통전』에서 한시대의 비여현에는 갈석산이 있었다고 말하고 진장성은 이 갈석에서 시작되었다고 했다.[129]

결국 전국시대로부터 서한시대 초까지 중국에 속해 있었던 요동은 오늘날 난하 하류와 난하 중하류 서부 연안에 있었던 영자새를 기점으로 하여 난하 하류 동부 연안에 있는 갈석산을 잇는 선 사이의 지역이었다는 것이 된다. 그리고 그 지역에 요동군이 설치되었으며 갈석산으로부터 영자새로 이어지는 고조선과의 국경선 상에 연장성·진장성이 위치

---

128 『구당서』 권39 「지리지」 2 〈평주〉조 '노룡'.
　　『한서』 권28 「지리지」 하 〈요서군〉조 참조.
129 『통전』 권178 「주군」 8 〈평주〉조 '노룡'. "漢肥如縣有碣石山, 碣然而立在海旁故名之, 晉「太康地志」同秦築長城所起."

했다는 것이 된다. 중국의 이 요동은 요양(遼陽)이라고도 불렸다. 『한서』 「제후왕표(諸侯王表)」에는 서한 초에 제후를 봉한 내력과 제후국들의 위치 그리고 안문(鴈門)으로부터 그 동쪽 요양까지를 연(燕)·대(代)로 만들었다는 기록이 있는데, 여기에 나오는 요양에 대해서 안사고(顏師古)는 "요양은 요수(遼水)의 양(陽)이다."[130]라고 주석했다. 요수의 '양'은 북쪽을 뜻하므로, 요양은 당시의 요수였던 오늘날 난하 북쪽을 말하는 것임을 알 수 있는데, 당시의 요동 가운데 중국의 요동을 가리키는 것이다.

오늘날 난하 동부 연안, 즉 당시의 요동이 대부분 고조선에 속해 있었음은 다음과 같은 기록에서도 확인된다. 『사기』 「조선열전」에는 조선이라는 명칭의 유래에 대한 『사기집해』의 주석이 실려 있는데, 삼국시대 위나라 사람인 장안(張晏)의 말을 인용하여,

> 조선에는 습수(濕水)·열수(洌水)·산수(汕水)가 있는데 이 세 강이 합해 열수가 된다. 아마도 낙랑의 조선은 그 이름을 여기에서 취했을 것이다.[131]

라고 했다. 조선이라는 국명의 유래에 대해서는 여러 설이 있으나,[132] 그것은 이 논문의 논리 전개와 관계가 없으므로 여기에서는 더 이상 논하지 않겠다. 그런데 장안의 언급에는 고조선의 위치를 확인할 수 있는

---

130 『한서』 권14 「제후왕표」의 본문 및 그 주석. "遼陽, 遼水之陽也."
131 『사기』 권115 「조선열전」의 주석으로 실린 『사기집해』. "朝鮮有濕水·洌水·汕水, 三水合爲洌水, 疑樂浪朝鮮取名於此也."
132 윤내현, 「사기·한서조선전연구주석」 『중국정사조선전역주』, 국사편찬위원회, 1986~1990 참조.

중요한 정보가 들어 있다. 그것은 낙랑의 조선 지역에는 열수(洌水, 列水)가 있었고 그 열수에는 습수·열수(洌水)·산수의 세 지류가 있었다는 것이다.

다음에 확인되겠지만 낙랑 지역에 고조선과는 다른 조선이라는 지명이 있었으며, 낙랑 지역은 한사군의 낙랑군이 그 지역에 설치되기 전에는 위만조선에 속해 있었고 그전에는 고조선에 속해 있었다는 것은 주지의 사실이다. 따라서 습수·열수(洌水)·산수의 세 지류가 있는 열수를 찾아낸다면 그 지역은 바로 고조선의 영역이었다는 것이 된다. 그런데 고조선의 영역이었을 것으로 추정되는 지역에 있는 강들 가운데 이러한 명칭을 가진 세 지류를 가지고 있는 강은 오늘날 난하밖에 없다.

오늘날 난하가 유수로도 불린 바 있음은 앞에서 지적했는데,『수경주』「유수」조를 보면,[133] 유수가 흐르는 도중에 무열계(武列溪)를 지나게 되는데 이곳을 무열수(武列水)라고 부른다고 했다. 앞의 세 지류 가운데 하나인 열수(洌水, 列水)는 무열수의 약칭인 것이다. 중국 문헌에 이와 같이 약칭이 사용된 예는 흔히 있는 것으로, 청장수(淸漳水)를 장수(漳水), 압록수를 압수(鴨水)로 표기한 것이 그 예이다. 지금도 난하 지류에는 무열하(武列河)라고 불리는 것이 있다. 그리고 『수경주』에는 유수와 합류하는 강으로 습여수(濕餘水)가 있었음을 전하고 있는데, 그 약칭이 습수(濕水)였다고 생각된다. 또 유수의 지류로서 용선수(龍鮮水)가 있었다는 기록이 있는데, 용선수의 약칭이 선수(鮮水) 또는 산수(汕水)였다고 생각된다.『사기색은』에 조선의 명칭에 대해서 언급하면서 선(鮮)의 음은 선(仙)인데 산수(汕水)가 있었으므로 취했다고 했으니, 선(鮮)과 선

---

133 『수경주』 권14 「유수」조.

(仙)은 통용되었음을 알 수 있다.[134] 이상의 고찰로 습수·열수(洌水)·산수가 합류했던 열수(洌水), 즉 열수(列水)는 유수로서 오늘날 난하였음을 알게 된다.

그런데 종래에는 열수(列水)가 한반도 북부에 있는 오늘날 대동강이었던 것으로 인식했다. 그 근거는 『한서』 「지리지」 〈낙랑군〉조 '탄열현(呑列縣)'에 반고는 주석하기를, "분려산(分黎山)에서 열수(列水)가 나오는데 서쪽으로 점제(黏蟬)에 이르러 바다로 들어간다."[135]고 했다. 그런데 대동강 유역에서 점제평산군신사비가 발견되자, 점(黏)과 점(粘)은 음이 통하는 것에 근거하여 이 지역이 바로 한사군의 낙랑군에 속했던 점제현일 것으로 믿게 되었고, 이 지역을 흐르는 대동강이 열수(列水)일 것으로 보았던 것이다. 그러나 앞에서 이미 지적되었듯이, 점제평산군신사비는 그 건립 연대가 동한 이후가 되어 한사군 설치 연대보다 너무 늦고, 또 한사군의 낙랑군 점제현과는 달리 그 명칭의 첫 자가 점(粘)으로 되어 있어 동일한 지역으로는 볼 수 없고 음만 같은 다른 지명으로 보아야 할 것이므로,[136] 대동강이 열수(列水)일 수는 없다. 그리고 『산해경』에 따르면 열수의 동쪽에 열양(列陽)이라는 지역이 있고 그 동쪽에 조선이 있어야 하는데,[137] 지리적 여건으로 보아 대동강의 동쪽에서는 이러한 지역을 상정할 수 없게 된다.

앞에서 오늘날 난하가 요수로 불렸던 것을 확인했는데, 이것은 열수

---

134 『사기』 권115 「조선열전」의 주석으로 실린 『사기색은』. "朝音潮, 直驕反. 鮮音仙. 以有汕水, 故名也."

135 『한서』 권28 하 「지리지」 하 〈낙랑군〉조 '탄열현'의 주석. "分黎山, 列水所出, 西至黏蟬入海."

136 주 47~52의 본문 참조.

137 주 80 참조.

(列水)로도 불렸던 것으로, 이러한 다른 명칭이 난하의 다른 부분에 대한 명칭이었는지, 아니면 사람이나 시기에 따라 달리 불렸던 것인지, 또는 요(遼)와 열(列)이 고대에 음이 동일하게 통용되었던 것인지는 분명하지 않다. 그러나 그것이 고조선의 서쪽 경계 일부를 이루는 강이었다는 것은 분명하다.[138]

지금까지 필자는 문헌의 기록을 통해 고조선의 위치가 한반도 북부가 아니라 오늘날 발해 북쪽에 위치했으며, 당시 요동은 오늘날 난하 동북쪽 지역으로서 그 대부분이 고조선에 속해 있었음을 고증했다. 필자의 견해를 뒷받침하는 지도가 있다. 그것은 13세기[남송 말·원 초]에 증선지(曾先之)가 그린 것으로, 그의 『십구사략통고(十九史略通考)』에 실려 있다. 이 지도에 따르면 조선(고조선 또는 위만조선)의 위치는 압록강 밖, 발해의 북쪽에 위치한다. 그리고 이 지도에 보이는 요수는 그 흐름 방향으로 보아 오늘날 요하가 아니라 난하로 추정된다.[139] 이 지도는 그려진 연대가 『삼국유사』가 저술되던 시기와 대체로 비슷한 것으로, 문헌의 기록이 지니는 모호함을 해결해주는 매우 중요한 자료라고 생각한다.

4. 고조선의 서변과 동남변

앞에서 고조선의 서쪽 경계는 대체로 확인되었다. 즉 전국시대로부터

---

138 고조선의 서쪽 국경을 오늘날 난하로 본 학자로는 일찍이 장도빈이 있고(장도빈, 『국사』 1916, 『산운장도빈전집(汕耘張道斌全集)』 권1), 근래에는 문정창 등이 있다(문정창, 『고조선사연구』, 1969). 그러나 고조선의 전체적 강역이나 전국시대의 진개 침략 이후의 국경 변화 등은 필자의 견해와 일치하지 않는다.

139 이 지도는 필자가 하버드-옌칭 도서관 희귀본실에서 발견했다.

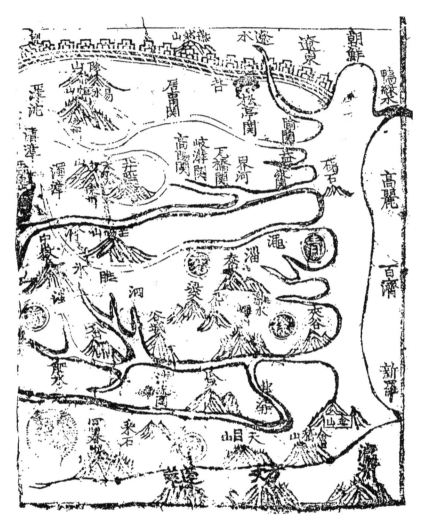

증선지, 『십구사략통고』의 지도

조선이 압록강 밖 발해의 북안에 위치해 있다. 이 지도의 갈석은 고조선의 국경에 있었던 갈석산이 아니라 산동성의 갈석산이다. 이 점은 지도상의 거용관(居庸關)·유관(隃關) 등의 위치로 보아 분명해진다. 중국 옛 문헌에는 몇 곳의 갈석산이 나타나는데 산동성에도 있었다[『중국고금지명대사전(中國古今地名大辭典)』, 상무인서관, pp. 1110∼1111 참조].

서한 초에 이르기까지의 고조선의 서쪽 국경은 오늘날 난하 상류와 중류에 의해 그 북부가 형성되었고, 그 남부는 난하의 중하류 서부 연안이 있었던 영자새로부터 난하의 하류 동부 연안에 있었던 창려 갈석에 이르는 선으로 형성되어 있었다. 그리고 이 국경선상에 연장성이 축조되었고, 그것이 후에는 진장성의 일부를 형성했다.

그런데 고조선의 서쪽 변경을 좀 더 명확하게 인식하기 위해 그 지리를 구체적으로 살펴볼 필요가 있다. 그러기 위해서 고조선으로부터 위만조선에 이르기까지의 국경선의 변화와 그 주변 지리를 전해주는 『사기』「조선열전」 기록을 보면,

조선의 왕인 (위)만은 옛날 연나라 사람이었다. 연나라가 전성기로부터 진번·조선을 침략해 복속시키고 관리를 두기 위해 장새를 축조했다. 진(秦)나라가 연나라를 멸망시킴에 따라 그것이 요동외요에 속하게 되었다. (서)한이 흥기했으나 그것이 너무 멀어 지키기 어려우므로 요동고새를 다시 수리했고 패수까지를 경계로 삼아 연나라[서한의 후국(侯國)]에 속하게 했다. 연왕 노관이 (서)한에 반항해 흉노로 들어가니 만도 망명했는데, 1,000여 명의 무리를 모아 상투머리에 만이(蠻夷)의 옷을 입고 동쪽으로 도주해 요새를 나와 패수를 건넜다. (그는) 진나라의 옛 공지(空地)인 상하장(上下鄣)에 거주하면서 겨우 변방을 지키며 진번·조선에 속해 있었는데, 만이 및 옛 연나라·제나라의 망명자들이 그를 왕으로 삼으니 왕험에 도읍했다.[140]

---

140 『사기』권115「조선열전」. "朝鮮王滿者, 故燕人也. 自始全燕時, 嘗略屬眞番·朝鮮, 爲置吏, 築鄣塞. 秦滅燕, 屬遼東外徼. 漢興, 爲其遠難守, 復修遼東故塞, 至浿水爲界, 屬燕. 燕王盧綰反, 入匈奴, 滿亡命, 聚黨千餘人, 魋結蠻夷服而東走出塞, 渡浿

고 기록되어 있다. 이 기록에서 진번·조선, 장새, 요동외요, 요동고새, 패수, 상하장 등이 고조선의 서쪽 변경 지대에 있었던 여러 지역의 명칭으로 등장하고 있다. 그러므로 이것들을 하나하나 검토해봄으로써 좀 더 구체적인 이해에 도달할 수 있을 것이다.

진번과 조선의 경우 순서에 따른다면 진번을 먼저 고찰해야겠지만 편의상 조선의 위치부터 확인하고자 한다. 종래에는 이 조선이 고조선을 의미하는 것으로 인식했기 때문에 이 기록을 해석하는 데 문제가 있었다. 만약 이 조선이 고조선이라면 전국시대의 연나라가 전성기에 고조선을 공략해 복속시켰다는 것이 되기 때문이다. 그런데 이 조선은 고조선을 지칭하는 것이 아니라 고조선의 서쪽 변경에 있었던 지역을 가리키는 지명의 하나였다. 이 점을 밝히기 위해『삼국지』「동이전」의 주석으로 실린『위략』내용을 보면, "연나라가 장수 진개를 파견해 그 (고조선) 서방을 공략해 2,000여 리의 땅을 얻고 만(滿)·번한(番汗)까지로 경계를 삼으니 조선은 마침내 약화되었다."[141]고 했다. 이 기록은 앞의『사기』「조선열전」에서 소개된 전국시대의 연나라가 전성기에 진번과 조선을 공략해 복속시켰다는 내용을 좀 더 자세히 전해준다.

그런데『사기』「조선열전」에는 조선이 연나라에 공략당해 복속된 것으로 나타나고,『위략』에는 조선이 그 서방 2,000여 리의 땅을 빼앗긴 것으로 되어 있다. 여기서 연나라에 복속된 조선과 서방의 땅 2,000여 리를 빼앗긴 조선이 동일할 수가 없는 것이다. 전자는 고조선의 서쪽 변경의 한 곳을 가리키는 지명이고 후자는 고조선인 것이다.『한서』「서남

水, 居秦故空地上下鄣, 稍役屬眞番·朝鮮, 蠻夷及故燕·齊亡命者王之, 都王險."
141『삼국지』권30「동이전」〈한전(韓傳)〉의 주석으로 실린『위략』. "燕乃遣將秦開攻其西方, 取地二千餘里, 至滿番汗爲界, 朝鮮遂弱."

이양오조선전(西南夷兩奧朝鮮傳)」에서 안사고는 조선에 대해서 주석하기를 "전국시대에 연나라가 공략해 이곳을 얻었다."[142]고 했는데, 그 내용으로 보아 안사고가 말한 조선은 『사기』「조선열전」의 첫머리에 진번과 나란히 기록된 조선을 말하는 것으로서, 고조선 전 지역일 수가 없다. 왜냐하면 고조선이 전국시대에 완전히 연나라에 병합된 적이 없기 때문이다. 시대적인 배경은 다르지만 이와 유사한 내용이 『염철론』「주진」편에서도 발견된다. 거기에는 "진(秦)나라가 천하를 병합한 후에 동쪽으로 패수(沛水, 浿水)를 건너 조선을 멸망시켰다."[143]고 기록되어 있다. 여기에 나오는 조선도 고조선 전 지역일 수가 없다. 고조선이 진나라에 멸망된 적이 없기 때문이다.

그렇다면 위에서 언급된 조선을 어떻게 인식해야 하는가? 이 점을 분명히 하기 위해 조선이 언급된 사건을 자세하게 분석할 필요가 있다. 『한서』에서 안사고가 주석한 '조선'이 나오는 본문은 『사기』「조선열전」을 옮겨온 것으로 전국시대의 연나라가 전성기에 고조선을 침략했던 사실을 적은 것인데, 이것이 『위략』이 전하는 '진개 전쟁'을 말하고 있음은 설명을 필요로 하지 않을 것이다. 그런데 진개는 고조선의 서부를 침략한 사실은 있지만 고조선을 복속시킨 일은 없다. 종래에는 진개가 고조선의 서부 2,000여 리를 침략했다는 『위략』의 기록에 따라 이 시기에 고조선의 서쪽 국경이 크게 후퇴했을 것으로 보았다. 그러나 필자는 그렇게 보지 않는다. 진개의 침략으로 고조선은 크게 피해를 입었겠지만, 오래지 않아 진개는 후퇴를 했고 국경선은 크게 변화하지 않았다. 그것은

---

142 『한서』 권95 「서남이양오조선전」 〈조선전〉의 '조선'에 대한 주석. "師古曰, 戰國時燕國略得此也."
143 『염철론』 권44 「주진(誅秦)」. "秦旣幷天下, 東絶沛(浿)水, 幷滅朝鮮."

다음과 같은 기록에서 확인된다.

『위략』에 따르면, 진개의 고조선 침략전쟁이 있은 후에 연나라는 고조선과의 국경을 만·번한까지로 한 것으로 되어 있다.[144] 따라서 만·번한의 위치가 확인되면 국경선의 변화를 알 수 있다. 만·번한의 위치는 『한서』「지리지」와 『수경주』 기록을 통해 입증할 수 있다. 『한서』「지리지」〈요동군〉조에는 문(文)·번한(番汗)의 2개 현의 명칭이 보인다.[145] 이 문·번한이 『위략』에 보이는 만(滿)·번한(番汗)이라는 데 이론이 없는데, 동한시대에 이르면 문현(文縣)은 문현(汶縣)으로 바뀐다.[146] 문(文)·문(汶)·만(滿)은 중국의 동남부 지역에서 통용되는 오음(吳音)으로는 동일한 음이 된다. 고음(古音)이 주로 변경 지역에서 오래 보존되어 내려온다는 점을 고려하면 이 세 문자는 고대에 동일한 음을 지니고 있었을 것으로 생각된다. 문현과 번한현이 항상 나란히 기록된 것으로 보아 이들은 연접한 지역의 명칭임을 알 수 있다. 그런데 『한서』「지리지」 번한현의 반고 주석에는 그곳에 패수(沛水, 浿水)가 있다고 했으며,[147] 응소(應劭)의 주석에는 한수(汗水)가 있다고 했다.[148] 그리고 『수경주』「유수」조를 보면 유수의 지류로 한수가 있다.[149] 그런데 유수는 오늘날 난하의 옛 명칭이므로 결국 패수와 한수는 난하의 지류였을 것임을 알 수 있다. 따라서 만·번한은 오늘날 난하 유역에 있었던 지역을 가리키는 명칭인 것이다.

---

144 주 141과 같음.
145 『한서』 권28 하 「지리지」 하 〈요동군〉조.
146 『후한서』 지23 「군국(郡國)」 5 〈요동군〉.
147 『한서』 권28 하 「지리지」 하 〈요동군〉조 '번한'의 주석.
148 위와 같음.
149 『수경주』 권14 「유수」조.

반고와 응소는 패수(沛水, 浿水)와 한수의 흐르는 방향에 대해서 "새(塞) 밖으로 나와서 남쪽으로 흘러 바다로 들어간다."[150]고 했는데, 이것은 앞에서 언급된 요수의 흐르는 방향과는 다르다. 반고와 응소는 요수가 동쪽 또는 동남쪽으로 흘러 바다로 들어간다고 했었다. 만약 고조선으로부터 위만조선에 이르기까지의 서쪽 경계였던 요수와 패수가 동일하게 오늘날 난하였다면, 그 흐르는 방향이 왜 다르게 기록되었는지 의문을 갖게 될 것이다. 그것은 다음과 같이 설명될 수 있다.

난하는 매우 긴 강이다. 따라서 부분에 따라 흐르는 방향과 명칭이 다르게 되는데, 요수의 경우는 그 하류 방향을 설명한 것이었다. 그러나 만·번한과 관계된 패수(沛水, 浿水)와 한수는 난하의 지류이므로 흐르는 방향이 다르게 되는 것이다. 현재 난하의 지류로서 서남으로 흐르는 강은 폭하(瀑河)·청룡하(靑龍河) 등이 있다. 진개가 고조선을 침략한 후 후퇴했음은 당시 연나라의 정황을 살펴보면 더욱 분명해진다.『위략』의 기록을『사기』「조선열전」과 연결시켜 보면 진개가 고조선을 침략한 시기는 연나라의 전성기였음을 알 수 있다. 연나라의 전성기는 소왕(昭王) 때로 서기전 311년부터 서기전 279년 사이였으니 진개의 고조선 침략은 이 기간에 있었을 것이다. 연나라는 서기전 284년 진나라·초나라·조나라·위나라·한나라 등과 연합해 강국인 제나라를 치고 70여 개의 성과 제나라의 도읍인 임치(臨淄)까지 점령했다.[151] 이 시기에 진개가 기자국과 고조선을 친 것인데 당시 연나라의 국력으로 보아 가능한 것이다. 그러나 5년 후인 서기전 279년 연나라의 소왕이 사망하고 혜왕(惠王)이 즉위했는데 혜왕은 용렬한 군주여서 국력이 크게 약화되었다. 그

---

150 주 147·148과 같음.
151 『전국책』권30 「연」 2.

래서 연군은 제군에게 크게 패하고 철수해야만 했다. 그뿐만 아니라 서기전 273년 한나라·위나라·초나라가 연합해 연나라를 정벌한 사태까지 일어났다. 그 후 연나라는 멸망될 때까지 국력이 크게 쇠퇴했다.[152]

연나라는 전성기를 맞은 후 불과 5년이 지나 국력이 크게 쇠퇴했던 것이다. 이러한 상황에서 고조선을 친 진개만이 그 지역을 계속해서 확보하고 있었을 것으로는 생각하기 힘들다. 진개도 어쩔 수 없이 후퇴했을 것이다. 『위략』의 기록에 진개가 기자국과 고조선의 땅 2,000여 리를 빼앗고 그 다음에 국경을 만·번한으로 삼았다고 했는데, 앞에서 살펴본 바와 같이 만·번한은 오늘날 난하 유역에 있었던 지역을 가리키는 지명이었다. 즉 진개의 침략 후에도 고조선과 연나라의 국경은 그 이전과 크게 차이가 없이 오늘날 난하 유역이었던 것이니, 이는 진개가 후퇴했음을 입증해준다. 진개가 침략했다는 2,000여 리는 실제의 거리라기보다 많은 땅을 침략했다는 뜻으로 해석되어야 할 것이다.[153] 어쨌든 고조선은 진개의 침략으로 큰 피해를 입었던 것은 사실이지만, 오래지 않아서 영토가 거의 회복되었던 것이다.

여기서 한 가지 알아야 할 것은, 전국시대에 연나라만 일방적으로 고조선을 침략한 것이 아니라 고조선도 연나라를 침공한 사실이 있다는 점이다. 『염철론』「비호(備胡)」편을 보면, 고조선이 요동에 있던 연나라

---

152 『전국책』 권31 「연」 3.
  『사기』 권34 「연소공세가」 〈혜왕 7년〉조.
153 『사기』 권66 「소진열전」에 따르면, 소진은 연나라의 문후에게 연나라의 땅은 사방 2,000리나 된다고 했고 조나라의 숙왕에게도 조나라의 땅은 사방 2,000리라고 했으며, 제나라의 선왕에게도 제나라의 땅은 사방 2,000리나 된다고 했는데, 이 세 나라의 크기는 동일하지 않았다. 소진은 이 세 나라의 군주에게 넓은 땅을 가졌다는 뜻으로 사방 2,000리라는 표현을 사용했던 것이다. 이러한 예로 보아 진개가 빼앗은 2,000리는 실제의 거리가 아니라 넓은 땅을 빼앗았다는 뜻으로 해석되어야 한다.

의 요(徼 : 국경 초소)를 넘어 연나라의 동부 지역을 탈취한 일이 있음을 알 수 있다.[154] 요동에 있었던 연나라의 요는 『사기』 「조선열전」에 나오는 요동외요를 지칭한 것으로 생각되는데, 열전의 내용에 따르면 요동외요는 진개의 고조선 침략 후에 설치되었다. 따라서 『염철론』 「비호」편 기록은 진개가 고조선을 침략한 후에 고조선도 연나라를 침공한 사실이 있음을 전하고 있다. 이로 보아 고조선과 연나라는 때때로 상호 침공이 있었으나 국경선에는 크게 변화가 없었음을 알 수 있다.

『염철론』 「벌공(伐功)」편에서는 "연나라는 동호를 물리치고 1,000리의 땅을 넓혔으며 요동을 지나 조선을 침공했다."[155]고 전하는데, 이것은 『사기』 「흉노열전」과 『위략』에 보이는 진개의 침략을 가리키는 것으로 생각된다. 그런데 만약 진개가 고조선의 영토를 침공해 그것을 확보하고 있었다면 연나라의 국경은 동쪽으로 크게 이동되어 있어야 한다. 그럼에도 불구하고 『염철론』 「험고」편에서 연나라의 국경은 갈석·사곡·요수였다[156]고 밝히고 있는 것은 무엇을 의미하는가? 그것은 진개의 전쟁이 일시적인 침략행위에 불과했고 다시 후퇴했음을 의미하는 것이다.

실제로 전국시대에 연나라보다는 제나라가 강대국이었는데 제나라는 오늘날 산동성 지역에 터를 잡았다. 그런데 종래의 통설처럼 연나라가 압록강을 고조선과의 국경으로 삼고 있었다면 연나라는 제나라의 두 배 정도의 대국이어야 한다. 이는 전국시대의 상황과 부합되지 않는 것이다. 그리고 사마천이 『사기』에서 "연나라는 북쪽으로는 만맥(蠻貊)의 압력을 받았고, 안으로는 제나라·진나라와 국경을 함께하여 강국들 사이

---

154 『염철론』 권38 「비호」. "大夫曰, 往者四夷俱强, 並爲寇虐, 朝鮮踰徼, 刦燕之東地."
155 『염철론』 권45 「벌공」. "燕襲走東胡辟地千里, 度遼東而攻朝鮮."
156 주 103 참조.

에 끼어 있던 변방의 가장 약하고 작은 나라로서 여러 번 멸망할 위험을 겪었다."[157] 면서 연나라를 약소국으로만 표현하고 진개의 고조선 침략은 언급하지도 않았다는 점도 참고되어야 한다.

이상과 같은 당시의 상황으로 보아 전국시대에 진개의 고조선 침략으로 연나라에 복속되었다는 진번과 조선이 가리키는 지역은 오늘날 난하 유역에 있었던 지역일 수밖에 없게 된다. 그리고 『염철론』「주진」편에서 언급된 진나라가 중국을 통일한 후에 패수(오늘날 난하)를 건너 토멸했다는 조선도, 그 기록이 옳다면 오늘날 난하 동부 연안에 있어야 한다. 중국을 통일한 진나라는 도망친 연왕 희를 붙잡기 위해 장수 왕분(王賁)의 인솔 아래 요동을 공격한 일이 있으며, 장수 몽염의 지휘 아래 요동에 장성을 축조한 바 있다. 그러나 고조선을 크게 침공한 기록은 확인되지 않는다. 따라서 진나라가 토멸했다는 조선은 국경 지역에 있었던 지명일 수밖에 없게 된다.

지금까지 소개된 조선에 관한 기록이 잘못된 것이 아니라면, 이 조선은 고조선을 지칭한 것이 아니라 난하 유역에 있었던 지명이라고 보아야 한다. 이것이 일개 지명이었다고 하는 것은 다음과 같은 기록들에 의해 입증된다. 『한서』「지리지」〈낙랑군〉조를 보면 낙랑군에 속해 있던 25개의 현 가운데 조선현이 있었는데, 이에 대해서 응소는 주석하기를 기자가 봉해졌던 곳이라고 했다.[158] 그런데 『위서』「지형지」〈평주〉조 '북평군'을 보면 북평군에는 조선과 창신[昌新 : 신창(新昌)?] 2개의 현이

---

157 『사기』 권34 「연소공세가」. "燕北迫蠻貉, 內措齊·晉, 崎嶇彊國之間, 最爲弱小, 幾滅者數矣."
158 『한서』 권28 하 「지리지」 하 〈낙랑군〉조 '조선현'의 주석. "應劭曰, 武王封箕子於朝鮮."

있었던 것으로 되어 있는데, 조선현의 주석에는 "서한·동한을 거쳐 진(晉)시대에 이르기까지는 낙랑군에 속해 있다가 그 후 폐지되었다. 북위의 연화 원년(서기 432)에 조선현의 거주민을 비여현으로 이주시키고 다시 설치해 북평군에 속하게 했다."고 했다.[159] 따라서 조선현의 위치는 진시대까지는 변화가 없었다.

그러므로 진시대까지의 기록에서 조선현의 위치를 확인해내면 그곳이 서한·동한 이래의 조선현의 위치가 된다. 그런데 『진서』 「지리지」〈평주〉조 '낙랑군'을 보면 진시대의 낙랑군은 한시대에 설치된 것으로 되어 있고, 그 안에 조선·둔유(屯有)·혼미(渾彌)·수성(遂城)·누방(鏤方)·사망(駟望) 등 6개의 현이 있었는데 조선현은 기자가 봉해졌던 곳이고 수성현은 진장성이 시작된 곳이라고 했다.[160] 이 기록은 조선현의 위치를 밝히고 있지 않지만, 수성현은 진장성이 시작된 곳이라고 했으므로 그 위치가 확인된다. 앞에서 이미 확인한 바와 같이 진장성의 동단은 오늘날 난하 하류 동부 연안에 있는 창려 갈석 지역이었다.[161] 그러므로 수성현의 위치는 이 지역이 된다. 수성현이 창려 갈석 지역이었다면 같은 군에 속해 있었던 조선현은 이 지역으로부터 멀지 않은 곳에 있어야 하고 수성현과 조선현을 포괄한 지역이 낙랑군 지역이 되어야 한다. 진시대의 낙랑군은 서한시대에 설치되었고 조선현도 그 위치가 서한시대로부터 진시대에 이르기까지 변화가 없었으므로, 서한의 무제가 설치했던 한사군은 이 지역과 크게 차이가 나지 않았음을 알 수 있다.

---

159 『위서』 권106 「지형지」 상 〈평주〉조 '북평군' 조선현의 주석, "二漢, 晉屬樂浪, 後罷. 延和元年徙朝鮮民於肥如, 復置, 屬焉."
160 『진서』 권14 「지리지」 상 〈평주〉조 '낙랑군'.
161 주 119~129 본문 참조.

『한서』「엄주오구주부서엄종왕가전(嚴朱吳丘主父徐嚴終王賈傳)」〈가연지전(賈捐之傳)〉에는 서한 무제의 업적을 언급하면서 "동쪽으로 갈석을 지나 현도와 낙랑을 군으로 삼았다."[162]는 기록이 있는데 이 표현은 매우 정확한 것이다. 한사군이 한반도에 있었다면 하북성 동북부에 있는 갈석을 기준으로 해서 그 위치를 표현했을 리가 없는 것이다.

앞에서 언급된 북위 연화 원년(서기 432)에 이치(移置)된 조선현의 위치를 분명하게 해주는 기록은 『수서(隋書)』「지리지」〈북평군〉조에서 확인된다. 수(隋) 시대의 북평군에는 노룡현이 있었을 뿐인데 노룡현에 대한 주석에는,

옛날에 북평군을 설치해 신창·조선 2개의 현을 통령(統領)했는데, 후제[後齊 : 북제(北齊)]시대에 이르러 조선현을 폐하고 신창현에 편입시켰으며, 또 요서군을 폐하게 됨에 따라 해양현(海陽縣)을 비여현에 편입시켜 통령하게 되었다. 개황(開皇) 6년(서기 586)에는 또 비여현을 폐지해 신창에 편입시켰고, 개황 18년(서기 598)에는 노룡현으로 개명했다. …… 장성(長城)이 있고 관관(關官)이 있고 임유궁(臨渝宮)이 있고 복주산(覆舟山)이 있고 갈석이 있고 현수(玄水)·노수(盧水)·온수(溫水)·윤수(閏水)·용선수(龍鮮水)·거량수(巨梁水)가 있고 바다가 있다.[163]

---

162 『한서』 권64 「엄주오구주부서엄종왕가전」〈가연지전〉. "西連諸國至于安息, 東過碣石以玄菟·樂浪爲郡……."

163 『수서』 권30 「지리지」 중 〈북평군〉조 '노룡현'. "舊置北平郡, 領新昌·朝鮮二縣, 後齊省朝鮮入新昌, 又省遼西郡幷所領海陽縣入肥如, 開皇六年又省肥如入新昌, 十八年改名盧龍 …… 有長城. 有關官. 有臨渝宮. 有覆舟山. 有碣石. 有玄水·盧水·溫水·閏水·龍鮮水·巨梁水. 有海."

고 했다. 이 기록에 나오는 현수·노수·용선수 등은 난하의 지류이며[164] 비여현·장성·갈석 등이 난하의 하류 동부 연안에 있었음은 앞에서 이미 확인한 바 있다. 따라서 북위시대에 이치된 조선현도 난하 하류 동부 연안에 있었는데, 후에 노룡현으로 편입되었음을 알 수 있다. 그러므로 앞에서 언급된 북위 연화 원년(서기 432)에 있었던 조선현의 비여현 지역으로의 이치는 조선현이 본래 있었던 곳으로부터 가까운 지역으로 이루어졌던 것임도 알 수 있다.

지금까지의 고찰에서 분명해진 것은 난하 하류의 동부 연안, 즉 고조선의 서쪽 변경에 조선이라는 지명이 먼저 있고 난 후에 그 지역에 조선현이 설치되었다는 것이다. 그러므로 옛 문헌에서 조선에 관한 기록이 나타날 경우에 그것이 고조선 전체에 관한 것인지 그렇지 않은 것인지를 분별해야 한다. 여기에 대해서 다음과 같은 의문을 가질 수 있다. 고조선 지역 안에 국명과 동일한 지명이 존재했겠는가 하는 점이다. 이 점에 대해서는 고대 중국의 사례가 참고가 될 수 있다. 중국 최초의 국가였던 상(商)왕국의 경우 국명과 동일한 상(商)이라는 명칭의 읍(邑)이 존재했음이 갑골문(甲骨文)과 문헌의 기록에서 확인된다. 또한 서주(西周) 왕국에서는 정치적 중심지를 주(周)라 불렀으며 도읍인 호경(鎬京)을 종주(宗周), 동경(東京)인 낙읍(洛邑)을 성주(成周)라고 불러 그 명칭이 국명과 동일했음은 주지의 사실이다.

조선이라는 지명이 어떤 연유로 붙여졌는지는 분명하게 알 수가 없다. 하지만 적어도 고대 중국인들에게 그 지역이 고조선을 상징하는 지역으로 보였을 가능성이 있다. 그런데 그곳을 도읍지로 보기에는 너무

---

164 『수경주』 권14 「유수」조.

변방에 치우쳐 있고 고조선 세력이 집중되어 있던 곳으로 보기에는 그 규모가 너무 작다.[165] 『대명일통지(大明一統志)』에는 "조선성(朝鮮城)이 영평부(永平府) 경내에 있는데 기자가 봉해졌던 곳으로 전해온다."[166]는 내용이 있다.

명(明)시대의 영평부에는 난주(灤州)·노룡현·천안현(遷安縣)·무령현 (撫寧縣)·창려현·낙정현(樂亭縣) 등이 속해 있었으며 난하 하류 유역에 있었다. 이로 보아 영평부에 있었던 조선성은 앞에서 언급된 조선에 있었던 성임을 미루어 짐작할 수 있다. 이 성은 아마도 고조선에서 국경 지대에 방위용으로 축조했을 것인데 그 위치로 보아 영자새를 의식했을 것이다. 큰 성이 있었기 때문에 변경의 고조선인들이 그곳에 운집해서 살았을 것인데, 중국인들의 눈에 그 지역이 고조선의 상징으로 보여 조선이라는 명칭이 붙었을 것으로 생각된다.

여기서 부연해둘 것은 서주 초에 중국의 동북 지역으로 이동을 했던 기자 일행이 난하의 서부 연안에 자리를 잡고 있다가 진(秦)시대에 중국의 통일 세력에 밀려 난하의 동부 연안, 즉 고조선의 서쪽 변경에 있었던 조선 지역으로 이주하게 되었다[167]는 것이다. 그로부터 오래지 않아 기자국의 준왕은 위만에게 정권을 탈취당했던 것이다.[168] 이 때문에

---

165 『위서』「지형지」〈평주〉조 '북평군'을 보면 북평군에는 조선과 신창 2개의 현이 있었는데 2개의 현에는 모두 430호, 1,836명이 거주했고,『진서』「지리지」〈평주〉조 '낙랑군'을 보면 당시의 낙랑군에는 조선을 비롯한 6개의 현이 있었는데 낙랑군에는 모두 3,700호가 있었다. 이러한 기록들을 통해 볼 때 일개 현은 크지 않았음을 알 수 있는데 이보다 앞선 시대의 조선은 그 규모가 더욱 작았을 것이다.
166 『대명일통지』권5「영평부」〈고적(古蹟)〉조. "朝鮮城在府境內, 相傳箕子受封之地, 後 魏置縣屬北平郡, 北齊省入新昌縣."
167 앞 글,「기자신고」, pp. 40~48.
168 『삼국지』권30「동이전」〈한전〉의 주석으로 실린 『위략』.

기자가 조선에 봉해졌다는 기록을 옛 문헌에서 자주 볼 수 있는 것이다.

조선이 오늘날 난하 하류 동부 연안에 있었던 지명이라면, 『사기』「조선열전」에 조선과 나란히 기록된 진번의 위치는 어디였는가? 이것은 같은 열전에 주석으로 실린 『사기집해』의 기록이 해결해준다. 거기에는 진번에 대한 주석으로 "요동에 번한현이 있다."[169]는 기록이 있다. 즉 요동의 번한현 지역이 진번이었다는 것이 된다.

그런데 앞에서 이미 확인한 바와 같이 번한현은 오늘날 난하 연안에 있었다.[170] 따라서 진번은 난하 연안에 있었다는 것이 된다. 이로써 조선과 병기된 진번은 조선과 근접해 난하의 동부 연안에 있었을 것임을 알 수 있는데, 그 지역의 명칭에 따라 한사군의 진번군이 설치되었을 것이다. 진번이 난하의 동부 연안에 있었음은 다음에 국경선의 변화가 확인됨으로써 더욱 분명해질 것이다.

앞에서 이미 인용한 『사기』「조선열전」에 따르면, 전국시대에 연나라가 진개 전쟁의 결과로 난하의 동부 연안, 즉 고조선의 서부 변경지대에 있었던 진번과 조선을 복속시키고 그 지역에 장새를 설치했는데, 진시대에 이르러는 그것이 요동외요에 속하게 된 것으로 되어 있다. 그러면 장새와 요동외요는 어떻게 해석되어야 하는가? 이 점은 『사기색은』이 밝혀준다. 『사기』「경포열전(黥布列傳)」에 나오는 요(徼)에 대해 『사기색은』은 주석하기를, "요라고 하는 것은 변경에 있는 정(亭)과 장(鄣)을 말한다. 요로써 변방을 둘러싸고 항상 그것을 지킨다."[171]고 했다. 이것은

---

169 『사기』권115 「조선열전」의 주석으로 실린 『사기집해』. "遼東有番汗縣."
170 주 144~149의 본문 참조.
171 『사기』권91 「경포열전」의 주석으로 실린 『사기색은』. "徼謂邊境亭·鄣, 以徼繞邊陲, 常守之也."

요와 장을 매우 분명하게 설명해주고 있다. 요와 장은 다 같이 초소를 가리키는데, 특히 변경에 있는 것을 요라고 한다는 것이다. 그러므로 『사기』「조선열전」에 나오는 전국시대의 연나라가 고조선과의 경계에 축조한 장새는 국경선에 있었던 초소였음을 알 수 있다. 그리고 진나라가 연나라를 멸망시킴에 따라 장새가 속하게 된 요동외요는 요동에 있었던 외곽의 초소를 지칭하는 것임도 알 수 있다. 다시 말하면 요동외요는 진개 전쟁 후에 요동의 국경 지대에 설치된 최전방 초소였는데, 연나라가 진나라에 멸망됨으로써 그것도 진나라에 속하게 되었고 장새도 행정적으로 이 요동의 외요에 소속되었다고 보아야 한다.

여기서 한 가지 생각해야 할 것은 『사기』「조선열전」에서 연나라가 고조선을 친 후에 장새를 축조한 사실을 특별히 기록하고 있는 것이라든가, 『위략』에서 진개 전쟁 후에 국경이 만·번한이었음을 언급하고 있는 것은 그럴 만한 이유가 있다는 점이다. 그것은 국경선에 변화가 있었음을 말해주는 것이다.

진개가 고조선을 침략한 후 연나라의 내부 사정의 악화로 인해 퇴각함으로써, 고조선과 연나라의 국경은 그 이전과 대체로 비슷하게 되었지만 완전히 일치하지는 않았고, 다소 고조선 지역으로 이동되어 있었다. 그러므로 만·번한 지역에 설치된 장새라는 국경의 요새를 축조해야만 했고, 만·번한이라는 새로운 지역이 국경으로 등장하게 되었다고 보아야 한다.

그런데 장새나 요동외요가 모두 진개 전쟁 후에 설치된 국경의 초소 또는 요새라면 서로 어떠한 차이가 있는가? 그것은 새와 요의 차이를 확인함으로써 분명해질 것이다. 『한서』「영행전(佞幸傳)」에서 안사고는 요에 대해서 주석하기를, "요는 새와 같은 것이다. 동북에 있는 것을 새라 하고, 서남에 있는 것을 요라고 부른다. 새라는 명칭은 장새에서 온 것이고, 요는 요차의 뜻을 취한 것이다."[172]라고 했다. 이로 보아 새와 요는 근본적으로 다른 것이 아닌데 단지 그 위치하는 방향에 따라 달리 불렸음을 알 수 있다. 그러므로 고조선과 연나라의 사이에 있었던 새와 요의 경우는 발해에서 가까운 지역, 즉 난하 하류 동부 유역은 요동의 서남쪽이 되므로 이 지역에 있었던 국경 초소는 요라고 불렸고, 그보다 북쪽인 난하 상류나 중류 동부 유역에 있었던 초소는 새라고 불렸을 것으로 생각된다.

그러나 이것은 추정에 불과한 것이므로 이 점을 좀 더 명확히 하기 위해서는 당시에 위치가 분명한 새를 확인해볼 필요가 있다. 위치가 분명하게 확인되는 연나라의 새로는 영자새가 있다. 이 영자새는 앞에서 이미 살펴본 바와 같이 난하 중하류의 서부 연안에 있었다.[173] 그리고 영자새를 서북쪽의 기점으로 해서, 창려 갈석에 이르는 자연적 장벽을 이용한 장성을 경계로 하여 서쪽으로는 난하에 의해 제한되고 동남쪽은 발해에 잇닿은 지역이 전국시대 연나라의 요동이었음은 앞에서 확인된 바 있다. 그러므로 영자새는 바로 연나라 요동의 서북부에 있었으며, 강에 의해 형성된 국경선이 장성에 의해 형성된 국경선과 만나는 위치에 있었던 것이다.

이로 미루어 대체로 이 지역이나 그보다 북쪽에 있었던 국경의 초소가 새로 불렸을 것으로 생각된다. 따라서 장새는 영자새가 있었던 지역에서 약간 동쪽으로 이동된 지점에 있었을 것이고, 요동외요는 그보다 남쪽의 위치에서 동쪽으로 이동한 지점에 있었을 것이다.

---

172 『한서』 권93 「영행전」 〈등통전(鄧通傳)〉의 주석. "徼猶塞也. 東北謂之塞, 西南謂之徼, 塞者, 以鄙塞爲名, 徼者, 取徼遮之義也."
173 주 105~109 본문 참조.

그런데 서한 초에 이르러 장새와 요동외요가 너무 멀어 지키기 어려우므로, 그것을 버리고 장새와 요동외요를 설치하기 이전의 국경 초소를 수리해 다시 사용하게 되었던 것이다. 이때 수리해서 사용한 요동고새는 영자새와 장성에 있었던 초소였을 것으로 생각된다.

이렇게 되어 고조선과의 국경선에 있었던 서한의 초소는 난하의 서부 연안과 장성에 위치하게 되었고, 장새가 있었던 난하의 동부 연안과 요동외요가 있었던 장성의 동부 지역은 다시 고조선과 기자국에 속하게 되었다. 위만이 서한으로부터 기자국으로 망명할 때 새를 나와 패수를 건넜다고 한 것은 이상과 같은 지리적 관계를 잘 설명해준다. 즉 국경 초소인 새가 패수의 서부 연안에 있었음을 알 수 있는데, 패수는 난하의 한 부분이나 지류에 대한 명칭이었다. 패수가 난하의 한 부분이나 지류에 대한 명칭이었다는 것은 이미 앞에서 소개한 『한서』「지리지」〈요동군〉조 '번한현'의 반고 주석에서 "그곳에 패수(沛水, 浿水)가 있다."[174]고 한 기록과, 번한현이 난하 동부 연안에 있었던 사실[175]을 연결시켜보면 분명해진다.

서한 초에 국경으로 삼았던 패수가 전국시대의 진개 전쟁 이전의 국경과 동일했음은 다음의 기록에서도 확인된다. 『사기』「조선열전」에 따르면, 위만은 기자국의 정권을 탈취한 후 서한에 그 외신(外臣)이 될 것을 약속하고 서한으로부터 군사와 경제의 원조를 받아 주변의 소읍을 쳐서 항복을 받았으며, 진번과 임둔도 복속시켰다.[176] 여기서 주목해야 할 것은 진번이다. 같은 열전의 첫머리에 따르면 전국시대의 연나라는

---

174 주 147 참조.
175 주 144~149, 169~172 참조.
176 『사기』 권115 「조선열전」.

전성기에 진번과 조선을 공략해 복속시켰다. 이것은 『위략』이 전하는 진개의 고조선 침략을 가리키는데, 이때 이미 진번이 연나라의 영역으로 소속된 후 변화가 없었다면 서한시대에는 진번이 서한의 영역에 속해 있어야 하므로, 서한의 지원을 받은 위만이 진번을 복속시켰다는 논리는 성립될 수 없다. 그렇다면 위만이 진번을 복속시켰다는 기록을 어떻게 해석해야 하는가?

이 기록은 서한 초에 진번이 고조선 영역에 속해 있었음을 알게 하는 것이다. 전국시대에 진개의 고조선 침략으로 고조선의 서쪽 변경에 있었던 조선과 진번이 한때 연나라에 복속된 일이 있었으나, 그 후 다시 고조선의 영역이 되었고, 그 조선 지역에는 진시대 이후 기자국이 자리 잡고 있었다. 그런데 서한 초에 서한으로부터 기자국으로 망명한 위만이 준왕으로부터 기자국의 정권을 탈취했으므로,[177] 위만조선도 초기에는 고조선의 서쪽 변경인 조선 지역에 있었던 것이다. 그런데 위만이 서한의 외신이 되는 것을 조건으로 서한으로부터 군사와 경제의 원조를 받아 고조선의 서부를 잠식하여 세력을 확대했는데, 그 과정에서 주변의 소읍을 공략해 항복을 받았고 고조선의 대읍이었던 진번과 임둔도 복속시켰던 것이다. 따라서 위만이 진번과 임둔을 복속시켰다는 『사기』 「조선열전」의 기록은, 위만조선이 바로 고조선의 뒤를 이은 것이 아니라 고조선의 서부 변경에서 출발해 고조선의 서부를 잠식하면서 동쪽으로 영역을 확장한 정치세력이라는 점과, 서한 초에 있어서 고조선의 서쪽 국경은 진개의 고조선 침략 이전과 동일한 위치에 있었다는 사실을 알게 해준다. 바꾸어 말하면 고조선과 서한 사이의 국경선이었던 패수는

---

177 주 168과 같음.

진개의 고조선 침략 이전에 고조선과 연나라 사이의 국경선이었던 오늘날 난하 또는 그 지류였음을 알게 해준다.

그런데 여기서 하나의 의문이 제기될 수 있다. 그것은 옛 문헌에 여러 개의 패수가 등장하는데 이를 어떻게 이해해야 하느냐 하는 점이다.『한서』「지리지」에는 앞에서 언급한 요동군 번한현의 패수(沛水, 浿水) 외에 낙랑군 패수현(浿水縣)의 주석에도 패수(浿水)가 보인다. 패수현의 패수에 대해서 반고는 주석하기를, "서쪽으로 흘러 증지(增地)에 이르러 바다로 들어간다."[178]고 했다. 그런데 이 강은 위치하는 지역이 다르므로 번한현의 패수(沛水, 浿水)와는 분명히 다른 강이다. 이 패수와 구별하기 위해 번한현의 패수(沛水, 浿水)에는 음이 같은 패(沛) 자를 사용했을 것이다. 이 강들과는 다른 패수가『수경주』에서도 발견된다.『수경주』의 본문을 보면 패수(浿水)에 대해서 "낙랑 누방현에서 나와 동남쪽으로 흘러 임패현을 통과해 동쪽에서 바다로 들어간다."고 했다.[179] 이 패수는 그 흐르는 방향이 번한현의 패수(沛水, 浿水)나 패수현의 패수와 다른 또 하나의 패수인 것이다. 그런데 역도원은『수경주』의 패수에 대해서 주석하기를 본문에 패수가 동남쪽으로 흐른다고 한 것은 잘못된 것이며 패수는 서쪽으로 흐른다고 했다.[180] 이는 역도원 자신의 주석에서 확인되듯이 그가 한사군의 낙랑군을 오늘날 평양으로 인식하고 패수를 대동강으로 보았기 때문이다. 이 패수는 앞의 패수들과는 또 다른 강인 것이다.『요사』「지리지」에는 요양현의 패수가 소개되어 있는데, 그곳

178『한서』권28 하「지리지」하〈낙랑군〉조 '패수현'의 주석.
179『수경주』권14「패수」조.
180 위의 패수 본문에 대한 주석.

은 한시대의 패수현이었다고 적고 있으며,[181] 『성경통지(盛京通志)』에서는 이 강이 어니하(淤泥河)라고 했다.[182] 이 강은 『한서』「지리지」〈낙랑군〉조 '패수현'에 보이는 패수와 동일한 강인 것처럼 기록되었지만, 한시대의 영역은 오늘날 요하까지였으므로 이 지역이 한시대의 패수현이 될 수 없으므로 또 다른 패수인 것이다. 이 외에도 정약용은 압록강을 고조선의 경계였던 패수로 본 바 있다.[183]

이상과 같이 패수가 여러 강의 명칭으로 사용되었던 것은, 그것이 원래 고유명사가 아니었고 일반적으로 강을 지칭하는 보통명사에서 연원했기 때문이다. 퉁구스 계통 종족의 언어를 보면, 강을 만주어로는 필랍(畢拉, 중국음으로 삐라), 솔론어(索倫語)로는 삘라(必拉), 오로촌어(鄂倫春語)로는 삐얄라(必雅拉)라고 하는데,[184] 고대 한국어로는 펴라·피라·벌라 등이었다. 강에 대한 이러한 언어의 어원이 같았을 것임을 알 수 있는데, 고대에 고조선족이 살던 지역 강들의 보통명사인 펴라·피라·벌라가 향찰(鄕札)식으로 기록됨으로써 후에 여러 강들이 패수라는 동일한 명칭으로 나타나게 되어 혼란을 가져왔다고 생각된다. 결론을 말하면, 고조선의 서쪽 경계였던 패수는 오늘날 난하 또는 그 지류였는데 후에 위만조선의 성장, 한사군의 설치 등에 의해 한의 세력과 문화가 팽창함에 따라 고조선 지역에 있었던 여러 강들이 패수(浿水)라는 명칭을 얻게 되었을 것으로 생각된다.

지금까지 고찰한 과정에서 충분하게 설명되지 못한 부분이 남아 있

---

181 『요사』 권38 「지리지」 2 〈동경요양부〉조 및 〈요양현〉의 주석.

182 『성경통지』 「산천(山川)」조.

183 정약용, 『강역고』 권8 「패수변(浿水辨)」.

184 『黑龍江志稿』 卷7 方言條, 蒙文 飜譯官 楊書章編譯 「言語比較表」.

다. 그것은 서한시대에 이르러 국경의 초소가 진(秦)시대보다 후퇴된 지역에 설치되어야 했던 이유가 충분하게 제시되지 않았다는 것이다. 『사기』「조선열전」에서는 진시대의 초소가 너무 멀어서 지키기 어려웠기 때문이라고만 전하는데, 이를 뒷받침할 만한 설득력 있는 보충 설명이 필요할 것 같다. 그것은 서한 초의 정국을 살펴보면 분명해질 것이다.

서기전 202년 서한의 통일전쟁은 종결되지만, 오랜 기간의 전쟁에 의한 피해로 경제와 사회가 크게 파괴되었다. 『사기』「평준서(平準書)」와 『한서』「식화지(食貨志)」 기록에 따르면, 조정을 출입하는 장상(將相)들이 마차를 사용하지 못하고 우거(牛車)를 이용하는 형편이었고 민중은 극도의 기근에 처해 인구가 줄어들었다.[185] 이러한 상황에서 중앙 권력은 아직 충분하게 강화되지 못했고 지방에서는 반란이 빈번히 일어났다. 기록에 나타난 것만 하더라도 서기전 202년부터 서기전 154년까지 약 반세기 동안에 무려 13차례의 반란이 발생했다. 국내의 상황이 이러했기 때문에 서한 정부는 우선 지방의 세력을 약화시키는 정책의 실천이 급하게 되었다.

그 결과 전국시대 이래 지방의 귀족세력과 각국의 왕실 후예 및 토호들을 장안(長安)으로 대거 이주시키는 정책을 단행했다.[186] 그리고 한편으로는 지방에 봉지(封地)를 받고 후(侯)가 된 공신들이 현지로 가지 않고 장안에 거주하는 현상을 개선하고자 노력했다. 이러한 정책을 실천하기 위해 문제는 후들에게 봉지로 돌아가라는 명령을 내렸고, 승상(丞

---

185 『사기』 권30 「평준서」.
　　『한서』 권30 「식화지」 상.
186 『사기』 권99 「유경·숙손통열전(劉敬叔孫通列傳)」.

相)인 주발도 해임시켜 봉지로 가도록 했다.[187] 이와 같이 국내 정치가 안정되지 못했던 서한 정권은 미처 주변의 이민족에 대해서는 강력한 정책을 실행할 능력이 없었다. 그 결과 민월(閩越)은 절강(浙江) 남부를 침략했고, 남월(南越)은 내지 깊숙이까지 쳐들어왔으며, 북쪽의 흉노를 비롯한 이민족들은 변경 지역을 소란시켰다.[188]

그 가운데 특히 흉노는 세력이 강성하여 장성 내에까지 진출했고, 서기전 200년의 백등산전쟁(白登山戰爭)에서는 서한의 고조를 참패시킴으로써 서한 정권으로 하여금 흉노와 굴욕적인 화친을 맺도록 만들었다. 당시에 흉노는 장안의 북방 700리 지역에까지 세력을 뻗쳤고, 운중(雲中)·상군(上郡)·안문(鴈門)·연(燕)·대(代) 등의 북방 지역을 거의 매년 쳐들어와 막대한 피해를 입혔으며, 서한의 도읍인 장안을 위협하기도 했다.[189] 당시의 상황이 이러했기 때문에 서한으로서는 장성에 이르는 국경선을 확보할 수가 없는 형편이어서 그것을 회복하는 것이 당면한 최대의 과제였다.[190] 이상과 같은 서한 초의 정황을 살펴볼 때, 고조선과의 국경선에 있었던 초소를 경영하기에 비교적 유리한 난하의 서부 연안과 장성으로 이동하지 않을 수 없었던 서한 정권의 고심을 이해할 수가 있는 것이다.

이러한 상황에서 고조선과 서한의 국경선이 전국시대의 진개 전쟁 이전과 동일해지게 되었는데, 진개 전쟁 이후에 설치되었던 장새와 요동 외요가 있었던 지역은 고조선과 기자국에 속하게 되었으나 사람이 거주

---

187 『사기』 권10 「효문본기(孝文本紀)」.
188 『염철론』 권38 「비호」.
189 『사기』 권99 「유경·숙손통열전」 〈유경전(劉敬傳)〉·『사기』 권10 「효문본기」 참조.
190 『사기』 권110 「흉노열전」에 실린, 서한의 문제(文帝)가 흉노의 선우(單于)에게 보낸 편지.

하지 않는 공지(空地)로 남아 있게 되었다. 위만이 서한으로부터 기자국으로 망명해 거주했던 진(秦)나라의 옛 공지 상장(上鄣)·하장(下鄣)은 바로 장새가 있었던 지역인 것이다. 장새는 국경에 있었던 초소이므로 여러 곳에 설치되었을 것인데, 그 가운데 상장과 하장이 있었던 공지에 위만이 거주하게 되었던 것이다.

고조선의 서쪽 국경 변화에 대한 지금까지의 고찰을 통해 필자는 다음과 같은 결론에 도달하게 된다. 고조선의 서쪽 국경은 원래 오늘날 중국 하북성 동북부에 있는 난하의 상류와 중류 그리고 그 중하류 서부 연안에 있었던 영자새를 기점으로, 난하의 하류 동부 연안에 있는 창려 갈석에 이르는 선으로 형성되어 있었다. 그러던 것이 전국시대인 서기전 311년부터 서기전 279년 사이에 일어난 진개의 침략전쟁 후에 국경선이 종전보다 동쪽으로 약간 이동해 난하의 동부 연안이 되었다. 그 후 서한 초인 서기전 205년 무렵에 이르러 국경선은 다시 진개 전쟁 이전과 동일한 상태가 되었던 것이다.

이제 고조선의 동남쪽 국경, 즉 한반도에서의 경계를 확인할 단계에 이르렀다. 필자는 그것을 오늘날 청천강으로 잡고자 한다. 그 이유는 다음과 같다. 『후한서』 「동이열전」 〈예전(濊傳)〉에는 예와 옥저와 고구려는 본래 모두 고조선의 땅이었다고 기록되어 있고,[191] 『삼국지』 「동이전」 〈동옥저전(東沃沮傳)〉에는 "서한 초에 연나라의 망명인인 위만이 조선의 왕이었을 시기에 옥저는 모두 거기에 속했다."[192]고 되어 있다. 그런데 예는 원래 오늘날 중국 하북성 동북부에 있는 난하의 동부 연안에 위치했으나 위만조선의 성장과 서한 무제의 침략을 받은 후 한반도 동

---

191 『후한서』 권85 「동이열전」 〈예전〉. "濊及沃沮·句麗, 本皆朝鮮之地也."
192 『삼국지』 권30 「동이전」 〈동옥저전〉. "漢初, 燕亡人衛滿王朝鮮, 時沃沮皆屬焉."

북부 지역으로 이동했을 것으로 필자는 믿고 있다.[193] 그리고 옥저는 위만조선에 속했다고 했으니 본래 그 땅이 오늘날 요하 서쪽이었다는 것이 된다.[194] 그러므로 본래의 예와 옥저 위치는 고조선의 동남 국경과는 관계가 없게 된다. 그러나 서한 시대의 예와 고구려만은 그 영토가 한반도 북부에까지 미쳤으므로 고조선의 국경을 확인하는 데 도움이 될 것으로 생각된다.

　그런데 『삼국사기』 「고구려본기」 〈태조대왕 4년(서기 56)〉조에는 고구려의 영토가 남쪽으로는 살수 즉 오늘날 청천강에 이르렀다고 적혀 있다.[195] 그리고 앞에서 살펴본 바와 같이 서기 37년까지 오늘날 평양 지역에는 최리의 낙랑국이 있었는데, 기록에는 나타나지 않지만 그 북쪽 국경도 오늘날 청천강까지였을 것으로 생각된다. 왜냐하면 최리의 낙랑국이 고구려에게 멸망된 7년 후에 동한의 광무제가 그 지역을 침략해 살수(薩水) 즉 오늘날 청천강까지를 차지했던 것으로 나타나기 때문이다.[196] 그런데 동한의 광무제가 쉽게 그 지역을 차지할 수 있었던 것은 그 지역 주민들의 낙랑국 재건운동과 영합되었기 때문일 것으로 생각되는데, 이러한 정황으로 보아 동한의 광무제가 차지했던 오늘날 청천강

---

193 『관자』 권8 「소광(小匡)」편에는 예와 맥(貉, 貊)이 고죽·산융과 나란히 기록되었고 제나라의 환공이 맥족을 침략했다는 기록이 있는 것으로 보아 춘추시대에 예와 맥은 오늘날 난하 유역에 있었을 것임을 알 수 있다. 그리고 『후한서』 「동이열전」 〈예전〉에 서한의 무제 원삭 원년에 예군 남려 등이 위만조선의 우거왕에게 반항해 2만 명을 거느리고 요동으로 와서 항복하고 그곳에 창해군을 설치했다고 했는데, 이 시기에도 예족은 고조선과 서한의 국경 지역인 오늘날 난하 유역에 있었을 것임을 알게 한다.

194 위만조선의 동쪽 국경은 오늘날 요하에 조금 못 미쳤을 것으로 생각된다(윤내현, 「한사군의 낙랑과 평양의 낙랑」 『한국학보』 41, 일지사, 1985년 겨울호, pp. 5~6 참조).

195 『삼국사기』 권15 「고구려본기」 〈태조대왕 4년〉조. "伐東沃沮, 取其土地爲城邑, 拓境東至滄海, 南至薩水."

196 주 72 참조.

이남 지역이 최리의 낙랑국 지역이었을 것으로 생각된다.

최리의 낙랑국이 언제 건국되었는지는 분명하지 않다. 하지만 그 지역에 청천강 이북 지역과는 다른 정치세력이 존재했었다는 점[197]과 고구려는 본래 고조선 땅이었다는 『후한서』「동이열전」〈예전〉 기록을 연결시켜 볼 때 고조선의 한반도 내에서의 남쪽 경계는 오늘날 청천강까지였을 것으로 생각된다.[198] 이러한 문헌의 고찰을 통해 얻어진 결론은 고고학 자료와도 일치되는데, 그것은 명도전(明刀錢)의 출토와 관련된 것이다. 지금까지의 발굴 결과에 따르면 명도전은 청천강 이북 지역에서만 출토되고 그 이남 지역에서는 출토되지 않는다.[199] 이것은 무엇을 말해주는가? 주지하는 바와 같이 명도전은 전국시대의 연나라 화폐였다. 그런데 연나라와 국경을 접하고 교역을 가졌던 정치세력은 고조선이었다. 고조선이 일찍이 춘추시대에 이미 중국 지역과 교역을 했음은 『관자』에 잘 나타나 있다. 즉 『관자』「규도(揆度)」편에는 호랑이 가죽이 고조선의 특산품으로 적혀 있다.[200] 또한 같은 책 「경중갑(輕重甲)」편에는, 제나라 환공이 사이(四夷)가 불복하는 것은 아마도 잘못된 정치가 천하에 퍼진 때문일 것이라고 걱정을 하면서 이에 대한 대책을 묻자 관중이 대답하기를, 아무리 먼 나라들이라도 그 나라 특산물을 높은 가격으로 교역해주면 모두 절로 찾아오는 법이라고 말하고 발(發)과 조선의

---

197 최리의 낙랑국이 있기 이전에 평양 지역에는 마한이 있었을 것으로 필자는 생각한다.

198 근거나 논리의 전개에 있어서 완전히 필자와 일치하지는 않지만, 리순진·장주협도 한반도 내에서의 고조선 국경을 청천강으로 본 바 있는데 그것은 옳다(앞 책, 『고조선문제연구』, pp. 76~79).

199 전주농, 「고조선문화에 관하여」『문화유산』 1960년 2호, p. 40의 유적 분포도.

200 『관자』권23 「규도」제78.

특산물로 호랑이 가죽과 털옷을 들고 있다.[201] 『관자』는 전국시대에 편찬된 책이라고 하지만 제나라 환공과 관중은 춘추 초기의 인물이므로 위 내용은 춘추시대의 교역 상황을 전하고 있는 것이다. 이러한 고조선의 대중국 교역은 전국시대에 이르면 한층 활발해졌을 것이다. 고조선의 뒤를 이어 중국 지역과 국경을 접했던 정치세력은 위만조선인데 위만조선의 건국 시기는 서한 초가 되므로 위만조선은 명도전과는 관계가 없다. 그러므로 명도전이 청천강 이북 지역에서만 출토된다는 것은 전국시대의 연나라와 교역을 했던 고조선족의 거주지가 청천강까지였음을 말해준다.

5. 마치며

고조선의 위치와 강역에 관한 지금까지의 고찰에서 필자는 다음과 같은 결론에 도달했다.

고려 중기 이후 유교사상에 기초한 모화사상(慕華思想)의 영향으로 한국 고대사의 인식체계가 한반도 중심으로 위축되는 경향을 보이기는 했지만, 『삼국사기』·『삼국유사』·『제왕운기』 등의 기록을 면밀하게 검토해 본 결과, 이 책의 저자들은 고조선의 위치를 한반도 북부로 인식하지 않았고 한반도를 벗어난 당시의 요동 지역(오늘날 난하 동부 지역)으로 인식했을 가능성을 발견했다. 그런데 조선 초에 이르러 유교가 지도이념으로 채택되고 이에 따라 모화사상이 깊이 뿌리를 내리게 되면서 한

---

201 『관자』 권23 「경중갑」 제80.

반도로 국한된 한국 고대사 인식체계가 학계의 주류를 이루게 되었다. 따라서 고조선의 위치를 한반도 북부로 보는 견해가 통설로 정착되기에 이르렀다.

그러나 이러한 학계의 추이에도 불구하고 고조선의 위치를 한반도 밖으로 인식하려는 노력은 면면히 계속되었다. 그러던 중 오늘날 평양 지역에서 중국식의 유적이 발굴되어 그것이 한사군의 낙랑군 유적으로 보고되자, 고조선이 오늘날 평양을 중심으로 한반도 북부에 위치했을 것으로 본 견해가 움직일 수 없는 사실처럼 되어버렸다. 그러나 평양 지역에서 발견·발굴된 유적을 면밀하게 검토해본 결과, 그것은 한사군의 낙랑군 유적이 아니라는 사실이 확인되었다. 그것은 동한의 광무제가 고구려의 배후를 친 후 설치했던 군사 지역의 유적인 것이다. 오늘날 평양 지역에는 동한의 광무제가 그 지역을 치기 이전에 최리의 낙랑국이 있었기 때문에 그 후에도 여전히 낙랑이라고 불렀다. 따라서 이 낙랑은 한사군의 낙랑군과는 구별되어야 한다.

필자는 이상과 같이 고조선이 한반도 북부에 있었을 것으로 본 한국 학계의 통설을 뒷받침하는 근거가 부정됨에 따라 선입관을 버리고 고조선의 위치를 확인해볼 필요를 느끼게 되었다. 따라서 객관성을 지닌 중국의 고대 기록, 특히 고조선과 위만조선이 있었던 당시와 그로부터 오래지 않은 시기의 기록에 근거해 고조선의 위치와 강역을 검증했다.

그 결과 고조선은 오늘날 발해 북안을 중심으로 하여 서쪽으로는 오늘날 중국 하북성 동북부로부터 동쪽으로는 한반도 북부에 이르렀음이 확인되었다. 좀 더 구체적으로 말하면 고조선의 서쪽 경계는 본래 오늘날 중국 하북성 동북부에 있는 난하의 상류·중류 및 난하의 중하류 서부 연안에 있었던 영자새를 기점으로 해서 난하의 하류 동부 연안에 위치한 창려 갈석에 이르는 선으로 형성되어 있었다. 후에 이 선상에 연장

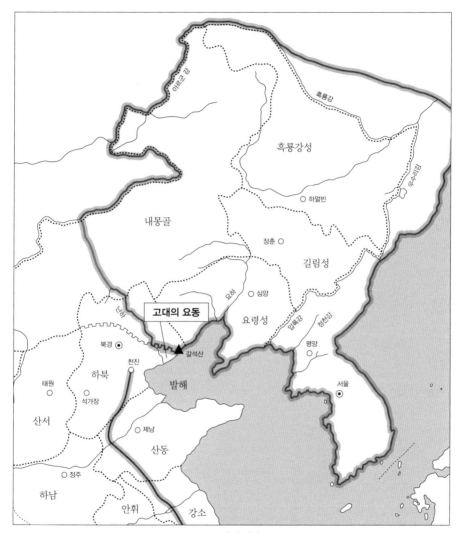

고조선의 강역

성과 진장성이 축조되어 있었다. 그런데 전국시대 진나라의 전성기인 소왕 무렵(서기전 311~서기전 279) 진개가 고조선의 서부 깊숙이 침략했다가 다시 후퇴한 후 고조선과 연나라 사이의 국경선은 다소 그 이전보다 동쪽으로 이동해 난하의 동부 연안과 장성의 동쪽에 있게 되었다. 이 국경선은 중국의 진제국이 멸망할 때까지 유지되었다. 그 후 중국 지역에 서한이 건국되었는데, 서한은 이 국경선을 유지할 능력이 없어 진개의 고조선 침략 이전의 국경선으로 후퇴하게 되었다. 따라서 진개의 고조선 침략 이후에 설치되었던 난하 동부 연안과 장성 동쪽의 국경 초소를 폐기하고 난하 서부 연안과 장성에 있었던 옛 초소를 다시 사용하게 되었고 그 동쪽은 고조선에 속하게 되었다. 이 국경선은 고조선의 멸망시까지는 물론 위만조선시대에도 유지되었다. 한편 한반도에서 고조선의 국경은 오늘날 청천강이었음도 확인되었다. 따라서 오늘날 평양 지역은 고조선과는 관계가 없었다는 결론에 도달하게 되었다.

그런데 최근의 고고학적 발굴 결과에 따르면, 오늘날 중국 요령성 지역에 중국의 황하 유역과는 다른 독립된 청동기문화가 있었음이 확인되었다. 그 개시 연대는 대략 서기전 23, 24세기 무렵으로서 황하 유역에서 가장 오래된 청동기문화인 이리두문화(二里頭文化)와 비슷하거나 그보다 앞선 것이다. 이 청동기문화는 서기전 9세기 무렵에 이르러 비파형동검(琵琶形銅劍)으로 특징지어지는 청동기문화 단계에 접어들고 후에 세형동검(細形銅劍)으로 발전했다. 이러한 청동기문화는 요령성 서부에 있는 남산근(南山根)을 중심으로 하여 서쪽은 하북성의 동북부·내몽골 동북부로부터 동쪽은 요령성과 길림성(吉林省)을 거쳐 한반도 북부에 이르는 지역에 분포되어 있다. 이 청동기문화 영역은 필자에 의해 확인된 고조선의 강역과 일치하는 것이다. 따라서 필자는 이 청동기문화의 주인공이 고조선족이었을 것으로 믿고 있다.

이상과 같은 고조선의 강역에 대한 필자의 결론에 대해 다음과 같은 의문이 남아 있을 수 있다. 한국사에 등장한 최초의 국가였던 고조선이 그 후에 등장한 여러 국가보다도 넓은 강역을 확보했었다는 것이 가능한가 하는 점이다. 여기에 대한 해답은 중국의 예에서 찾을 수 있다. 중국의 춘추전국시대에 존재했던 여러 나라는 원래 서주 왕국의 봉건제후들이 독립한 것이었다. 따라서 그 강역은 그 이전의 상 왕국이나 서주 왕국보다는 훨씬 협소했다. 다시 말하면 읍제국가 또는 고대 동양적 봉건국가가 붕괴되고 그 결과 여러 개의 영역국가가 형성되면서 각국의 강역들이 협소해졌던 것이다. 이 점은 다음에 「고조선의 사회 성격」을 고찰하는 과정에서 더욱 분명하게 드러날 것이다.

여기서 한 가지 분명하게 밝혀두어야 할 점은 청천강 이북 지역은 고조선의 직접 통치 지역이었다는 점이다. 청천강 이남 지역에는 한(韓 : 일반적으로 삼한이라 부르는데 그것은 옳지 않다)이 있었는데 한은 고조선의 간접 통치 지역이었고 고조선의 문화권이었다. 따라서 넓은 의미의 고조선 영토는 청천강 이남 지역의 한반도 전부가 포함된다. 이 글은 고조선의 국가 구조와 연결시켜 그 직접 통치 지역만을 다루었으나 청천강 이남 지역의 간접 통치 지역에 관해서는 필자의 한에 관한 연구논문을 참고하기 바란다.[202]

---

202 윤내현, 「고조선과 삼한의 관계」 『한국학보』, 일지사, 1988년 가을, pp. 2~40.
　　＿＿＿, 「삼선 지역의 사회 발전」 『백산학보』 제35호, 1988.

韓國古代史新論

제 2 장 ◉

고조선의 도읍 천이고

1. 들어가며

    필자는 그동안 중국의 고대 문헌을 주된 자료로 채용하여 고조선의 위치와 강역 및 사회 성격을 구명하는 일련의 논문들을 발표한 바 있다.[1] 그 결과에 따르면 오늘날 한국 역사학계에서 통설로 받아들이고 있는 한국 상고사에 관한 인식체계가 크게 수정을 받아야 할 필요가 있게 되었다. 따라서 한국 고대사와 관련된 많은 문제들이 필자에게는 재

---

[1]   윤내현, 「기자신고」『한국사연구』 41집, 1982, pp. 1~50.
     윤내현, 「고조선의 서변경계고」『남사정재각박사 고희기념 동양학논총』, 고려원, 1984, pp. 1~38.
     윤내현, 「중국 문헌에 나타난 고조선 인식」『한국사론』 14집, 국사편찬위원회, 1984, pp. 121~170.
     윤내현, 「고조선의 위치와 강역」『군사』 8호, 1984, pp. 149~178.
     윤내현, 「고조선의 사회 성격」역사학회 편『한국 고대의 국가와 사회』, 일조각, 1985, pp. 1~56.

검토의 대상으로 등장한다. 이 글은 이러한 재검토 작업의 일환으로서 이미 발표되었거나 앞으로 발표될 필자의 한국 고대사에 관련된 논문들과 맥락을 같이한다.

고조선은 한반도 북부에 위치했고 그 도읍지는 대동강 유역에 있는 오늘날 평양이었을 것으로 보는 것이 그동안의 한국 사학계에서 받아들인 통설이었다. 그러나 필자는 이미 고조선의 위치를 발해의 북안으로 보고, 그 영역은 오늘날 중국 하북성 동북부에 있는 난하를 서쪽 경계로 하고 하북성 동북부로부터 요령성 전부와 길림성을 포함하고 한반도 북부에 있는 청천강에 이르렀을 것으로 본 바 있다.[2] 이렇게 본다면 고조선의 도읍지는 오늘날 평양이 될 수 없게 된다. 따라서 새로 확인된 고조선의 영역 내에서 그 도읍지를 찾을 필요가 있게 된다.

그런데 『삼국유사』에서 일연은 『고기』를 인용해 고조선의 도읍지가 평양성·백악산아사달(白岳山阿斯達)·장당경(藏唐京)·아사달이었던 것으로 전하고 있다. 이 기록에 따른다면 고조선은 세 번 천도한 것이 된다. 따라서 필자는 이러한 『삼국유사』의 기록을 출발점으로 하여 중국 문헌에 나타난 고조선 도읍지의 위치를 추적할 것이다. 그 위치를 추적하는 과정에서 당시의 역사적 상황에 따른 천도의 사유까지도 밝힐 것인데, 그 결과로서 기자국과 고조선의 관계가 한층 선명하게 드러날 것이며 기자국 및 위만조선의 도읍지도 확인될 것이다.

---

2 위 글, 「고조선의 서변경계고」·「중국 문헌에 나타난 고조선 인식」·「고조선의 위치와 강역」 등 참조.

2. 국내 사료의 분석

사료의 분석과 비판은 고대사 연구에 있어서 매우 중요한 위치를 차지한다. 단군·기자·위만 등 한국의 상고시대에 관계된 사료가 단편적으로밖에 남아 있지 않은 현실이고 보면, 그것을 한국사의 전체적인 맥락에서 어떻게 파악하느냐에 따라 고대사에 대한 인식의 방향에 커다란 차이를 가져오게 된다. 따라서 현존하는 사료의 각 구절을 단순히 해석·나열하는 것보다는 그것이 어떠한 맥락에서 언급되었는가를 살펴보는 작업이 선행되어야 할 것이다.

주지하는 바와 같이 고조선에 관한 한국의 가장 오랜 기록은 『제왕운기』와 『삼국유사』인데, 『제왕운기』는 그 내용이 소략하다. 따라서 『삼국유사』의 기록부터 살펴보는 것이 순서일 것이다. 우선 『삼국유사』의 본문 차례를 보면 권1의 「기이(紀異)」편에 고조선과 위만조선의 항목을 각각 설정하고 있는데 고조선에는 왕검조선(王儉朝鮮)이라 주석해놓았다.[3] 따라서 『삼국유사』의 저자인 일연이 왕검조선을 고조선이라고 호칭했음을 알 수 있는데, 그 내용은 이른바 단군조선에 관한 것이다. 이러한 『삼국유사』의 본문 차례에서 필자는 두 가지 중요한 점을 발견하게 된다.

첫째는, 고조선은 왕검조선 또는 단군조선만을 지칭하는 것으로서 위만조선을 포함시키지 않고 있다는 점이다. 오늘날 한국 역사학계에서는 흔히 고조선 속에 단군조선으로부터 위만조선까지를 포함시키고 있는데,[4] 이는 일연의 역사의식과는 분명히 커다란 차이가 있는 것이다. 토

---

3   『삼국유사』 권1 「기이」 〈고조선〉조의 주석.
4   김정배, 『한국고대사론의 신조류』, 고려대 출판부, 1980, p. 1.

착의 정치세력이었던 단군조선과 중국으로부터의 망명객에 의해 수립된 위만조선, 읍제국가의 성격을 지녔던 단군조선과 영역국가의 성격을 지녔던 위만조선[5]을 그 시대적 성격을 도외시하고 고조선이라는 하나의 명칭으로 묶어서 처리해도 좋을지는 재고되어야 할 것으로 생각된다.

둘째로, 기자에 대해서는 독립된 항목이 설정되지 않았다는 점이다. 이것은 일연이 한국사의 전개를 고조선(단군조선)으로부터 위만조선으로 이어지는 것으로 파악했으며 기자가 한국사의 주류를 이루는 맥락 위에 존재하는 것으로 인식하지 않았음을 뜻하는 것으로 이해할 수 있다. 만약 일연이 고조선과 위만조선 사이에 기자조선의 존재를 인정했다면 기자조선이라는 항목이 고조선 다음에 설정되어 있어야 마땅할 것이다. 혹자는 〈고조선〉조에 기자에 관한 언급이 있는 것을 들어 일연이 기자조선의 존재를 인정했다고 주장할지 모른다. 그러므로 우선 『삼국유사』에 실린 기자에 관한 기록을 살펴보면,

『고기』에 이르기를 ……(단군왕검이) 당고[唐高 : 당요(唐堯)]가 즉위한 지 50년인 경인(庚寅)[당고의 즉위 원년은 무진(戊辰)이니 50년은 정사(丁巳)이지 경인이 아니다. 아마 틀린 듯하다]에 평양성(오늘날 서경)에 도읍하고 비로소 조선이라 일컫고, 또 백악산아사달에 옮기어 도읍했는데 그곳을 또 궁홀산(弓忽山)[궁(弓)자는 혹은 방(方) 자로 됨] 또는 금미달(今彌達)이라고도 하니, 치국하기 1,500년이었다. (서)주의 호왕(虎王)이 기묘(己卯)에 즉위해 기자를 조선에 봉하니 단군은 장당경으로 옮기었다가 후에

---

5   필자는 단군조선의 국가 구조를 읍제국가, 위만조선의 성립을 영역국가의 출현으로 파악하면서 그러한 사회 구조의 변화는 철기의 보급과 관계가 있을 것으로 본 바 있다(이 책 제3장 「고조선의 사회 성격」 참조).

아사달에 돌아가 숨어서 산신이 되니 수(壽)가 1,908세였다 한다.[6]

고 전하고 있다. 이 기록에서 중요한 것은 기자가 조선에 봉해진 후에도 고조선은 도읍을 장당경으로 옮기었을 뿐, 계속해서 존재했다는 사실이다. 다시 말하면 기자가 조선에 봉해진 것이 고조선의 종말을 뜻하지 않는다는 것이다. 여기서 필자는 기자가 봉해진 조선이 고조선을 의미하지 않을 것이라는 시사를 받게 된다. 만일 기자가 고조선 전 지역의 통치자로 군림했다면 고조선이 계속해서 존재할 수가 없기 때문이다. 그리고 당시에 고조선의 서쪽 변경이었던 오늘날 중국 하북성 동북부에 있는 난하 연안에는 조선이라는 지명이 있었는데, 기자가 봉해졌던 곳이 이 지역과 관계가 있을 가능성도 발견하게 된다. 이 점은 다음에 자세히 논하게 될 것이다.[7] 여기서 기억해야 할 것은 일연은 기자를 고조선의 뒤를 이은 세력으로 인식하지 않았으며, 그가 『삼국유사』〈고조선〉조에서 기자가 조선에 봉해진 것을 언급한 것은 고조선이 백악산아사달(궁홀산 또는 금미달)로부터 장당경으로 천도한 사유를 밝히기 위함이었다는 점이다. 다시 말하면 기자가 조선에 봉해진 것과 고조선이 장당경으로 천도한 것은 서로 연관이 있었다는 것이다.

이상과 같이 『삼국유사』에서 보여준 일연의 기자에 대한 인식은, 『제왕운기』와 『고려사』 및 조선시대의 문헌들이 보여주는 기자에 대한 인식태도와는 차이가 있는 것이다. 『제왕운기』는 단군이 중국의 상 왕국

---

6 『삼국유사』권1 「기이」〈고조선〉조. "古記云, ……, 以唐高即位五十年庚寅, [唐高即位元年戊辰, 即五十年丁巳, 非庚寅也, 疑其未實], 都平壤城[今西京], 始稱朝鮮, 又移都於白岳山阿斯達, 又名弓[一作方]忽山, 又今彌達, 御國一千五百年, 周虎王即位己卯, 封箕子於朝鮮, 壇君乃移於藏唐京, 後還隱於阿斯達, 爲山神, 壽一千九百八歲."
7 앞 글, 「기자신고」 및 이 장의 주 23~40 참조.

호정[虎丁 : 무정(武丁)] 8년 을미에 아사달에 들어가 신이 된 후에 기자가 중국의 서주 왕국 무왕 원년 봄에 그곳에 와서 나라를 세웠다고 했다. 그리고 기자로부터 41대 후손인 준에 이르러 서한의 장수였던 위만에게 정권을 탈취당했으며, 다시 위만의 손자인 우거에 이르러 서한의 토벌을 받아 위만조선이 멸망하고 그 지역에 서한의 4군이 설치되었다는 것이다.[8] 『제왕운기』의 저자인 이승휴가 후조선의 시조를 기자라고 적은 것으로 보아 그가 전조선인 단군조선의 뒤를 이어 기자조선이 존재한 것으로 인식했음을 알 수 있다.

그런데 『제왕운기』 기록 가운데는 우선 다음과 같은 모순이 있다. 단군이 상 왕국 무정 때에 아사달에 들어가 신이 되었고 그 후 서주 왕국 무왕 때에 기자가 그곳에 와서 나라를 세웠다면, 고조선 지역에는 상당히 긴 정치적 공백기가 존재하게 된다. 무정은 상 왕국의 22대 왕이었고 그 후 9대를 지나 30대 제신(帝辛) 때에 이르러 서주 왕국의 무왕에게 상 왕국이 멸망되었다. 따라서 단군이 신이 되었다는 상 왕국의 무정 8년으로부터 기자가 그곳에 와서 나라를 세웠다는 서주 왕국의 무왕 원년까지는 220여 년이라는 긴 기간이 되는데, 이 기간 동안 고조선 지역은 정치적 공백기로 남아 있게 되는 것이다. 따라서 『제왕운기』의 기록 가운데는 착오가 있음이 분명하다. 그러나 지금에 와서 저자의 진의를 추출해낸다는 것은 불가능할 것이다. 단지 여기서 중요한 것은 고조선의 뒤를 이어 같은 지역에 기자조선이 존재했던 것으로 이승휴는 인식하고 있었다는 점이다.

『고려사』에 따르면 고려 숙종 7년에,

---

8   『제왕운기』 권 하.

예부(禮部)가 상주(上奏)하기를, 우리나라가 예의로써 교화된 것은 기자로부터 시작되었는데 (기자가) 사전(祀典)에 실려 있지 않으니 그 분영(墳塋)을 구해 사당을 세우고서 제사를 지내자고 하므로 그렇게 하기로 했다.[9]

고 한다. 그 후 충숙왕 12년에는 평양부(平壤府)에 명령을 내려 기자사(箕子祠)를 세우고 제사를 지내도록 했으며,[10] 공민왕 5년에는 기자사를 수리하고 시기에 맞추어 제사지내도록 평양부에 명령을 내렸는데,[11] 같은 명령을 공민왕 20년에도 내린 것으로 기록되어 있다.[12] 한편 『고려사』「지리지」에는,

평양부는 본래 세 조선의 옛 도읍으로서, 당요 무진년에 신인(神人)이 단목의 아래로 내려오니 국인들이 그를 받들어 군주로 삼아 평양에 도읍하고 호를 단군이라 하니 이것이 전조선이요, 서주 왕국의 무왕이 상 왕국을 멸망시키고 기자를 조선에 봉하니 이것이 후조선이다. 그 후 41대 후손인 준 때에 연인 위만이 망명해 와서 1,000여 명의 무리를 모아 준의 땅을 공탈하고 왕험(검)성에 도읍하니, 이것이 위만조선이다.[13]

---

9 『고려사』「지」권17 〈예(禮)〉 5. "禮部奏, 我國教化禮義, 自箕子始, 而不載祀典, 乞求其墳塋, 立祠以祭, 從之."

10 『고려사』「지」권17 〈예〉 5.

11 위와 같음.

12 위와 같음.

13 『고려사』「지」권12 〈지리〉 3. "西京留守官平壤府, 本三朝鮮舊都, 唐堯戊辰歲, 神人降于檀木之下, 國人立爲君, 都平壤, 號檀君, 是爲前朝鮮, 周武王克商, 封箕子于朝鮮, 是爲後朝鮮, 逮四十一代孫準時有燕人衛滿亡命, 聚黨千餘人, 來奪準地, 都于王險城, 是爲衛滿朝鮮."

라고 했다. 그리고 『고려사』「악지(樂志)」에는 기자를 흠모한 기록들이 보인다.

『제왕운기』와 『고려사』에 나타난 단군·기자·위만에 대한 인식은 같은 맥락에 있음을 알 수 있는데, 조선시대에 이르면 주자학이 성행함에 따라 모화사상과 더불어 기자숭배도 날로 증진되었다는 것은 주지의 사실이다. 여기서 『제왕운기』의 체제를 잠깐 살펴볼 필요가 있다. 『제왕운기』는 상·하 두 권으로 되어 있다. 상권에서는 중국 역대 제왕의 흥망을 반고(盤古)로부터 금(金)시대까지 7언(七言)으로 서술했고, 하권에서는 한국의 사적을 단군에서 발해까지를 7언으로, 고려 시조로부터 충렬왕까지는 5언으로 기술했다. 그런데 상권에서 중국의 역사를 먼저 서술하고 하권에서 한국의 역사를 서술하고 있는 점으로 보아, 이승휴도 모화사상의 범주를 벗어나지 못한 인물이었음을 직감할 수 있다.

『삼국사기』가 편찬된 고려 중기 이래 구한말·일제시대에 근대사학이 성립될 때까지 한국의 편사(編史) 활동이 유교사관에 바탕을 둔 것이 주류를 이루었음은 주지의 사실이다. 한국이 유교문화권에 편입되고 영토가 반도로 축소된 후대의 역사경험은 자연히 고대의 역사경험과는 다를 수밖에 없었다. 따라서 이제 한국사는 유교문화권이라는 시야에서 유교라는 새로운 가치체계를 가지고 인식되지 않으면 안 되었다. 그리하여 기자가 주목되고 중세적 세계질서로서 사대관계가 존중되며 그 결과 사대관계가 형성된 이후의 현 강토인 한반도를 실지인 만주보다 더 중시하는 새로운 한국사 인식의 성립을 보게 되는 것이다.

이러한 유교적 한국사 인식은 고대적 한국사 인식을 극복하고 성립된 것으로서 보다 현실성과 합리성을 띤 것임에는 틀림없다. 그러나 현실성과 합리성이라는 것은 사관의 측면에서 그러한 것이지, 한국사 인식 자체가 사실적이고 객관적이라는 의미와는 다르다는 것에 유의할 필요가 있다.[14] 『제왕운기』와 『고려사』는 이러한 유교사관의 범주에 포함되는 것이다.

『제왕운기』와 『고려사』가 유교사관의 한국사 인식체계 위에서 성립되었다고 해서 필자는 거기에 나타난 기자에 대한 인식을 오류로 단정할 생각은 없다. 그것은 철저한 사료 분석과 비판을 통해서 결론지어야 할 문제라고 생각하기 때문이다. 단지 유교사관에 의한 한국사 인식태도는 모화사상의 결과를 가지고 기자를 부각시키기에 이르렀다는 점을 참고로 지적해두고자 하는 것이다.

지금까지의 고찰을 통해 필자는 한국 상고사 인식에 2개의 다른 견해가 있었음을 확인했다. 하나는 『삼국유사』에 보이는 것으로서 고조선의 뒤를 이은 정치세력은 위만조선이며 고조선과 위만조선 사이에 기자조선의 존재를 인정하지 않았던 한국사 인식체계이고, 다른 하나는 『제왕운기』와 『고려사』 및 조선시대의 여러 문헌에 보이는 것으로서 한국 상고사의 전개를 고조선·기자조선·위만조선의 순서로 보는 인식체계이다. 이 가운데 하나는 오류를 범하고 있을 것임이 분명하다.

그런데 현존하는 고려시대와 조선시대의 문헌에는 기자조선의 존재를 긍정적으로 받아들이는 견해가 우세하므로, 이 견해를 받아들이는 것이 타당하다고 생각할 수도 있을 것이다. 그러나 역사적 사실은 과학적인 방법에 의한 사료의 분석과 비판에 의해 확인되는 것이지, 후세 학자들의 지지도에 의해 결정되는 것이 아니라는 점을 인식해야 할 것이다. 『삼국유사』의 저자인 일연은 불교 승려였기 때문에 한국 상고사를 유교사관에 바탕을 둔 유교문화권이라는 세계질서 속에서 인식하지 않

---

14 한영우, 『조선전기사학사연구』, 서울대 출판부, 1984, p. 11.

고 옛 기록을 충실하게 전했을 가능성을 배제해서는 안 될 것이다. 물론 여기에도 다음과 같은 의문이 제기될 수 있다. 즉 날로 팽배해가는 유교 사관과 모화사상의 결과로 중국으로부터의 이주민인 기자가 지나치게 부각되자 일연이 의도적으로 그것을 삭제 또는 격하시켰을 가능성이 그 것이다. 그러나 같은 중국으로부터의 이주민인 위만에 의해 성립된 정 권인 위만조선에 대해서 일연이 성실하게 기재해놓은 것을 보면 그러한 의문은 기우에 불과할 것으로 생각된다.

어쨌든 한국 사학계는 한국 상고사에 관한 한국 내의 사료로는 『삼국 유사』와 『제왕운기』보다 연대가 더 올라가는 것을 가지고 있지 못하다. 그런데 이 문헌들은 위만조선의 성립으로부터 계산하더라도 1,400여 년 이 지난 후의 기록인 것이다. 따라서 이 두 문헌에 나타난 한국 상고사 에 관한 기록은 그 자체만 가지고는 어느 쪽도 절대적 또는 상대적인 권위를 인정받을 수가 없게 된다. 그러므로 이 문헌들의 내용과 비교 검 토할 수 있는 다른 자료를 필요로 하게 되는데, 그것은 옛 기록을 비교 적 풍부하게 보유하고 있는 중국의 문헌으로서, 여기서 도움을 받을 수 있을 것이다. 따라서 중국의 문헌에 나타난 고조선·기자·위만에 대한 인식을 살펴보고자 한다.

3. 중국 사료의 검토

중국사와 한국사에 대한 비교적 폭넓은 역사인식의 맥락에서 한국 상고사에 관한 기록을 취할 수 있는 사료는 『사기』일 것이다. 『사기』보 다 오랜 중국 문헌에 고조선이나 기자에 관한 언급이 전혀 없지는 않지 만, 그것은 각각 어떤 특정한 사건만을 단편적으로 전하고 있으므로 고조선과 기자의 관계를 전체적인 한국사 전개의 맥락에서 인식하기 위한 자료로는 적합하지 않다. 『사기』에 실려 있는 한국사 관련 내용을 중국사와 한국사의 전체적인 맥락에서 인식하는 데 도움을 얻기 위해 여기서 잠깐 『사기』의 체제에 대해서 언급할 필요가 있다.

『사기』는 본기(本紀)·표(表)·서(書)·세가(世家)·열전(列傳)으로 구성되어 있는데, 본기·세가·열전이 주된 골격을 이룬다. 본기는 중국의 역대 최고 통치자에 관한 기록이고, 세가는 제후·열국에 관한 사실을 신고 있으며, 열전은 각 시대에 활약했던 인물들에 대한 전기이다. 『사기』의 저자인 사마천은 말하기를,

> 28개의 성좌는 북극성을 돌고 30개의 바퀴살은 1개의 바퀴통을 향하고 있어 그 운행이 무궁하다. (천자를) 보필했던 고굉(股肱)의 신하들을 배열하여 충신으로 도를 행함으로써 주상(主上)을 받들었던 내용을 모아 30세가를 지었다. 의를 돕고 재기가 높이 뛰어나 시기를 놓치지 않고 공명을 천하에 세운 사람을 모아 70열전을 지었다.[15]

고 했다. 이 내용에서 알 수 있듯이 『사기』는 고대 중국의 최고 통치자였던 천자를 정점으로 한 천하사상, 다시 말하면 중국적 세계질서의 사상적 체계를 바탕으로 구성되어 있다. 따라서 중국적 세계질서에 포함되지 않거나 관계가 없다고 인식되었던 내용은 신지 않고 있다.

『사기』에 한국 상고시대에 관계된 내용을 신고 있는 것으로 「조선열

---

15 『사기』 권130 「태사공자서(太史公自序)」. "二十八宿環北辰, 三十輻共一轂, 運行無窮, 輔拂股肱之臣配焉, 忠信行道, 以奉主上, 作三十世家, 扶義俶儻, 不令己失時, 立功名於天下, 作七十列傳."

전」이 있다. 그 첫 부분을 보면,

> 조선왕 만은 본래 연나라 사람이다. 연나라는 그 전성기에 진번과 조선
> 을 공략해 복속시키고 관리를 두기 위해 장새를 축조했다. …… (서한의
> 후왕인) 연왕 노관이 (서)한을 배반하고 흉노에 들어가니 만도 망명을
> 했는데, …… (처음에는) 겨우 변방을 지키며 진번과 조선에 속해 있었
> 으나 만이 및 옛 연·제의 망명자들이 그를 왕으로 삼으니 왕험에 도읍
> 했다.[16]

라고 하고 계속해서 위만조선과 서한의 관계에 대해서만 언급하고 있
다. 『사기』「조선열전」에는 그 첫머리에 위만조선이 성립되기 이전에 중
국의 전국시대 연나라·진제국·서한제국과 고조선 사이에 있었던 국경
문제에 대해서만 간략하게 언급했을 뿐, 전편이 위만조선에 관해서만
기록되어 있는 것이다. 여기서 필자는 두 가지 중요한 문제를 발견하게
된다.

첫째는 만약 위만조선 이전에 기자조선이 존재했다면 어째서 『사기』
「조선열전」에는 기자조선에 대해 한마디 언급도 없는가라는 점이다. 둘
째는 전국시대의 연나라가 진번과 조선을 공략해 복속시켰다고 했는데
이 시기에 고조선은 연나라에 복속된 일이 없으므로 이 기록을 어떻게
인식해야 하는가라는 점이다.

『사기』「조선열전」에서 고조선을 자세히 언급하지 않은 것은 지극히

---

16 『사기』 권115 「조선열전」, "朝鮮王滿者, 故燕人也. 自始全燕時, 嘗略屬眞番·朝鮮,
　　爲置吏, 築障塞, ……, 燕王盧綰反, 入匈奴, 滿亡命, ……, 稍役屬眞番·朝鮮, 蠻夷
　　及故燕齊亡命者王之, 都王險."

당연하다. 『사기』는 중국의 역사서이며 그 체제가 앞에서 언급했듯이 중국의 천자를 정점으로 한 천하사상, 즉 중국적 세계질서의 사상적 체계가 반영된 것이다. 따라서 이민족의 토착 정치세력으로서 중국의 세계질서에 포함되지 않았던 고조선에 대해서는 자세히 언급할 필요가 없었던 것이다. 그러나 기자의 경우는 다르다. 기자는 상 왕실의 후예로서 상 왕국 멸망 시에 있었던 세 사람의 어진 인물 가운데 한 사람이고,[17] 서주 왕국의 무왕에게 홍범(洪範)을 가르쳤다고 전해지며[18] 중국인들에게 추앙을 받아온 인물이었다. 『사기』의 저자인 사마천은 하족(夏族)·상족(商族)·주족(周族)이 모두 황제의 후손으로서 중국 민족의 주체인 화하족(華夏族)의 근간을 이루었다고 믿고 있었으므로,[19] 상족의 후예인 기자가 고조선 전체의 통치자가 되었다면 그것은 중국적 세계질서에 포함되는 것이 당연하기에 마땅히 긍지를 가지고 기자에 관해서 「조선열전」에 언급해야만 했을 것이다.

　사마천은 서기전 145년 무렵에 출생했고[20] 위만이 기자국의 준왕으로부터 정권을 탈취한 것은 서기전 194년 무렵이 되므로, 기자국이 멸망한 것은 사마천이 출생하기 불과 50여 년 전의 일이다. 사마천은 사관(史官)으로서 태사령(太史令)의 직에 있었을 뿐만 아니라 폭넓은 사료를 섭렵했고 또 태사령이었던 아버지 사마담(司馬談)이 중국의 통사를 집필

17　『논어(論語)』 「미자(微子)」. "微子去之, 箕子爲之奴, 比干諫而死. 孔子曰 : 「殷有三仁焉」."

18　『서경(書經)』 「주서(周書)」 〈홍범〉.

19　『사기(史記)』 권2 「하본기」· 권3 「은본기(殷本紀)」· 권4 「주본기(周本紀)」 참조.

20　사마천의 출생연대는 분명하지 않으나 일반적으로 받아들여지고 있는 왕국유(王國維)의 설에 따랐다(王國維, 『觀堂集林』 卷11 「太史公行年考」). 사마천의 출생 연대에 관한 다른 견해도 그 연대가 왕국유와 크게 차이가 나지 않으므로 필자의 논리 전개에는 영향을 주지 않는다.

하기 위해 모아 두었던 사료를 활용했기 때문에 기자국의 전말에 관해서는 소상히 알고 있었을 것임이 분명하다. 그러한 사마천이 「조선열전」에서 기자에 대해서 전혀 언급을 하지 않은 것은 기자가 고조선 지역 전체의 통치자가 된 사실이 없음을 말해준다. 따라서 사마천은 서한으로부터 망명하여 고조선 지역에 통치세력을 구축한 위만의 시대를 기점으로 해서 고조선 지역을 중국적 세계질서에 포함시키고 있는 것이다.

그런데 사마천은 「조선열전」에서는 기자에 대해 한마디도 언급하지 않으면서, 「송미자세가(宋微子世家)」에서는 미자의 송국에 대해 서술하면서 기자에 대해서도 곁들여 언급하고 있다. 「송미자세가」는 상 왕국을 멸망시킨 서주 왕국의 무왕이 상 왕국의 마지막 왕인 제신의 서형(庶兄)인 미자(微子) 계(啓)를 오늘날 하남성(河南省) 상구현(商邱縣) 지역에 봉해 상족의 유민을 다스리도록 했던 송국에 관한 기록이다.

앞에서 언급한 바 있듯이 『사기』의 체제 가운데 세가는 기본적으로 중국 내에서 천자의 주변 세력을 형성하여 중국사 전개에 영향을 끼쳤던 인물들, 특히 제후에 관한 기록이다. 그러므로 기자가 「송미자세가」에서 언급되었다는 것은 시사하는 바가 크다. 그것은 기자가 중국 내에서 활약한 제후와 비슷한 위치에 있었겠지만 '기자세가'라는 독립된 편명으로 설정되지 못한 것으로 보아 그리 큰 세력은 아니었을 가능성이 있다는 점이다.

「송미자세가」의 기자에 관한 기록 가운데 중요한 의미를 지니는 것은,

　　(서주 왕국의) 무왕이 기자를 조선에 봉했다.[21]

21　『사기』 권38 「송미자세가」. "於是武王乃封箕子於朝鮮而不臣也."

는 것이다. 그런데 사마천이 「조선열전」에서 기자에 관한 언급을 하지
않은 것으로 보아, 기자가 봉해졌던 조선과 「조선열전」의 조선은 다른
의미를 지니고 있을 것으로 생각된다. 일연은 『삼국유사』에서 기자가 조
선에 봉해진 후에도 계속해서 고조선이 존재했음을 언급한 바 있고, 사
마천은 「조선열전」에서 전국시대의 연나라가 진번과 조선을 공략해 복
속시켰다고 했으나 고조선은 연나라의 진개로부터 서방을 침략받은 일
이 있을 뿐 복속된 사실은 없다고 기록했다.[22] 따라서 고조선과는 다른
조선이 존재했음을 알 수 있다. 그러므로 이 조선의 위치를 확인하는 것
은 한국 상고사를 바르게 인식하는 관건이 된다.

『한서』「서남이양오조선전」의 주석에서 안사고는 조선에 대해서 말하
기를, "전국시대 연나라가 공략해 이곳을 얻었다."[23]고 했는데, 그 내용
으로 보아 안사고가 말한 조선은 『사기』「조선열전」에서 전국시대 연나
라가 공략해 복속시켰다는 진번과 병칭된 조선을 지칭하고 있음을 알
수 있다. 시대적인 배경은 다르지만 이와 유사한 내용이 『염철론』「주
진」편에도 보인다. 거기에는 "진나라가 천하를 병합한 후에 동쪽으로 패
수(沛水/浿水 : 오늘날 난하)를 건너 조선을 토멸했다."[24]고 기록되어 있
다. 여기에 나오는 조선도 고조선의 전 지역일 수가 없다. 고조선이 진
국에게 멸망된 일이 없기 때문이다.

그런데 전국시대 진나라가 전성기에 장수 진개를 시켜 고조선의 서부
깊숙이 침공한 일이 있다. 그러나 오래지 않아서 진개는 후퇴를 했고 단

---

22 『삼국지』 권30 「동이전」 〈한전〉에 주석으로 실린 『위략』은 전국시대 연나라의 진개가
    고조선의 서방을 침공한 사실만을 전하고 있다.
23 『한서』 권95 「서남이양오조선전」 〈조선전〉의 '조선'에 대한 주석. "師古曰, 戰國時燕
    國略得此也."
24 『염철론』 권44 「주진」. "秦旣幷天下, 東絶沛(浿)水, 幷滅朝鮮."

지 국경의 초소가 당시의 국경선이었던 중국의 하북성 동북부에 있는 오늘날 난하 서부 연안으로부터 동부 연안으로 옮겨지는 변화를 보였었다.[25] 따라서 『사기』 「조선열전」이나 『한서』 「서남이양오조선전」의 안사고 주석과 같이 전국시대에 연나라가 복속 또는 병합한 지역으로서 조선이 있었다면, 그곳은 난하의 동부 연안 어느 지역일 수밖에 없게 된다. 『염철론』 「주진」편에서 언급된 진나라가 중국을 통일한 후에 패수(오늘날 난하)를 건너 토멸했다는 조선도 그 기록이 옳다면 난하의 동부 연안에 있어야 한다.

진나라는 중국을 통일한 후 도망한 연왕 희를 붙잡기 위해 장수 왕분의 인솔 아래 요동을 친 일이 있으며,[26] 장수 몽염의 지휘 아래 요동에 장성을 축조한 바 있다.[27] 그러나 고조선을 크게 침공한 사실은 확인되지 않는다. 그런데 당시의 요동은 오늘날 난하 동부 연안으로 고조선에 속한 부분과 연나라에 속한 부분으로 나뉘어 있었다. 이러한 요동의 분계 선상에 장성이 있었던 것이다.[28] 따라서 진나라가 토멸했다는 조선은 국경 지역에 있었던 지명일 수밖에 없게 된다.

지금까지 살펴본 조선에 관한 기록이 잘못된 것이 아니라면, 이 조선은 고조선을 지칭한 것이 아니라 난하 유역에 있었던 지명으로 보아야 한다. 이 조선이 하나의 지명이었다는 것은 후대의 기록들에 의해 입증된다. 『한서』 「지리지」 〈낙랑군〉조를 보면 낙랑군에 속해 있던 25개 현 가운데 조선현이 있었는데 이에 대해서 응소는 주석하기를,

---

25 앞 글, 「고조선의 서변경계고」, pp. 7~10.
26 『사기』 권34 「연소공세가」 〈연왕 희 33년〉조.
27 『사기』 권88 「몽염열전」.
28 앞 글, 「고조선의 서변경계고」, pp. 14~21.

기자가 봉해졌던 곳이다. [29]

라고 했다. 서한시대의 낙랑군이 한반도 북부에 있었던 것으로 보는 것이 현재 한국 사학계의 지배적인 견해이지만, 필자는 그곳이 난하 하류의 동부 지역일 것으로 믿고 있다. 『위서』「지형지」〈평주〉조 '북평군'을 보면 북평군에는 조선과 창신[昌新 : 신창(新昌)?] 2개의 현이 있었던 것으로 되어 있는데 조선현의 주석에는,

> 서한·동한을 거쳐 진시대에 이르기까지는 낙랑군에 속해 있다가 그 후 폐지되었다. 북위의 연화 원년(서기 432년)에 조선현의 거주민을 비여현으로 이주시키고 다시 설치해 북평군에 속하게 했다.[30]

고 했다. 따라서 조선현의 위치는 서한시대로부터 진(晉)시대까지는 변화가 없었음을 알 수 있다.

그러므로 『진서』「지리지」〈평주〉조 '낙랑군'을 보면 진(晉)시대의 낙랑군은 한시대에 설치한 것으로 되어 있고 그 안에 조선·둔유·혼미·수성·누방·사망 등 6개의 현이 있었는데 조선현은 기자가 봉해졌던 곳이고 수성현은 진제국의 장성(만리장성)이 시작된 곳이라고 주석되어 있다.[31] 이 기록에서 진시대의 조선현은 기자가 봉해졌던 곳이라고 했으므로, 그곳이 서한시대의 조선현과 동일한 지역이었음이 확인된다. 그런데 『사기집해』에 따르면 중국의 삼국시대 위나라 사람인 장안은 말하기를,

---

29 『한서』 권28 「지리지」 하 〈낙랑군〉조 '조선현'의 주석. "應劭曰, 武王封箕子於朝鮮."
30 『위서』 권106 「지형지」 상 〈평주〉조 '북평군' 조선현의 주석.
31 『진서』 권14 「지리지」 상 〈평주〉조 '낙랑군'.

조선에는 습수 · 열수 · 산수가 있는데 이 세 강이 합해 열수가 된다. 아마도 낙랑의 조선은 그 이름을 여기에서 취했을 것이다.[32]

라고 했다. 조선이라는 명칭의 유래에 대해서는 여러 견해가 있으므로 여기서는 그 가부를 논하는 것을 보류하기로 한다. 그런데 위 내용에서 확인되는 것은 삼국시대의 낙랑군 조선현 지역에 습수 · 열수 · 산수라는 세 지류가 있는 열수(洌水 또는 列水)라는 강이 있었다는 사실이다. 앞에서 언급한 바와 같이 낙랑군 조선현은 서한시대로부터 동한 · 삼국시대를 거쳐 진시대까지는 그 위치가 변화되지 않았었으므로, 위의 세 지류가 있는 열수를 확인해낸다면 그 지역이 낙랑군의 조선현으로 기자가 거주했던 곳이 되는 것이다. 중국의 동북부 지역에서 그러한 명칭의 세 지류를 가지고 있는 강은 오늘날 중국 하북성 동북부에 있는 난하밖에 없다. 오늘날 난하는 유수라고도 불렸는데[33] 『수경주』 「유수」조를 보면 유수에는 습여수 · 무열수 · 용선수의 세 지류가 있었음이 확인된다.[34] 앞에서 인용된 장안이 말한 습수는 습여수, 열수는 무열수, 산수는 용선수의 약칭이었던 것으로 생각된다. 산수가 용선수의 약칭이었음은 『사기색은』에 조선의 명칭에 대해서 언급하면서 선(鮮)의 음은 선(仙)인데 산수가 있었으므로 취했다[35]고 했으니, 선(鮮)과 선(仙)은 통용되었으므로 용선수의 약칭이 산수였을 것임을 알 수 있다. 중국 문헌에서 이와 같이

---

32 『사기』 권115 「조선열전」의 주석으로 실린 『사기집해』. "朝鮮有濕水 · 洌水 · 汕水三水 合爲洌水, 疑樂浪朝鮮取名於此也."

33 藏勵龢 等, 『中國古今地名大辭典』, 商務印書館, 民國 64(1975), pp. 1281~1282 참조.

34 『수경주』 권14 「유수」조.

35 『사기』 권115 「조선열전」에 주석으로 실린 『사기색은』.

약칭이 사용된 예는 흔히 있는 것으로, 청장수를 장수, 압록수를 압수로 표기한 것도 그 한 예이다. 따라서 습수·열수·산수의 세 지류를 가지고 있었던 열수(洌水 또는 列水)는 오늘날 난하 본류나 그 지류였음을 알 수 있으니, 결국 서한시대로부터 진시대에 이르기까지의 낙랑군 조선현 위치는 오늘날 난하 유역이었다는 것이 된다.

조선현의 위치가 오늘날 난하 유역이었음은 수성현의 위치가 확인됨으로써 더욱 분명해진다. 앞에서 인용된 바와 같이 『진서』 「지리지」에는, 진시대의 낙랑군에는 조선현·수성현 등 6개의 현이 있었는데 수성현은 진(秦)제국의 장성이 시작된 곳이라고 기록되어 있다. 그런데 필자는 진제국의 장성은 진제국과 고조선의 국경선에 축조되었던 것으로 그 동단은 오늘날 중국 하북성 동북부 난하 하류 동부 연안에 있는 창려현의 갈석 지역에 있었던 것으로 고증한 바 있다.[36] 그러므로 서한시대로부터 진(晉)시대에 이르기까지의 수성현은 오늘날 난하 하류 동부 연안에 있는 창려현 갈석 지역이었다는 것이 된다. 이러한 필자의 견해를 『사기』 「하본기(夏本紀)」에 주석으로 실린 『사기색은』과 두우가 편찬한 『통전』의 내용이 뒷받침해준다. 『사기색은』에는 『태강지리지(太康地理志)』를 인용해,

낙랑의 수성현에는 갈석산이 있는데 장성이 시작된 곳이다.[37]

---

36 윤내현, 「한사군의 낙랑군과 평양의 낙랑」 『한국학보』 41집, 일지사, 1985 겨울호, pp. 7~10.

37 『사기』 권2 「하본기」의 갈석에 대한 주석으로 실린 『사기색은』. "『大康地理志』云, 樂浪遂城縣有碣石山, 長城所起."

라고 했고, 『통전』에는 당시의 노룡현에 대해서 주석하면서,

> 한시대의 비여현 지역으로 갈석산이 있는데 바닷가에 우뚝 솟아 서 있으
> 므로 그러한 명칭을 얻었다. 진시대의 『태강지(리)지』에 기록된 바와 같
> 이 진장성의 축조가 시작된 곳이다. [38]

라고 했다. 갈석산이 오늘날 난하 하류 동부 연안 창려현에 있고 한시대
의 비여현 위치가 오늘날 난하 하류 동부 연안이었음은 이론이 없다.[39]
결국 조선현과 수성현은 오늘날 난하 하류 동부 연안에 서로 근접해 위
치했고 이 2개의 현을 포괄한 난하 중류와 하류 동부 연안 지역이 한사
군의 낙랑군이었던 것이다. 그런데 수성현에 속해 있었던 갈석산은 오
늘날 발해 연안에 있으므로 수성현은 발해와 접해 있었고, 수성현의 북
쪽에 조선현이 위치했을 것이므로, 엄밀하게 말하면 조선현은 난하의
중하류 동부 연안에 있었다고 보아야 할 것이다. 『한서』「엄주오구주부
서엄종왕가전」 〈가연지전〉에는 서한 무제의 업적을 말하면서,

> 동쪽으로 갈석을 지나 현도와 낙랑을 군으로 삼았다.[40]

고 했는데, 이 기록은 매우 정확한 것으로 한사군(후에 현도·낙랑 등 두

---

38 『통전』 권178 「주군」 8 〈평주〉조 '노룡'. "漢肥如縣, 有碣石山, 碣然而立在海旁故名
之, 晉『太康地(理)志』同秦築長城所起."
39 위 글, 「한사군의 낙랑군과 평양의 낙랑」, pp. 12~13.
高洪章·董寶瑞, 「碣石考」 『歷史地理』 3輯, 上海人民出版社, 1983, pp. 225~228.
40 『한서』 권64 「엄주오구주부서엄종왕가전」 〈가연지전〉. "西連諸國至于安息, 東過碣石
以玄菟·樂浪爲郡……."

군이 되었음)이 한반도 북부에 있었다면 중국의 하북성 동북부 난하 하류 동부 유역에 있는 갈석을 기준으로 해서 그 위치를 말할 리가 없는 것이다.

앞에서 필자가 인용한 『위서』「지형지」〈평주〉조 '북평군' 조선현의 주석에 따르면 조선현은 북위의 연화 원년(서기 432)에 비여현 지역으로 이치되었다. 그런데 『수서』「지리지」에는 이치된 후의 조선현 위치를 분명하게 해주는 기록이 있다. 그 기록에 따르면 수시대의 북평군에는 노룡현이 있었을 뿐인데 노룡현의 주석에,

> 옛날에 북평군을 설치해 신창·조선 2개의 현을 통령했는데, 후제(북제) 시대에 이르러 조선현을 폐하고 신창현에 편입시켰으며, 또 요서군을 폐하게 됨에 따라 해양현을 비여현에 편입시켜 통령하게 되었다. 개황 6년 (서기 586)에는 비여현을 폐지해 신창에 편입시켰고. 개황 18년(서기 598)에는 노룡현으로 개명했다. …… 장성이 있고 관관이 있고 임유궁이 있고 복주산이 있고 갈석이 있고 현수·노수·온수·윤수·용선수·거량수가 있고 바다가 있다.[41]

고 했다. 이를 통해 이치된 고조선 지역에 비여현·장성·갈석·용선수 등이 있었으며 그 지역이 후에 노룡현으로 편입되었음을 알 수 있다. 그

---

41 『수서』 권30 「지리지」 〈북평군〉조 '노룡현'. "盧龍舊置北平郡, 領新昌·朝鮮二縣. 後齊省朝鮮入新昌, 又省遼西郡并所領海陽縣入肥如. 開皇六年又省肥如入新昌, 十八年改名盧龍 …… 有長城. 有關宮. 有臨渝宮. 有覆丹山. 有碣石. 有玄水·盧水·溫水·閏水·龍鮮水·巨梁水. 有海."

런데 현수·노수·용선수는 난하의 지류이며[42] 비여현[43]·장성·갈석은 모두 난하 하류의 동부 연안에 있었다.[44] 따라서 북위시대에 이치된 조선현도 난하 하류의 동부 연안에 있었다는 것이 된다.

지금까지의 고찰에서 분명해진 것은, 난하의 중하류 동부 연안 즉 고조선의 서쪽 변경에 조선이라는 지명이 있었으며, 그로 말미암아 후에 그 지역이 서한에 복속된 후 그곳에 조선현이 설치되었다는 것이다. 중국의 상 왕국에는 국명과 동일한 상이라는 명칭의 읍이 있었고 서주 왕국에도 국명과 동일한 주라는 명칭을 사용한 종주와 성주가 있었다. 이와 비슷하게 고조선에도 국명과 같은 조선이라는 명칭의 지역이 있었던 것이다. 그런데 조선은 낙랑군에 속해 있던 25개 현 가운데 하나였고 낙랑군은 위만조선의 영역에 설치되었던 낙랑·진번·임둔의 3군 가운데 하나였으므로,[45] 고조선의 서쪽 변경에 있었던 조선의 크기는 위만조선 전체 면적의 75분의 1 정도의 좁은 지역이었던 것이다.

지금으로서는 조선이라는 지명이 어떤 연유로 붙여졌는지는 명확하게 알 수가 없으나 중국인들에게 그 지역이 고조선의 상징으로 보였을 가능성이 있다. 『대명일통지』에는 "조선성이 영평부 경내에 있는데 기자

---

42 오늘날 난하는 유수라고도 불렸는데(앞 책, 『中國古今地名大辭典』, pp. 1281~1282 참조). 『수경주』 권14 「유수」조에는 유수의 지류로 현수·노수·용선수가 적혀 있다.

43 『한서』 권28 하 「지리지」 하 〈요서군〉조 '비여현'에 따르면, 비여현에는 현수가 있는데 현수는 유수로 흘러들어간다고 했으니 비여현이 유수(오늘날 난하) 유역에 있었음을 알 수 있다. 그리고 비여현과 접해 있던 영지현의 주석에 따르면, 그곳에 고죽성이 있었다고 했는데 고죽국이 오늘날 난하 동부 연안에 있었다고 하는 것은 학계의 통설로 되어 있다. 이러한 점 등으로 미루어 보아 비여현은 오늘날 난하 동부 연안에 있었음이 틀림없다.

44 앞 글, 「고조선의 서변경계고」, pp. 5, 18~20.

45 앞 글, 「한사군의 낙랑군과 평양의 낙랑」, pp. 5~6.

가 봉해졌던 곳으로 전해온다."[46]고 했는데, 명시대의 영평부에는 난주·노룡현·천안현·무령현·창려현·낙정현 등이 속해 있었으며 그 위치는 난하 하류 유역에 있었다.[47] 이로 보아 명시대의 영평부에 있었던 조선성은 앞에서 언급된 여러 문헌에 나타난 조선 지역에 있었던 성일 것임을 알 수 있다. 이 성은 중국 지역과의 국경 지대에 있었으므로 대중국 방위용이었을 것인데 그곳에 조선족이 많이 거주하고 있었을 가능성도 있다.

결론적으로 말하면, 필자는 기자가 이주했던 곳은 고조선의 서부 국경 지대에 있었던 조선과 관계가 있을 것이라는 결론에 도달하게 된다. 그렇게 보게 되면 일연의 『삼국유사』와 사마천의 『사기』에 실린 고조선과 기자에 관한 내용이 무리 없이 풀려나가게 되고 그 기록이 정확한 것임도 알게 된다.

4. 천도의 사유

지금까지 필자는 고조선의 천도 상황을 살펴보기 위한 기초 작업으로서 그것과 관계된 사료를 검토·분석해보았다. 이제 고조선의 천도 사실을 구체적으로 확인하기 위해 『삼국유사』의 기록을 다시 한 번 보면,

『위서』에 이르기를 지금으로부터 2,000년 전에 단군왕검이 있어 도읍을

---

46 『대명일통지』 권5 「영평부」 〈고적〉조. "朝鮮城在府境內, 相傳箕子受封之地, 後魏置縣屬北平郡, 北齊省入新昌縣."
47 『명사(明史)』 권40 「지」 제16 〈지리〉 1 '영평부'조.

아사달[경에는 무엽산이라 했고 또한 백악이라고도 하는데 백주라는 땅에 있다. 또한 개성의 동쪽에 있다고도 하는데 오늘날 백악궁이 그것이다]에 정하고 나라를 개창해 국호를 조선이라 하니 고(요)와 동시라 했다. 『고기』에 이르기를 ……(단군왕검이) 당고(요)가 즉위한 지 50년인 경인[당고의 즉위 원년은 무진이니 50년은 정사이지 경인이 아니다. 아마 틀린 듯하다]에 평양성[오늘날 서경]에 도읍하고 비로소 조선이라 일컫고, 또 백악산아사달에 옮기어 도읍했는데 그곳을 또 궁[또는 방 자로도 됨]홀산 또는 금미달이라고도 하니, 치국하기 1,500년이었다. (서)주의 호왕이 기묘에 즉위해 기자를 조선에 봉하니 단군은 장당경으로 옮기었다가 후에 아사달에 돌아가 숨어서 산신이 되니 수가 1,908세였다 한다.[48]

고 전하고 있다. 이 기록에서 일연은 『위서』를 인용해 고조선의 단군왕검이 아사달에 도읍하고 나라를 개창해 국호를 조선이라 했다고 하고, 또 『고기』를 인용해 단군왕검이 평양성에 도읍하고 비로소 조선이라고 일컬었다고 했으니, 이에 따른다면 그전에는 조선족이 조선이 아닌 다른 명칭으로 불렸을 가능성이 있다.

그리고 계속해서 일연은 『고기』를 인용해 고조선이 백악산아사달(궁홀산 또는 금미달)·장당경·아사달 등으로 천도했음을 전하고 있다. 일연이 인용한 『위서』와 『고기』는 현존하지 않으므로 그 원문을 확인할 길은 없다. 그러나 이러한 내용이 일연 이전에 전해오던 것임에는 틀림이 없을 것이다. 일연은 『위서』가 전하는 단군왕검의 도읍인 아사달에 대해서 무엽산·백주의 백악·개성 동쪽의 백악궁, 『고기』가 전하는 단군왕검의

---

48 주 6과 같음.

첫 도읍지인 평양성에 대해서는 당시의 서경(오늘날 평양)이라고 주석해 놓았는데 이것은 일연이 생존했던 고려시대 학자들의 견해를 정리한 것으로 당시에 고조선의 첫 도읍지에 대한 견해가 통일되어 있지 않았음을 알게 된다. 그런데 필자는 고조선의 동읍지를 확인함에 있어서 이러한 주석이 참고는 되겠지만 그것에 집착할 필요는 없을 것으로 생각한다. 왜냐하면 일연의 시대는 이미 유교사관이 주류를 이루어 사대관계가 존중되었고 한국사 인식의 판도가 한반도로 위축되었던 시기이기 때문이다.

그런데 『삼국유사』의 내용에 따르면, 고조선의 첫 도읍지를 『위서』에서는 아사달이라 했고 『고기』에서는 평양성이라고 했다는데, 아사달과 평양성이 각각 다른 2개의 지명인지 또는 동일한 곳에 대한 다른 호칭인지를 살펴볼 필요가 있다.

그동안 언어학자들의 연구결과에 따르면, 고대 한국어에서 아사달의 아사(阿斯)는 왕이나 모(母)의 뜻을 가지며 달(達)은 읍(邑)을 뜻하는 것으로, 아사달은 '대읍(大邑)' 또는 '왕읍(王邑)'의 뜻을 가졌다고 한다.[49] 그리고 평양성의 평(平)은 대(大) 또는 장(長)을 뜻하며 성은 읍 또는 성을 뜻하는 것으로 평양은 '대읍' 또는 '장성'을 의미하는데, 이것이 한자로 표기되면서 한문식으로 성이 다시 결합되어 평양성이 되었다고 한다.[50] 따라서 아사달과 평양성은 왕읍 또는 대읍을 뜻하는 보통명사로서 동일한 의미를 지닌 것으로, 당시의 큰 취락 또는 도읍에 대한 호칭이었던 것이다.

그러므로 『위서』가 전하는 아사달과 『고기』가 전하는 평양성은 같은

---

49   이병선, 『한국고대국명지명연구』, 형설출판사, 1982, p. 36.
50   위 책 p. 132.

곳을 가리키는 다른 호칭에 불과했을 것으로 이해된다. 그리고 아사달과 평양성은 특정한 어느 한 곳에 대한 명칭일 수가 없으며 도읍이 옮겨지면 자연히 그것을 따라 옮겨졌을 것이다.

일연이 인용한 『고기』에 따르면 고조선의 도읍지는 평양성·백악산아사달(궁홀산 또는 금미달)·장당경·아사달 네 곳이 된다. 그런데 마지막 도읍지였다는 아사달에 대해서 원문에 "후에 아사달에 돌아가……"라고 표현한 것으로 보아, 이 아사달은 이전에도 도읍을 했던 곳이었음을 알 수 있다.

이 아사달이 『위서』에 기록된 아사달이었는지 또는 『고기』에 언급된 두 번째 도읍지였던 백악산아사달이었는지는 분명하지 않지만 결국 고조선의 도읍지는 세 곳이었다는 뜻으로 귀결된다. 그런데 일연은 고조선이 두 번째 도읍지였던 백악산아사달로부터 세 번째 도읍지였던 장당경으로 천도하게 된 것은 기자가 조선에 봉해졌기 때문이라고 『고기』를 인용해 밝히면서도, 나머지 두 번의 천도 사유에 대해서는 전혀 언급을 하지 않았다.

그러므로 필자는 『삼국유사』가 전하는 고조선의 천도가 사실과 부합되는 것인지의 여부를 확인하기 위해 고조선으로 하여금 불가피하게 천도를 하도록 만들었을 것으로 예상되는 당시의 상황을 간단하게 살펴보고자 한다. 우선 『삼국유사』가 고조선의 천도 사유로 전하는 기자의 이동 과정이 문제로 등장한다.

필자는 이미 『기자신고』를 통해 기자의 정체와 그 이동 과정을 자세하게 밝힌 바 있다. 그러므로 여기서는 그것을 재론하는 번거로움을 피하고 그 요점만을 소개하고 그것이 고조선의 천도와 어떻게 관계를 맺고 있는지에 관해서만 언급하고자 한다. 갑골문·금문(金文) 및 옛 문헌의 기록과 고고학적 자료를 종합적으로 검토한 결과로 얻어진 기자에

관한 결론은 다음과 같이 요약된다.[51]

기자는 중국의 상 왕실 후예로서 기족을 다스리기 위해 오늘날 중국 하남성 상구현 지역에 봉해졌다. 그런데 주족이 상 왕국을 멸망시키고 서주 왕국을 건립하자 기자는 통치지를 잃고 새로운 거주지를 찾아 중국의 동북부 지역으로 이동하게 되었다. 그리하여 오늘날 중국 하북성 동북부에 있는 난하 하류의 서부 연안에 자리하게 되었다. 이 지역은 서주 왕국의 봉국인 연나라의 통치 지역이었으므로 소국이었던 기자국은 연나라의 통제 아래 있게 되었던 것이다. 이러한 사실은 북경 교외에서 출토된 서주 초기 청동기의 명문에 보이는 기후[箕侯 : 기자(箕子)]가 연후(燕侯)로부터 은상(恩賞)을 받았음을 알게 하는 기록에서 알 수 있을 뿐 아니라 『한서』 「지리지」에 기국이 연나라의 변방 일부였다[52]고 전하는 기록을 통해서도 확인된다.

전국시대에 이르러 서주 이래의 사회질서가 붕괴되고 약육강식의 시대가 도래하여 토지겸병 전쟁이 계속되자 연나라와 기자국의 관계도 원만하지 못하게 되었다. 결국 연나라의 장수인 진개의 침략으로 기자국은 큰 피해를 입게 되었으나 연나라 내부의 사정으로 진개가 후퇴함으로써 전쟁은 종식되었다. 그 후 중국이 진나라에 의해 통일되자 기자국은 중국의 통일세력에 밀려 난하 중하류의 동부 연안, 즉 고조선의 서쪽 변경에 자리해 고조선의 후국이 되었다. 이것은 난하 하류의 동부 연안에서 상 왕국 말기에 제조된 기후(기자)의 청동기가 출토된 것에 의해 입증된다. 이 청동기는 기자국의 준왕이 위만에게 정권을 탈취당할 때 남겨놓은 기자국의 마지막 유물일 것이다. 기자국이 선진시대에는 중국

---

51 앞 글, 「기자신고」 참조.
52 『한서』 권28 하 「지리지」 하. "燕地, 尾·箕分壄."

지역에 있었고 진시대 이후에는 고조선의 변경에 있었기 때문에 선진시대의 문헌에서는 기자가 서주 왕실을 왕래한 기록은 보이지만 기자와 조선이 연관된 기록은 볼 수가 없는 것이다. 그리고 서한시대 이후의 문헌에서 비로소 기자가 조선과 관계를 맺고 나타나게 되는 것이다.[53]

그런데 기자국이 서한시대 이래 고조선의 변경으로 이주하기까지 위치했던 난하의 서부 연안은 고조선의 서쪽 변경에 있었던 지명인 조선과 난하를 사이에 두고 서로 마주보는 위치였다. 그리고 그 후 기자국이 고조선의 변경으로 밀려 들어와 위치했던 곳은 조선과 그 주변 지역을 포괄한 난하의 중하류 동부 연안이었다.[54] 따라서 기자가 중국의 동북 지역으로 이동한 후에 거주했던 곳이 조선이었다고 전하는 『사기』 「송미자세가」나 『삼국유사』 〈고조선〉조의 기록이 전혀 근거 없는 것이 아님을 알 수 있다. 그리고 기자국이 위치했다고 전하는 조선은 고조선 전체를 뜻한 것이 아니라 고조선의 서쪽 변경에 있었던 지명의 하나였음도 분명해진다. 그러했기 때문에 사마천은 기자를 『사기』의 「조선열전」에서 언급하지 않고, 「송미자세가」에서 다루었던 것이다. "서주의 무왕이 기자를 조선에 봉했다."는 『사기』 「송미자세가」의 기록[55]은, 무왕 때에는 기자가 아직 조선 지역으로 이동해 오지 않았으므로 엄밀하게 말하면 정확한 표현이라고 할 수가 없다. 그러나 무왕이 서주의 분봉제도를 실시했고 기자가 조선과 근접된 지역에 거주하다가 끝내 조선 지역으로 이동했으므로 그렇게 표현된 것으로 이해된다.

그런데 『삼국유사』는 고조선이 도읍을 옮긴 것이 기자가 조선 지역으

---

53 이상의 내용은, 앞 글 「기자신고」 참조.
54 주 23~48 참조.
55 『사기』 권38 「송미자세가」.

로 이동한 것과 관계가 있는 것으로 전하고 있는데, 그것은 기자국이 고조선의 변경인 난하 하류의 동부 연안으로 이동한 데에서 말미암았을 것으로 생각된다. 왜냐하면 기자국은 고조선의 국경 밖인 난하 하류의 서부 연안에 위치했을 때에는 고조선의 내부 상황에 변화를 주지 않았을 것이기 때문이다. 따라서 기자국이 고조선의 변경으로 밀려 들어오자 고조선은 도읍을 옮기게 되었을 것인데 그것은 고조선의 도읍이 서쪽 변경으로부터 너무 가까이 있었기 때문이었을 것으로 생각된다.

여기서 유의해야 할 것은 고조선의 천도가 기자국의 무력 때문이 아니었을 것이라는 점이다. 고조선이 기자국과 전쟁을 했다는 기록은 보이지 않을 뿐만 아니라 전국시대에 연나라와 서로 침공하는 전쟁을 치르어 강한 군사력을 보유했을 것으로 생각되는 고조선이 중국의 통일세력에 밀린 소국인 기자국에게 위협을 느꼈을 것으로는 생각되지 않기 때문이다. 아마도 기자국은 고조선의 후국이 되는 것을 전제로 하여 그 변경에 자리하는 것을 허용받았을 것이다. 고조선으로서는 서쪽 변경에 위치하는 기자국이 중국의 통일세력을 견제하는 완충지로서도 필요할 것으로 생각했을 것이다. 이러한 상황은 마치 후에 서한으로부터 기자국으로 망명한 위만이 서한의 침략을 방어하는 조건으로 국경 지대인 패수 유역에 거주하는 것을 허용받았던 것[56]과 유사한 것이다. 이렇게 볼 때 중국의 옛 문헌에 보이는 '조선후(朝鮮侯) 기자'라는 표현은 고조선의 지배자라는 뜻이 아니라 고조선의 제후인 기자 또는 조선(고조선 변경의 지명) 지역에 거주하는 제후인 기자라는 뜻으로 해석되어야 할 것이다. 지금까지 살펴본 바를 종합해볼 때 기자가 조선 지역으로 이동

---

56 『삼국지』 권30 「동이전」 〈한전〉의 주석으로 실린 『위략』 참조.

해 오기까지 고조선의 두 번째 도읍지였던 백악산아사달은 조선 지역으로부터 가까운 오늘날 중국 하북성과 요령성의 접경 지역에 있었을 가능성이 있고, 기자의 이동으로 말미암아 천도한 고조선의 세 번째의 도읍지였던 장당경은 그보다 동쪽에 위치했을 것이다.

장당경으로부터 네 번째 도읍지였던 아사달로 이동한 고조선의 마지막 천도는 위만조선의 성장과 관계가 있었을 것이다. 주지하는 바와 같이 서한으로부터 기자국으로 망명한 위만은 당시 고조선과 서한의 국경이었던 패수(오늘날 난하) 연안에 거주하면서 중국 지역으로부터의 망명객을 모아 무리를 형성한 후 기자국의 정권을 탈취했다. 그리고 서한에 그 외신이 될 것을 약속하고 서한으로부터 군사와 경제 원조를 받아 주변의 소읍과 진번·임둔 등 대읍을 공략해 고조선의 서부 지역을 점차로 잠식했다.[57] 마침내는 위만이 오늘날 요하에 조금 못 미치는 지역까지 차지하고 위만조선이 성립되었으며 고조선은 그 동쪽에 위치해 위만조선과 병존하게 되었다.[58] 따라서 이때의 천도는 불가피했던 것으로, 그 도읍지는 오늘날 요하 동쪽에 있어야 한다.

중국의 옛 문헌에 나타난 기록을 살펴보면 서한(전한) 초까지는 요수가 오늘날 난하에 대한 호칭이었다. 그런데 서한이 위만조선을 멸망시키고 그 지역에 한사군을 설치한 후에는 요수가 오늘날 요하에 대한 명칭으로 이동했다. 다시 말하면 요수는 고대에 중국의 동북부 국경을 이루는 강에 대한 호칭으로서 서한의 영토가 확장됨에 따라 요수라는 강

---

57 위의 『위략』 및 『사기』 권115 「조선열전」 참조.
58 고조선은 서기 3세기 무렵까지 오늘날 요하 동쪽에 존재하고 있었다(앞 글, 「중국문헌에 나타난 고조선 인식」, pp. 153~155).

이름도 동북쪽으로 이동을 했던 것이다.[59] 그런데 한사군 가운데 낙랑·진번·임둔군은 위만조선의 영역에 설치되었고 현도군은 위만조선의 영역 밖에 설치되었던 것으로 추정되는데,[60] 한사군이 설치된 후의 요수가 오늘날 요하였던 것으로 보아 위만조선의 동쪽 경계는 오늘날 요하에 조금 못 미쳤을 것임을 알 수 있다. 따라서 고조선의 잔여세력은 그 동쪽에 있게 된다. 앞에서 고조선의 마지막 도읍이었던 아사달은 그 이전에도 도읍지였을 것임을 말한 바 있는데 그곳이 고조선의 첫 번째 도읍지였을 것임이 여기서 명백해진다. 왜냐하면 두 번째와 세 번째 도읍지는 모두 오늘날 요하 서쪽에 있었을 것이므로 요하 동쪽에 있었던 네 번째 도읍지인 아사달과는 동일한 곳이 될 수 없기 때문이다. 고조선의 첫 번째 도읍지가 오늘날 요하 동쪽에 있었고 두 번째 도읍지는 오늘날 난하로부터 가까운 곳에 있었다는 것은 고조선이 원래 동쪽에서 일어나 서쪽으로 진출했을 가능성을 시사하는 것이다.

지금까지 개진된 필자의 견해에 대해서 2가지 의문이 제기될 수 있다. 첫째는 전국시대에 연나라의 진개가 고조선의 서부 깊숙이 침공한 사실이 있는데 그때는 무슨 이유로 천도를 하지 않았는가 하는 점이다. 둘째는 종래에 위만조선의 성립은 바로 고조선의 종말을 뜻하는 것으로 일반적으로 인식되었는데 위만조선의 성립 후에도 고조선이 오늘날 요하 동쪽에 존재했다고 보는 필자의 근거는 무엇인가 하는 점이다.

첫 번째 의문은 진개가 고조선을 침공한 후 오래지 않아서 후퇴를 함으로써 국경에 큰 변화를 가져오지 않았을 뿐만 아니라 그 후 고조선이 연나라를 침공한 바도 있다는 사실이 해명해준다. 진개가 고조선을 침

---

59 위와 같음.

60 주 45와 같음.

공한 시기는 연나라의 전성기인 소왕 때가 되는데, 연나라는 그로부터 수년 후에 소왕이 사망하고 국력이 극도로 쇠퇴해 멸망의 위기에까지 이르게 되었다. 따라서 고조선을 침공했던 진개도 후퇴할 수밖에 없었던 것이다. 『삼국지』 「동이전」 주석으로 실린 『위략』에는 진개의 고조선에 대한 침략전쟁이 있은 후 연나라는 국경을 만·번한까지로 했다는 기록이 있는데, 만·번한은 오늘날 난하 하류 유역에 있었던 지명인 것이다. 이것은 진개가 고조선을 침공한 후 난하 하류 유역으로 다시 후퇴했었음을 알게 하는 것이다.[61]

두 번째 의문은 『삼국지』 「동이전」 〈예전〉의 기록이 풀어준다. 〈예전〉에서 예의 위치를 설명하면서,

예는 남쪽은 진한, 북쪽은 고구려·옥저와 접하고, 동쪽은 대해(大海)에 이른다. 오늘날 조선의 동쪽이 모두 그 땅이다.[62]

라고 했다. 예의 위치를 "오늘날 조선의 동쪽"이라고 표현한 것으로 보아 『삼국지』가 저술되던 시기에도 고조선은 존재했음을 알 수 있다. 『삼국지』의 저자인 진수(陳壽)는 233년부터 297년까지 생존했던 인물이므로 그렇다면 고조선은 3세기까지도 존재했다는 것이 된다. 이 시기의 고조선은 그 이전보다 훨씬 작은 세력이었을 것임에 틀림없다. 진수는 『삼국지』 〈예전〉에서 기자와 위만에 대해서도 언급하는데 이들이 위치했던 지역과 당시의 고조선 위치가 일치하지 않았기 때문에 이를 구별하기

---

61 앞 글, 「고조선의 서변경계고」, pp. 9~10.
62 『삼국지』 권30 「동이전」 〈예전〉, "濊南與辰韓, 北與高句麗·沃沮接, 東窮大海, 今朝鮮之東皆其地也."

위해 당시의 고조선을 "오늘날 조선"으로 표현했다고 생각된다. 그런데 종래에는 이러한 진수의 표현에 관심을 기울이지 않았기 때문에 기자 또는 위만의 출현을 바로 고조선의 멸망으로 인식하는 오류를 범했던 것이다.

결론적으로 말하면, 고조선은 원래 오늘날 요하 동쪽에서 일어나 그 지역에 도읍을 하고 있었다. 그 후 세력이 성장해 그 영역이 오늘날 난하에까지 이르게 되자 도읍을 서쪽으로 옮겨 오늘날 하북성과 요령성의 접경 지역에 두었을 것이다. 그런데 중국이 진나라에 의해 통일되고 그 통일세력에 밀려 기자국이 고조선의 서쪽 변경으로 들어오자 당시의 도읍이 너무 국경에서 가까웠으므로 중국과의 경계 서남부 지역의 방어를 기자국에게 맡기고 동쪽으로 천도했을 것이다. 그리고 끝내는 기자국의 정권을 탈취한 위만이 고조선의 서부를 잠식해 오늘날 요하 가까이까지를 차지하게 되자, 고조선은 요하의 동쪽에 있었던 첫 도읍지에 다시 도읍하게 되었을 것이다. 이러한 필자의 추정은 『삼국유사』에 실린 고조선의 천도에 관한 기사를 어느 정도 충족시키지만 이를 확실히 입증하기위해서는 좀 더 구체적인 자료가 필요하다. 그러나 한국의 옛 문헌은 이러한 자료를 제공해주지 못하고 있는 것이 현실이다. 따라서 중국의 옛 문헌의 도움을 받을 수밖에 없게 된다.

5. 도읍지의 위치

앞에서 살펴본 바와 같이 『삼국유사』는 고조선이 세 번 천도했음을 전하고 있다. 그러나 도읍지의 위치를 확인할 만한 구체적인 자료는 제공해주지 못하고 있다. 따라서 중국 문헌의 도움을 받을 수밖에 없게 되는데 그것도 충분한 것이라고는 말할 수 없다. 중국 문헌에 나타난 고조선에 관한 기록은 중국과 관계가 있었던 사항에 관해서만 언급하고 있기 때문에 그 내용이 단편적이다. 따라서 한국 고대사의 전체적인 맥락위에서 그것들을 인식하기란 그렇게 쉬운 일이 아니다. 이 점은 고조선의 도읍을 확인하는 과정에서도 예외일 수는 없다. 따라서 중국 문헌의 기록을 바르게 인식하기 위해서는 그 기록을 당시의 역사적 상황과 연결시켜 분석·종합하는 방법을 취해야 한다.

고조선의 도읍지를 추정할 수 있는 실마리 기록은 『사기』「조선열전」에 보인다. 주지하는 바와 같이 『사기』「조선열전」은 위만조선에 관한 기록인데 그 가운데 "만이와 옛 연나라·제나라의 망명자들이 그(위만)를 왕으로 삼으니 왕험에 도읍했다."는 내용이 보인다. 그런데 왕험에 대한 주석을 보면 『사기집해』에는,

서광(徐廣)은 말하기를 창려에 험독현(險瀆縣)이 있었다고 했다.[63]

고 기록되어 있고, 『사기색은』에는,

위소는 말하기를 (왕험은) 옛 읍의 명칭이라 했고, 서광은 말하기를 창려에 험독현이 있었다고 했으며, 응소는 (『한서』)「지리지」에 주석하기를 요동의 험독현은 조선왕의 구도(舊都)라고 했다. (그리고) 신찬은 말하기를 왕험성은 낙랑군의 패수 동쪽에 있었다고 했다.[64]

---

63 『사기』 권115 「조선열전」의 왕험에 대한 주석으로 실린 『사기집해』. "徐廣曰, 昌黎有險瀆縣也."
64 위의 「조선열전」의 험독에 대한 주석으로 실린 『사기색은』. "韋昭云, 古邑名, 徐廣曰,

고 기록되어 있다.

위 주석의 내용을 정리해보면 위소는 왕험을 읍의 명칭이라고 했고, 서광과 응소는 험독을 왕험과 같은 뜻으로 파악했으며, 신찬은 이것은 왕험성으로 표현하고 있다. 따라서 왕험·험독·왕험성은 동일한 뜻을 지닌 것으로 도읍에 대한 명칭이었던 것이다. 이것들은 위만조선 지역의 언어, 즉 고대 한국어가 한자화된 것임이 분명하며, 『삼국유사』에 고조선으로 기록된 아사달·평양성과도 같은 뜻을 지니는 것으로 이해된다. 그리고 『삼국유사』에 고조선의 통치자를 단군왕검(壇君王儉, 檀君王儉)이라 했으니 『사기』「조선열전」의 왕험과 신찬이 말한 왕험성의 왕험은 단군왕검의 왕검이 달리 표기된 것이다. 결국 험독·왕험·왕험성·왕검·왕검성·아사달·평양성 등은 한국 고대사에 나타난 도읍에 대한 다른 호칭에 불과한 것이다.

그러므로 『사기집해』와 『사기색은』은 위만조선의 도읍으로 추정되는 곳을 소개하고 있는 것인데, 그 위치를 보면 서광의 창려 험독현, 응소의 요동 험독현, 신찬의 낙랑군 패수 동쪽의 왕험성이 된다. 따라서 여기서 문제로 제기되는 것은 서광·응소·신찬이 말한 지역이 각각 다른 곳인가, 아니면 같은 곳에 대한 다른 표현인가 하는 점이다. 그러므로 기록에 따라 그 위치들을 확인해볼 필요가 있다.

먼저 서광이 말한 창려 험독현은 어디인가? 서광은 진(晉)시대 인물이므로 우선 진시대의 창려 험독현을 확인해볼 필요가 있다. 『진서』「지리지」에 따르면 평주에 창려군이 있었는데, 그 주석을 보면,

---

昌黎有險瀆縣. 應劭注「地理志」, 遼東險瀆縣, 朝鮮王舊都. 臣瓚云, 王險城在樂浪郡浿水之東也.”

한시대에는 요동속국의 도위(都尉)에 속해 있었으며 위시대에 군을 설치해 2개의 현을 통령하도록 했다.[65]

고 기록되어 있다. 그리고 창려군에 속하는 현으로서 창려와 빈도[賓徒 : 빈종(賓從)?]가 적혀 있다. 따라서 진시대의 창려에는 험독현이 없었다. 그러므로 서광이 한 말의 뜻은 그 이전 시대의 험독현이 진시대의 창려군 지역에 있었다는 것으로 이해된다. 그런데 『진서』「지리지」창려군 주석에서 창려가 동한시대의 요동속국에 속해 있었음이 확인된다. 그러나 『후한서』「군국지」를 보면 요동속국에 창려는 보이지 않고 비슷한 명칭으로 창료(昌遼)가 있으며 험독도 보인다.[66] 이에 대해서 고염무(顧炎武)는 『후한서』「군국지」의 창료는 창려(昌黎)를 잘못 기록한 것이라고 지적하고 『한서』「지리지」〈요서군〉에 보이는 서한(전한)의 교려(交黎)가 동한(후한)시대에 창려가 되었다고 했다.[67] 『한서』「지리지」에 요서의 교려에 대해서 "응소는 오늘날 창려라고 말했다."[68]고 주석되어 있다.

응소는 동한시대의 인물이므로 이 주석으로 보아 서한의 교려가 동한시대에 창려가 되었음이 분명하며, 『후한서』「군국지」의 창료는 창려를 잘못 기록한 것이라는 고염무의 지적은 옳다고 인정된다. 그렇다면 한 가지 문제가 남게 된다. 서광은 창려에 험독이 속해 있었다고 했는데, 창료가 창려의 오기라면 『후한서』「군국지」에 어떻게 창료와 험독이 대등하게 병존할 수 있는가 하는 점이다. 이것은 아마도 동한시대에는 창

---

65 『진서』권14 「지리지」상 〈평주〉조 '창려군'. "漢屬遼東屬國都尉, 魏置郡. 統縣二, 戶九百."
66 『후한서』「지」제23 「군국」5 〈요동속국〉.
67 고염무, 『일지록(日知錄)』권31 「창려(昌黎)」.
68 『한서』권28 하 「지리지」하 〈요서군〉조 '교려(交黎)'. "應劭曰, 今昌黎."

려(창료)와 험독이 분리되어 있었으나 그 후에 험독이 창려에 병합되었기 때문이었을 것으로 생각된다.

이제 서광이 말한 험독의 위치를 확인하기 위해서 서한시대의 교려의 위치를 확인할 필요가 있다. 『한서』「지리지」를 보면, 요서군에는 14개의 현이 있었는데 교려는 영지·비여·빈종(賓從) 다음에 기록되어 있다.[69] 따라서 교려는 이 지역들과 인접해 있었을 것임을 알 수 있다. 그런데 영지에는 고죽성이 있다고 기록되어 있고 "응소는 말하기를 옛 고죽성이 있다."[70]고 했다고 주석되어 있다. 그리고 비여에 대해서는 현수가 동쪽으로 흘러 유수로 들어가고, 유수는 남쪽으로 흘러 해양으로 들어간다고 기록되어 있다.[71] 빈종에 대해서는 자세히 언급되어 있지 않으며 교려에는 유수가 있는 것으로 되어 있다. 이러한 기록에 따라 그 위치가 분명해지는 것은 영지와 비여이다. 고죽국이 오늘날 난하 하류 동부 연안에 있었고 유수가 오늘날 난하에 대한 옛 명칭이었다고 하는 것은 주지의 사실이다. 따라서 서한시대의 영지와 비여는 오늘날 난하 하류 유역에 있었으며 비여는 그 동부 연안에 있었다. 그러므로 이들과 인접되어 있었던 교려도 오늘날 난하로부터 그리 멀지 않은 곳에 있었을 것임을 알 수 있다. 아마도 서한시대의 교려는 오늘날 창려현 부근, 즉 하북성 동북부에 있었을 것인데 그 지역에 서광이 말한 험독이 있었을 것이다.

그렇다면 응소가 말한 요동의 험독현과 신찬이 말한 낙랑군의 왕험성은 어디인가? 앞에서 말한 바와 같이 『사기색은』에 "응소는 (『한서』)「지

---

69 『한서』 권28 하 「지리지」 하 〈요서군〉조.
70 위 책, 〈요서군〉조 '영지'의 주석. "應劭曰, 故伯夷國, 今有孤竹城."
71 위 책, 〈요서군〉조 '비여'에 대한 주석. "玄水東入濡水, 濡水南入海陽."

리지」에 주석하기를, 요동의 험독현은 조선왕의 구도(舊都)라고 했다."[72]
고 기록되어 있다. 그런데『한서』「지리지」〈요동군〉조 '험독현'의 주석
을 보면 "응소는 말하기를 (험독은) 조선왕 만의 도읍이었다."[73]라고 했
다고 기록되어 있어『사기색은』의 기록과 약간의 차이를 보여주고 있다.
『사기색은』에는 험독현에 대해서 응소가 조선왕의 구도였다고 말한 것
으로 기록함으로써 그곳이 고조선의 도읍지였을 가능성도 시사하고 있
으나,『한서』「지리지」에는 험독현에 대해서 응소가 조선왕 만의 도읍이
었다고 말한 것으로 기록함으로써 이곳을 위만조선의 도읍이었던 것으
로 전하고 있다. 이 두 기록 가운데 하나는 착오일 것임이 분명한데 어
쨌든 요동군의 험독현은 고조선이나 위만조선의 도읍지였을 것임을 알
수 있다.

『한서』「지리지」〈요동군〉조 '험독현'의 주석에는 "응소는 말하기를
(험독은) 조선왕 만의 도읍이었다."라고 하고 이어서 "신찬은 말하기를,
왕험성은 낙랑군 패수 동쪽에 있는데 이곳이 이로부터 험독이 되었다."
고 했으며, "안사고는 말하기를 신찬의 말이 옳다."고 했다고 기록되어
있다.[74] 이것을 풀어서 말하면, 응소가 요동군의 험독을 위만조선의 도
읍지로 본 것에 대해서 신찬은 반대하면서 위만조선의 도읍지인 왕험성
은 낙랑군의 패수 동쪽에 있으며 그곳과 구별하기 위해 요동군 험독현
이 험독으로 불리어지게 되었다고 주장했다. 이에 대해서 안사고는 신
찬의 견해가 옳다고 지지했다는 것이다. 응소와 신찬의 견해 가운데 어

---

72 주 64 참조.
73 『한서』권28 하「지리지」하〈요동군〉조 '험독'.
74 위 책, '험독'의 주석. "應劭曰, 朝鮮王滿都也. 依水險, 故曰險瀆. 臣瓚曰, 王險城在
    樂浪郡浿水之東, 此自是險瀆也. 師古曰, 瓚說是也."

느 것이 옳은지는 아직 말하기 어렵다. 하지만 여기서 분명한 것은 응소가 말한 험독과 신찬이 말한 왕험성은 서로 다른 곳이라는 점이다. 그리고 신찬은 험독현이 왕험성과 구별되기 위해 험독으로 불렸다고 했으므로 여기서 필자는 요동군의 험독현도 원래는 왕험성으로 불렸을 것이라는 시사를 받게 된다.

그런데 『위서』 「지형지」 〈창려군〉조를 보면 진시대에 요동을 나누어 창려군을 설치한 것으로 되어 있다.[75] 따라서 창려군은 진시대 이전에는 요동이었음을 알 수 있다. 『진서』 「지리지」에는 앞에서 언급된 바와 같이 창려군이 동한시대에는 요동속국에 속해 있었다고 했다.[76] 이로 보아 『위서』 「지형지」에서 진시대에 요동을 나누어 창려군을 설치했다는 요동은 동한시대의 요동속국임을 알 수 있다. 그런데 앞에서 이미 확인된 바와 같이 진시대의 창려군 지역에 서광이 말한 험독현이 있었고 이 지역은 동한시대에는 요동속국에 속해 창려(창료)현과 험독현이 설치되어 있었다. 그리고 그 이전인 서한시대에서 요서군에 속한 교려 지방은 오늘날 중국 하북성 동북부 창려현 부근이었다.

이렇게 볼 때 응소가 말한 요동군의 험독현과 서광이 말한 창려의 험독현은 동일한 곳이었다고 생각된다. 선진시대로부터 서한 초까지의 중국 요동은 오늘날 난하 하류로부터 창려에 이르는 지역이었다. 이 지역이 진·서한시대의 요동군이었다.[77] 그런데 서한의 무제가 위만조선을 병합함에 따라 서한의 영토가 동북 지역으로 확대되고 행정구역에도 변화를 가져왔다. 결국 서광이 말한 창려 험독현이 오늘날 창려 부근이었

---

75 『위서』 권106 상 「지형지」 상 〈창려군〉조, "晉分遼東置, 眞君八年倂冀陽屬焉."
76 주 65~68 참조.
77 앞 글, 「고조선의 서변경계고」, pp. 14~24.

고 그곳은 서한시대에 요동군에 속해 있었으므로 웅소가 말한 요동군 험독현이 서광이 말한 창려 험독현과 같은 곳일 것임을 알게 된다.

그렇다면 하나 문제점이 등장한다. 앞에서 고증한 바에 따르면, 서광의 창려 험독현은 『한서』 「지리지」의 요서군 교려현이었는데 이 곳이 어떻게 같은 책인 『한서』 「지리지」에 수록된 요동군 험독현과 동일한 지역일 수 있을까 하는 점이다. 이 점은 다음과 같이 설명될 수 있다. 『한서』 「지리지」는 서한시대 전 기간의 지리를 수록하고 있다. 그런데 앞에서 언급한 바와 같이 서한 무제가 위만조선을 병합함에 따라 서한의 강역과 행정구역에 변화를 가져왔다. 그 결과로 요서군이 새로 설치되었는데 그때까지 요동군의 변경에 있었던 험독현의 일부 또는 전부가 새로 설치된 요서군에 편입되어 교려라는 지명을 얻었을 것이며, 동한시대에는 그 지역에 요동속국이 설치되었던 것으로 생각된다.

이제 신찬이 말한 낙랑군 왕험성을 확인할 단계이다. 종래에는 한사군의 낙랑군을 한반도의 평양 지역으로 인식했기 때문에 왕험성도 오늘날 평양일 것으로 보았다. 그러나 필자는 그렇게 인식하지 않고 있다. 이미 앞에서 확인된 바와 같이 한사군의 낙랑군은 오늘날 중국 하북성 동북부에 있는 갈석 지역이었다. 그런데 갈석은 전국시대의 연나라 이래로 서한 초까지 중국의 동북부 국경을 이루었던 곳이므로 낙랑군의 서남부 변경에 위치했을 것으로 보아야 한다.

그렇다면 낙랑군의 왕험성의 위치는 어디였는가? 이것을 분명하게 밝히는 기록은 보이지 않는다. 그러나 왕험성이 조선현 지역에 있었을 것이라는 점에는 의문의 여지가 없다.

앞에서 이미 언급되었듯이 『한서』 「지리지」에 따르면 서한시대의 낙랑군에는 25개의 현이 있었는데 그중에 조선현이 있었다. 이 조선현 지역은 중국의 선진시대 문헌에도 조선이라는 지명으로 등장하며 기자국이 그 말기에 위치했던 지역으로서 고조선의 서부 변경이었음은 앞에서 이미 고증된 바 있다. 그리고 조선현의 위치가 오늘날 중국 하북성 동북부에 있는 난하의 중하류 동부 연안에 있었음도 확인되었다. 그런데 기자국이 그 말기에 조선현 지역에 위치하고 있었으므로 그 당시 기자국의 도읍이 서한시대의 조선현 지역 내에 있었을 것은 분명하다. 그리고 위만조선은 기자국의 정권을 탈취해 성립되었으므로 위만조선의 도읍지는 기자국의 도읍지를 그대로 계승해 사용했을 것으로 보아야 한다. 이렇게 본다면 위만조선의 도읍이었던 왕험성은 오늘날 난하 중하류의 동부 연안에 위치했으며 그곳은 서한시대의 조선현 지역이었다는 것으로 귀결된다. 여기서 위만조선의 왕험성에 관한 서광·응소·신찬의 설 가운데 신찬의 견해가 옳은 것임도 알게 된다.

그렇다면 오늘날 하북성 창려 부근에 있었던, 서광과 응소가 말한 험독을 어떻게 인식해야 할 것인지가 문제로 남는다. 험독이라는 명칭이 고대에 도읍지에 대한 호칭이었다든가 서광과 응소가 전한 내용으로 보아 이곳은 고조선이나 위만조선의 도읍지였을 것임에 틀림없을 것이다. 그런데 위만조선의 도읍지(그전은 기자국의 도읍지)인 왕험성은 앞에서 확인되었고, 창려 부근의 험독은 고조선의 도읍지였을 것으로 추정된다. 고조선과 위만조선은 조선이라는 동일한 국명을 사용했으므로 그 도읍지들이 단순하게 조선의 도읍지로만 전해짐으로써 후세에 혼란을 야기시켰을 것이다.

그런데 중국의 문헌들은 2개의 험독을 더 전하고 있다. 하나는 오늘날 중국 요령성이 있는 대릉하 중류 동부 연안에 위치한 북진(北鎭)으로서 일찍부터 이곳이 험독으로 전해오고 있다. 북진의 옛 명칭은 광령(廣寧)이었다. 『대청일통지(大淸一統志)』에는 광령현에 대해서 기록하기를,

험독 구성(舊城)이 광령현 동남에 있는데 한시대에는 현으로서 요동군
에 속해 있었다.[78]

고 했다. 이와 같은 내용이 『독사방여기요(讀史方輿紀要)』에도 보인다.

다른 하나는 오늘날 요하 동부 연안에 있는 심양(沈陽) 부근으로 『요
사(遼史)』 「지리지」에서 확인된다. 『요사』 「지리지」 〈동경도(東京道)〉조
에는 집주(集州) 회중군(懷衆軍)에 대해서,

옛 비리군(陴離郡)의 땅으로 한시대에는 험독현에 속했고 고(구)려가
상암현(霜巖縣)으로 삼았다가 발해가 주를 설치했다.[79]

고 전하고 있다. 『독사방여기요』에 따르면 요시대의 집주는 오늘날 심양
(沈陽, 瀋陽) 동남에 있었다고 한다.[80] 대릉하 동부 연안의 북진과 요하
동부 연안의 심양 지역은 그 위치로 보아 한시대의 요동군 또는 험독현
이 될 수 없다. 그런데 서한의 요동군에 그 지역의 옛 명칭과 같은 험독
이 보이므로 후대에 혼란을 일으켜 한시대의 험독으로 기록되었을 것으
로 생각된다. 여기서 중요한 것은 그 지역이 험독이었다는 점이다.

지금까지 세 곳의 험독이 확인되었다. 난하 하류 동부 연안에 위치한
창려 부근, 대릉하 중류 동부 연안에 위치한 북진, 요하 동부 연안에 위
치한 심양 지역이 그것이다. 여기서 『삼국유사』 〈고조선〉조의 기록에 근

---

78 『대청일통지』 「금주부(錦州府)」 2. "險瀆舊城, 在廣寧縣東南, 漢縣屬遼東郡."
79 『요사』 권38 「지리지」 2 〈동경도〉조 '집주 회중군'. "古陴離郡地, 漢屬險瀆縣, 高麗爲
霜巖縣, 渤海置州."
80 『독사방여기요』 「산동(山東)」 〈요동군지휘사사(遼東郡指揮使司)〉.

거해서 필자가 앞에서 추정한 고조선의 천도 사유를 상기할 필요가 있다. 일연은 『고기』를 인용해 고조선은 평양성으로부터 백악산아사달로 천도했고 기자가 조선 지역으로 이주해 오자 다시 장당경으로 천도했으며 마지막으로 아사달로 옮겼다고 적고 있다. 이에 대해서 필자는, 기자는 진시대에 중국의 통일세력에 밀려 고조선의 서쪽 변경에 있었던 조선 지역으로 이동했으며 이러한 기자의 이동이 고조선으로 하여금 천도를 하도록 만들었다면, 그것은 고조선의 당시 도읍지가 너무 서쪽 변경에 치우쳐 있어 조선 지역에 가까웠기 때문이었을 것이라고 본 바 있다. 그리고 마지막의 아사달 천도는 위만조선이 성장해 오늘날 요하 가까이까지를 차지하게 됨으로써 이루어졌을 것이라고 했다. 따라서 고조선의 두 번째와 세 번째 도읍지인 백악산아사달과 장당경은 오늘날 요하 서쪽에 있었을 것이고 마지막 도읍지인 아사달은 요하 동쪽에 있었을 것이라고 했다. 또한 일연이 고조선의 마지막 천도를 기록하면서 "아사달로 돌아갔다."는 표현을 사용한 것으로 보아 이 아사달은 그전에도 도읍을 했던 곳으로서 아마도 첫 번째 도읍지였던 평양성이었을 것이라고 추정한 바 있다.[81]

이러한 필자의 가정은 왕험성과 험독의 위치가 입증해준다. 앞에서 언급한 바와 같이 기자국은 그 말기에 고조선의 변경인 오늘날 난하 중하류 동부 연안에 위치하고 신찬이 말한 낙랑의 왕험성에 도읍하고 있었다. 당시 고조선의 도읍지는 서광과 응소가 말한 험독으로서 오늘날 창려 부근이었다. 이곳은 난하로부터 그리 멀지 않은 지역이므로 새로 이주해 온 기자국의 영역과 거의 접해 있었다. 고조선은 당시의 도읍이

---

81 제4절 「천도의 사유」 참조.

기자국에 너무 인접해 있고 또 이제부터는 기자국이 중국 세력에 대한 완충지의 역할을 할 것이므로 도읍을 굳이 서쪽 변경에 둘 필요가 없어서 동쪽으로 옮겼을 것인데, 그곳은 바로 대릉하 중류 동부 연안의 험독인 오늘날 북진이었을 것이다. 그리고 위만조선이 성장해 오늘날 요하 서쪽을 거의 전부 차지하게 됨에 따라 고조선은 다시 요하 동쪽으로 도읍을 옮겼으며 그곳은 오늘날 심양 동남에 있었던 험독이었을 것이다.

바꾸어 말하면, 창려 부근의 험독은 고조선의 두 번째 도읍지인 백악산아사달이었고, 북진의 험독은 세 번째의 도읍지인 장당경이었으며, 심양 동남의 험독은 첫 번째와 네 번째 도읍지였던 평양성과 아사달이었다. 이상의 고찰을 통해 『삼국유사』에 실린 고조선의 천도 기사가 중국 문헌이 전하는 왕험성과 험독에 관한 기록과 일치함이 확인되었다.

6. 마치며

일연이 『삼국유사』에 인용한 『고기』에 따르면, 고조선은 평양성·백악산아사달·장당경·아사달 등에 도읍했는데 마지막 도읍지였던 아사달은 그전에도 도읍을 했던 곳이다. 따라서 고조선의 도읍지는 세 곳이었다는 것이 된다. 그리고 고조선이 백악산아사달로부터 장당경으로 도읍을 옮긴 것은 중국 상 왕실의 후예인 기자가 조선 지역으로 이동해 왔기 때문이다.

그런데 중국의 문헌에는 고조선이 위치했던 지역에 고조선 또는 위만조선의 도읍지였을 것으로 추정되는 험독과 왕험성이 있었음을 전하는 기록들이 보인다. 필자는 이들의 위치를 고증하고 그 위치의 상관관계를 검토한 결과, 다음과 같은 결론에 도달했다. 즉 험독은 오늘날 요하 동부 연안인 심양의 동남 지역, 대릉하 중류 동부 연안에 위치한 북진, 하북성 창려 부근 등 세 곳에 존재했으며 이곳들이 고조선의 도읍지였다.

심양의 동남에 있었던 험독은 『삼국유사』에서 말한 고조선의 첫 번째와 마지막 도읍지였던 평양성과 아사달이었으며, 창려 부근의 험독은 두 번째 도읍지였던 백악산아사달이었고 북진의 험독은 세 번째 도읍지였던 장당경이었다. 그리고 고조선의 서쪽 변경이었던 오늘날 하북성 동북부에 있는 난하의 중하류 동부 연안에 조선이라는 명칭을 가진 지역에는 기자국 말기의 도읍지였다가 후에 위만조선의 도읍이 된 왕험성이 있었다.

원래 중국의 동북부 변경(오늘날 난하 서부 연안)에 있었던 기자국이 진시대에 중국의 통일세력에 밀려 고조선의 서부 변경에 위치한 조선 지역으로 이주해 왕험성에 도읍을 하게 되자, 고조선은 당시의 도읍인 백악산아사달이 너무 서쪽에 치우쳐 있어 기자국과 인접하게 되었으므로 그보다 동쪽인 장당경으로 천도하게 되었던 것이다. 그 후 위만이 기자국의 정권을 탈취하고 세력을 키워 고조선의 서부 영역을 잠식해 오늘날 요하 부근까지를 차지하게 되자 요하의 동부에 위치한 아사달로 다시 도읍을 옮겼는데 그곳은 고조선의 첫 번째 도읍지였던 평양성이기도 했던 것이다. 이렇게 볼 때 고조선이 백악산아사달로부터 장당경으로 천도를 한 시기는 진나라가 중국을 통일한 서기전 221년 무렵이 될 것이다. 또한 장당경으로부터 아사달로 다시 도읍을 옮긴 시기는 위만이 기자국의 정권을 탈취한 서기전 194년 무렵보다 조금 늦을 것이다.

고조선의 첫 번째 도읍지가 오늘날 요하 동쪽에 있었고 두 번째 도읍지가 그보다 훨씬 서쪽인 오늘날 난하 동부 연안에 있었다고 하는 것은 조선족은 원래 오늘날 요하 동쪽에서 일어나 서쪽으로 진출했을 가능성

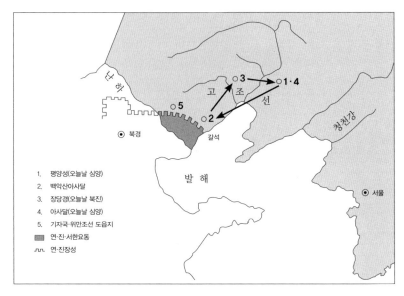

고조선의 도읍지 추정도

을 말해준다. 그리고 『삼국유사』에 인용된 『고기』의 내용이, 첫 번째 도읍지인 평양성으로부터 두 번째 도읍지인 백악산아사달로 옮긴 것을 "또 옮겼다(又移都於白岳山阿斯達)."고 표현한 것으로 보아, 조선족이 평양성에 도읍하고 국호를 '조선'이라고 정하기 이전에는 평양성, 즉 심양의 동남이 아닌 다른 곳에 거주했을 것임을 미루어 짐작할 수 있다.

이상과 같은 고조선의 도읍지가 확인됨으로써 『삼국유사』에 인용된 『고기』가 전하는 고조선의 천도에 관한 내용이 매우 정확한 것임도 입증되었다. 그리고 고조선과 기자국의 관계가 한층 분명해짐으로써 기자국을 한국 고대사의 주된 맥락에서 인식하지 않았던 일연의 견해가 매우 옳은 것임도 확인되었다. 그뿐만 아니라 위만조선은 고조선의 제후국으로서 서쪽 변경에 있었던 기자국의 정권을 탈취한 후 고조선의 서부 영역을 잠식해 성립되었으므로, 고조선과 위만조선은 일시에 교체된 정치세력이 될 수 없음도 알 수 있다.

韓國古代史新論

제 3 장

●

고조선의 사회 성격

1. 들어가며

　고대국가에 도달하기까지 인류사회의 전개 과정 및 국가의 기원과 그
형성 등에 관해 근래에 인류학과 고고학은 괄목할 만한 연구 업적을 생
산하고 있다. 이러한 학계의 동향에 따라 한국 역사학계에서도 한국의
고대사회, 특히 고대국가의 형성과 그 성격을 새로운 시각에서 조명해
보려는 시도가 일어나고 있다. 대표적인 것으로 김정배의「한국고대국
가기원론」,[1]「위만조선의 국가적 성격」,[2]「소도의 정치사적 의미」[3]와 최
근에 발표된 최몽룡의「한국고대국가형성에 대한 일고찰 – 위만조선의

1　김정배,「한국고대국가기원론」『백산학보』 14호, 1973, pp. 59~85.

2　＿＿＿,「위만조선의 국가적 성격」『사총』 21·22합집 , 1977, pp. 57~73.

3　＿＿＿,「소도의 정치사적 의미」『역사학보』 79집, 1978, pp. 1~27.

예」⁴ 등을 들 수 있다. 이러한 연구들은 그 내용에서 알 수 있듯이 1970
년대 이후 구미 학계에서 성행하고 있는 국가의 기원과 형성에 관한 인
류학자들의 연구 결과⁵에 영향을 받은 것으로, 엘먼 서비스(Elman
Service)·모튼 프리드(Morton Fried)·마셜 살린스(Marshall Sahlins)·윌
리엄 샌더스(William Sanders)·바버라 프라이스(Barbara Price)·로버트
카네이로(Robert Caneiro)·켄트 플래너리(Kent Flannery) 등의 연구 결
과에 기초하고 있다.

김정배는 엘먼 서비스가 제출한 후 구미 학계에 널리 받아들여지고
있는 무리(群, band)·부족(部族, tribe)·추방(酋邦, chiefdom)·국가(國家,
state)라는 인류사회의 전개 과정⁶에 기초해 종래에 한국 역사학계에서
채용해온 부족사회·부족국가·부족연맹·고대국가라는 사회 전개의 설
정이 타당하지 않음을 지적했다.⁷ 특히 부족은 국가 단계에 도달하기
이전의 사회 단계가 되므로 부족과 국가가 부합된 부족국가의 설정은
개념상으로 보아 부당하다는 것이었다. 그리고 한국 고대국가의 형성도
종래의 견해처럼 삼국시대에서 찾을 것이 아니라 고조선시대에서 찾는

---

4 최몽룡, 「한국고대국가형성에 대한 일고찰」 『김철준박사 화갑기념 사학논총』, 지식산업
   사, 1983, pp. 61~78.
5 고대국가에 관한 연구는 1950년대 이후에 계속되어왔는데 대체로 1950년대에는 도시,
   1960년대에는 문명, 1970년대에는 국가의 기원에 관한 연구가 성행했다(최몽룡, 「도
   시·문명·국가 - 미국 고고학 연구의 일동향」 『역사학보』 92집, 1981, pp. 175~184 ;
   Kwang-chih Chang, *Shang Civilization*, Yale University Press, 1980, pp. 364~365).
6 Elman R. Service, *Primitive Social Organization*, Random House, 1971. 초판은 1962
   년에 출판되었다. 밴드(band)는 군집, 치프덤(chiefdom)은 군장사회 또는 추장사회로
   번역되기도 한다(앞 글, 「한국고대국가형성에 대한 일고찰」, p. 63 ; 김정배, 「군장사회와 발
   전과정시론」 『백제문화』 12집, 1979, pp. 75~87 ; 이종욱 『신라국가형성사연구』, 일조각,
   1982, p. 40).
7 앞 글, 「한국고대국가기원론」.

것이 가능할 것이라고 주장했다. 이러한 김정배의 견해는 위만조선의 국가적 성격을 정복국가로 규정짓는 데까지 발전했다.[8] 최몽룡도 엘먼 서비스를 비롯한 여러 인류학자들의 국가 기원에 관한 이론을 소개하고 그 가운데 가장 구체적인 모형을 제시하고 있는 켄트 플래너리의 이론에 따라 위만조선에 관한 옛 문헌의 기록과 고고학적인 연구 업적을 점검했다. 그 결과 켄트 플래너리에 의해 제시된 국가 형성의 중요한 요소인 인구 증가, 전쟁, 토지의 협소와 확장, 전문직의 발생, 신분계층의 분화, 행정관료의 존재, 징세 및 징병 등이 위만조선에서 확인되므로 한국 역사상 최초의 고대국가를 위만조선으로 설정할 수 있다고 했다.[9] 그러나 한국사에서 고대국가의 기원이 그 이전으로 소급되는 것을 부정하지는 않았으며 앞으로 고고학적인 자료의 증가에 따라 한국 고대국가의 기원은 더욱 소급될 수 있을 것으로 보았다.

김정배와 최몽룡은 논리 전개에서 다소의 차이를 보여주고 있기는 하지만 그 이론적 기초가 엘먼 서비스에서 출발한 최근 인류학계의 연구 업적에 의한 것이라는 점과, 한국 고대국가의 기원을 종래의 견해보다는 시대를 훨씬 올려잡아 고조선이나 위만조선에서 찾고 있다는 점에서는 공통성이 있다. 그런데 한국사에 있어서 초기 사회의 전개 과정에 대한 각 단계의 설정이나 고대국가 기원의 연대가 종래의 견해와 김정배·최몽룡 두 사람의 견해 사이에 크게 차이가 있는 것을 한국 역사학계에 병존해야 할 상이한 학설로 받아들일 수는 없는 것이다. 그러한 차이는 기본적으로 인류학계가 이룩한 업적의 결과에 따라 일어난 것인데, 그것은 인류학의 진보를 보여주는 것이며 한국 역사학계에 대두된

8 　앞 글, 「위만조선의 국가적 성격」.
9 　앞 글, 「한국고대국가형성에 대한 일고찰」.

김정배·최몽룡의 새로운 견해는 거기에 따른 수정안이기 때문이다.

일찍이 백남운은 한국사의 전개 과정을 원시씨족사회·원시부족사회·노예국가·집권적 봉건국가로 설정했고,[10] 손진태는 씨족공동사회·부족국가·귀족국가로 구분한 바 있다.[11] 그리고 김철준은 국가의 전개 과정을 부족국가·부족연맹·고대국가의 순으로 파악했다.[12] 백남운과 손진태는 부족연맹 단계를 독립시켜 설정하지는 않았지만, 부족국가와 본질적으로 동일한 사회 성격을 갖는 부족연맹을 상정하고 있고, 김철준의 견해에는 부족국가가 이전에 씨족사회 또는 부족사회라는 단계가 존재해야 한다. 따라서 위의 견해들은 각 단계의 연대와 성격 규정에 각각 차이를 보이고 있지만 기본적으로 씨족사회(또는 부족사회)·부족국가·부족연맹·고대국가(노예국가 또는 귀족국가)라는 도식을 기초로 하고 있다.[13]

주지하는 바와 같이 일찍이 루이스 헨리 모건(Lewis Henry Morgan)은 씨족·포족(胞族)·부족·부족연맹·국가의 순으로 인류사회의 통치조직이 발전했다는 견해를 제출한 바 있다. 그리고 국가 단계 이전의 사회는 혈연적인 구조와 기능을 바탕으로 성립되고 국가는 재산과 지역이라는 물질적 관계를 토대로 성립된 사회라고 보았다.[14] 그러던 것이 미개민족

10 백남운, 『조선사회경제사』, 개조사, 1933.

11 손진태, 『한국민족사개론』, 을유문화사, 1948.

12 김철준, 「한국고대국가발달사」 『한국문화사대계』 1, 민족·국가사, 고려대 민족문화연구소, 1964, pp. 453~546.

13 그동안 한국사 학계에서 행해진 고대국가의 성립과 발전에 관한 연구 업적을 종합해 소개한 글로는, 이호영, 「한국고대사회 발전단계의 제설(諸說)」 『단국대학교 논문집』 12집, 1978, pp. 73~93 ; 노태돈, 「국가의 성립과 발전」 『한국사연구입문』, 지식산업사, 1981, pp. 114~122 등이 있다.

14 루이스 모건 지음, 최달곤·정동호 옮김, 『고대사회』, 현암사, 1978, p. 23. 역자는 프레

이나 고대사의 연구에서 혈연적 집단인 씨족이나 부족의 기능이 중시되어 역사학계에 부족국가라는 개념이 정착하게 되었다.[15]

백남운, 손진태, 김철준 등의 사회 단계 설정은 모건의 고전적 사회 단계 설정에서 부족을 부족국가로 대체시킨 것임을 알 수 있는 것으로, 위와 같은 학계의 경향으로부터 영향을 받았음을 알 수 있다. 그런데 부족국가의 개념 설정은 전혀 다른 사회 단계를 지칭하는 개념인 부족과 국가가 복합된 것으로, 처음부터 모순을 야기시킬 소지를 내포하고 있었다. 더욱이 최근 정치인류학의 발전으로 국가의 개념이 한층 분명하게 정립됨에 따라 그러한 문제는 더욱 현저해질 수밖에 없게 되었다. 이와 같이 종래에 한국 역사학계에서 사용하던 고대사회 전개에 관한 도식은 인류학의 고전적 견해에 따른 것이었으며, 최근에 김정배·최몽룡에 의해 제출된 견해는 근래에 인류학이 이룩한 업적에 따른 것이다.

따라서 부족과 국가가 전혀 다른 사회 단계에 대한 개념이라는 것이 분명해진 지금에 부족국가라는 단계나 개념 설정이 가능한지의 여부를 논하는 것은 의미 없는 일이라고 생각된다. 단지 고대국가의 개념 파악 및 그것을 한국사에 적용하는 방법이 타당했는지의 여부만이 문제가 될 것이다. 서양의 사학계에서도 인류학의 새로운 업적에 따라 그리스를 모델로 하여 고대 국가 기원 문제가 재검토되고 있다는 점은 관심을 가질 만하다.[16]

근래에 천관우는 부족국가 대신에 성읍국가(城邑國家)라는 개념을 사

이트리(phratry)를 부족, 트라이브(tribe)를 종족으로 번역했지만 필자는 그동안 한국 역사학계에서 사용했던 용례에 따라 프레이트리를 포족, 트라이브를 부족으로 옮겼다.

15 천관우,『한국상고사의 쟁점』, 일조각, 1975, p. 218.

16 W. G. Runciman, "Origins of State: The Case of Archaic Greece," *Comparative Studies in Society and History* 24, 1982 No. 3, pp. 351~377.

용할 것을 제안했는데,[17] 그것은 부족국가라는 용어가 인류의 사회 단계를 규정짓는 개념으로서 타당하지 않다는 지적이 학계에 대두되었기 때문인 것으로 이해된다. 성읍국가는 도시국가라는 개념에 상응하는 것으로서 씨족국가·성읍국가·영역국가·대제국이라는 국가 전개 과정의 도식을 전제로 한 것인데, 이러한 도식은 중국에서 고대 사회의 전개 과정을 세계사적인 보편 원리에서 찾고자 했던 미야자키 이치사다(宮崎市定)가 씨족사회·도시국가·영토국가·대제국이라는 도식을 중국 역사에 적용했던[18] 것과 흡사하다.

이기백도 원시공동체·성읍국가·연맹왕국·귀족국가라는 도식을 채택함으로써 종래의 부족국가를 성읍국가, 부족연맹을 연맹왕국, 고대국가를 귀족국가로 대체시켰다.[19] 또한 그는 구체적인 근거는 제시하지 않았지만 한국사에서의 최초의 국가는 성읍국가였다면서 한국사에서의 국가의 기원은 성읍국가로부터 잡아야 한다고 했다.[20] 따라서 성읍국가는 한국사에 최초로 등장한 고대국가의 성격을 규정하는 개념으로서 종래에 고대국가 이전의 단계로 설정했던 부족국가라는 개념과는 다른 것임을 알 수 있다. 또한 이기백은 고조선이 성읍국가로부터 연맹왕국 단계에 이르는 사회 변화를 보였을 것으로 인식했으므로,[21] 한국 고대국가의 기원을 고조선까지 소급해보려고 한다는 점에서는 김정배·최몽룡의 견

---

17 천관우, 「삼한의 국가형성」(상) 『한국학보』 2, 1976, pp. 6~18.
18 宮崎市定, 「中國古代史槪論」 『アジア史論考』 上卷, 朝日新聞社, 昭和 51(1976), pp. 131~163.
  가이즈카 시게키(貝塚茂樹)도 중국사에서의 고대국가 전개 과정을 대체로 미야자키 이치사다와 같이 인식하고 있으나 성읍국가를 도시국가로 파악하고 있다.
19 이기백, 『한국사신론』, 일조각, 1976.
20 위 책, p. 26.
21 위 책, pp. 26~27.

해와 크게 차이가 없는 것 같다.

이러한 한국 역사학계의 경향에도 불구하고 다음과 같은 의문을 떨쳐 버릴 수 없을 것이다. 첫째로, 구미의 인류학자가 제출한 고대사회에 관한 이론을 그 특수성을 살펴보지 않고 한국사에 그대로 적용해도 문제가 없을까? 둘째로, 그렇게 해도 문제가 없다면 고조선을 고대국가로 보는 데 문헌적·고고학적 근거는 충분한가? 셋째로, 고조선이 고대국가였다면 그 국가 구조는 어떠했으며 그것을 성읍국가라고 부를 수 있는가? 하는 점이다.

그런데 이러한 의문을 풀어주기에는 한국 고대사 관계의 자료가 충분하다고는 말하기 어렵다. 따라서 이러한 경우에는 한국과 비슷한 자연환경에 있는 인접 지역의 고대사회를 하나의 모형으로 살펴보고 그것을 한국의 고대사회와 비교·연구할 필요가 있게 된다. 이러한 비교·연구의 모형으로 제시될 수 있는 지역은 중국일 것이다. 중국은 한국과 지리적으로 연접되어 있어서 문화적으로 서로 깊은 영향을 주고받았을 뿐만 아니라, 비교적 풍부한 고대문헌이 남아 있고, 최근에는 고고학적으로도 많은 업적을 생산해 상당히 구체적인 고대사회의 복원이 가능하기 때문이다. 따라서 필자는 최근 인류학이 제시한 고대사회의 전개에 관한 이론을 적용해 중국의 고대사회가 지닌 보편성과 특수성을 확인하고 그것을 한국의 고대사회와 비교·검토하고자 한다. 필자가 이 글에서 지칭하는 고조선은 이른바 단군조선만을 의미함을 밝혀둔다.

2. 고대사회의 모형

앞에서 소개한 바와 같이 최근의 인류학계는 초기의 인류사회가 무리

(band)·부족(tribe)·추방(chiefdom)의 세 단계를 거쳐 국가(state)에 도달했다는 데 대체적으로 동의하고 있다.

무리사회는 구성원의 규모, 방랑생활의 정도, 식료의 종류와 수급 상황에 따른 구성원의 계절적인 변화 등에 있어서 차이가 있기는 하지만, 대체로 30명부터 100명 사이의 작은 지역적 집단으로서 사냥과 채집 경제에 의존해 생활했다. 그리고 동일 지역 내에서의 족외혼과 동일한 지역에서의 거주를 특징으로 했다. 따라서 생활환경이 허락한다면 주어진 영역에서 함께 거주할 것이 요구되는 상호 관련이 있는 핵가족의 연합체로 이루어진 혈연집단의 경향을 지니고 있었다. 그리고 공식적인 정치조직, 사회계층, 경제적 분업 등은 존재하지 않았다.[22] 고고학적으로 구석기시대와 중석기시대는 이 단계의 사회에 해당된다. 따라서 중국에서는 지금까지 확인된 것 가운데서 가장 오래된 인류인 원모인(元謀人)이 생존했던 170만 년 전으로부터 중석기시대였던 1만 년 전 전후까지가 이 단계의 사회에 해당된다.[23]

부족사회는 무리사회의 구조가 자연적으로 성장한 것으로 받아들여지고 있다. 무리사회에서와 같은 족외혼과 결혼에 의한 혈연집단의 동거는 더욱 확산되었다. 그리고 부족사회는 무리사회의 구조로부터 진화했기 때문에 본질적으로 평등을 바탕으로 하여 수평적으로 집합된 조직으로 형성되어 있었다. 따라서 부족사회에는 사회적인 계층이 존재하지

---

22 앞 책, *Primitive Social Organization*, pp. 46~98.
    William T. Sanders·Barbara J. Price, *Mesoamerica*, Random House, 1968, pp. 41~42.

23 앞 책, *Shang Civilization*, p. 363.
    張光直,「從夏商周三代考古論關係與中國古代國家的形成」『中國上古史論文選集』, 華世出版社, 民國 68(1979), p. 317.

않았고 정치적 기술에 의해 조직된 사회도 아니었다. 부족사회는 일반적으로 농업경제와 결합되어 있었으나 시장, 조직적인 교역, 전문적인 기술집단 등은 아직 출현하지 않았다.[24] 따라서 부족사회는 고고학적으로 신석기시대의 개시와 더불어 확산되는데 각 부락이 정치적·경제적으로 기본 단위가 되므로 부락사회 단계라고도 부를 수 있을 것이다.[25]

중국의 황하 중류 유역에서는 배리강문화(裴李崗文化)·자산문화(磁山文化)·앙소문화(仰韶文化), 황하 하류 유역에서는 북신문화(北辛文化)·대문구문화(大汶口文化) 전기[종래의 청련강문화(靑蓮崗文化) 강북(江北) 유형의 청련강기(靑蓮崗期)]가 이 단계의 사회에 속한다.[26] 그동안의 발굴 결과에 따르면 이 시기의 부락 구조와 각 부락 단위의 공동묘지에서는 강한 부족공동체의 특징이 확인된다.[27] 그리고 각 묘에서 출토된 부장품이 매우 영세하고 양과 질에서 서로 크게 차이가 없는 것은 당시에 계층의 분화나 경제적인 빈부의 차이가 일어나지 않았음을 알게 해준다. 일부 부락 유적에서는 저장용 구덩이가 한 지역에 밀집되어 있어 식료

---

24 앞 책, *Primitive Social Organization*, pp. 99~132.
   앞 책, *Mesoamerica*, p. 42.

25 앞 책, *Shang Civilization*, p. 361.

26 위 책, p. 363.
   장광직은 부족사회로 앙소문화만을 언급했는데 당시에는 배리강문화와 자산문화가 아직 확인되지 않았을 뿐만 아니라 황하 중류 유역만을 다루었기 때문이다.

27 이 시기에는 대개 1개의 부락이 거주지와 공동묘지로 나누어 구성되어 있었다. 집들은 공공용의 장소나 건물이 있는 중앙을 향하고 있었다. 반파(半坡) 유적의 거주인은 400~500명으로 부족사회 단계의 이로쿼이(iroquois) 인디언과 비슷했다. 그리고 여러 사람의 합장묘, 여러 줄로 질서 있게 배열된 묘 등이 확인되었는데 이것은 생전에 혈연적 집단의식이 강했음을 알게 한다. 여러 줄로 배열된 묘는 모계부족사회였던 투스카로라(tuscarora) 인디언에게 있었던 풍속과 유사한 것이다(윤내현, 『중국의 원시시대』, 단국대 출판부, pp. 174~176, 221, 224~226, 227~229 참조).

등을 부락 구성원이 공유했을 것임을 알게 해주는데,[28] 이것이 일반적인 현상이었는지는 의문이지만 사유제가 아직 출현하지 않았음을 알게 해준다. 질그릇 제조에 물레를 사용하지 않은 것이라든지 정교한 기술을 필요로 하는 장신구 등의 대량 출토가 나타나지 않은 것은 전문 기술집단이 출현하지 않았음을 알게 해준다.

추방사회는 기본적으로 구성원 사이에 평등이 유지된 부족사회와 달리 사회신분과 지위에 의한 계층을 형성했는데 그 중심인물은 추장이었다. 추장을 중심으로 원추형의 계층적 사회 구조를 형성한 모든 사회구성원은 추장과의 관계에 따라 집단 안에서의 사회적 지위와 계층이 결정되었다. 종교적으로도 중심인물이나 중심세력이 등장했는데 그것은 권력과 결합되었다. 그리고 사회적 지위에 따라 특권과 의무가 부여되었는데 이것이 사회결합의 기본적인 기술이었다. 경제적인 면에서는 생산에 있어서 분업이 일어나고 이에 따라 생산품을 사회 전체에 재분배·공급하는 행위가 나타나게 되었다. 그리고 추방사회는 부족사회와 달리 여러 집단의 큰 합병이 이루어지게 되었다. 요약하면 추방사회는 경제·사회·종교 등에 있어서 공동활동의 중심이 출현했다는 점이 부족사회와 다르다. 규모가 크거나 진보된 추방사회의 경우에는 그 중심이 추장 개인에 국한하지 않고 상당한 수의 행정적인 보조원이나 전문 행정인을 포함하기도 했다.[29] 이러한 사회 단계는 고고학적으로 신석기시대 후기에 나타나는데 부족 또는 부락이 합병 또는 연맹을 이루었으

---

28 이러한 현상은 손기둔(孫旗屯) 유적과 강채(姜寨) 유적에서 확인되었다(위 책, 『중국의 원시시대』, p. 227).

29 앞 책, *Primitive Social Organization*, pp. 133~169.
    앞 책, *Mesoamerica*, pp. 42~44.

므로 부족연맹사회 또는 부락연맹사회 단계라고도 부를 수 있을 것이다.[30]

중국의 황하 중류 유역에서는 섬서용산문화(陝西龍山文化)·하남용산문화(河南龍山文化), 황하 하류 유역에서는 대문구문화 후기(종래의 대문구문화)와 산동용산문화(山東龍山文化)가 이 단계에 속한다.[31] 이 시기의 묘 중에 일반묘와 달리 부장품이 풍부한 소수의 묘가 발견되어 경제적·사회적으로 계층이 형성되어 있었음을 보여주었고, 질그릇 제조에 물레의 사용이 확산된 것이라든가 장신구가 다양해지고 풍부해진 것은 전문기능인이 출현했을 것임을 알게 해주었다. 여러 유적에서 신의 뜻을 파악하기 위해 사용된 점뼈가 출토되었는데[32] 이것은 종교적 전문직이 존재했음을 알게 해주는 것으로서, 이 종교직은 추장을 비롯한 지배집단을 위해 봉사했을 것이다. 그리고 이 시기 황하 중류 유역의 유적에서는 전쟁에 의해 희생된 유골이 많이 확인되었는데 이것은 다른 지역보다 황하 중류 유역에서 치열한 전쟁이 빈번하게 일어났음을 알게 해준다.[33] 이러한 전쟁은 기후 변화에 따른 생산 감퇴와 인구 증가가 복합되어 가져온 식료 위기를 극복하기 위한 약탈전쟁이었을 것으로 생각된다.[34] 이러한 상황에서 상당히 영속적인 부족연맹이 형성되었을 것이며

---

30 앞 책, *Shang Civilization*, p. 361.

31 위 책, p. 363 : 앞 책, 『중국의 원시시대』, pp. 268~293, 353~430.

32 각 지역의 용산문화에서 복골이 출토되는 것은 보편적인 현상이다.

33 北京大學考古實習隊, 「洛陽王灣遺址發掘簡報」 『考古』 1961年 4期, pp. 177~178.
    北京大學·河北省文化局, 「1957年邯鄲發掘簡報」 『考古』 1959年 10期, pp. 531~532.
    中國科學院考古研究所, 『灃西發掘報告』, 文物出版社, 1962, p. 68.
    앞 책, 『중국의 원시시대』, pp. 365·377·381·390.

34 후빙기의 개시와 더불어 상승했던 기온은 서기전 3500년부터 서기전 3000년 사이에

강력한 지배자의 출현은 불가피해졌을 것이다.

그런데 여기서 한 가지 짚고 넘어가야 할 것이 있다. 그것은 묘저구2기문화(廟底構二期文化)와 대문구문화 중기[종래의 청련강문화 강북 유형의 유림기(劉林期)와 화청기(花廳期)]를 어느 단계의 사회에 포함시킬 것인가 하는 문제이다. 황하 중류 유역에서 앙소문화로부터 섬서용산문화·하남용산문화로의 과도기적인 문화 양상을 띠는 묘저구2기문화(용산문화 전기)의 유적에서는 사회계층의 분화나 빈부의 차이를 확인할 만한 자료는 아직까지 나타나지 않았지만, 질그릇 제조에 물레를 사용했고 앙소문화가 모계사회였던 것과는 달리 이 시기는 부권사회였다는 점에서 사회 성격이 변화하는 징후를 볼 수가 있다.[35] 따라서 엄밀하게 말하면 묘저구2기문화는 부족사회로부터 추방사회로의 과도기로 보아야겠지만, 추방사회 초기에 포함시킬 수 있을 것이다. 황하 하류 유역의 대문구문화 중기 유적에서는 빈부의 차이를 확인할 수 있는 묘들이 발견되었으므로 부족사회로부터 추방사회로의 과도기 또는 추방사회 초기에 포함시킬 수 있을 것이다.[36] 따라서 황하 중류 유역에서는 앙소문화, 황하 하류 유역에서는 대문구문화 전기까지를 부족사회, 그 이후를 추

하강하기 시작했는데 이것은 중국 지역에서 부족사회로부터 추방사회로의 변화기와 일치한다. 당시의 기후 변화에 관해서는, Matsuo Tsukata, "Late Pleistocene Vegetation and Climate in Taiwan" *Proceed. National Academy of Sciences*, Vol. 55, 1966, pp. 543~548 ; Laboratory of Quaternary Palynology and Laboratory of Radiocarbon ·Kweiyang Institute of Geochemistry-Academia Sinica, "Development of Natural Environment in the Southern Part of Liaoning Province During the Last 10,000 Years" *Scientia Sinica*, Vol. 21, No. 4, 1978, pp. 525~529.

35   앞 책, 『중국의 원시시대』, pp. 369~374.
36   위 책, pp. 289, 493.

방사회로 보아서 크게 잘못이 없을 것이다.

추방사회 다음 단계인 국가 단계는 사회 단계의 분화, 직업의 전문화 등 추방사회가 지니고 있던 사회 특성과 요소를 대부분 계승하고 있었다. 그러나 그것들이 양과 질에서 팽창했고 사회 규모가 확대했으며 조직이 한층 복잡해졌다.[37] 국가 단계의 가장 큰 특징은 법적인 힘에 의한 특수구조에 의해 통합된 사회라는 점이다. 국가는 법적으로 구성되어 있기 때문에 무력의 사용행위와 그 상황이 정당화되는 반면에, 개인과 개인 또는 그 사회의 구성집단에 대해서는 그들 사이의 분쟁에 의한 소란으로 그들이 무력을 사용하는 것을 합법적으로 금지할 수 있었다.[38] 일반적으로 국가 단계 사회의 정치적 조직은 뚜렷하게 규정된 사회계층이었는데 분배기구로서 시장이 있었고 사회신분의 차이가 한층 철저한 형태였다. 추방사회는 그 지배세력이 혈연적인 조직을 바탕으로 하는 반면에 국가 단계에서는 원칙적으로 법적인 권력으로 특징지어졌다.[39] 좀 더 구체적으로 정리하면,

국가는 전문적인 지배계층이 있으며 아주 현저하게 집중화된 정부가 있는 매우 강한 사회 형태로서, 혈연에 의해 결속되는 것을 특징으로 하는 단순한 사회(이전의 사회 단계)와는 크게 다르다. 국가는 혈연이나 친족관계보다는 직업의 전문화에 기초한 거주 형태를 가지며 그것과 더불어 내적으로는 크게 계층화되고 매우 다양화되었다. 국가는 무력의 독점을 유지하려고 기도하는데 진정한 법에 의해 지배되는 사회로 특징지어진다.

---

37 앞 책, *Mesoamerica*, p. 44.
38 앞 책, *Primitive Social Organization*, p. 165.
39 앞 책, *Mesoamerica*, pp. 44~45.

대부분의 범죄는 국가에 대한 죄악으로 인정되었으며 각 범죄에 대한 처벌은 단순한 사회에서와 같이 피해를 입은 집단이나 그의 혈족이 책임지는 것이 아니라 국가가 법제화된 절차에 따라 처리했다. 개개의 인민은 반드시 폭력을 포기해야 하지만 국가는 전쟁을 수행할 수가 있다. 또한 국가는 병사의 징집, 세금의 징수, 공납의 강요를 할 수가 있다.[40]

는 것이다.

그렇다면 이러한 사회 단계가 중국 역사에서는 어느 시기에 출현했는가? 이 점을 검증하기 위해서는 중국에서 가장 오래된 기록인 갑골문의 내용을 살펴보는 것이 그 첫 번째 순서일 것이다. 갑골문에 따르면, 상왕(商王)은 종교적 권위와 정치적 권력을 함께 장악하고 스스로를 '일인(一人)' 또는 '여일인(余一人)'이라고 칭하며 유아독존의 위치에서 신권전제통치를 행했다.[41] 상 왕국 말기로 오면서 그 성격이 변화했지만 신권통치의 기초가 된 것은 점복(占卜)행사와 제사의식이었다. 상왕은 점복을 통해 신의 뜻을 파악해 그것을 집행하고 상 왕국을 구성하던 여러 연맹부족의 수호신에 대한 제사를 통괄함으로써 종교적 권위를 장악할 수 있었던 것이다.[42] 상왕 밑에는 대신(大臣)·무관(武官)·문관(文官)

40 Kent V. Flannery, "The Cultural Evolution of Civilization" *Annual Review of Ecology and Systematics* 3, 1972, pp. 403~404.
    국가의 기원에 관한 근래의 인류학과 고고학적 연구로는, Elman R. Service, *Origins of the State and Civilization*, W. W. Norton, 1975 ; R. L. Carneiro, "A Theory of Origin of the State" *Science* 169, 170, pp. 733~738 ; H. T. Wright, Recent Research on the Origin of the State" *Annual Review of Anthropology* 6, 1977, pp. 379~397 등이 있다.
41 胡厚宣, 「釋 "余一人"」『歷史研究』1957年 1期, pp. 75~78.
42 윤내현, 『상왕조사의 연구』, 경인문화사, 1978, pp. 202~220.

등으로 분류되는 20개가 넘는 관료가 있어서 상왕의 행정을 보좌했다.[43] 이러한 사실은 상시대에 이미 왕권이 확립되어 있었고 전문적인 지배계층이 형성되어 있었으며 조직화된 중앙행정기구가 존재하여 집중화된 정부를 형성했을 것임을 알게 해준다.

상 왕국의 사회구성원은 크게 나누어 지배귀족·평민·노예로 파악할 수 있다. 지배귀족은 상왕을 우두머리로 하여 그 밑의 각급 관료와 다부(多婦)·다자(多子) 등의 왕실귀족 그리고 '외복(外服)'에서 작위를 받은 후(侯)·백(伯) 등이 있었는데, 이들만이 방대한 관료기구와 강대한 군대 및 종교적 권위를 장악할 수 있었다.[44] 이러한 위치에서 그들은 호사스러운 낭비생활을 누릴 수 있었을 것인데, 발굴 결과에 따르면 재화가 소수의 귀족에게 집중되었던 현상을 보여주고 있다.[45] 평민은 정치적으로 상당한 영향력을 행사했을 가능성이 있지만 지배귀족의 통치대상이었고 경제적으로도 지배귀족과는 비교될 수 없을 정도로 가난했다.[46] 노예는 주인이 사망하면 그를 위해 순장되기도 했고 동물과 함께 제물로 사용되기도 하는 등 생사권마저도 갖지 못한 채 처참한 생활을 했다.[47] 이러한 상황은 당시의 사회가 심하게 계층화되어 있었음을 알게 한다.

상시대에는 정치적 전문 지배계층과 종교적 전문계층이 존재했음을 앞에서 언급한 바 있는데, 수공업 방면에서도 매우 전문화되어 있었음을 알 수 있다. 상시대의 청동기는 '사모무정(司母戊鼎)'과 같이 300명

---

43 陳夢家, 『殷墟卜辭綜述』, 科學出版社, 1956, p. 521.
44 윤내현, 『상주사』, 민음사, 1984, pp. 62~72.
45 北京大學歷史系考古研究室商周組, 『商周考古』, 文物出版社, 1979, p. 106.
46 앞 책, 『상주사』, pp. 64~65.
47 위 책, pp. 65~69.

이상의 집단노동과 고도의 기술을 요하는 것[48]뿐만 아니라 종류가 다양하고 제품이 정교하고 우아해 예술적 가치로도 세계 역사상 가장 우수하다는 것은 주지의 사실이다. 상시대는 제도업(製陶業)도 크게 발달했다. 대표적인 것으로 경도(硬陶)·원시자기(原始瓷器)·백도(白陶)·명기(明器) 등을 들 수 있는데,[49] 경도와 자기의 출현은 제도 기술의 진보를 보여주며 백도는 일종의 진귀품으로 그릇 모양의 문양에서 매우 높은 예술적 가치를 보여준다. 명기는 생산자가 자신의 필요를 위해 만든 것이 아니었을 것이므로 이 방면의 전문 직업인이 있었음을 알게 해준다. 골기(骨器)·각기(角器)·아기(牙器)·패기(貝器)·옥기(玉器)·칠기(漆器)·방직품(紡織品) 등도 매우 우수했다. 그뿐만 아니라 정주(鄭州)와 안양(安陽) 등지에서는 청동기·도기·골기·각기 등의 제조 장터와 사회신분과 직업에 따라 거주 지역이 다른 도시 구성이 확인되었다.[50] 이러한 자료는 당시의 사회가 매우 분업화되고 다양화되었으며 그것에 기초한 거주 형태가 이루어졌음을 보여준다. 여러 유적에서 발견된 대형의 건물터, 성터, 능묘와 악기 등도 그 분야의 전문 직업인이 있었을 것

---

48 앞 책, 『商周考古』, p. 47.

49 安金槐, 「談談鄭州商代瓷器的幾個問題」 『文物』 1960年 8·9期, pp. 68~70 : 李科友·彭适凡, 「略論江西吳城商代原始瓷器」 『文物』 1957年 7期, pp. 77~83 : 앞 책, 『商周考古』, p. 49.

50 河南省文化局文物工作隊第一隊, 「鄭州商代遺址的發掘」 『考古學報』 1957年 1期, p. 56.
中國科學院考古研究所安陽發掘隊, 「1958~1959年 殷墟發掘簡報」 『考古』 1961年 2期, p. 69.
河北省博物館等臺書發掘小組, 「河北藁城縣臺西村商代遺址 1973年的重要發現」 『文物』 1974年 8期, p. 74.
石璋如, 「殷墟最近之重要發現附論小屯地層」 『中國考古學報』, 1947年 2期, p. 50.
胡厚宣, 「殷代的蠶桑和絲織」 『文物』 1972年 11期, pp. 2~7·36.

임을 알게 해준다.

상 왕국에는 왕족(王族)·다자족(多子族)·오족(五族)·삼족(三族) 등의 중앙 상비군이 있었고, 군대의 조직은 좌·중·우의 3사(師)로 편성되어 있었다.[51] 갑골문에서는 형구(形具)와 감옥에 관한 상형문자도 보이고 상시대에 이미 묵형(墨刑)·의형(劓刑 : 코를 베는 형벌)·궁형(宮刑)·월형(刖刑 : 발뒤꿈치를 베는 형벌)·살형(殺刑) 등 후세의 이른바 5형이 존재했음을 확인할 수 있으며, 1회에 수십 명 또는 100여 명이 월형에 처해진 기록도 보인다. 월형을 받은 유골이 출토되기도 했다.[52] 이러한 사실들은 당시 이미 정부가 무력으로 독점하고 있었고 상당히 정비된 법제를 가지고 있었을 것이며, 그러한 법제화된 절차에 따라 형벌이 가해졌을 것임을 알게 해준다.

갑골문에 따르면 상 왕국은 주변의 대립된 세력인 방국(方國)들과 잦은 전쟁을 했는데, 이러한 전쟁을 수행하기 위해 필요에 따라서 한 부족 또는 여러 부족으로부터 3,000이나, 5,000 또는 1만 명을 징집했다.[53] 무정시대(武丁時代)에는 토방(土方) 등과의 전쟁을 수행하기 위해 7월

---

51 앞 책, 『상왕조사의 연구』, pp. 177~202; 郭沫若, 『殷契粹編』, 文求堂, 昭和 12(1937), 55葉 597片.

52 齊文心, 「殷代的奴隷監獄和奴隷暴動 – 兼甲骨文 "圉", "戎" 二字用法的分析」 『中國史硏究』 1979年 創刊號, pp. 64~76.
   趙佩馨, 「甲骨文中所見的商代五刑一幷釋刖剢二字」 『考古』 1961年 2期, p. 107.
   中國科學院考古硏究所安陽發掘隊, 「1971年安陽後岡發掘報告」 『考古』 1972年 3期, p. 19.
   『藁城臺西商代遺址』, 文物出版社, 1977, pp. 21, 38.
   胡厚宣, 「殷代的刖刑」 『考古』 1973年 2期, pp. 108~117.

53 方法斂, 『庫方二氏藏甲骨卜辭』 方法斂摹甲骨卜辭三種, 藝文印書館, 民國 55 (1966), 124片.

부터 9월까지 38일간에 모두 2만 3,000여 명을 징집한 기록도 보인다.[54] 그리고 상 왕국을 구성하고 있던 여러 연맹부족은 상 왕국에 대한 병역 의무와 더불어 공납 의무도 지고 있었는데 공납에 관한 기록은 갑골문에서 자주 확인된다.[55] 공납은 상 왕국을 유지하는 경제적 기초의 한 부분으로서 중요한 의미가 있었을 것이다. 이러한 기록들은 상 왕국이 필요에 따라서 전쟁을 수행했고 병사를 징집하고 공납을 받아들였음을 알게 해준다.

지금까지 언급된 것 외에도 상 왕국의 사회 구조에 있어서 계층화와 다양화를 보여주는 많은 자료가 있다. 그러나 앞에서 제시된 자료만으로도 2가지의 분명한 결론에 도달하게 된다. 첫째로는 상 왕국은 근래에 인류학자들이 제시한 사회진화 개념상에 있어서의 국가 단계에 이미 진입했었다는 것이고, 둘째로는 구미의 인류학자들이 제시한 고대국가의 구조에 관한 이론이 동아시아 지역에도 적용될 수 있는 보편성을 지니고 있다는 점이다. 그러나 여기서 한 가지 간과해서는 안 될 것이 있다. 그것은 정치권력의 기초와 거주 형태에 관한 것이다. 인류학자들은 국가 단계에서는 혈연이나 친족에 의한 결속이 와해되어 정치적인 권력은 법에 기반을 두게 되고 거주 형태는 직업의 전문화에 기초를 둔다고 지적했다.

그런데 다음에 자세하게 확인하겠지만, 중국에서는 상시대는 물론이고 서주시대까지 정치권력을 포함한 사회 구조가 혈연적인 조직에 기초

---

54 董作賓, 『殷曆譜』 下編 卷9 「武丁日譜」, 中央研究院歷史語言研究所, 民國 34 (1945) 참조.
55 앞 책, 『상왕조사의 연구』, pp. 220~224.
　　胡厚宣, 「殷代封建制度考」 『甲骨學商史論叢』 初集(上), 齊魯大學, 1944, p. 93.

하고 있었고 전문직업이나 거주 형태도 혈연적 집단을 토대로 하여 형성되어 있었다. 따라서 이 점은 보편적인 고대국가 이론에 합당하지 않은 것으로서 혈연적인 공동체 의식이 기초가 된 정치권력과 사회 구조는 아시아 고대국가의 특징으로 이해되어야 할 것이다.[56]

그런데 지금까지 살펴본 상 왕국에 관한 주된 자료는 갑골문이며 그것은 상 왕국 후기의 기록이다. 엄밀하게 말하면 22대 무정 이후의 기록이다. 따라서 앞에서 확인한 국가 단계의 사회는 상 왕국 후기라는 뜻이된다. 그러나 상 왕국 후기에는 이미 완벽한 국가 단계에 도달해 있었으므로 국가 단계로의 진입 시기는 그보다 더 올려 잡을 수 있을 것이다. 근래에 하남성 언사(偃師)에서 이리두문화[57]가 발견되었는데 그 유적의 분포와 연대가 중국 최초의 왕조였다고 전하는 하(夏)의 전설지 및 연대와 일치해 그것이 하문화일 가능성이 높아지자, 중국의 전통적인 관념에 따라 고대국가의 기원을 하에서 찾으려는 견해가 제출되었다.[58] 이리두문화의 유적에서는 궁궐로 보이는 대형의 건물 터, 성터 등이 확인

56 Jonathan Friedman, "Tribes, States, and Transformation" M. Block ed., *Marxist Analysis and Social Anthropology*, Malaby Press, 1975, p. 195.

57 中國科學院考古研究所洛陽發掘隊,「1959年河南偃師二里頭試掘簡報」『考古』 1961年 2期, p. 82.

中國科學院考古研究所發掘隊,「河南偃師二里頭遺址發掘簡告」『考古』1965年 5 期, p. 215.

中國科學院考古研究所二里頭工作隊,「河南偃師二里頭早商宮殿遺址發掘報報」 『考古』1974年 4期, p. 234.

中國社會科學院考古研究所二里頭隊,「河南偃師二里頭二號宮殿遺址」『考古』 1983年 3期, pp. 206~216.

Marxist Analysis and Social Anthropology, Malaby Press, 1975, p. 195.

58 佟柱臣,「從二里頭類型文化試談中國的國家起源問題」『文物』1975年, 6期, pp. 29~33, 84.

되어 강한 정치권력 집단이 출현했음을 알게 해주었고 묘제에서는 사회 계층 분화와 빈부의 차이를 보여주었으며 청동기의 출현과 다양한 옥기 등은 전문직업인이 존재했음을 알게 해주었다.[59]

그러나 이리두문화에서는 아직 당시의 기록이 발견되지 않아 그 사회의 구조, 정치권력의 성격, 법제의 유무 등을 구체적으로 확인할 길이 없다. 또한 그것을 하문화로 단정한다는 것도 무리이다. 그러므로 중국 고대국가의 기원을 하나라에서 찾는 노력은 좀 더 보류되어야 하지만 이리두문화를 추방사회의 말기 단계로 보는 데는 무리가 없을 것이다.

한편 상시대의 유적을 보면 중기와 후기의 도읍지는 발굴되었는데 전조의 도읍지는 아직까지 확인되지 못한 상태이다. 따라서 상 왕국 전기의 사회 성격은 확실하게 알 수가 없다. 상 왕국 중기의 도읍지였던 오(隞)는 오늘날 하남성 정주로 추정되고 후기의 도읍지였던 은(殷)은 오늘날 하남성 안양인데 정주에서는 상시대의 도시 구조가 확인되었고 안양기(安陽期)는 앞에서 언급된 상 왕국 후기에 해당된다. 정주에서 발견된 상시대의 토성은 전체의 길이가 약 7킬로미터에 이르고 북쪽의 성벽이 약간 구부러지긴 했지만 얼추 정사각형 구조를 이루고 있는 것으로, 1,300만여 일의 노동일을 필요로 하는 거대한 것이었다.[60] 이 성 안의 동북부에는 궁궐 터가 있었고 성을 중심으로 그 주변에는 청동기·골각기·도기 등의 제조 장터가 있었다. 그리고 사회계층과 전문직업에 따라 거주 지역이 구분된 도시 구조가 확인되었다.[61]

정주기(鄭州期), 즉 상시대 중기의 당시 기록은 아직까지 발견되지 않

---

59 앞 책, 『중국의 원시시대』, pp. 453~487.
60 앞 책, 『商周考古』, p. 59.
61 앞 책, *Shang Civilization*, pp. 261~288.

왔다. 하지만 그 도시 구조가 매우 강한 정치권력의 출현, 사회계층의 형성과 전문직업의 분화, 그것에 기초한 거주 형태를 보여주고 있으므로 이 시기에 국가 단계에 진입한 것으로 보아도 큰 무리는 아닐 것이다. 결론적으로 말하면 중국에서의 고대국가 출현은 상시대 중기로 볼 수 있는 것이다.

이제 상 왕국의 국가 구조는 어떠했으며 그것이 후에 어떻게 전개되었는가를 살펴볼 시점에 와 있다. 상 왕국의 국가 구조와 그 후의 중국에서의 국가 구조 변화는 고조선의 사회 성격을 검증하는 데 좋은 모형이 될 것이다. 상 왕국의 국가 구조는 읍(邑)을 기초로 하고 있었다. 갑골문에 읍 자는 일정한 영역을 뜻하는 사각형 밑에 무릎을 꿇고 앉아 있는 사람으로 구성되어 있는데, 이것은 상시대의 읍이 경계가 있는 영역과 그곳에 거주하는 사람을 요소로 하고 있었음을 보여주는 것이다.[62] 즉 거주 지역을 뜻하는 것이다. 이 읍의 주위에는 경작지와 수렵지가 있었는데 그것을 포괄한 일정한 지역을 비(鄙)라고 불렀다.

갑골문에서는 '작읍(作邑)'에 관한 기록을 자주 볼 수 있는데[63] 이것은 읍의 건설을 의미한다. 이에 따라 읍은 자연적으로 성장한 거주 지역이라기보다는 인위적으로 건설되었을 것으로 해석되기도 했다. 그러나 하나의 비에는 하나의 읍만이 있었던 것이 아니라 20개 또는 30개의 읍

---

62 李孝定, 『甲骨文字集釋』 卷6, 中央研究院歷史語言研究所, 民國 63(1974), p. 2165. 읍(邑) 자의 형태는 뭅으로 되어 있다. 위의 사각형은 성을 뜻하는 것으로 설명하기도 하지만 상시대에 성이 모든 읍에 보편화되어 있었던 것은 아니므로 차라리 영역을 뜻한다고 보아야 할 것이다.

63 島邦男, 『殷墟卜辭綜類』, 汲古書院, 1971, p. 43에는 44개의 작읍에 관한 갑골문 기록이 보인다.

이 있는 지역도 있었고[64] 지금까지 갑골문에서 확인된 읍의 수는 1,000 여 개에 달하는데[65] 이것들을 모두 인위적으로 건설된 것으로 보는 데 는 무리가 있다. 변경 지대에 새로운 경작지를 개간하기 위해 읍을 건설 하는 경우처럼 필요에 따라 읍이 건설되기도[66] 했겠지만 당시의 읍 가 운데는 자연적으로 성장한 소규모의 취락이 주류를 이루고 있었을 것이 다. 따라서 읍은 그 규모의 대소에 차이는 있었지만 오늘날의 개념으로 는 부락 또는 취락을 지칭하는 것이었다. 이 읍을 부족사회 단계에서의 부락이 성장 또는 계승된 것과 그 후에 새로 건설된 것 등 두 종류로 보 아야 할 것이다.

읍 중에는 대읍이라고 불린 것이 있었다. 갑골문의 기록 가운데 한 예 를 보면 당이라는 곳에 대읍을 건설했고, 이 읍은 당읍(唐邑)이라고 불 렸다.[67] 그리고 당으로부터 상 왕실에 공물이 납부된 바 있고[68] 당에서 제사의식이 거행되기도 했다.[69] 이로 보아 일정한 지역의 읍 중에서 그 규모가 크고 종묘(宗廟)와 제지(祭地)가 있어서 그 지역의 정치와 신앙 의 중심지였던 읍을 대읍이라고 불렀음을 알 수 있다.[70] 이러한 읍에 그

---

64 羅振玉,『殷墟書契菁華』, 民國 3(1914), 2片에는 동비(東鄙)에 적어도 2개 이상의 읍 이 있었음을 알게 하는 기록이 보이고, 앞 책,『殷契粹編』, 74葉 801片 ; 姬佛陀,『戬 壽堂所藏殷墟文字』, 民國 6(1917), 43葉 1片 등에는 각각 20읍, 30읍의 기록이 보인 다.

65 董作賓,「卜辭中的亳與商」『大陸雜誌』6卷 1期, 民國 42(1953), p. 8.

66 張政烺,「卜辭裒田及其相關諸問題」『考古學報』, 1973年 1期, p. 114.

67 方法歛,『金璋所藏甲骨卜辭』方法歛摹甲骨卜辭三種, 藝文印書館, 民國 55(1966), 611片.
董作賓,『殷墟文字乙編』, 中央研究院歷史語言研究所, 民國 38(1949), 700片.

68 위 책,『殷墟文字乙編』, 7206片.

69 明義士,『殷墟卜辭』, 藝文印書館, 民國 61(1972), 84片.

70 진몽가는 종묘가 있는 곳을 대읍이라 부른다고 했는데 종묘는 그 지역의 지배자가 있

지역을 다스리는 제후가 거주했던 것이다.[71] 읍은 상 왕국 국가 구조의 기본단위였는데 소읍은 종교적·정치적으로 대읍에 종속된 위치에 있었던 것이다. 대읍 중에는 추방사회에서 부락연맹이 이루어지면서 그 중심을 이루었던 부락이 성장 또는 계승된 것도 있었을 것이고 상 왕국에서 필요에 의해 새로 건설한 것도 있었을 것이다.

상 왕국에서 지방의 종교적·정치적 중심지가 대읍이었다면 상 왕국 전체의 종교적·정치적 중심지는 어디였을까? 오늘날의 관념으로는 바로 상 왕국의 도읍을 연상하겠지만 당시에는 종교적 중심지와 정치적 중심지가 분리되어 있었다. 이 두 곳을 포함한 지역이 상왕의 직할지(直轄地)인 '왕기(王畿)'였을 것인데 '도읍 지역'이라고도 부를 수 있을 것이다.

갑골문에는 상이라는 지명이 자주 보이는데 그것은 항상 취락을 지칭한다. 따라서 상은 읍명임을 알 수 있는데 실제로 상읍으로도 불렸다. 갑골문 연구 초기 시기에는 상을 당시 상 왕국의 도읍이었던 오늘날 하남성 안양을 가리키는 것으로 해석했다.[72] 그러나 그 후 결론적으로 상은 당시 도읍으로부터 상당히 떨어진 거리에 있는 오늘날 하남성 북부와 산동성 남부의 경계 지역인 상구(商邱) 지역이었음이 확인되었다.[73] 상족은 당시의 도읍지가 아닌 다른 곳에 고정되어 있는 상읍(商邑)에

는 곳에 있게 된다(앞 책, 『殷墟卜辭綜述』, p. 323).

71 앞 책, 『庫方二氏藏甲骨卜辭』, 200片.

72 羅振玉, 『殷墟書契考釋』, 藝文印書館, 民國 58(1969), 序文·卷下 54葉.
    王國維, 「說亳」, 『觀堂集林』 卷12, 藝文印書館, 民國 47(1958), pp. 136~137.
    胡厚宣, 「卜辭中所見之殷代農業」 『甲骨學商史論叢』 初集(下), 齊盧大學, 1945, p. 42.

73 앞 글, 「卜辭中的亳與商」, pp. 8~9.

대해 그곳이 중심지라는 의미에서 중상(中商)이라고도 부르고, 그것을 중심으로 하여 다른 지역을 방위에 따라 동토(東土)·서토(西土)·남토(南土)·북토(北土)라고 불렀다.[74] 상족이 특별한 읍으로 생각했던 상읍은 그들 조상의 도읍지 또는 거주지였던 곳으로, 상 왕실은 가장 중요시하던 종묘·위패(位牌)·왕위의 표징품(表徵品) 등을 그곳에 두고 특별한 제사 의식과 많은 군대 의식을 그곳에서 행하였던 것이다.[75]

고정된 지명으로서 상이 상시대 전 기간을 통해 이동할 수 없는 것이었다면 이동이 가능한 상 왕국의 도읍지는 분명히 각각 다른 명칭을 가지고 있었을 것이다. 그런데 현재로는 후대의 문헌에 의거해 그것을 인식할 수밖에 없다. 문헌에 따르면 상 왕국의 도읍은 박(亳)·효[囂: 오(隞)]·상(相)·형[邢: 경(耿)]·엄(奄)·은(殷) 등이다. 이 가운데 박만이 갑골문에서 확인되었고[76] 은이나 다른 도읍명은 아직 확인되지 않았다. 단지 확인할 수 있는 것은 상 왕국의 마지막 도읍이었던 오늘날 안양을 '자읍(玆邑)', 즉 '이 읍'이라고 불렀다는 것이다.[77] 안양에서는 고고학적인 발굴에 의해 대규모의 상시대 유적과 유물이 발견·출토되어 상 왕국 후기의 도읍지였던 은으로 확인되었음은 주지의 사실이다. 갑골문에서 보이는 대읍을 도읍에 대한 호칭으로 보는 견해가 있으나[78] 상 왕국

---

74 앞 책, 『殷曆譜』「帝辛日譜」, 62葉.
75 앞 책, 『殷墟卜辭綜述』, p. 257
    앞 책, *Shang Civilization*, p. 213.
76 갑골문에서 박(亳)이라는 지명이 확인되어 그것이 상 왕국을 건립했던 탕(湯)[대을(大乙)]의 도읍지였을 것으로 추정했다. 그 위치에 대해 동작빈은 오늘날 안휘성 박현(亳縣), 왕국유는 산동성 조현(曹縣) 박성(薄城)으로 보았다(앞 글, 「卜辭中的亳與商」, p. 9 ; 앞 글, 「說亳」, p. 136).
77 앞 책, 『殷墟卜辭綜類』, p. 360.
78 松丸道雄, 「殷周國家の構造」 『世界歷史』 4卷, 岩波書店, 1970, p. 56.

의 도읍도 대읍 중의 하나였겠지만 앞에서 살펴본 바와 같이 대읍이 도읍만을 지칭한 것은 아니었다.

지금까지 살펴본 바를 종합해볼 때 상 왕국의 국가 구조는 당주지·농경지·수렵지로 구성된 읍이 기본 단위가 되어 소읍·대읍·도읍·상읍이라고 하는 읍의 누층적인 관계에 기초를 두고 원추형을 이루고 있었다. 읍이라는 취락의 거주인들은 혈연적으로 결합된 집단인 씨족이나 부족이었으므로 읍의 층서관계는 바로 씨족이나 부족 사이의 층서관계를 형성했을 것으로 생각된다.

갑골문 연구 초기 단계에는 읍 자를 성벽과 그곳에 거주하는 사람으로 구성된 것으로 보고, 이에 근거해 읍은 하나의 작은 단위국가였을 것으로 인식하기도 했다. 그리고 상 왕국은 이러한 작은 단위국가인 읍이 연맹을 이루어서 형성된 것으로 보고, 상 왕국은 읍의 연맹체이기 때문에 읍제국가로 불려야 한다는 가설이 제출되기에까지 이르렀다.[79] 읍이 단위국가가 아니었음은 앞에서 이미 확인한 바 있으므로 이 점은 재론을 요하지 않는다. 그러나 상 왕국을 그대로 읍제국가라고 부르는 것은 가능할 것이다. 단지 그것이 갖는 의미는 소국인 읍의 연맹체가 아니라 취락인 읍이 기초가 된 읍의 누층적 층서관계로 형성된 국가라는 것으로 바뀌어져야 할 것이다.[80]

상 왕국을 멸망시키고 건립된 서주 왕국은 혈연적인 종법제(宗法制)에 기초를 둔 분봉제도(分封制度)를 실시했다. 주왕은 천하의 종주로서 천자가 되어 서주 왕국을 통치했다. 천자의 자리는 적장자에 의해 계승되고 다른 아들들은 제후(諸侯)로 봉해졌다. 제후는 천자로부터 일정한

---

79 위 책, pp. 49~60.
80 상 왕국의 국가 구조와 통치조직에 관해서는, 앞 책, 『상주사』, pp. 41~53을 참조할 것.

봉지를 받아 그 지역을 통치했다. 제후의 자리는 적장자에 의해 계승되고 다른 아들들은 경(卿)·대부(大夫)로 봉해졌다. 경·대부는 제후로부터 일정한 봉지를 받아 그곳을 통치했다. 경·대부의 자리도 적장자에 의해 계승되고 다른 아들들은 사(士)가 되었다. 사에게는 식지(食地)가 주어졌다. 사도 적장자에 의해 계승되고 다른 아들들은 평민이 되었다. 주 왕실과는 혈연관계가 없는 이족 출신이 제후가 되는 경우도 있었으나 그들에게도 이러한 제도가 의제화되었다.[81]

그런데 당시에 천자가 직접 지배하는 직할지를 '왕기'라고 했는데 그 안에는 종주[宗周 : 호경(鎬京)]와 성주[成周 : 낙읍(洛邑)][82]가 있었다. 종주는 서주 왕국의 도읍으로서 정치적 중심지였으며 종묘가 있어서 종교적 중심지이기도 했다. 성주는 주족이 상 왕국을 멸망시킨 후 동방 지역을 통치하기 위해 건설한 새로운 정치적 중심지로서 서주 왕국의 제2도읍이었다.[83] 그리고 제후가 거주하는 읍을 국이라고 했고, 경·대부가 거주하는 읍을 도라고 했으며, 그 외의 일반적인 소읍은 비라고 불렸다.[84] 따라서 서주 왕국의 국가 구조는 비·도·국·성주·종주의 순서로 상시대보다 읍이 중층화된 것이었다. 다시 말하면 서주시대의 국가 구조는 각 층 위의 읍에 대한 호칭이 바뀌었고 중층화되었을 뿐 상시대의

---

81 서주의 종법제도는 평민에 이르기까지 적용되었다고 하지만 그 실천 여부는 알 수가 없다. 그러나 서주 왕실을 중심으로 한 귀족 사이에서는 지켜졌을 것이다(松丸道雄, 「王と諸侯との結合秩序」, 앞 책 『世界歷史』 4卷, p. 97).

82 『書經』 「洛誥」·「多士」.
    唐蘭, 「何尊銘文解釋」 『文物』 1976年 1期, pp. 60~63.

83 서주 후기의 청동기인 〈혜갑반(兮甲盤)〉에는 성주에서 동남 지역으로 세리(稅吏)가 파견되고 또 사방으로부터 조세가 징수되었음을 알게 하는 기록이 보인다(郭沫若, 『兩周金文辭大系圖錄考釋』, 科學出版社, 1957, 卷3 13葉·卷7 143~144葉).

84 西嶋定生, 『中國古代の社會と經濟』, 東京大出版會, 1981, pp. 35~37.

그것을 계승해 한층 구체화된 것이었다. 상·서주 시대의 영토 가운데서 중요한 의미를 갖는 것은 읍의 집적이었다. 당시에는 읍과 읍 사이에 경작지가 포함된 읍의 면적보다 훨씬 넓은 공지가 있었는데, 사람도 거주하지 않고 개간이나 경작도 되지 않은 이러한 공지는 정치적·경제적으로 중요한 의미가 없는 것이었다.[85] 따라서 상·서주 왕국의 국가 구조는 기본적으로 같은 기초 위에 있었던 것으로, 그것은 바로 읍의 집적과 층서관계로 형성된 읍제국가였던 것이다.

그런데 이러한 국가 구조와 질서는 춘추시대를 거쳐 전국시대에 이르는 사이에 와해되었다. 서주 왕국이 몰락하고 춘추시대가 시작되면서 천자의 권위는 추락했고 패권을 장악한 제후가 천하를 호령하게 되었으며, 춘추 중기에 이르면 경·대부의 세력이 성장해 제후국 내에서의 실권을 장악하고 종국에는 제후를 능가하는 세력을 갖게 되었다.[86] 한편 서주의 사회질서가 붕괴됨에 따라 경제구조에도 변화가 나타났다. 상·서주시대의 농민은 혈연적인 집단을 이루어 일정한 지역에 거주하며 그 사회적 신분은 세습되었다. 즉 농민과 그들이 거주하는 읍 그리고 그들의 신분은 일체화되어 그들은 자유로이 소속집단이나 거주지를 이탈할 수가 없었다. 그러나 서주 후기부터 사회가 혼란해짐에 따라 이러한 농촌의 구조가 와해되기 시작했고 춘추시대에 이르면 농가는 1가 1호가 단위가 되어 토지 소유주와 관계를 맺게 되었다.

이와 더불어 농구와 농경기술의 발달은 종래의 사회 구조를 붕괴시키

---

85 『좌전』〈애공(哀公) 12년〉조 기록에 따르면, 춘추 말기에 정나라와 송나라 사이에는 6읍 정도 크기의 공지가 있었다고 하는데 서주시대에는 이러한 현상이 보편적이었을 것이다.

86 앞 책, 『상주사』, pp. 169~182 참조.

는 데 촉진제 역할을 했다. 춘추시대에 보급되기 시작한 철제 농구는 전국시대에 보편화되었다. 철제 농구의 보급은 종래의 공지를 개간할 수 있게 했고 수리·관개시설을 용이하게 했으며 여기에다 농경기술 면에서 우경(牛耕)의 확산은 생산을 크게 증대시켰다.[87] 그 결과 토지의 면적은 바로 경제력의 기초가 되었다. 이에 따라 춘추 중기 이후에는 토지 쟁탈전이 심각하게 나타나는데 이것이 전국시대에 이르면 열국 간의 토지겸병 전쟁으로 격화되었다. 이렇게 되어 춘추시대에 읍제국가 구조가 붕괴되기 시작하고 전국시대에 이르면 영역이라는 개념이 중요시되어 영역국가[88]가 출현했다. 이러한 국가 구조와 의식의 변화는 마침내 진(秦)나라에 의한 중국의 통일을 가져왔다.

지금까지 고찰한 바를 이해와 비교의 편의를 위해 연대를 보충하면서 요약하면 다음과 같다. 지금으로부터 약 170만 년 전[89]에 중국 대륙에 출현한 인류는 1만 년 전후까지 무리사회 단계에 있다가 후빙기를 맞이해 농경생활에 들어가면서 부족사회의 확산을 맞게 되었다. 고고학의 발굴 결과에 따르면, 황하 중류 유역에서 가장 오래된 부족사회는 배리강문화·자산문화로서 서기전 6000년 이전이 되고,[90] 황하 하류 유역에서는 북신문화로서 그 개시 연대는 서기전 5300년 무렵이 된다.[91]

---

87 전국시대의 경제에 관해서는, 위 책, pp. 253~264.
88 흔히 영토국가라는 용어를 사용하지만 읍제국가에도 영토는 존재했으며, 읍제국가나 영역국가라는 개념은 대외적인 것이 아니라 대내적인 사회 구조의 변화를 뜻하므로 영토보다는 영역이라는 표현이 타당할 것 같다.
89 李普 等, 「用古地磁方法對元謀人化石年代的初步研究」 『中國科學』 1976年 6期, p. 589.
90 嚴文明, 「黃河流域新石器時代早期文化的新發現」 『考古』, 1979年 1期, p. 45~46.
91 中國社會科學院考古硏究所山東隊 等, 「山東滕縣北辛遺址發掘報告」 『考古學報』 1984年 2期, p. 190.

그 후 황하 중류 유역에서는 앙소문화를 거쳐 묘저구2기문화에서 사회 성격의 변화가 나타나기 시작해 섬서용산문화·하남용산문화에서는 완전한 추방사회 단계에 도달했는데, 묘저구2기문화의 연대는 서기전 2900년 무렵이며,[92] 섬서용산문화와 하남용산문화는 서기전 2600년 무렵이다.[93] 황하 하류 유역, 즉 산동성 지역에서는 대문구문화 전기를 거쳐 중기에서 사회 성격의 변화를 보이기 시작해 후기에는 추방사회 단계에 도달했는데, 대문구문화 전기의 연대는 서기전 4500년 무렵이고[94] 중기는 서기전 4000년 무렵이며,[95] 후기의 개시 연대는 아직 확실하지 않으나 서기전 2400년보다는 앞설 것이다.[96] 서기전 2000년 무렵[97]에 이르러 황하 중류 유역에는 추방사회 말기로 볼 수 있는 상당히 강한 정치권력이 출현한 이리두문화가 있었고 그 뒤를 이어 서기전 17, 18세기 무렵에 상시대가 개시되는데,[98] 그 중기인 서기전 15, 16세기 무렵에

---

92 中國科學院考古研究所實驗室,「放射性炭素測定年代報告(二)」『考古』1972年 5期, p. 57.
    E. K. Ralph, H. N. Michael, and M. C. Han, "Radiocarbon Dates and Reality" *MASCA Newsletter* Vol. 9, No. 1, 1973, p. 15.

93 中國科學院考古研究所實驗室,「放射性炭素測定年代報告(三)」『考古』1974年 5期, p. 335.
    위 글, "Radiocarbon Dates and Reality", p. 13.

94 위 글,「放射性炭素測定年代報告(三)」p. 334.
    위 글, "Radiocarbon Dates and Reality", p. 15.

95 高廣仁,「試論大汶口文化的分期」『文物集刊』, 1, 文物出版社, 1980, p. 63.
    위 글, "Radiocarbon Dates and Reality", p. 15.

96 대문구문화 뒤를 이은 산동용산문화의 연대가 서기전 2400년 무렵이므로 대문구문화 후기는 이보다 앞서야 할 것이다.

97 앞 글,「放射性炭素測定年代報告(三)」, p. 336.
    같은 보고(四)『考古』1977年 3期, p. 20.

98 중국사에서 공화(共和) 원년인 서기전 841년 이전은 연대가 불확실하다. 따라서 상 왕국의 건국 연대나 멸망 연대도 불확실하다. 앞 책, *Shang Civilization*, p. 18 참조.

는 국가 단계에 도달했다.

상 왕국의 국가 구조는 읍이 누층적 층서를 형성한 읍제국가였는데 그것은 서주시대까지 계속되었다. 서기전 770년에 시작되는 춘추시대에 읍제국가 구조는 와해되었고 서기전 403년에 시작되는[99] 전국시대에 이르면 영역국가 단계에 도달했으며, 이것이 전개되어 서기전 221년에는 진나라에 의해 통일된 고대제국이 출현했다.

3. 고조선의 사회 단계

앞에서 필자는 중국에서의 고대사회 전개 과정을 다소 장황하게 언급했다. 이에 대해서 독자 중에는 한국의 고대사회를 고찰하면서 중국의 고대사회에 관해 이렇게 장황하게 언급할 필요가 있는지 의문을 가질 수 있다. 그러나 필자는 중국의 고대사회 전개 과정은 한국의 고대사회 연구에 좋은 모형이 될 수 있다고 믿고 있다. 더욱이 고조선은 중국과 지리적으로 연접되어 있었기 때문에 정치·문화적인 면에서 서로 크게 영향을 주고받았을 것은 분명하다. 고조선이 존재했던 기간은 후대의 기록에 의한 그 건립 연대에 의심을 품는다고 하더라도 중국에서 읍제국가로부터 영역국가의 단계를 거쳐 통일제국이 출현한 이후까지라는 것은 의문의 여지가 없다. 고조선의 말기, 즉 중국이 통일되기 전까지는

---

99 전국시대의 개시 연대에 관해서는 『사기』에서 전국칠웅의 역사가 개시된 것으로 본 서 기전 476년, 한·위·조 3가가 진(晉)나라를 분할한 서기전 453년, 한·위·조 3가가 주 나라 천자에 의해 공식적으로 제후로 인정받은 서기전 403년 설 등이 있는데, 필자는 사회 성격의 변화가 공식적으로 인정된 서기전 403년을 택했다.

오늘날과 같은 통일된 중국이나 중국 민족이라는 개념은 존재하지 않았다. 이 점은 한국 역사에서도 마찬가지였다.

따라서 고조선은 한반도 지역은 물론이고 지리적으로 직접 접해 있던 중국 지역과도 여러 면에서 밀접한 관계를 맺고 있었을 것이라는 데에는 의심의 여지가 없다. 지리적으로 접해 있는 지역을 단위로 하여 깊은 관계를 갖는 것은 시대가 올라갈수록 더욱 뚜렷한 현상이었다. 중국의 선사문화를 예로 보면 북부 지역의 문화는 남부 지역보다는 몽골·시베리아와 깊은 연관이 있었으며, 남부 해안 지역 문화는 북부보다는 해안선을 따라 동남아 지역과 동일한 문화권을 형성하고 있었다. 이러한 현상은 정치권이 형성되면서 감퇴하기는 했지만 통일된 한국이나 중국이라는 개념이 출현하기 이전의 사회를 고찰하면서 오늘날의 국가 단위를 영역으로 설정하고 자료의 선택을 한정시킬 필요는 없을 것이다. 다시 말하면 고조선을 연구하는 방계의 자료로서 한반도의 것이 중국 지역의 것보다 반드시 더 가치가 있다고는 말할 수 없는 것이다.

그런데 고조선 사회를 고찰하기 위해 먼저 분명히 해야 할 문제가 있다. 그것은 고조선의 위치와 영역이다. 문헌 자료만을 사용할 경우에는 그다지 문제가 되지 않겠지만 고고학 자료를 활용할 때는 그 위치와 영역에 따라 유적과 유물의 이용 범위가 달라진다. 주지하는 바와 같이 종래에 한국 역사학계가 받아들인 통설은 고조선의 도읍지가 오늘날 평양이었고 그 영역을 한반도 북부로 보는 것이었다. 고조선이 중국의 동북부 하북성이나 요령성 지역에 일시 거주하다가 평양 지역으로 이동해 와서 정착했을 것으로 보는 견해도 있으나, 이것도 결론적으로는 고조선과 오늘날 평양을 연결시키고 있다. 그러나 고조선을 오늘날 평양과 연결시킬 수 있는 자료는 매우 희박하다.

중국의 당(唐)시대 이후 문헌에 고조선의 도읍이 평양성이었다는 기록이 보이고[100] 이러한 기록의 영향을 받아 한국의 문헌에는 고조선의 도읍이 오늘날 평양이었던 것으로 흔히 기록되어 있다.[101] 그러나 고대 한국어에서 평양은 고유명사가 아니라 보통명사로서 '대읍' 또는 '장성'을 뜻했던 것으로서 그것은[102] 정치적·종교적 중심지에 대한 일반적 호칭이었던 것이다. 따라서 평양은 여러 곳에 존재할 수 있는 것으로서 굳이 오늘날 평양으로만 한정시켜 생각할 필요가 없는 것이다.

그리고 종래에 한국사학계에서는 평양의 낙랑 유적을 서한(전한)의 무제가 위만조선을 치고 그 지역에 설치했던 한사군의 낙랑군 유적으로 보는 견해가 지배적이었고, 이것은 '고조선의 평양 도읍설'을 뒷받침하는 강력한 고고학적 근거가 되었다. 그러나 유적의 조성 연대나 문헌의 기록을 종합적으로 검토해볼 때 평양의 낙랑 유적은 한사군의 낙랑군 유적이 아니라 동한(후한)의 광무제에 의해 설치된 다른 낙랑 유적이라고 필자는 믿고 있다. 따라서 평양의 낙랑 유적은 고조선의 위치나 영역과는 아무런 관계가 없는 것이다.

이상의 문제점들에 관해서는 필자는 앞으로 개별적인 논문으로 정리할 예정이지만 단편적으로 소견을 이미 발표한 바 있다.[103] 고조선의 위

---

100 『사기』 권6 「진시황본기」에 나오는 조선에 대한 주석으로 『사기정의』에 인용된 『괄지지』.
두우, 『통전』 권185.
『구당서』 「동이열전」 〈고구려전〉.
101 『삼국유사』 권1 「기이」 〈고조선〉조.
『삼국사기』 권17 「고구려본기」 5 〈동천왕 21년〉조 및 권37 「잡지」 제6 〈지리〉조 4 '고구려'.
『신증동국여지승람』 「경도」 상.
102 이병선, 『한국고대국명지명연구』, 형설출판사, 1982, p. 132.
103 윤내현, 「중국문헌에 나타난 고조선 인식」 『한국사론』 14, 국사편찬위원회, 1984, pp. 121~170.

치와 영역에 대해서 필자는 고조선이 존재했던 당시와 그로부터 오래지 않은 중국 문헌들의 기록에 근거해서 그 서쪽이 중국의 하북성 동북부에 있는 오늘날 난하에까지 이르렀던 것으로 믿고 있다. 이 경계선은 때에 따라 약간의 변동이 있기는 했지만 고조선의 전 기간은 물론이고 위만조선이 서한의 무제에게 멸망당할 때까지 계속되었다.[104] 이 점에 대해서는 필자의 견해를 이미 발표한 바 있으므로 여기서는 더 이상 재론하지 않겠다.

고조선의 동남쪽 경계, 즉 한반도에서의 주된 경계는 시기에 따라 변화가 있었겠지만 대체로 오늘날 청천강까지였고, 그 중심부는 오늘날 요령성 지역이었을 것으로 추정된다. 이 점에 대해서도 필자의 견해를 이미 밝힌 바 있다.[105]

요령성이 고조선의 중심부였으리라는 점은 지리적 위치를 봐도 추정할 수 있지만, 고고학의 발굴 결과 요령성이 상고시대에 한반도를 포함한 중국의 동북부 지역에 존재했던 독립된 청동기문화권의 중심부를 이루고 있었다는[106] 점에서도 알 수 있다. 따라서 필자는 이 논고에서 요령성 지역의 고고학 자료를 자주 활용할 것이다. 그런데 고조선의 사회단계를 확인하기 위해서는 먼저 고조선이 출현하기 이전에 그 지역에서 이행되었던 사회 전개 과정을 살펴보는 것이 순서일 것이다.

윤내현, 「고조선의 위치와 강역」 『군사』 제8호, 1984, pp. 152~161.

104 윤내현, 「고조선의 서변경계고」 『남사정재각박사 고희기념 동양학논총』, 고려원, 1984, pp. 1~38.

105 앞 글, 「고조선의 위치와 강역」, pp. 171~175.
    앞 글, 「중국문헌에 나타난 고조선 인식」.

106 靳楓毅, 「論中國東北地區含曲刃靑銅短劍的文化遺存」(上·下) 『考古學報』 1982年 4期, pp. 387~426·1983年 1期, pp. 39~54.

그동안 한반도에서 발굴된 구석기 유적으로는 공주 석장리·마암리 동굴, 제천 점말 동굴, 제주도 빌레못 동굴, 청원 두루봉 동굴, 연천 전곡리, 단양 상시, 종성 동관진, 웅기 굴포리, 상원 검은모루 동굴·청정암 동굴, 평산 해상동굴, 덕천 승리산, 평양 대현동·만달리 등이 있고, 이밖에도 수십 곳의 구석기 유물 출토지가 보고되었다.[107] 그리고 요령성·길림성·흑룡강성에서는 건평현(建平縣) 남지향(南地鄕),[108] 영구(營口) 금우산(金牛山),[109] 객좌(喀左) 합자동(鴿子洞),[110] 능원현(凌源縣) 서팔방간(西八房間),[111] 여대시(旅大市),[112] 유수현(楡樹縣) 주가유방(周家油坊),[113] 안도(安圖) 명월구(明月溝) 동굴,[114] 하얼빈시(哈爾賓市),[115] 호마현(呼瑪縣) 18참(站)[116] 등의 구석기 유적과, 해납이시(海拉爾市),[117]

107 이융조,「구석기시대편년」『한국사론』12, 한국의 고고학 I 상, 국사편찬위원회, 1983, pp. 368~369.

108 吳汝康,「遼寧建平人類上臂骨化石」『古脊椎動物與古人類』1961年 4期, pp. 287~290.

109 金牛山聯合發掘隊,「遼寧營口縣金牛山舊石器文化的硏究」『古脊椎動物與古人類』16卷 2期, 1978.

110 鴿子洞發掘隊,「遼寧鴿子洞舊石器時代發掘報告」『古脊椎動物與古人類』13卷 2期, 1975. pp. 122~123.

111 遼寧省博物館,「凌源西八房間舊石器時代文化地點」『古脊椎動物與古人類』11卷 2期, 1973, pp. 223~226.

112 譚其驤,「原始社會早期遺址圖」『中國歷史地圖集』1册, 地圖出版社, 1982, pp. 5~6.

113 吳汝康·賈蘭坡,「中國發現的各種人類化石及在人類進化上的意義」『中國人類化石的發現與硏究』, 科學出版社, 1955, p. 40.

114 文物編輯委員會,『文物考古工作三十年』, 文物出版社, 1979, p. 100.

115 주 112와 같음.

116 앞 책,『文物考古工作三十年』, p. 113.

117 安志敏,「海拉爾的中石器遺存」『考古學報』1978年 3期, p. 289.

찰뢰낙이(札賚諾爾), 고향둔(顧鄕屯)[118] 등의 중석기 유적이 확인되었다. 한반도에서는 몇 곳에서 중석기의 요소를 보여주는 유적이 있다고 보고되어 있으나[119] 아직은 중석기 유적으로 확정 짓는 데 학자들의 의견이 일치하지는 않는다. 그러나 한반도에서 분명한 중석기 유적이 발견되지 않았다고 해서 큰 문제가 되지는 않으며[120] 구석기·중석기 유적의 분포는 요령성에서 한반도에 무리사회가 널리 분포했음을 알게 해준다.

　여기서 중국의 북부와 동북부 변경 지대의 선사문화에 대한 그동안의 견해를 잠깐 언급하자. 흑룡강성에서 길림성, 요령성을 포함하고 내몽골자치구, 영하회족(寧夏回族)자치구, 감숙성(甘肅省)을 거쳐 서쪽으로 신강유오이(新疆維吳爾)자치구에 이르는 지역은 세석기문화와 초원·사막 환경이라는 2가지 공통 요소를 갖고 있었다. 따라서 고고학자들은 이 지역을 세석기문화라는 하나의 문화권으로 인식해왔다. 그러나 근래의 연구 결과, 세석기라는 공통된 특징을 제거하면 각 유적의 문화 면모에서 큰 차이가 발견되고 여러 형태의 문화로 나뉠 수 있다고 한다.[121]

---

118 安志敏,「關於我國中石器時代幾個遺址」『考古通訊』1956年 2期, p. 74.
　　黎興國 等,「一批地質與考古標本的 C¹⁴年代測定」『古脊椎動物與古人類』17卷 2期, p. 168.
　　石彦蒔,「札賚諾爾附近木質標本的 C¹⁴年代測定及其地質意義」『古脊椎動物與古人類』16卷 2期, 1978, pp. 144~145.
119 손보기,『구석기 유적 : 한국·만주』, 한국선사문화연구소, 1990. p. 145·192·201 ·232·233·234·259 등 참조.
120 왜냐하면 중석기의 주요소인 잔석기는 원래 북방의 사냥문화권에서 발달한 것인데 마지막 빙하기에 추위가 엄습해 오자 북방의 거주인들이 남쪽으로 이동하면서 널리 전파되었기 때문이다. 그러므로 빙하의 영향을 많이 받지 않은 지역에는 중석기의 요소가 적게 나타나거나 중석기 기술이 전파되지 않았을 수도 있는 것이다(윤내현,『중국의 원시시대』, pp. 119~126 참조). 한반도는 빙하의 영향이 매우 적었던 지역이었다.
121 中國科學院考古研究所,『新中國的考古收獲』, 文物出版社, 1961, p. 1.

사실 이 지역의 세석기문화 유적 중에 어떤 것은 질그릇을 동반하지 않으며, 또 질그릇을 동반하는 것 중에도 서로 다른 종류의 질그릇을 포함하고 있어서 서로 다른 시대 다른 문화 계통임을 보여주고 있다.[122] 그런데 세석기문화를 연구함에 있어서 그 문화의 담당 부족이 동일했는지의 여부를 밝히는 가장 좋은 방법은 석기의 특징보다는 질그릇 유형을 그 근거로 하는 것이 바람직하다고 한다.[123] 이렇게 볼 때 중국의 동북부에 분포되어 있는 이른바 세석기문화 유적은 동일하지 않은 여러 부족에 의해 생산되었을 것임을 알 수 있다.

따라서 부분적인 문화 요소의 공통성을 부족 또는 종족의 이동이나 동일한 부족 또는 종족이 생산한 문화로 인식하는 자세는 재고되어야 할 것이다. 흔히 세석기문화는 목축경제를 대표하는 것으로 인식되었으나 이 점도 재고되어야 한다. 같은 세석기문화이면서도 요령성의 홍산 유형은 농업경제였고, 흑룡강성의 앙앙계(昂昂溪) 유형은 고기잡이와 사냥이 주요한 경제였다.[124] 이러한 사실은 세석기를 내포한 문화 유형이 여러 종류의 경제 형태를 공유하고 있었음을 보여주는 것이다. 요령성 지역의 부족사회는 이러한 전제 위에서 검토되어야 한다.

요령성 지역에서 연대가 가장 올라가는 신석기 유적은 심양의 신락(新樂) 유적이다.[125] 이 유적에서 집터가 발견되었고 질그릇·석기가 출

---

122 안지민 지음, 윤내현 옮김, 「중국의 신석기시대고고」『사학지』15집, 단국대 사학회, 1981, pp. 148~150.

123 A. A. Formozov, "Microlithic Sites in the Asiatic USSR" *American Antiquity* Vol. 27, No. 1, 1961, p. 87.

124 佟柱臣, 「試論中國北方和東北地區含有細石器的諸文化問題」『考古學報』, 1979年 4期, pp. 415~425.

125 沈陽市文物管理辨公室, 「沈陽新樂遺址試掘報告」『考古學報』1978年 4期, pp. 449~461.

토되었는데 그 중에 갈돌판과 갈돌봉 등의 곡물 가공 공구가 포함되어 있었다. 집터와 곡물 가공 공구는 이 부락의 거주인들이 이미 농경을 바탕으로 한 정착생활에 들어갔음을 알게 해준다. 이 단계는 서기전 4900년 무렵이 된다.[126] 심양 지역에서 신락 유형의 다음 단계에 속하는 신석기문화는 편보(偏堡) 유형일 것으로 보고 있다.[127] 신민현(新民縣)에 있는 편보 유형은 아직 연대가 확인되지는 않았지만 출토된 질그릇·마제석기·세석기 등의 유물이 보여주는 특징으로 보아서 이 문화 유형은 신락 유적 하층과 더불어 요하 유역 신석기문화를 대표하는 두 단계의 유형일 것으로 보인다.

요동반도의 여대시(旅大市) 지역에서는 그동안 100곳이 넘는 신석기시대 유적이 발견되었는데 조개무지 유적이 많은 비율을 차지했다. 그런데 근래에 장해현(長海縣) 광록도(廣鹿島)에서 소주산(小珠山) 유적[토주자(土珠子) 유적이라고도 함]이 발견되어 이 지역 신석기 유적의 편년이 가능해졌다.[128] 소주산 유적은 3개의 문화층으로 형성되어 있었는데 하층(下層)에서 질그릇과 함께 출토된 석기 중에는 그물추돌·돌공·돌도끼·갈돌판·갈돌봉 등이 있었고, 흙가락바퀴와 사슴·개·노루 등의 동물뼈도 수집되었다. 출토된 유물로 미루어보아 당시의 경제생활은 농경·어로·수렵이 복합되어 있었고 방직도 행해졌음을 알 수 있다. 이

---

126 中國科學院考古研究所實險室, 「放射性炭素測定年代報告(五)」 『考古』 1978年 4期, p. 285.

앞 글, "Radiocarbon Dates and Reality," p. 17.

127 앞 책, 『文物考古工作三十年』, p. 86.

東北博物館文物工作隊, 「遼寧新民縣偏堡沙崗新石器時代遺址調查記」 『考古通訊』 1958年 1期, pp. 1~3.

128 遼寧省博物館 等, 「長海縣廣鹿島大長山島貝丘遺址」 『考古學報』 1981年 1期, p. 66.

유적에 대한 방사성탄소측정연대는 얻어지지 않았지만 문화적 성격은 신락 유적 하층 및 요령성 서부 지역 유적들과 비슷한 것으로 알려졌으며, 연대는 서기전 4000년이 넘을 것으로 보고되었다.[129] 성격이 같은 주변의 유적으로는 상마석(上馬石) 하층·유조구(柳條溝) 동산(東山)·신금현(新金縣) 탑사둔(塔寺屯) 등이 있다.[130]

소주산 유적 중층의 문화는 전체적으로 보아 하층을 계승하고 있었는데 새로운 요소가 증가했다. 이 단계의 유적으로는 오가촌(吳家村)과 곽가촌(郭家村) 하층이 있으며, 이 문화 유형의 연대는 대략 서기전 3700년이 된다.[131]

요령성 서부 지역에서는 임서현(林西縣)의 사와자(沙窩子) 유형[132]이 가장 빠르고 다음 단계는 적봉시(赤峰市)의 홍산(紅山) 유형[133]일 것으로 추정하고 있다. 중국에서는 홍산문명이 서기전 6000년 경 시작된 것으로 보고 있다. 길림성과 흑룡강성에서도 많은 신석기 유적이 발견되었는데 아직까지 문화의 성격이나 연대에 관해서는 충분히 연구되지 못한 상태이다. 그러나 길림성 지역의 빠른 시기 신석기 유적에서 출토된 질그릇 문양이 요령성 신락 유적의 것과 매우 유사함을 보여주는데[134]

---

129 위 글, pp. 109~110.

130 앞 책,『文物考古工作三十年』, pp. 85~86, 98.

131 中國科學院考古研究所實驗室,「放射性炭素測定年代報告(六)」『考古』1979年 1期, p. 89.

앞 글, "Radiocarbon Dates and Reality," p. 15.

132 呂遵諤,「內蒙古林西考古調査」『考古學報』1960年 1期, pp. 19~22.

133 浜作耕作·水野清一,『赤峰紅山後』東方考古學會叢刊 甲種 第6冊, 東亞考古學會, 1938.

呂遵諤,「內蒙赤峰紅山考古調査報告」『考古學報』1958年 3期, pp. 25~40.

134 董學增,「吉林市郊二道嶺子·虎頭砬子新石器時代遺址調査」『文物』1973年 8期, pp. 58~59.

이것은 서로 문화적인 연관이 있었음을 시사하는 것으로 이해된다. 그리고 흑룡강성의 신석기 유적 가운데 밀산현(密山縣)의 신개류(新開流) 유적은 그 연대가 서기전 4200년[135]으로 올라가 이 지역에도 일찍부터 부족사회가 출현했을 가능성을 보여준다.

한반도 북부에서 발견된 신석기 유적 중에도 함경북도 웅기군 굴포리 서포항 유적 1기층과 웅기군 부포리 덕산 유적은 서기전 6000년부터 서기전 5000년 사이에 속하고, 평안남도 온천군 운하리 궁산 유적 하층, 황해도 봉산군 지탑리 유적 제1구, 서포항 유적 제2기층은 서기전 4000년대 후반에 속한 것으로 알려지고 있다.[136] 그리고 이 유적들에서 발견된 집터와 출토된 질그릇·석기·각기 등에 근거해 주민들의 경제 생활은 농경·어로·사냥·채집 등이 복합되었을 것으로 추정되고 있다.[137]

지금까지의 고찰로 분명해진 것은 요령성 지역에서는 서기전 5000년 이전에 이미 부족사회가 형성되어 있었다는 것이다. 그리고 그러한 사회가 그 주변 지역에도 상당히 널리 분포되어 있었을 것이라는 점이다. 그런데 여기서 한 가지 문제점이 나타난다. 그것은 일반적으로 구석기

張忠培,「吉林市郊古代遺址的文化類型」『吉林大學社會科學學報』1963年 1期, pp. 72~77.

135 앞 책,『文物考古工作三十年』, p. 115.

앞 글,「放射性炭素測定年代報告(六)」, p. 89.

앞 글, "Radiocarbon Dates and Reality," p. 15.

136 사회과학원 고고학연구소,『조선고고학개요』, 과학백과사전출판사, 1977, p. 21.

서포항 유적 1기층과 덕산 유적의 연대에 대해 위 책은 서기전 5000~4000년기 전반기로 보고 있으나 임효재는 서기전 6000~5000년 사이로 보고 있다(임효재,「신석기문화의 편년」『한국사론』12,『한국의 고고학』I 하, 국사편찬위원회, 1983, p. 723).

137 위 책,『조선고고학개요』, p. 26.

시대로부터 중석기시대, 즉 무리사회가 대략 지금으로부터 1만 년 전에 끝이 나는데 그 후 서기전 5000년(지금으로부터 7,000년) 전까지 3,000년 간의 기간에 해당하는 유적이 발견되지 않은 것에 대해서는 어떻게 설명할 수 있을까 하는 점이다. 이 기간 동안에 요령성과 한반도에는 사람이 거주하지 않은 것인지 또는 아직까지 그 시대의 유적이 발견되지 않은 것인지 단언하기는 어렵다. 그러나 황하 중류 지역에 비해 이 지역의 고고학적 발굴은 매우 미흡하다는 점은 상기할 필요가 있다.

황하 유역의 신석기문화도 그 연구가 초기 단계였을 때에는 그 개시 연대를 서기전 2500년 이전으로 올려서 보지 않았으나[138] 그 후 연구가 진전되고 새로운 유적이 발견됨에 따라 그 연대가 서기전 6000년 이전으로까지 올라갔다. 또한 유물에 나타난 공통적인 특징에 따라 중석기 문화와 신석기 초기 문화의 연계성이 확인된 것은 주지의 사실이다. 그리고 특수한 상황에 의해 인종의 전멸을 가져오지 않았다면 한 지역의 부족사회는 그 지역에 거주하던 무리사회인들의 후예에 의해 전개되었다고 보아야 한다. 이러한 관점에서 필자는 요령성과 한반도 지역에서 앞으로 연대가 더 올라가는 신석기 유적이 발견될 것으로 믿는다.

요령성 지역에서는 서기전 3000년을 전후해 사회 성격에 변화가 일어났던 것으로 보인다. 요령성 지역의 주변 문화로서 내몽골 동남부로부터 요령성 서북부에 걸쳐 분포되어 있는 홍산문화의 하나인 부하문화(富河文化)에서 이러한 징후가 나타났다. 내몽골 파림좌기(巴林左旗)의 부하구문(富河溝門) 유적[139]에서 37자리의 집터가 발견되었는데 출토된

---

138 J. G. Andersson, "Researches into the Prehistory of the Chinese" *The Museum of Far Eastern Antiquities*, Bulletin No. 15, 1943, p. 104.

139 中國科學院考古研究所內蒙古工作隊, 「內蒙古巴林左旗富河溝門遺址發掘簡報」

유물과 문화층의 구조 등으로 보아 농경이 위주였지만 사냥과 목축이 상당히 발달했음이 확인되었다. 그런데 이 유적에서는 점복용(占卜用)으로 보이는 동물의 뼈가 출토되었다. 1점밖에 출토되지 않았으므로 단언할 수는 없지만 만약 이것이 당시의 점뼈가 분명하다면 이 시기에 신의 뜻을 파악하는 종교적 권위자가 출현했을 가능성도 시사해준다. 이것은 사회계층 분화의 징후로 받아들일 수 있을 것이다. 이 문화의 연대는 서기전 3400년 무렵이 된다.[140]

부하문화의 분포 지역보다 남부인 요령성의 서부 지역에는 그 지역에 있었던 부족사회의 문화인 홍산문화의 뒤를 이은 소하연문화(小河沿文化)[141]가 있었는데, 대표적인 유적으로는 오한기(敖漢旗)의 남대지(南臺地), 맹극하(孟克河) 서부 연안의 석양석호산(石羊石虎山), 옹우특기(翁牛特旗)의 석책산(石柵山) 묘지, 적봉의 동팔가(東八家) 등이 있다. 석책산 묘지에서는 70여 자리의 묘가 발견되었는데 묘에 따라 부장품의 차이가 뚜렷했고 생산 공구는 절대다수가 남성묘에 부장되어 있었다.[142] 이러한 현상은 사회구성원 사이에 빈부의 차이가 뚜렷했고 남성이 주로 생산 업무에 종사했음을 알게 해주는 것으로서 구성원 사이에 평등이 유지되던 부족사회의 와해와 계층사회인 추방사회로의 이행을 보여주는 것이다.

동팔가 유적에서는 돌을 쌓아서 만든 성터가 발견되었는데, 그 크기

『考古』1964年 1期, p. 1.

140 앞 글, 「放射性炭素測定年代報告(三)」, p. 336.
　　앞 글, "Radiocarbon Dates and Reality," p. 13.

141 遼寧省博物館 等, 「遼寧敖漢旗小河沿三種原始文化的發現」 『文物』 1977年 12期, pp. 1~9.

142 앞 책, 『文物考古工作三十年』, p. 87.

는 남북의 길이가 160미터, 동서의 길이가 140미터였다. 성곽 안에는 원형의 일반 집터가 57자리 있었고 중앙에는 사방 40미터에 이르는 대형 건물터가 있었다. 부락을 둘러싼 성곽은 외적의 침입을 막기 위해 축조되었을 것인데 이런 상황에서 추장의 출현은 불가피했을 것이며 부락연맹도 이루어졌을 것이다.[143] 소하연문화의 절대연대는 아직 확인되지 않았지만 이 문화를 계승한 풍하문화[豊下文化 : 종래의 하가점하층문화(夏家店下層文化)]가 서기전 2400년 무렵에 시작되므로, 소하연문화는 그보다 빠른 서기전 3000년 무렵에 개시된 것으로 볼 수 있을 것이다.

소하연문화의 다음 단계인 풍하문화는 대릉하 중·상류 유역과 노합하(老哈河) 유역에 조밀하게 분포되어 있는데, 유물 퇴적층이 6~9미터 정도로 두꺼워 오랜 기간에 걸쳐 형성된 것임을 알 수 있다. 지금까지 발견된 유적은 500곳이 넘는데 적봉의 하가점·약왕묘(藥王廟),[144] 북표(北表)의 풍하,[145] 오한기의 대전자(大甸子),[146] 영성(寧城)의 소유수림자(小楡樹林子)[147] 등이 발굴되었고, 하가점·약왕묘·대전자 등 유적의 발굴에 의해 이 문화가 초기 청동기시대에 속하는 것으로 밝혀졌다. 이 문화 유적에서 발견된 집터의 특징은 큰 방 옆에 작은 방이 있는 것이 많았고, 마당 같은 공터가 있으며 부속된 저장용 구덩이가 있었다. 그리고

---

143 佟柱臣,「赤峰東入家石城址勘查記」『考古通訊』1957年 6期, pp. 15~22.

144 中國科學院考古研究所內蒙古工作隊,「內蒙古赤峰藥王廟·夏家店遺址試掘簡報」『考古』1961年 2期, pp. 77~81.

145 遼寧省文物干部培訓班,「遼寧北票縣豊下遺址1972年春發掘簡報」『考古』1976年 3期, pp. 186, 197~210.

146 中國科學院考古研究所遼寧工作隊,「敖漢旗大甸子遺址1974年試掘簡報」『考古』1975年 2期, pp. 99~101.

147 內蒙古自治區文物工作隊,「內蒙古寧城縣小楡樹林子遺址試掘簡報」『考古』1965年 12期, p. 619.

집 주위에는 돌담장이 있고 다시 부락 전체를 돌로 쌓은 성곽 배치는 매우 보편적이었다.[148] 이것은 이 유적의 문화가 경제적·사회적으로 상당한 수준에 도달했음을 알게 해준다.

대전자의 묘들은 부장품용의 구덩이가 따로 만들어져 있었고 그 안에 개·돼지·질그릇 등이 들어 있었는데 질그릇은 고정된 규격을 갖추었다.[149] 이것은 의례가 이미 제도화되었음을 알게 해주는데 이러한 의례의 제도화는 사회제도의 정돈을 배경으로 이루어졌을 것이다. 부장품이나 매장 용구도 묘에 따라 뚜렷한 차이를 보여주는데 남자의 묘가 여자의 묘보다 풍부했다. 한 남자 노인의 묘에서는 부장품 중에 조가비돈 294점이 출토되었는데 이것은 다른 53자리의 묘 전체에서 출토된 것보다 많은 수량이었다.[150] 이런 현상은 남녀 및 구성원 사이에 일어난 뚜렷한 사회신분과 빈부 격차의 결과로 나타난 것이다. 풍하문화의 연대는 서기전 2400년 무렵으로부터 서기전 1700년 사이가 된다.[151]

위에서 살펴본 바와 같이 요령성 지역에서는 서기전 3천 수백 년 무렵부터 부족사회가 와해되기 시작했고 서기전 3000년 무렵에는 추방사회에 진입했다. 그리고 이 추방사회에서는 서기전 2400년부터 서기전 2000년 사이에 청동기문화의 시작을 보게 되었던 것이다. 여기에서 두 가지의 주목해야 할 사실을 발견하게 된다. 첫째는 중국의 동부 해안 지

---

148 앞 글,「遼寧北票縣豊下遺址1972年春發掘簡報」, pp. 198, 209.

149 앞 글,「敖漢旗大甸子遺址1974年試掘簡報」, pp. 99~101.

150 敖漢旗大甸子公社歷史研究所組·遼寧省博物館,「從大甸子等地出土文物看歷史上的階級分化」『文物』1976年 1期, p. 80.

151 앞 글,「放射性炭素測定年代報告(三)」, p. 336.
　같은 보고(四), p. 200.
　같은 보고(六), p. 89.

역인 황하 하류 유역과 장강(長江) 하류 유역에서는 서기전 3500년부터 서기전 3000년 사이, 황하 중류 유역에서는 조금 늦게 서기전 3000년부터 서기전 2500년 사이에 추방사회로 진입했는데,[152] 요령성 지역은 중국의 동부 해안 지역과 비슷한 시기에 동일한 사회 변화를 겪게 되었다는 점이다.

이와 같이 비슷한 시기에 여러 지역에서 동일한 성격의 사회 변화가 나타난 것은 기후 변화가 중요한 요인의 하나로 작용하지 않았을까 하는 생각을 갖게 한다. 지금으로부터 1만 년 전에 현세통인 후빙기에 접어들면서 기온이 상승하기 시작하고 지금으로부터 8,000년 전(서기전 6000년)까지는 지금보다 섭씨 2~4도 정도 낮고 건조한 편이었으며, 8,000년 전부터 5,500년 전(서기전 3500년) 사이는 지금보다 섭씨 2.5~5도 정도가 높았으며, 그 후 기온이 점차 하강하기 시작했다.[153] 그런데 부족사회로부터 추방사회로의 변화기는 기온이 하강하기 시작한 시기와 일치한다. 기후의 변화로 인한 식량 생산의 감소는 사회 성격 변화에 촉진제 역할을 했을 가능성이 있는 것이다.

둘째는 풍하문화가 전개되었던 서기전 2400년부터 서기전 1700년 사이는 황하 중류 유역에서 용산문화 후기로부터 하문화(夏文化)로 추정되는 청동기문화인 이리두문화를 거쳐 상시대 초기에 이르는 기간인데, 요령성 지역에도 황하 중류 유역과 대등한 사회와 문화 수준이 전개되고 있었다는 사실이다. 혹자는 이리두에서는 궁궐로 보이는 대형 건물

---

152 주 92~96 참조.
　　장강 하류 유역에서는 양저문화(良渚文化)로부터 추방사회에 진입하는데 그 개시 연대는 서기전 3400년 무렵이 된다(앞 책, 『중국의 원시시대』, p. 424 참조).
153 주 34 참조.

터가 확인되고 출토된 유물이 풍부하다는 점을 들어 풍하문화를 이와 대등한 수준으로 볼 수 없다는 견해를 가질 것이다. 그러나 이리두유적은 당시에 그 지역의 정치적 중심지였으나 요령성 지역에서는 정치적 중심지로 보이는 유적을 아직까지 발굴하지 못했다는 점을 상기할 필요가 있다.

풍하문화는 하가점상층문화에 의해 계승되어 한층 발달된 청동기문화를 전개시켰는데 서기전 9세기(서주 후기와 동일한 시기) 경에는 비파형동검으로 특징지어지는 단계에 이르고 이것은 후에 세형동검으로 변모했다.[154] 이러한 유물이 한반도에도 널리 분포되어 있다는 것은 잘 알려진 사실이다. 요령성 지역은 서기전 4, 5세기에 이르러 철기가 농구로 일반화되는 단계에 들어서게 되었다.[155] 요령성 지역에서 이러한 독립된 사회와 문화를 전개시킨 주민들이 중국의 황하 유역 거주민들과 체질적으로도 다르다는 것이 확인되었다. 요령성의 하가점 상층과 길림성의 서단산(西團山)에서 출토된 유골에 대한 감정 결과, 이들은 황하 유역에서 출토된 유골과는 다른 성격을 지닌 몽골인종의 퉁구스족에 속하는 것으로 밝혀졌다.[156]

그런데 요령성 지역의 청동기문화를 고찰함에 있어서 주의를 요하는

---

154 靳楓毅, 「論中國東北地區含曲刃靑銅短劍的文化遺存」(上·下) 『考古學報』 1982年 4期, pp. 387~426·1983年 1期, pp. 39~54.

155 요령성 지역의 철기 개시 연대는 아직 분명하지 않지만 요령성 무순의 연화보유적에서 출토된 철제 농구는 전체 농구의 90퍼센트 이상이었다. 발굴자들은 이 유적의 연대를 중국의 전국시대와 같은 것으로 보고 있다(李增新, 「遼寧撫順市蓮花堡遺址發掘簡報」 『考古』 1964年 6期, pp. 286~293).

156 中國科學院考古研究所體質人類學組, 「赤峰·寧城夏家店上層文化人骨硏究」 『考古學報』 1975年 2期, pp. 157~169.
　　賈蘭坡·顏誾, 「西團山人骨的研究報告」 『考古學報』 1963年 2期, pp. 101~109.

것이 있다. 그것은 이 지역에서 전형적인 상·서주 청동기가 가끔 출토된다는 점이다.[157] 당시에 청동기는 통치계층의 전유물이었다. 그러므로 당시에 요령성의 토착 청동기문화인 풍하문화·하가점상층문화와 동일한 시기의 문화 유물인 상·서주의 청동기가 요령성 지역에서 동시에 병존했으리라고는 생각하기 어렵다. 그리고 상·서주의 정치세력이 요령성에까지 도달할 수 없었다는 것은 설명을 필요로 하지 않는다. 이렇게 볼 때 요령성 지역에서 출토된 전형적인 상·서주 청동기는 상과 서주의 교체로부터 춘추전국시대와 진의 통일을 거쳐 서한제국의 성립에 이르기까지 중국 내에서 일어난 정치적 요동을 피해 이주해 온 사람들이 가지고 들어온 것이라고 보아야 한다. 위만이 정권을 탈취하기 위해 규합한 세력이 바로 이러한 유이민이었다고 생각된다.[158] 따라서 요령성 내에서 출토된 청동기는 그 지역에서 생산된 것과 후에 유입된 전형적인 상·서주의 것을 구별해서 인식해야 할 것이다.

이제 고조선의 사회 단계를 규명해야 할 시점에 와 있다. 만약 서기전 2333년이라는 후대의 기록에 의한 고조선의 건국 연대를 그대로 믿는다면 그것은 요령성의 초기 청동기문화인 하가점하층문화의 시작과 거의 일치된다. 고조선은 서기전 2세기 초 위만조선이 성립될 때까지 요령성 지역에 있었다고 추정할 수 있으므로,[159] 그렇다면 풍하문화·하가점하층·상층문화로 대표되는 청동기문화 및 서기전 4, 5세기에 이미 일반화된 요령성 지역의 철기문화는 모두 고조선문화였다는 것이 된다.

---

157 앞 책, 『文物考古工作三十年』, p. 89.
158 위만이 중국의 망명객을 규합해 기자국의 정권을 탈취했음은 주지의 사실이다(『사기』 「조선열전」).
159 주 104 참조.

그리고 고조선의 성립은 추방사회에 진입한 후 700여 년이라는 세월이 경과한 후가 된다. 이렇게 보면 문제의 초점은 하나로 귀결된다. 고조선이 그 이전 시대와 동일한 추방사회 단계에 머물렀는가, 아니면 새로운 사회 단계인 고대국가에 진입했는가 하는 점이다.

안타깝게도 역사학계는 고조선의 초기에 관한 당시의 기록을 가지고 있지 못하다. 고조선이 서기전 9세기에 서주 왕실과 교류를 가졌음을 알게 하는 기록이 『시경(詩經)』에 보이기는 하지만[160] 그것은 사회 단계를 확인하기 위한 자료로는 충분하지 않다. 단지 전국시대와 그 후의 중국 문헌에서 단편적인 자료가 더러 보일 뿐이다. 따라서 고조선 전 기간의 사회 성격을 구명한다는 것은 현재로서는 불가능하며 중국의 전국시대에 해당하는 고조선 후기의 사회 성격 구명을 통해서 그 이전 시대를 유추해볼 수밖에 없다.

전국시대의 저술인 『관자』「규도」편에는, 춘추시대 5패(覇) 가운데 한 사람이었던 제나라 환공이 당시에 상(相)으로 있던 관중에게 해내(海內)에 귀중한 물건 일곱 가지가 있다는데 그것이 무엇이냐고 묻자 관중은 그 가운데 하나로 발(發)과 조선의 호랑이 가죽을 드는 내용이 있다.[161] 그리고 「경중갑」편에는 환공이 사이(四夷)가 불복하고 있는 것은 아마도 잘못된 정치가 천하에 퍼진 때문일 것이라고 걱정을 하면서 이에 대한 대책을 묻자, 관중이 대답하기를 각국에 그 나라의 특산품을 예물로 가져오게 하고 그 값을 후하게 지불하면 될 것이라며 발과 조선의 특산물로서 호랑이 가죽과 털옷을 드는 내용이 있다.[162] 이 기록에 따르면,

---

160 주 178~189 참조.
161 『관자』 권23 「규도」 제78.
162 위 책, 권23 「경중갑」 제80.

고조선의 호랑이 가죽과 털옷은 춘추시대에 이미 중국인들에게 알려진 특산품으로 그 가치를 인정받았음을 알 수 있다. 『관자』의 기록에 따르면, 이러한 특산품은 중국을 방문할 때 예물로 가져가는 것으로 되어 있지만 그 대가를 후하게 지불받게 됨으로써 사실상 교역의 의미를 지니고 있었던 것이다. 『관자』는 전국시대의 저술이지만 제나라의 환공과 관중은 춘추시대 전기인 서기전 7세기 초의 인물이므로 『관자』의 기록은 고조선이 춘추시대에 중국 지역과 교역을 했음을 알게 해준다. 전국시대에 이르면 고조선과 중국 지역 사이에 교역이 한층 활발했음이 고고학적으로 증명되었다. 요령성으로부터 청천강에 이르는 지역에서는 전국시대 연나라 화폐인 명도전이 여러 곳에서 출토되었는데[163] 당시의 고조선은 연나라와 경계를 접하고 있었으므로, 이것은 두 지역 사이에 활발한 교역관계가 있었음을 보여주는 것이며[164] 동시에 고조선의 영역을 알게 해주는 것이다.

조직적인 장거리 교역은 추방사회에서 발생하는데 그것은 경제적으로 큰 의미를 지니게 되어 고대국가의 형성과 그 구조의 한 요소로서 중요성을 지니게 된다.[165] 그런데 고조선이 화폐를 매개체로 교역을 했다는 것은 그 사회 수준이 높은 단계에 도달했음을 알게 해준다. 이러한

---

163 리순진·장주협, 『고조선문제연구』, 사회과학출판사, 1973, p. 29.
사회과학원 력사연구소, 『조선전사』, 과학백과사전출판사, 1979, pp. 64~65의 유적도 참조.

164 한반도 북부로부터 요령성에 이르는 명도전이 출토된 지역에서는 일화전·명화전·포전·반냥전 등의 전국시대로부터 서한 초에 걸쳐서 사용되었던 화폐도 출토되었는데, 포전 가운데는 배평포(裵平布)·안양포(安陽布)·언양포(彦陽布)·평음포(平陰布) 등이 있었다(앞 책, 『고조선문제연구』, pp. 38~40).

165 Jeremy A. Sabloff and C. C. Lamberg-Karlovsky ed., *Ancient Civilization and Trade*, University of New Mexico Press, 1975.

교역을 통해 고조선의 통치계층은 상당한 재화를 축적할 수 있었을 것이다.

고조선과 연나라 사이에는 가끔 전쟁이 있었음을 알게 해주는 기록도 보인다. 전국시대에 연나라가 전성기인 소왕(서기전 312~서기전 279) 때에 장수 진개를 시켜 고조선의 서방 깊숙이 침공한 일이 있다.[166] 이 전쟁은 고조선과 연나라의 경계 한쪽에 끼어 있던 기자국과 연나라의 반목에서 비롯된 것이었지만 고조선까지도 크게 피해를 보았다. 그런데 서한시대에 저술된 『염철론』「비호」편에는 고조선이 요동(당시의 요동은 오늘날 난하 동부 연안)에 있던 연나라의 초소(요)를 넘어 연나라 동부 지역을 탈취한 일이 있음이 기록되어 있다.[167] 『사기』에 따르면 요동에 있었던 연나라의 초소(요동외요)는 진개의 고조선 침략 후에 설치된 것이다.[168] 따라서 고조선의 연나라 침공은 진개 침략 후에 있었던 사건으로 추정된다. 이로 보아 고조선과 연나라 사이에는 상호 간에 침공이 있었음을 알 수 있다.

당시 중국의 상황은 춘추시대로부터 일어난 고대 국가의 구조와 질서의 붕괴 및 새로운 사회질서를 향한 격변기를 맞아 계속되는 전쟁의 와중에 휘말려 있었다. 특히 전국시대에 이르면 영역국가 의식이 형성되어 약육강식의 토지겸병 전쟁이 계속되고 있었다. 따라서 전쟁도 수단과 방법을 가리지 않고 겸병만을 목적으로 했기 때문에 여러 가지 새로운 무기와 전략·전술이 개발되었고 강력한 병제(兵制)도 나타나게 되었

---

166 『사기』「조선열전」.

　『삼국지』「동이전」〈한전〉의 주석으로 실린 『위략』.

167 『염철론』 권38 「비호」. "大夫曰, 往者四夷具强, 並爲寇虐, 朝鮮踰徼, 劫燕之東地."

168 『사기』「조선열전」. "自始全燕時, 嘗略屬眞番·朝鮮, 爲置吏, 築鄣塞. 秦滅燕, 屬遼外徼."

다.[169] 연나라도 그러한 와중에서 많은 전쟁을 치른 나라였다. 그러한 연나라와 상호 침공의 전쟁을 벌였던 고조선의 군사력을 과소 평가할 수는 없다. 이러한 전쟁을 치르기 위해서는 상비군은 물론이고 징병이 가능해야만 했을 것이다. 그리고 이러한 군사 동원은 강력한 정치권력 없이는 불가능하다.

안타깝게도 고조선의 권력체제나 행정조직을 확인할 만한 당시의 기록은 남아 있지 않다. 그러나 다음과 같은 후대에 관한 기록을 통해 고조선에 중국 지역과는 다른 독자적인 행정조직이 존재했을 상황을 유추해볼 수 있다. 『사기』에 따르면, 위만조선에는 조선상(朝鮮相)·상(相)·이계상(尼谿相)·장군(將軍)·비왕(裨王)·장사(將士) 등의 관직이 있었는데[170] 이것들은 고대 한국어를 한자화했을 것으로서 그 명칭으로 보아 중국의 관제와는 전혀 다름을 알 수 있다. 그렇기 때문에 중국의 관제에 대해 밝았던 응소는 위만조선의 관제를 평해 "융적(戎狄 : 위만조

---

169 전국시대에는 철제 무기가 주된 역할을 했고 무기의 종류도 크게 증가해 접근전에 필요한 검·극(戟)·모(矛)·과(戈) 등이 있었고, 장거리에서 쏠 수 있는 노(弩), 성을 공격하는 데 사용된 운제(雲梯), 수장전에 필요한 구거(鉤拒) 등이 계속 발명되었다. 전국 중기 이후가 되면 수개월 또는 수년이 걸리는 장기전이 발생하게 되었고 투입된 병력도 수십만 명, 경우에 따라서는 100만 명 이상이 되었다. 따라서 징병제가 보편화되었다. 전술면에서도 전차·보병·기병이 혼합되어 진지전·공격전·포위·우회·기습·복격 등이 사용되고 요새·조망대·성보·장성 등이 축조 또는 발명되었다. 병제에 있어서도 춘추시대의 관자 이래 전국시대에 상앙(商鞅)·오기(吳起) 등에 의한 개혁이 있었고 손무(孫武)·손빈(孫臏) 등에 의해 병법이 연구되었다.
170 『사기』「조선열전」에는 조선상 노인(路人)·상 한음(韓陰)·이계상 참(參)·장군 왕겹(王唊)과 더불어 비왕 장(長)이 보이는데, 이에 대해서 『사기정의』에 주석하기를, 안사고는 장이 비왕의 이름이라고 했으나 그것은 잘못 인식된 것으로 비왕 및 장사(壯士) 장으로 나누어 보아야 한다고 했다. 따라서 위만조선의 관직으로 장사도 있었음을 알 수 있다.

선)이 관제를 알지 못했기 때문에 모두 상이라고 불렀다."고 했다.[171] 이러한 평은 중국인의 시각에서 위만조선이 서한의 관제를 따르지 않았음을 말하고 있는 것이다.

주지하는 바와 같이 위만은 서한에 속했던 연에서 망명해 온 인물이므로 서한의 관제에 밝았을 것은 분명하다. 그런데도 서한의 관제를 사용하지 않은 것은 그 지역에 이미 토착화된 관제가 있었기 때문이었을 것이다. 만약 필자의 이러한 추정이 용납된다면 위만조선의 관제는 바로 고조선의 그것을 계승하고 있었다는 것이 된다. 『사기』는 서한과 관계가 있었던 관직만을 언급했으므로 고조선·위만조선에는 『사기』에 기록된 것보다 많은 관직과 체계적인 행정조직이 있었을 것으로 보아야 한다.

이러한 행정조직과 앞에서 언급한 바와 같은 강한 군사력을 유지하고 전쟁을 수행하기 위해서는 그것을 뒷받침할 만한 경제적 기초가 있어야 한다. 그것은 공납 또는 징세에 의해 가능했을 것이다. 단편적이기는 하지만 고조선에 세금을 징수하는 제도가 있었음을 알게 하는 자료가 있다.[172] 그것은 다음 절에서 언급될 것이다. 그런데 자료가 부족하다고 해서 공납이나 징세제도의 존재를 부정할 수는 없다. 이미 경제적인 뒷받침이 필요한 기구나 조직이 있었다면 어떤 형식으로든 그것을 뒷받침할 경제적 원천은 필요한 것이기 때문이다. 단지 그 징수 방법이 문제로 남을 뿐이다.

『한서』「지리지」에는 낙랑 지역의 민속에 대해 기술하면서 그 지역에

---

171 『한서』「서남이양오조선전」〈조선전〉에 실린 응소의 주석.
172 주 191 참조.

원래 범금(犯禁) 8조가 있었음을 전하고 있다.[173] 그리고 이것을 기자의 교화 문제와 더불어 기술하고 있다. 그 결과 『삼국지』와 『후한서』에서는 이 범금 8조를 기자가 제정했던 것으로 기록되었는데,[174] 『삼국지』와 『후한서』 내용은 두찬(杜撰)임이 지적되었다.[175] 『한서』 기록 가운데 중요한 것은 기자시대의 낙랑 지역에 8조의 법이 있었다고 하는 점이다. 기자국은 고조선과 접경하고 있었고 낙랑 지역은 고조선의 일부였다. 따라서 고조선에는 법이 있었다는 것이 된다. 범금 8조는 현재 완전하게 전하지 않지만 전하는 것만을 보면 살인자는 사형에 처하고, 남에게 상해를 입힌 자는 곡물로써 배상하며, 도둑질한 자는 노예가 되는데 이것을 면하려면 벌금 50만 전(錢)을 물어야 한다고 되어 있다.[176]

이러한 법령을 집행하기 위해서는 강권을 가진 집행기관이 있어야 했을 것이다. 그런데 여기서 한 가지 관심을 끄는 것은 당시에 이미 노예가 있었다는 것이다. 노예의 성격은 분명하지 않지만 노예의 등장은 그 사회가 엄격하게 계층화되어 있었다는 것을 말해준다.[177]

---

173 『한서』「지리지」하.
174 『삼국지』「동이전」〈예전〉.
　　『후한서』「동이열전」〈예전〉.
175 이병도, 「기자조선의 정체와 소위 기자팔조교에 대한 신고찰」『한국고대사연구』, 박영사, p. 58.
176 이병도는 "도적질한 자가 노예를 면하기 위해는 50만 전의 벌금을 물어야 한다."는 부분에 대해서 고조선시대에 화폐제가 시행되었는지 의문이고 그 액수가 한시대의 규정과 같은 점을 들어 이 조항은 한사군시대에 추가 또는 개정되었을 것으로 본 바 있다. 그러나 고조선시대의 유적에서 명도전과 더불어 여러 종류의 화폐가 출토되고 있는 점을 감안한다면 액수는 혹시 잘못 기재되어 전할 수 있겠으나 조항 자체는 고조선 후기에 존재했을 가능성이 있다. 일화전·명화전은 한반도 북부와 요령성 지역에서만 출토되어 고조선의 화폐일 것으로 보는 견해가 있다는 것도 참고할 만하다(앞 책, 『고조선문제연구』, p. 60 참조).
177 요동반도의 강상 유적과 누상 유적에서 수십 명의 순장노예가 있는 무덤이 확인되었다

지금까지 살펴본 바와 같이 고조선은 엄격한 계층이 이루어졌고 독자적인 행정조직을 가지고 있었으며, 진정한 법이 존재했고 강력한 군사력을 보유하고 중국 지역과 큰 전쟁을 치렀다. 이러한 기구와 조직을 유지하기 위한 경제력 확보를 위한 공납제도나 징세제도가 있었을 것임에 틀림없다. 따라서 고조선이 서기전 5세기(중국의 전국시대) 이전에 이미 국가 단계에 진입해 있었다는 점에 대해서는 의문의 여지가 없다. 그리고 그 이전 시대의 사회 수준도 결코 낮게 평가될 수 없다는 것도 아울러 알 수 있는데, 다음에 언급될 서주 후기 선왕(宣王) 때(서기전 828~서기전 782년)의 작품인 『시경』 「한혁(韓奕)」편은 고조선의 국가 구조의 면모를 전해주고 있으므로 고조선의 국가 단계 진입은 서기전 9세기 이전으로 잡아야 한다.

고조선 지역은 다른 지역과 단절·고립되어 있지 않았으며 중국 지역과 계속해서 문화·정치적으로 접촉을 가지면서 서로 영향을 주고받고 전쟁·교역 등을 통해서 자극을 받아온 사회였다. 그리고 황하 유역·장강 유역과 거의 같은 시기에 추방사회에 진입하고, 청동기문화의 개시와 전개 및 철기의 보급도 황하 중류 유역보다 앞선 시기에 이루어졌다면 황하 유역에서는 대략 서기전 17, 18세기 무렵에 고대국가 단계에 진입했는데 고조선만이 계속해서 낙후된 사회로 남아 있었을 것으로는 생각하기 어렵다. 세계 각지의 고대국가의 출현이 청동기문화의 개시와 거의 동일하다는 점[178]에서 볼 때 고조선은 그 초기부터 국가 단계로 보아 무리가 없다.

는 점은 참고할 가치가 있다(위 책, 『고조선문제연구』, pp. 3~11, 63~64).
178 앞 글, 『중국고대사개론』, pp. 136~137.

4. 고조선의 사회 구조

부족사회로부터 국가 단계에 이르는 과정을 도식적으로 다음과 같이 설명할 수 있다. 개개의 부락이 정치·경제적으로 독립된 기본 단위가 되어 부락 구성원 사이에 평등이 유지되고 평화롭던 부족사회는 추방사회에 이르러 구성원 사이에 사회계층이 형성되고 빈부의 차이가 나타나며 전쟁이 발생하게 된다. 이에 따라 부락연맹, 즉 부족연맹이 이루어진다. 추방사회의 사회 구조와 요소가 계승되면서 그것이 양적·질적으로 팽창하고 부족연맹이 한층 더 확대되어 국가 단계에 이르게 된다. 따라서 국가는 구조적인 면에서 볼 때 부락의 연맹체인 추방의 연맹체가 정치적 권력에 의해 강화된 사회인 것이다. 고조선의 국가 구조가 바로 이러했으리라는 실마리를 풀 수 있는 자료가 『시경』에 보인다.

『시경』「한혁」편에는 중국의 서주 왕실을 방문한 한후(韓侯)를 칭송한 노래가 실려 있다. 그 내용 가운데 고조선의 국가 구조를 해명하는 데 도움이 되는 마지막 부분을 여기에 옮겨 보면,

커다란 저 한(韓)의 성은
연나라 군사들이 완성시킨 것
선조들이 받으신 천명을 따라
백만(百蠻)을 다스리신다.
(서)주왕은 한후에게
추족(追族)과 맥족(貊族)까지 내려주셨다.
북쪽의 나라들을 모두 다 맡아
그곳의 패자가 되었다.
성을 쌓고 해자를 파며

농토를 정리해 세금을 매겼다.

예물로 비휴(貔貅) 가죽과

붉은 표범 누런 말곰 가죽 바치었도다.[179]

이 시는 서주인들에 의해 지어진 것이기 때문에 서주왕은 최고신인 천의 뜻을 지상에 실현하는 대리자인 천자로서 천하의 종주라고 하는 그들의 천하사상(天下思想)을 강하게 표출하고 있다.[180] 서주인들은 현실적으로 서주 왕국의 통치 아래 들어와 있지 않은 지역도 마땅히 자신들의 지배 아래 들어와야 할 세계라고 믿고 있었다. 그러므로 그러한 표현을 제거하고 이 시의 내용을 보게 되면 고조선 연구에 많은 도움을 준다. 우선 이 시가 고조선과 관계가 있는 자료인지부터 밝히는 것이 순서일 것이다. 종래에는 이 시에 나오는 한후를 한족의 제후로 인식해 중국의 동북부 지역에 고조선족의 일족인 한족이 있었던 것으로 이해했고, 이 한족은 예족·맥족과 더불어 중국의 서북부 지역에서 동쪽으로 이동해 왔을 것으로 보았다.[181]

한족이 예족·맥족과 더불어 중국의 서북방 지역에서 이동해 왔을 것으로 본 근거는 다음과 같다. 「한혁」편의 시 첫머리에 '높고 큰 양산(梁山)은 우왕(禹王)이 다스리던 곳, 밝으신 그 도(道)를 따라 한후가 명을 받았다'라는 내용에 따라 학자들은 양산이 한후의 거주지에 있었던 주산(主山)이었을 것으로 보게 되었는데, 양산은 중국의 섬서성 서안(西

---

179 『시경』「대아(大雅)」〈탕지십(蕩之什)〉「한혁」편.

180 서한시대의 천하사상에 관해서는, 윤내현, 「천하사상의 시원」 『중국의 천하사상』, 민음사, 1988 참조.

181 김상기, 「한·예·맥이동고」 『사해』 창간호, 조선사연구회, 단기 4281, pp. 3~16.

安)과 하북성 방성(方城) 두 곳에 있음이 확인되었다. 또 위 시에 나오는 '한의 성'은 연나라 군사가 쌓았다고 했으므로 연나라와 근접한 곳에 있어야 하므로 일찍부터 그 지역을 하북성의 방성으로 추정하는 견해가 있었는데, 기록에 따르면 섬서성의 서안에도 한성이 있었다. 이와 같이 두 곳에 한후와 관계를 가진 듯한 명칭이 있는 것은 한족의 이동로를 시사하는 것으로 인식되었다.

그리고 중국의 상·서주 시대에 그 서북방에는 귀방(鬼方)이 있었는데 고문(古文)에서 귀(鬼) 자는 외(畏) 자와 통용되었다는 견해[182]가 제출된 것을 발전시켜, 외(畏)가 음운상으로 예(濊)와 유사한 것을 들어 귀방은 예족일 것으로 보게 되었다. 한편 '한혁편'에 맥족과 함께 나오는 추족(追族)에 대해서는 추는 '되' 또는 '퇴'의 음을 가지며 예는 '회' 또는 '외'의 음을 갖는데 '퇴'와 '회', '되'와 '외'는 서로 전화되기 쉬운 음이므로, 추족은 바로 예족일 것이라고 보았다. 그런데 귀방은 서주시대에 토벌을 받은 바 있어서 그 결과 이동을 했을 것인데, '한혁편'에는 추족이 맥족과 함께 등장하고 있고 한후는 바로 한족의 제후이므로, 한족·예족·맥족이 함께 언급된 것을 귀방의 이동 가능성과 두 지역에 있는 양산·한성과 연결시켜 생각해볼 때 한족·예족·맥족이 중국의 서북방으로부터 동방 지역으로 이동했음을 알게 하는 것이라고 인식했다.[183]

그런데 필자는, 귀 자가 외 자와 통용되었고 추와 예가 동일한 족명이었다는 견해를 받아들이더라도 외와 예를 동일하게 파악할 수 있는지 확신이 서지 않는다.[184] 그뿐만 아니라 섬서성의 한이 하북성의 한보다

---

182 王國維, 「鬼方昆夷玁狁考」, 앞 책 『觀堂集林』 권13.
183 앞 글, 「한·예·맥이동고」.
184 다른 문헌에서 추는 보이지 않는 반면에 예와 맥이 자주 병칭된 것으로 보아 추가 예

문헌에 등장한 시기가 늦으므로[185] 이것을 한족이 이동로 상에 남긴 명칭이라고 보기에는 시간적으로 선후가 전도되어 있다. 그리고 동남방으로부터 공격을 받은 귀방이 어떻게 동쪽으로 이동할 수 있었을까도 의문시된다. 이러한 점에서 필자는 한족·예족·맥족이 중국의 서북부 지역으로부터 이동해 왔을 것이라는 견해를 받아들이기를 주저한다. 그리고 중국의 동북부 지역, 즉 고조선 지역에는 앞에서 살펴본 바와 같이 일찍부터 그 지역 토착민이 거주하고 있었는데, 이들의 활동에 대해서는 깊이 연구된 바가 없이 다른 지역으로부터의 부족 또는 종족의 이동을 부각시키는 연구 방법에도 필자는 의문을 품고 있다.

필자는 '한혁편'에 나오는 한은 한족을 뜻하는 것이 아니라고 믿고 있다. 이러한 필자의 견해를 뒷받침하기 위해 동한(후한)시대 왕부(王符)의 『잠부론(潛夫論)』을 보면,

> 옛날 주의 선왕 때에 또한 한후가 있었으니 그 나라는 연에 가까웠다. 그러므로 『시경』에서 말하기를 "커다란 저 한의 성은 연나라 군사들이 완성시킨 것"이라고 했다. 그 후 한의 서쪽에서도 또한 성을 한이라 했는데 위만에게 공벌당한 바 되어 해중(海中)으로 옮겨가서 살았다.[186]

라는 기록이 있다. 이것은 앞에서 소개된 『시경』「한혁」편에 나오는 한의 성을 설명하고 있는 것이다. 이 구절은 이미 선배 학자들에 의해 자

일 가능성은 있다.

185 『죽서기년(竹書紀年)』에 따르면 섬서에 있었던 한(韓)은 서기전 757년에 망했는데 하북성의 한에 관해 언급된 「한혁」편은 서기전 828년부터 서기전 782년 사이의 작품이다(천관우, 「기자고」『동방학지』 15집, pp. 44~47 참조).

186 『잠부론』 권9 「지씨성(志氏姓)」.

주 인용되어 잘 알려져 있는데 마지막 부분에 언급된 위만에게 공벌당
한 한은 기자국의 마지막 왕인 준을 지칭[187]하고 있다는 점에서는 이의
가 없다. 위만이 준으로부터 정권을 탈취했다는 것은 역사적인 사실로
인정받고 있기 때문이다.

　그런데 『시경』「한혁」편은 서주 후기인 선왕 때의 작품이라고 전해오
므로 이러한 배경 위에서 『잠부론』의 내용을 살펴보면 서주의 제후국인
연나라와 가까운 곳에 한후가 있었는데 그 한(한후)의 서쪽에 또한 성을
한이라고 한 자가 있다가 위만에게 공벌당했다는 것이다. 왕부는 기자
국의 준을 한이라고 적고 있으며, 이것을 성으로 파악한 것이다. 그러나
준은 기자의 후예인데 기자는 상 왕실의 근친으로 성이 자(子)였으므로
준의 성도 자였다. 그러므로 왕부가 준을 한이라고 부른 데는 다른 뜻이
있었을 것이다. 생각해보건대 이 한은 알타이계통 언어에서 군장(君長)
또는 대군장(大君長)을 한(汗 : Han) 또는 가한(可汗 : Kahan)이라고 한
것이 한자화되었을 것이다. 다시 말하면 그 지역의 통치자에 대한 호칭
인데 준을 왕이라는 뜻으로 한이라고 불렀을 것으로 생각된다.

　그런데 『잠부론』은 기자국 준의 동쪽에도 한이 있었다고 했다. 이는
그 한은 기자국이 그 지역에 자리를 잡기 이전부터 있었던 토착세력으
로서 서주의 선왕 시기 이전부터 준이 위만에게 정권을 탈취당할 때까
지 계속해서 그 지역에 있었음을 전하는 것이다. 따라서 이 한의 실체를
구명하기 위해서는 연나라의 동쪽에 있었던 정치세력을 확인할 필요가
있다. 그런데 서주시대에 연나라와 접경을 하고 그 동쪽에 있었던 정치
세력을 확인하는 것은 쉽지 않지만 준이 정권을 탈취당할 때 같은 지역
에 있었던 정치세력은 분명하게 드러난다. 위만이 기자국으로 망명한

---

187 이병도, 「삼한문제의 신고찰」(2) 『진단학보』 3권, 1935, p. 98.

시기는 서한 초인 서기전 195년이었으며 대략 1년 후에 준의 정권을 탈취했다. 이러한 서한 초에 서한과 국경을 접하고 그 동북쪽에 위치했던 세력이 고조선이었음은 매우 명백하므로 더 이상 설명을 필요로 하지 않는다. 당시에 기자국은 고조선의 변방에 밀려들어와 서한과의 접경 지역에 자리하고 있었다.[188]

이로써 『잠부론』의 내용은 분명해진다. 서주시대에 연나라와 접경하고 있던 고조선의 대군장, 즉 고조선 임금인 한후가 있었는데 그 후 그 서쪽에서 기자국이 군장을 칭했다가 서한 초에 준왕에 이르러 위만에게 공벌당해 해중으로 옮겨갔다는 것이다. 고조선의 임금을 한후라고 칭한 것은 앞에서 언급한 알타이 계통 언어에서 군장 또는 대군장을 뜻하는 한(Han) 또는 가한(Kahan)이 한자화된 한과 중국어에서 제후를 뜻하는 후가 결합된 것이다.[189] 이상의 고찰로써 『시경』 「한혁」편은 고조선의 임금이 서주 왕실을 방문했을 때 그를 칭송해 부른 노래였음이 분명해졌다. 따라서 이 시는 고조선 연구의 사료로 매우 중요한 가치를 지니게 된다. 『시경』 「한혁」편은 고조선시대의 몇 가지 중요한 사실을 제공한다.

첫째로 이 시는 서주 왕국 선왕 때(서기전 828~서기전 782)의 작품이라고 전해지고 있으며, 그 내용에 따르면 서주 왕실을 방문한 한후가 선왕의 종질녀를 아내로 맞은 것으로 되어 있다.[190] 이것은 고조선이 서기전 9세기에 이미 서주 왕실과 통혼관계를 맺을 정도로 깊은 교류가 있었음을 알게 해준다.

---

188 윤내현, 「기자신고」 『한국사연구』 41, 1983, pp. 30~50 참조.

189 『시경』 「정씨전(鄭氏箋)」에는 이 한을 희성(姬姓)의 국(國)이었는데 후에 진(晉)에게 멸망되었다고 했는데, 이것은 동주 평왕 14년(서기전 757)에 진(晉)에게 멸망한 섬서성의 한과 연결시켜서 생각했기 때문에 일어난 오류인 것이다.

190 『시경』 「한혁」편. "韓侯取妻, 汾王之甥, 蹶父之子, 韓侯迎之, 于蹶之里……."

둘째로 한후가 백만(百蠻 : 많은 오랑캐)을 다스렸고 서주국이 추족·맥족까지도 내려주었으며 북쪽 여러 나라의 패주(覇主)였다고 했는데, 이것은 고조선 임금이 추족·맥족을 포함한 많은 나라와 부족을 다스렸음을 알게 해준다. 단지 고조선에 속한 여러 부족이 백만이라고 표현된 것이라든지 추족·맥족을 서주왕이 하사한 것처럼 표현된 것은 중국을 가장 문명시하는 중화사상과, 세계가 서주왕의 지배 아래 있어야 한다고 믿었던 천하사상을 배경으로 한 중국식 표현에 불과한 것이다. 따라서 이 내용은 오늘날의 정상외교 정도로 이해하면 될 것이며, 이때에 고조선과 서주 왕국 사이에 통치 영역이 획정되었다고 생각된다. 서주왕이 한후에게 추족과 맥족까지 내려주었다는 표현은 이들이 대부족이기 때문에 언급되었을 것이고 동시에 고조선의 통치 영역을 뜻하는 것이기도 하다. 따라서 위의 표현은 서주의 선왕은 고조선이 추족과 맥족이 거주하는 지역까지 통치하는 것을 승인했다는 뜻으로 해석되어야 할 것이다.[191]

셋째로 한후가 농토를 정리해 세금을 매겼다고 했는데 이것이 어떤 형태였는지는 분명하지 않지만 고조선시대에 계획된 토지제도와 징세제도가 있었음을 알게 해준다.[192] 고조선 사회에 징세제도가 있었음을 알게 하는 기록이 『맹자』에도 보인다. 그 내용을 보면,

백규(白圭)가 맹자에게 묻기를 "나는 전부(田賦)를 20분의 1만 받고자

---

191 『관자』권8 「소광」편에 "桓公曰, ……, 一匡天下, 北至於孤竹·山戎·穢(濊)貉(貊), 拘秦夏"라고 하여 예와 맥이 고죽·산융과 병기된 것이라든가 제나라의 환공이 맥족(貉族/貊族)족을 침공했다는 기록이 있는 것으로 보아, 춘추시대 이전의 예·맥의 거주지는 중국의 하북성에 있는 오늘날 난하 유역으로 상정된다.
192 앞의 주 171에서 언급된 고조선의 징세 제도에 관한 자료를 여기에서 찾을 수 있다.

하는데 어떻겠습니까?"

이에 맹자가 말했다. "그대의 방법은 맥(貊)의 방법이오. 만호(萬戶)가 사는 나라에서 단 한 사람만이 질그릇을 만든다면 되겠습니까?"

백규가 말했다. "안 됩니다. 사람들이 쓸 그릇이 부족할 것입니다."

맹자가 말하기를, "무릇 맥에서는 오곡이 나지 않고 오직 기장만이 나옵니다. 또 그곳에는 성곽·궁실·종묘·제사의 예법 등이 없으며 제후가 바치는 폐백과 빈객에게 베푸는 잔치도 없고 백관과 관리도 없습니다. 그러므로 20분의 1의 조세로도 넉넉할 것입니다."[193]

라고 했다. 맹자는 대략 중국의 전국시대인 서기전 327년부터 서기전 289년 사이에 살았던 인물로서, 위의 대화는 서기전 4세기 무렵에 농경 문화를 갖고 있던 맥이라는 부족에 관한 것이다. 그런데 학자들은 맥 (貉)과 맥(貊)을 동일한 부족으로 파악하고 있으므로[194] 위의 대화 내용은 바로 고조선의 맥 부족에 관한 것으로 이해된다. 맹자가 말한 내용 중에 맥 지역에는 성곽·궁실·종묘·제사의 예법 등이 없고 제후가 바치는 폐백, 빈객에게 베푸는 잔치, 백관과 관리 등도 없다고 한 것은, 그 지역의 풍속이 중국 지역과 다름을 뜻하는 것으로서 중국 문화를 기준으로 한 표현이라고 생각된다. 여기서 중요한 것은 고조선 지역에 조세

---

193 『맹자』 「고자장구(告子章句)」 하 〈백규장(白圭章)〉. "白圭曰 : 吳欲二十而取一, 何如? 孟子曰 : 子之道, 貉道也. 萬室之國, 一人陶, 則可乎? 曰 : 不可, 器不足用也. 曰 : 夫貉, 五穀不生, 惟黍生之, 無城郭·宮室·宗廟·祭祀之禮, 無諸侯幣帛饔飧, 無百官有司, 故二十取一而足也."

194 三上次男, 「穢人とその民族的性格」 『古代東北アジア史研究』, 吉川弘文館, 1966, p. 355.

　김정배, 『한국민족문화의 기원』, 고려대 출판부, 1973, p. 24.

제도가 존재했다는 것인데 당시에 고조선은 여전히 읍제국가 또는 동양적 고대봉건제의 사회 단계에 있었기 때문에 중국의 상·서주 시대에서 볼 수 있는 것처럼 조세가 아직 분화되지 않아서 당시에 이미 영역국가 단계인 전국시대에 진입한 중국 지역과는 조세제도에 차이가 있었을 것이다.[195] 맹자는 이 점을 말하고 있는 것이다. 이러한 토지제도와 징세제도의 존재는 고조선이 국가 단계의 사회였음을 알게 하는 하나의 지표가 되는 것이다.

「한혁」편이 전하는 위와 같은 고조선에 관한 내용 중에 고조선이 추족·맥족을 포함한 여러 나라와 부족을 다스렸다는 사실은 고조선이 여러 나라와 부족에 의해 구성되었음을 알게 한다. 이것은 고조선의 국가구조를 해명하는 관건이 된다. 중국의 동북부 고조선 지역에 거주했을 것으로 보이는 나라 또는 부족의 명칭을 문헌에서 찾아보면 조선·추·맥·예·진번·임둔·발(發)·직신[稷愼 : 식신(息愼) 또는 숙신(肅愼)]·양이(良夷)·양주(楊州)·유(兪)·청구(靑丘)·고이(高夷)·고죽·옥저 등인데 그 출전과 근거를 들면 다음과 같다.

조선족은 본거지가 어느 지역이었는지는 아직 분명하지 않다. 그러나 조선족이 고조선의 중심세력이었을 것임은 분명하다. 『사기』「조선열전」·『한서』「서남이양월조선전」·『염철론』「주진」편 등에는 오늘날 중국 하북성 난하 하류 유역에 있었을 것으로 생각되는 조선이라는 고조선 변경의 지명이 보인다.[196] 이곳에 고조선은 중국에 대한 방어용 성곽

---

195 중국의 경우, 읍제국가 단계인 상·서주 시대에는 조세가 여러 명목으로 분화되지 않았으나 경제 구조와 사회 구조의 변화로 영역 개념이 발생한 춘추시대로부터 조세의 명목이 분화되기 시작해, 전국시대에 이르면 그것이 다양화되었다(앞 책, 『상주사』 참조).
196 앞 글, 「고조선의 서변경계고」, pp. 31~36.

을 가지고 있었을 것인데 상당한 수의 조선인들이 거주하고 있었을 가능성이 있다. 조선족은 중국에 있어서 상 왕국의 상족 또는 서주 왕국의 주족과 같은 위치에 있었을 것이다. 진번은 『사기』 「조선열전」에 조선과 함께 병칭되어 있으므로 오늘날 난하 하류 유역에 있었던 조선과 접해 있었을 것임을 알 수 있다. 그리고 위만이 기자국의 정권을 탈취한 후 가까운 곳에 있었던 소읍과 진번·임둔을 쳐서 항복을 받았다[197]고 했으므로 진번은 원래 고조선의 변방에 있었던 취락이었음을 알 수 있다. 이 취락에 거주했던 사람을 진번족이라고 부를 수 있을 것이다. 이와 마찬가지로 진번과 병기된 임둔에 거주했던 사람을 임둔족이라고 부를 수 있을 것이다. 부족사회 이래 취락의 구성원은 혈연을 기초로 했고 족명과 거주지의 명칭이 동일한 것은 보편적인 현상이었다.

발과 직신(식신 또는 숙신)은 『사기』 「오제본기(五帝本紀)」·『대대례기(大戴禮記)』 「오제덕기(五帝德記)」에 병칭되어 있어 서로 근접된 지역에 있었을 것임을 알 수 있고, 발은 『관자』 「소광」·「규도」·「경중갑」 등에는 조선과 병칭되어 있다. 이로 보아 발·직신·조선은 서로 가까운 곳에 있었을 것이다. 발은 『일주서(逸周書)』에 발인(發人)으로 기록되어[198] 있는 것으로 보아 족명임을 알 수 있으며 직신이 족명임은 주지되어 있으므로, 이들과 병칭된 조선도 족명이면서 동시에 국명이었던 것으로 보아야 할 것이다. 그런데 고조선 지역에 거주하던 좀 더 많은 족명을 확인할 수 있는 기록이 『일주서』에 보인다.

『일주서』 「왕회해(王會解)」에는 중국의 동북부 지역에 거주하던 족명

---

197 『사기』 「조선열전」. "自始全燕時, 嘗略眞番·朝鮮, 爲置吏 築鄣塞." "以聞, 上許之, 以故滿得兵威財物侵降其旁小邑, 眞番·臨屯皆來服屬, 方數千里."
198 『일주서』 권7 「왕회해」 제59.

으로서 직신·예인(穢人, 濊人)·양이·양주·발인·유인·청구·고이·고죽 등이 보인다.[199] 『일주서』는 서주 왕국의 역사를 기록한 책인데[200] 「왕회해」는 서주 왕국이 건립된 후 성주에서 열린 대회에 관한 것이다. 이 대회에는 서주 왕국 주변에 거주했던 여러 나라와 부족의 대표들이 참석했는데 그들은 출신 지역의 방향에 따라 자리했다.

원래 서주 무왕은 상 왕국을 멸망시킨 후 상 왕국 지역에 대한 직접 통치를 포기하고 상 왕국의 마지막 왕인 제신의 아들 무경(武庚) 녹부(祿父)로 하여금 상족(商族)을 다스리도록 하고 자기의 형제인 관숙(管叔) 선(鮮)·채숙(蔡叔) 도(度)·곽숙(霍叔) 처(處)를 상 지역에 주둔시켜 무경 녹부를 감독하도록 했다. 그런데 그 후 무왕이 사망하고 주공(周公) 단(旦)이 어린 성왕(成王)을 보좌하자 이에 불만을 품은 관숙 선·채숙 도·곽숙 처가 무경 녹부 및 동부의 여러 부족과 연합해 반란을 일으켰다. 이를 평정하기 위해 주공 단은 3년간에 걸친 동방 정벌을 벌이고 그것을 완성하고, 동부 지역을 다스리기 위한 정치적 중심지로서 낙읍(洛邑)을 건설했는데 이것을 성주(成周)라고 했다. 따라서 「왕회해」에 기록된 성주의 대회는 서주 왕국의 입국을 알리고 세력을 과시하기 위한 것이었다고 생각된다.

그런데 「왕회해」에 기록된 직신에 대해서 공조(孔晁)는 주석하기를 숙신이라고 했는데, 중국의 옛 문헌에 숙신이 직신 또는 식신이라고 기록되었음은 주지되어 있으므로 별도의 설명을 필요로 하지 않을 것이다. 그리고 예족도 예·맥으로 맥족과 병칭되어 고대 한국 민족의 근간을 이루었음은 주지되어 있다. 양이와 양주에 대해서 공조는 낙랑에 거

---

199 위와 같음.
200 『한서』「예문지」.

주한 족명이라고 주석했는데 낙랑은 고조선 내의 지명이므로, 양이와 양주는 고조선 지역에 거주하던 족명임을 알 수 있다. 발인은 앞에서 언급되었으므로 재론하지 않겠다. 유인에 대해서는 '동북의 이(夷)'라고만 주석되어 있어 그 위치를 정확히 알 수가 없으나 발인과 청구 사이에 기록된 것으로 보아 고조선 지역의 족명으로 추정된다.

청구는 해동의 지명이라고만 주석되어 있는데, 『사기』「사마상여전(司馬相如傳)」에 청구라는 지명이 보이고 이에 대해서 『사기정의』에는 바다의 동쪽 300리에 있다고[201] 한 것으로 보아, 청구가 발해의 북안에 있던 지명임을 알 수 있다. 고이(高夷)는 '동북이(東北夷)로서 고구려'라고 주석되어 있는데 이로 보아 고구려는 원래 중국인들에게 고이로 불렸을 가능성이 있다. 고죽이 오늘날 난하 동부 연안에 있었음은 주지된 사실인데[202] 종래에는 일반적으로 중국사와 연관지어 언급되었다. 그러나 공조는 주석하기를 '고죽은 동북이'라고 하여 원중국족과는 구별했으며, 『수서』〈배구전(裵矩傳)〉에는 고구려의 땅은 원래 고죽국이었다는 기록이 보인다.[203] 그리고 난하는 고조선의 서쪽 경계였으므로 그 동부 연안에 있었던 고죽은 고조선 지역에 위치했었다는 것이 된다. 이와 같은 사실을 종합해볼 때 고죽은 고조선을 구성했던 하나의 후국(侯國)이었을 것으로 생각된다. 그리고 옥저가 고조선에 속해 있었음은 '예 및 옥저,

---

201 『사기』「사마상여전」의 '청구'에 대해서 『사기정의』에는 "服虔云, 「靑丘國在海東三百里.」 郭璞云, 「靑丘, 山名. 上有田, 亦有國, 出九尾狐, 在海外」"라고 했다.

202 陳槃, 『不見於春秋大事表之春秋方國考』 册1 孤竹條, 中央研究院歷史語言研究所, 民國 59(1970), 28~31葉.

203 『수서』「열전」 32 〈배구전〉에 "矩因秦狀曰, ……, 「高麗(高句麗)之地, 本孤竹國也. 周代以之封于箕子, 漢世分爲三郡, 晉氏亦統遼東……」"이라고 한 것으로 보아 고죽국 지역은 기자국이 있었던 지역(기자국 말기)이기도 하며 한사군(초기에는 삼군)이 설치되었던 지역임도 아울러 알 수 있다.

고구려는 본래 모두 조선의 땅이었다'는 『후한서』「동이열전」〈예전〉기록204에서 확인된다.

「왕회해」는 중국의 동북 지역에 거주하던 족명으로 이외에도 불령지(不令支)·불도하(不屠何)·동호(東胡)·산융(山戎)을 들고 있다. 그런데 불령지는 한시대의 영지였을 것으로 생각되는데, 『여씨춘추』의 고유 주석과 『수경주』「유수」조에 영지가 오늘날 난하 서부 연안에 위치했었다고205 전하는 것으로 보아, 불령지는 고조선의 서쪽 경계 밖에 위치했었음을 알 수 있다. 불도하는 『관자』「소광」편에서는 도하(屠何)로 나오는데 동호의 조상이라고 주석되어206 있는 것으로 보아 동호족과 혈연관계가 있었을 것으로 생각된다. 그리고 동호와 산융은 유목인으로서 후세까지도 고조선과는 구별되어 활동한 것으로 기록에 나타나므로 고조선의 구성 요소로 포함시킬 수 없을 것이다. 따라서 「왕회해」에 언급된 중국의 동북부 여러 부족 가운데 불령지·불도하·동호·산융은 고조선에서 제외되어야 할 것으로 생각된다.

여기서 짚고 넘어가야 할 것이 있다.

첫째는 「왕회해」의 내용이 어느 시기에 해당하는가 하는 점이다. 「왕회해」에서 『상서(尚書)』「우공(禹貢)」편에 보이는 서주시대의 동이 명칭인 우이(嵎夷)·내이(萊夷)·회이(淮夷)·조이(鳥夷)·서이(徐夷) 등을 볼 수 없는 점에 근거해 이 기록은 이러한 부족이 중국화됨으로써 그 명칭

---

204 『후한서』 권85 「동이열전」〈예전〉.
　　『삼국지』 권30 「동이전」〈동옥저전〉에도 "한초에 연나라의 망명인인 위만이 조선의 왕이었을 시기에 옥저는 모두 거기에 속했다."고 기록되어 있다.
205 앞 글, 「고조선의 서변경계고」, p. 16.
206 『관자』 권8 「소광」 제20. "屠何, 東胡之先也." 중국의 사서에는 고조선의 제족(諸族)에 대해서도 동호라고 부르는 경우가 있었음에 주의해야 한다.

이 사라진 춘추시대에 해당되는 것으로 보는 견해도 있기 때문이다.[207] 그러나 필자는 그렇게 생각하지 않는다. 앞에서 언급한 바와 같이 성주는 주공 단의 동방 정벌 이후에 건설되었으므로 「왕회해」에 기록된 성주대회는 주공 단의 동방 정벌이 완성된 이후에 있었다는 것이 된다. 그런데 주공 단의 동방 정벌은 중국의 동부 해안 지역에까지 이르렀다고 하므로 이때 그 지역에 거주했던 동이는 형식적이든 실질적이든 서주 왕국에 복속되었기 때문에 성주대회에서 외국의 사신 대열에 언급될 필요가 없었을 것이다. 그리고 「왕회해」에는 성주대회에 태공망(太公望)이 참석한 것으로 적혀 있는데[208] 태공망은 서주 무왕을 도와 상 왕국을 멸망시킨 공신으로 제(齊)에 봉해졌던 인물이다. 이것으로 보아 「왕회해」가 전하는 성주대회의 내용은 서주 초에 해당한 것으로 보아도 무리는 없을 것이다.

둘째로 「왕회해」에 언급된 중국의 동북부 지역 여러 부족 가운데 조선이 언급되어 있지 않다는 점이다. 이에 따라 당시에는 조선족이 아직 역사 무대에 등장하지 않았을 것으로 인식될 수 있다.[209] 그러나 이 점은 그렇게 쉽게 해석될 성질의 것이 아니라고 생각된다. 성주대회에 중국의 동북 지역에 거주하던 모든 나라와 부족이 반드시 사신을 파견했는지는 의문이며 또 조선이 다른 명칭으로 기록되어 있는지의 여부도 분명하지 않기 때문이다. 그러나 여기서 필자는 중요한 시사를 받고 있다. 그것은 성주대회에 중국의 동북 지역에 거주하던 여러 세력이 독자

---

207 리지린, 『고조선 연구』, 학우서방, 1964, pp. 138~139.
208 『일주서』 권7 「왕회해」 제59. "天子南面立, ……, 唐叔·蔡叔·周公在左, 太公望在右……."
209 앞 책, 『고조선 연구』, p. 39.

적으로 참석한 것으로 보아 조선족이 아직은 그 지역 전부를 다스리는 큰 세력으로 성장해 있지 않았을 가능성이 있다는 점이다. 따라서 오늘날 하북성 동북부 난하로부터 한반도 북부에 이르는 광대한 지역을 다스리던 고조선은 성주대회 이후에 형성되었을 것으로 생각된다. 고조선이 출범한 후 그 임금은 정상외교를 벌이기 위해 서주 왕국을 방문했을 것인데 이때 통치구역이 논의되었을 것이고, 서주 왕국의 선왕은 고조선이 추족·맥족의 거주지까지 다스리는 것을 인정했던 것이다.

지금까지의 고찰로 분명해진 것은 앞에서 문헌을 통해 확인된 중국의 동북 지역에 거주하던 여러 나라 또는 부족은 고조선을 구성했던 하나의 단위였을 것이라는 점이다. 그런데 초기에는 그들 사이에 전쟁에 의한 복속도 있었겠지만 필요에 의해 조선족을 중심으로 비교적 대등한 연맹관계를 형성했을 것이다. 그러나 세월이 흐르면서 전쟁을 치르고 농경을 위한 수리의 이해관계 및 교역의 통제 등을 조정하는 과정에서 조선족의 군장은 정치적 권력을 강화할 수 있었을 것으로 생각된다.

이제 고조선의 국가 구조를 확인할 단계에 와 있다. 고조선이 여러 나라와 부족에 의해 구성되었다면 그 상호관계가 확인됨으로써 국가 구조가 밝혀질 것이다. 『사기』「조선열전」에 따르면 위만은 기자국의 정권을 탈취한 후 일단 서한과는 협조할 뜻을 비쳐 화약을 맺어 배후세력을 무마하고 그로부터 원조를 받아 주변의 소읍들을 쳐서 항복을 받고 진번과 임둔도 복속시켰다.[210] 이것은 위만이 기자국의 정권을 탈취한 후 고조선을 잠식해 성장해가는 과정을 보여주는데, 이 기록에서 주목되는 것은 고조선에 소읍이 있었으며 진번과 임둔은 소읍에 포함시키지 않은

---

210 『사기』「조선열전」. "以聞, 上許之, 以故滿得兵威財物侵降其旁小邑, 眞番·臨屯皆來服屬, 方數千里."

것으로 보아 대읍이었을 것이라는 점이다. 진번은 앞에서 언급했듯이 조선과 병칭된 대부족 또는 나라의 명칭이었다. 소읍이 일반적인 취락을 지칭함은 이미 밝힌 바 있다.

그런데 『삼국유사』는 『고기』를 인용하여 고조선의 도읍이 평양성이었다[211]고 전하고 있고, 『삼국사기』에는 평양은 왕의 도읍이므로 왕검이라고도 한다고 했다.[212] 또한 『사기』 「진시황본기」에 기록된 조선에 대한 주석으로 『사기정의』에 인용된 『괄지지』·『구당서』 「동이열전」 〈고(구)려전〉·『통전』 등에는 평양성이 고조선의 왕험성(왕검성)이었다고 적혀 있다.[213] 이 기록들은 평양성과 왕검성이 동일한 곳에 대한 다른 명칭임을 알게 하는데 왕검성은 임금이 거주하는 성, 즉 임금성이 한자화된 것임을 선학들은 밝힌 바 있다.[214] 그리고 평양은 고대 한국어에서 '대읍' 또는 '장성'을 의미했다고 언어학자들은 말하고 있다.[215] 따라서 평양(성)이나 왕검성은 원래 고유명사가 아니었음을 알 수 있는데, 여기서 주목하게 되는 것은 고조선시대에 도읍을 평양 즉 대읍이라고 불렀다는 사실이다.

이로써 필자는 다음과 같은 결론에 도달하게 된다. 고조선 국가 구조

---

211 『삼국유사』 권1 「기이」 〈고조선〉조.

212 『삼국사기』 「고구려본기」 〈동천왕 21년〉조. "平壤者, 本仙人王儉之宅也, 或云王之都王儉."

213 『사기』 「진시황본기」 〈26년〉조의 『사기정의』. "東北朝鮮國, 括地志云, 「高麗(高句麗)治平壤城, 本漢樂浪郡王險城, 即古朝鮮也」."
『구당서』 권199 상, 「동이열전」 〈고(구)려전〉.
『통전』 권185.

214 정인보, 『조선사연구』, 서울신문사, 1947, pp. 44~45.

215 이병선, 『한국고대국명지명연구』, 형설출판사, 1982, p. 132.
정인보도 평양은 도읍을 뜻할 것으로 본 바 있다(앞 책, 『조선사연구』, pp. 39~40).

의 기층을 형성했던 소읍은 일정한 지역의 정치적 중심이었던 진번·임둔 등과 같은 대읍에 종속되었을 것이며, 이러한 지방의 대읍은 중앙의 대읍인 평양, 즉 왕검성에 종속되었다는 것이다. 따라서 고조선의 국가 구조는 소읍·대읍·평양(왕검성)의 순서로 읍이 누층적 관계를 형성한 읍제국가였다. 읍의 거주인은 혈연관계에 기초한 집단이었으므로 읍의 누층적 관계는 부족의 층서관계를 형성했을 것이다.

따라서 조선족이 평양에 거주하며 최고의 지배족이 되었고 앞에서 언급된 『일주서』「왕회해」를 비롯한 여러 문헌에 등장한 고조선 지역의 여러 나라와 부족은 지방의 대읍에 거주한 지배족이었을 것이다. 그리고 그 외의 소읍의 거주인들은 피지배족으로 아마도 평민이었을 것이며 이보다 낮은 신분은 지배족에게 예속된 노예였을 것이다. 고조선의 중앙정부에는 대읍에 거주하던 지방의 유력한 부족 대표가 참여해 연맹의식을 강화했을 것이다. 위만조선의 중앙관직에 보이는 조선상·이계상 등은 그의 출신 부족명이 관직명이 된 것으로 원시부족장제의 잔재 유풍이라고 하는데[216] 이러한 현상은 고조선에서 더욱 두드러졌을 것이다. 고조선의 대읍은 추방사회 단계에서 부락연맹체의 중심이 되었던 읍이 성장한 것이 대부분이었지만 필요에 의해 새로 건설된 것도 있었을 것이다.

이러한 대읍과 평양 사이에는 정치적 관계뿐만 아니라 종교적 결합관계도 있었던 것으로 보인다. 그것은 기자와 위만의 관계를 통해서 추정할 수 있다. 기자국의 준은 서한으로부터 망명해 온 위만을 신임해 박사(博士)로 삼고 규(圭)를 하사했으며 100리의 땅을 봉지(封地)로 주어 서

---

216 이병도, 「위씨조선흥망고」 『서울대학교논문집 인문사회과학』 4, pp. 16~17.

변을 지키도록 했다고 전한다.[217] 위만이 사방 100리의 봉지를 받았다면 중국식의 개념으로는 제후에 해당된다. 서주시대의 분봉제에서 서주 왕이 제후에게 하사한 봉지의 크기는 실제로는 제후에 따라 차이가 있었지만 통념적으로 사방 100리라고 표현했다. 따라서 위만의 봉지도 사방 100리였다는 표현은 실제와는 거리가 있을 것이다.

여기서 주의를 끄는 것은 박사라는 작위명과 규이다. 고대 중국에 봉지를 받은 작위로서 박사라는 명칭은 존재하지 않았다. 그런데 이 시기는 기자국이 고조선의 변방에 밀려 들어와 있었던 때이다. 따라서 기자국은 그 지역의 고조선 제도를 따랐을 것으로 보아야 한다. 다시 말하면 박사는 고대 한국어의 작위명이 한자화된 것이다. 규는 중국에서 고대에 제사 등의 종교의식에 사용되었던 예기이다. 준이 위만에게 하사한 규가 중국의 그것과 동일한 것이었는지는 알 수 없지만 종교적 의식에 필요한 물건을 하사했음을 미루어 짐작할 수 있다. 중국 고대에 서주 왕국의 분봉제가 제후에게 봉지와 더불어 종묘의 제사를 분사(分祀)함으로써 서주왕과 제후 사이의 관계를 종교적 배경 위에서 강화했듯이,[218] 준과 위만 사이에도 같은 원리가 작용했을 것이다. 기자국이 고조선의 변방에서 고조선의 제도를 따랐을 것으로 본다면 이러한 종교적 관계는 고조선의 통치조직 가운데 중요한 하나의 요소로 작용했을 것임에 틀림없다.

고조선의 임금은 단군이라고도 불렸다고 전해지고 있는데 단군은 몽골어에서 하늘을 뜻하는 탱그리(Tengri)와 그 의미가 통하는 것으로, 천군으로서의 제사장, 즉 종교적 최고 권위자에 대한 호칭이었다고 생각

---

217 『삼국지』 권30 「동이전」 〈한전〉에 주석으로 실린 『위략』.
218 앞 책, 『상주사』, p. 128.

된다.[219] 따라서 정치적으로는 임금이며 종교적으로는 단군인 고조선의 군주를 정점으로 하여 여러 부족이 신정적 결합관계를 가지고 있었을 것으로 이해된다. 이러한 바탕 위에서는 신권통치도 가능했을 것이다.

필자는 고조선의 국가 구조를 읍이 누층적으로 형성된 읍제국가로 규정했는데 그 성격을 분명히 하기 위해 옛 문헌에 보이는 국(國), 즉 나라라는 개념을 명백히 할 필요를 느낀다. 그러기 위해서 국 자의 형성 과정과 그 역사적 배경을 살펴볼 필요가 있다. 국 자는 서주시대에 출현했다.[220] 상시대에는 국이라는 개념이 존재하지 않았으나 서주시대에 이르러 읍의 차등에 따라 일반 소읍을 비(鄙), 대부가 거주하는 읍을 도(都), 제후가 거주하는 대읍을 국(國)이라고 칭하게 됨에 따라 국 자가 출현하게 되었다. 국 자는 원래 혹(或)으로 쓰였는데 이것은 읍(邑) 자와 익(弋) 자가 결합된 것으로 읍은 거주 지역을 뜻하고 익은 음을 나타낸 것이었다.[221] 후에 익은 과로 변화되었는데 아마도 제후 거주지의 군사적 의미가 중요시되었기 때문이었을 것이다. 혹은 다시 구역 또는 성곽을 뜻하는 국(囗)과 결합되어 국(國) 자를 이루게 되었다.[222] 결국 국은 그 의미가 기본적으로 읍처럼 취락을 뜻하기 때문에 고문에서 읍과 국을 통용되는 문자로 파악했던 것이다.[223]

후에 국이 넓은 의미로 사용되어 정치세력 또는 제후국 전체를 뜻하

---

219 최남선, 「불함문화론」 『육당최남선전집』 2, 현암사, 1973, pp. 56~61.

220 于省吾, 「釋中國」 『中華學術論文集』, 中華書局, 1981, p. 6.

221 위 글, p. 9.

222 위 글, pp. 6~9.

223 『설문』에는 "邑, 國地"라고 했고, 『좌전』 〈환공 11년〉조의 국(國)에 대한 두예의 주석에도 "邑亦國也"라고 했다.

기도 했지만 본래의 의미는 제후가 거주하는 대읍을 뜻했다.[224] 따라서 옛 문헌에 나타난 국, 즉 나라는 역사학이나 인류학이 말하는 국가 (state)와는 그 개념이 근본적으로 다르다. 중국의 경우 상 왕국은 국가 단계에 진입해 있었음이 분명하지만 국이라는 문자는 출현하지도 않았었다. 서주 왕국의 제후국은 국으로 불렸지만 독립된 국가는 아니었으며 서주 왕국 내의 통치조직 가운데 하나의 단위였다. 따라서 노국·위국 등의 서주 제후국이 독립된 국가가 아니었듯이, 기자국·고죽국 등의 나라도 반드시 하나의 독립된 국가로 파악될 필요는 없으며 그 지역의 국가 질서 속에 들어 있던 하나의 단위집단으로 인식되어야 할 것이다.

그런데 인류학자들에 의해 국가에 대한 분명한 개념이 제출되기 이전에 상·서주 시대의 읍이나 국이 하나의 독립된 국가였을 것으로 파악된 바 있다. 그리고 그것이 그리스의 도시국가와 유사할 것으로 상정되어 성시국가(城市國家)·성방국가(城邦國家) 또는 성읍국가(城邑國家) 등의 용어가 출현했다. 그러나 이러한 개념은 수정되어야 할 것이다.

고조선은 읍이 층서적(層序的)이기는 했지만 집합 또는 연맹관계에 기초한 읍제국가였기 때문에 아직은 강한 중앙집권화가 이루어지지 않았다고 보아야 한다. 고조선의 임금만을 그들의 맹주 또는 공주(共主)로 받들 뿐, 대읍을 구심점으로 한 각 지역의 세력은 상대적으로 독립성을 지니고 있어서, 그 조직은 확대되었지만 추방사회로부터 계승된 부족연맹체적인 성격을 강하게 지니고 있었을 것이다. 그리고 아직 영역국가 단계에 진입하지 못했다고 보아야 한다. 읍은 주거지와 그 주변의 농경지를 주요소로 하는데 철기가 농구로 보급되기 이전에는 개간과 경작에

---

224 앞 책, 『中國古代の社會と經濟』, p. 35.

한계가 있었기 때문에 읍과 읍 사이에는 넓은 공지가 있었을 것이다.[225] 따라서 정치·경제적으로 읍의 집적이 중요한 의미를 지니고 있었고 영역이라는 개념은 크게 의미를 갖지 못했다. 청동기는 예기·무기 등 지배계층의 권위를 보호하는 용도로 주로 사용되었고 농구로는 일반화되지 못해, 여전히 석기가 주류를 이룬 청동기시대의 농구는 경제구조의 근본적인 변화를 가져오지 못했다.

앞에서 살펴본 바와 같이 고조선은 서기전 4, 5세기 무렵에 본격적인 철기의 보급을 보게 되고 철제 농구가 일반화되기에 이른다. 그 결과 경작 면적의 확대를 가져오고 토지의 면적이 정치적·경제적으로 중요한 의미를 갖게 되어 토지겸병 현상이 일어났을 것이다. 그리고 철제 농구의 사용에 의한 생산 증대는 소토지소유제의 출현도 가능하게 했을 것이다.[226] 이러한 경제 구조의 변화는 사회 내부에 갈등을 야기시켰을 것임이 틀림없다. 고조선의 변방에 위치해 있던 작은 세력이었던 기자국의 정권을 탈취한 위만이 종주국이었던 고조선의 영역 대부분을 비교적 쉽게 차지할 수 있었던 것은 바로 이러한 고조선 내부의 사정에 힘입었을 것이다. 위만은 전국시대로부터 서한 초까지의 중국의 사회 변화, 즉 영역국가 의식을 배경으로 한 토지겸병 전쟁, 진에 의한 통일제국의 출현, 서한제국으로의 교체 등을 직접 체험했을 것이기 때문에 고조선 내부의 사회 동요를 충분히 이용할 수 있었을 것이다.

결국 고조선의 쇠퇴와 위만조선의 등장은 읍제국가로부터 영역국가로의 변화를 뜻하기도 하는 것이다.

---

225 주 85 참조.
226 철기의 보급과 경제 구조의 변화에 대해는, 앞 책 『상주사』, pp. 183~194, 253~264 참조.

5. 마치며

　지금까지 필자는 근래에 인류학자들이 제출한 사회진화론을 중국의 고대사회에 적용해 그 전개 과정을 살펴보고 그것을 모형으로 삼아 고조선 지역에서의 사회 전개 과정과 고조선의 사회 성격을 구명하려고 시도했다. 그 결과 무리사회로부터 부족사회를 거쳐 추방사회에 이르기까지 고조선 지역에서의 사회 성격의 변화는 대체로 중국 지역과 비슷한 시기에 이루어졌음이 확인되었다. 그리고 고조선 지역에서의 청동기문화의 개시와 전개 및 철기문화의 보급도 황하 중류 유역과 그 시기가 대체로 비슷했음을 알 수 있었다. 따라서 고조선 지역에서 고대국가가 출현하기 이전에 전개되었던 각 시기의 사회 수준은 중국 지역보다 결코 낙후되지 않았다는 결론에 도달했다.

　고조선 지역에서는 서기전 3000년 무렵에 부족사회로부터 추방사회에 진입했는데 서기전 2400년 무렵에는 청동기문화의 개시를 보게 되었고, 서기전 4, 5세기에 이르면 철기가 일반화되기에까지 이른다. 이러한 과정에서 청동기문화의 개시와 함께 고대국가가 출현했을 것이다. 현존하는 자료에 따르면 서기전 9세기 이전에 이미 고조선은 한반도 북부로부터 중국의 하북성 동북부에 있는 난하에 이르는 넓은 지역을 통치하는 대국으로 등장했다.[227] 그리고 서주 왕실을 방문해 통혼관계를 맺고 통치 영역을 획정하는 등 정상외교를 벌이기도 했다.

　고조선의 국가 구조는 일반 소읍족의 소읍, 일정한 지역의 정치적 중

---

227 서기전 9세기 무렵에 요령성 청동기문화는 비파형동검으로 특징지어지는 새로운 단계에 진입했음을 앞에서 언급한 바 있는데, 이러한 청동기문화의 진보와 고조선의 대국으로의 등장은 연관이 있다고 생각한다.

심지였던 대부족이 거주했던 대읍, 조선족과 최고의 지배계층이 거주했던 중앙의 대읍인 평양이 층위를 형성한 읍제국가(고대 봉건제국가)였다. 즉 소읍은 대읍에 종속되고 대읍은 평양에 종속되어 소읍·대읍·평양의 층서관계를 이루었는데, 각 읍의 거주민은 혈연적인 집단인 씨족이나 부족이었으므로 읍의 층서관계는 혈연집단의 층서관계를 형성했다. 그러나 이러한 국가 구조는 아직 강력한 중앙집권화 단계에는 이르지 못했고 여러 부족의 연맹체적인 성격을 지니고 있었다. 이러한 국가 구조를 유지하는 통치조직은 여러 부족의 대표를 중앙의 행정조직에 참여시키거나 부족 사이의 층서관계를 이용한 정치적 요소도 있었지만 종교적 결합이 중요한 의미를 지니고 있었다. 고조선의 임금은 정치적 최고 권력자이면서 동시에 종교적 최고 권위자인 단군을 겸하면서 각 부족장에게 종교의식인 제사를 분사해주어 여러 연맹부족과 신정적 결합을 꾀했던 듯하다. 고조선의 임금은 이러한 신정적인 통치조직 위에서 종교적 권위를 배경으로 삼아 신권통치를 펼 수 있었을 것이다.

고조선의 사회계층은 지배계층·피지배평민·노예 등으로 크게 나누어 볼 수 있을 것이다. 고조선의 임금을 정점으로 한 조선족을 포함한 각 대읍에 거주했던 부족은 지배계층이었고, 소읍에 거주했던 일반 부족이나 씨족은 피지배평민이었을 것이며, 노예는 지배계층에 예속되어 있었을 것이다. 고조선은 서주 이래 전국시대까지의 연나라, 그 후의 통일제국인 진·서한 등 중국 지역의 세력과 여러 차례의 전쟁을 치렀고 그들의 침략을 방어하기 위해 막강한 군사력을 확보하고 있었던 것으로 보인다. 이러한 군사력은 외적의 침입으로부터 국가를 보위했을 뿐만 아니라 피지배계층에 대한 강력한 통치 도구로도 이용되었을 것이다.

고조선이 행정조직·종교조직·군대조직 등의 통치조직을 유지하기 위해서는 거기에 상응하는 경제 기반이 있어야 했다. 당시는 농경사회

였기 때문에 그것을 위해서는 토지제도와 징세제도가 필연적으로 존재
했던 것이다. 이러한 제도의 구체적인 내용은 앞으로 연구되어야 할 과
제이다. 중국 지역과의 대외교역을 통해서 얻어진 경제적 이득도 결코
무시할 수 없을 정도였을 것으로 생각된다.

이러한 고조선 사회는 철기의 보급으로 인해 동요를 맞게 되었다. 철
제 농구의 일반화는 경작 면적의 확대를 가져와 토지겸병 현상이 일어
났을 것이고 소토지소유제의 출현을 가능하게 했을 것이다. 따라서 종
래에 국가 구조의 기초를 이루었던 거주지와 그 주변의 농경지로 구성
된 읍의 집적은 중요한 의미를 잃게 되고 토지의 면적을 중요시하는 영
역개념이 출현했을 것이다. 이와 같은 사회 성격의 변화에 따른 고조선
내부의 갈등은 고조선 변방에 있던 소국인 기자국의 정권을 탈취한 위
만이 성장할 수 있는 좋은 기회가 되었을 것이다. 마침내는 위만이 고조
선 영토의 중심부까지를 차지하고 위만조선의 성립을 보게 되었는데 위
만조선의 성립과 고조선의 쇠퇴는 읍제국가로부터 영역국가로의 이행을
뜻하는 것이기도 하다.

이상과 같은 필자의 고찰에 대해서 더러는 사료를 확대 해석하는 듯
한 인상을 받을 수도 있을 것이다. 그러나 고조선에 관한 사료의 부족이
결코 그 사회의 낙후를 의미하는 것은 아니므로 단편적으로 남아 있는
사료나마 사회진화론의 인식 위에서 검토하게 되면 필자의 견해에 공감
하게 될 것으로 믿는다.

韓國古代史新論

제
4
장

◉

기
자
신
고

1. 들어가며

필자는 오래전부터 갑골문과 금문 자료를 정리하면서 그 가운데 기자 전설의 실체를 파악할 수 있는 약간의 기록들을 발견하고 흥미를 가져 왔다. 그러면서도 지금까지 이 문제에 관해 언급을 삼가고 있었던 것은 다음과 같은 이유에서였다.

첫째, 기자전설은 중국의 역사와 관계를 맺고 있기는 하지만 한국 고 대사와의 관계라는 맥락에서 그 의미를 부여받는 것이기 때문에 중국사 를 전공하는 필자보다는 한국사를 전공하는 학자에 의해 이 문제가 구 명되는 것이 바람직하다고 생각했다. 둘째, 한국사에 대한 바르고 깊은 이해는 인접 지역의 역사, 특히 오랜 문화적 접촉을 가져온 중국사에 대 한 깊은 이해를 필요로 하기 때문에 여기에 관한 작업을 하는 것이 현 재로서는 더 절실할 것이라고 생각했다. 셋째, 기자전설의 실체를 파악 할 수 있는 좀 더 많은 자료가 확인되고 필자의 학문 수준과 역사를 인식하는 안목이 한층 더 성숙되기를 기다리는 마음에서였다.

그런데 필자가 이 작업에 착수하게 된 것은 최근에 한국 고대사에 대한 학계의 관심이 높아지면서 기자에 관해서도 심심찮게 언급이 되었는데 그 내용이 필자의 생각과는 전혀 다르다는 데서 자극을 받았기 때문이다. 기자에 관한 연구는 당시 기록인 갑골문과 금문이 가장 중요한 사료로서 후대의 문헌 기록과 비교·검토되어야 하는 것은 지극히 상식에 속하는 것이며 고고학과 인류학의 연구 결과에 의한 상·주시대의 사회 구조와 사회 성격 및 기자와 관계된 주변의 상황에 대한 이론적인 모델에 대한 이해를 필요로 하는 것이다.

그런데 그동안 발표된 기자에 관한 연구 내용은 관계된 자료를 충분하게 섭렵·소화했다고 볼 수 없는 것들이 있을 뿐만 아니라 선입관에 따라 자료를 꿰어 맞추는 듯한 인상을 주는 것들도 있었다. 최근에는 갑골문과 금문에서 기후(箕侯)가 확인되는 것에 근거해 '기자조선'이 존재했던 것으로 주장하는 견해도 제출되었다. 하지만 기후 또는 기자가 실재했었다는 것이 바로 '기자조선'이 있었다는 것과 동일한 의미를 지니는 것이 아니라는 점도 고려해야 할 것이다. 종래에 '기자조선'을 부정했던 학자들이 극소수를 예외로 하면 기자라는 인물의 실재성까지 부인하지는 않았던 것이다.

필자는 갑골문, 금문, 옛 문헌의 기록, 청동기와 고고학의 연구 결과 등을 성실하게 수용하고 이것을 기자전설이 생산되던 시기의 중국 사회 구조와 그 주변 상황에 대한 인식의 바탕에서 이해하려고 노력할 것이다. 이러한 노력의 결과로 기자와 기자국의 실체가 해명됨은 물론이고 위만조선에 대해서도 상당한 시사를 줄 것으로 기대한다.

2. 기자전설의 형성과 전개

기자에 관한 전설은 한국 고대사에서 중요한 쟁점이 되어 왔기 때문에 그 내용은 너무나 잘 알려져 있다. 그러나 논리의 전개상 먼저 그 개략을 소개하고 문제점을 지적하고자 한다.

기자에 관해서는 일찍이 중국의 선진시대 기록에서부터 보인다. 『죽서기년(竹書紀年)』에는, 기자가 상 왕국의 마지막 왕인 제신[帝辛 : 주(紂)]에 의해 감옥에 갇힌 바 되었으며,[1] 상 왕국이 멸망하고 서주 왕국이 건립된 후 서주 무왕 16년에는 기자가 서주 왕실에 조근(朝覲)을 한 것으로 되어 있다.[2] 그리고 『상서』에도 감옥에 갇혀 있던 기자가 서주 왕국의 무왕에 의해 출옥되었으며[3] 무왕은 상 왕국을 멸망시키고 서주 왕국을 세운 후 13년에 기자를 찾아가 천하를 다스리는 대법(大法)인 홍범(洪範)을 그로부터 배웠다고 전하고 있다.[4]

『논어』에는 기자가 상 왕국 말기에 있었던 세 사람의 어진 인물 가운데 하나였다고 전하는데 세 사람의 어진 인물은 미자(微子) · 기자 · 비간(比干)이다. 상 왕국의 마지막 왕인 제신(주)이 무도한 정치를 하므로 이를 간하다가 미자는 일찍이 제신의 곁을 떠났고 비간은 간하다가 죽음을 당했으며 기자는 거짓으로 미친 척하고 종이 되었다는 것이다.[5] 『좌

---

1 『죽서기년』 〈제신 51년〉조. "王囚箕子, 殺王子比干, 微子出奔."
2 『죽서기년』 〈주무왕 16년〉조. "箕子來朝."
3 『상서』 「주서」 〈무성(武成)〉편 "釋箕子囚, 封比干墓."
   『한시외전』 권3 〈무왕〉조. "封殷之後於松, 封比干之墓, 釋箕子囚"라는 기록이 보인다.
4 『상서』 「주서」 〈홍범〉편. "惟十有三祀, 王訪於箕子……."
5 『논어』 「미자」편. "微子去之, 箕子爲之奴, 比干諫而死. 孔子曰 : 「殷有三仁焉」."

전』에서도 기자에 관한 기록을 볼 수가 있는데, 기자가 "당숙(唐叔)의 봉지가 장차 반드시 커질 것이다."라고 예언한 바를 들었다는 진국(秦國) 목공(穆公)의 말을 전하고 있다.[6] 당숙은 서주 왕국 무왕의 아우로서 진국(晉國)에 봉해진 바 있다. 이상의 내용을 개관하면 진(秦)시대 이전의 중국문헌에 나타난 기자는 덕과 학식을 갖춘 어진 인물이었을 것이라는 것 정도만을 알 수 있을 뿐이다.

그런데 서한시대 이후의 기록에서는 기자의 전설이 새로운 양상으로 전개되고 있음을 볼 수 있다. 즉 기자가 조선으로 망명하니 기자를 그곳에 봉했다는 것이다. 이러한 기록을 담고 있는 문헌 가운데 가장 오래된 것은 『상서대전(尙書大全)』으로서 그 내용에 따르면 상 왕국을 멸망시킨 서주 왕국의 무왕이 옥에 갇혀 있던 기자를 석방하니 기자는 서주 왕에 의해 석방된 것을 차마 감수할 수가 없어서 조선으로 망명했는데 무왕은 그 소식을 듣고 기자를 조선에 봉했다는 것이다. 그리고 기자는 서주 왕실로부터 이미 봉함을 받았으므로 신례(臣禮)를 행하지 않을 수가 없어서 무왕 13년에 서주 왕실에 조근을 왔고 무왕은 이때에 기자에게 홍범(鴻範, 洪範)을 물었다는 것이다.[7]

이 내용을 전하는 『상서대전』은 진(秦)시대에서 서한 초에 살았던 복생(伏生)의 구술(口述)이라고 한다. 기자 전설은 사마천의 『사기』에서 한층 구체화된다. 『사기』「송미자세가」에는 기자가 제신의 친척으로 제신의 사치스러운 생활을 보고 탄식했으며 제신이 음탕한 생활을 하자

---

6 『좌전』〈희공(僖公) 15년〉조. "且吳聞, 唐叔之封也, 箕子曰 :「其後必大」, 晉其庸可冀乎?"

7 『상서대전』권2「은전(殷傳)」〈홍범〉조. "武王勝殷, 繼公子祿父, 釋箕子之囚, 箕子不忍爲周之釋, 走之朝鮮, 武王聞之, 因以朝鮮封之, 箕子既受周之封, 不得無臣禮, 故於十三祀來朝, 武王因其朝而問鴻範."

이를 간했으나 듣지 않으므로 머리를 풀어 더벅머리를 하고 미친 척하며 은거 생활을 했다고 적고 있다. 그리고 서주 왕국의 무왕이 상 왕국을 멸망시킨 후에 기자를 찾아가 정치의 대요를 물으니 기자는 홍범을 교시했으며 이에 무왕은 기자를 조선에 봉하고 예우해 신하로 대하지 않았는데, 그 후 기자가 서주 왕실에 조근할 때 폐허된 상 왕국의 옛 도읍지를 지나면서 감상에 젖어 '맥수가(麥秀歌)'를 지었다는 것이다.[8]

서한시대의 기록으로서 『사기』와는 조금 다른 내용을 전하는 것으로 『회남자』가 있다. 여기에는 기자가 더벅머리에 미치광이처럼 가장하고 몸을 숨겼다고 적고 있다.[9] 이는 대체로 진시대 이전의 기록과 일치하는 것인데 기자가 몸을 숨겼다는 부분을 외국으로의 망명을 뜻한다고 확대 해석할 수도 있을 것이다. 그러나 필자는 일단 원문의 내용을 충실하게 소개하고 그 문제점이나 진실의 여부는 다음에 논하기로 하겠다.

동한시대에 저술된 『한서』 「지리지」에는 낙랑 지역의 민속에 관해 기술하면서 이것을 기자와 연결시키고 있다. 즉 상 왕국의 도가 쇠퇴하자 기자는 조선으로 갔는데 그 지역의 백성을 예의로써 교화하고 농사, 양잠, 길쌈 등을 가르쳤는데, 낙랑군의 조선 백성은 원래 〈범금 8조〉만으로도 순후한 생활을 했으나 서한이 낙랑군을 설치한 이후에 중국 관원과 중국 본토 상인들의 영향으로 풍속이 점점 각박해져서 지금은 범금 조항이 60여 조로 증가했다는 것이다.[10] 다시 말하면 낙랑 지역 거주인

---

8 『사기』 권38 「송미자세가」.
   『상서대전』 「미자」에서는 맥수가를 미자가 지은 것으로 전하고 있다.
9 『회남자』 「제속훈(齊俗訓)」. "王子比干非不知, 箕子被髮佯狂, 以免其身也."
   『대대례기(大戴禮記)』 권3 「경부(經部)」 〈보전(保傳)〉 48조에도 "紂殺王子比干, 而箕子被髮佯狂"이라는 비슷한 내용이 보인다.
10 『한서』 권28 하 「지리지」 제8 하. "殷道衰, 箕子去之朝鮮, 教其民以禮義田蠶織作樂

들이 원래 〈범금 8조〉만으로 순후한 풍속을 지니고 있었는데 기자에 의해 더욱 어진 교화를 받았다는 것이다.

이러한 『한서』의 기술이 어떠한 자료에 근거했는지는 알 수 없으나 『한서』의 저자인 반고에 의해 조선에서의 기자의 행적이 한층 구체화된 셈인데『한서』의 저술 연대는 서기 100년대가 되므로 기자가 생존했었다는 서기전 11세기 무렵으로부터 1200여 년이 지난 후의 기록이라는 점은 염두에 두어야 할 것이다. 『한서』 다음으로 저술된 중국의 정사인 진수의 『삼국지』에는 기자 후손의 사적까지 자세히 기록되어 있으며 또 『삼국지』의 주석으로서 어환(魚豢)의 『위략』이 수록되어 있는데, 이 두 기록은 모두 한국 고대사 연구에 크게 도움을 주는 사료이다. 이 기록들은 그동안 학자들에 의해 자주 활용된 바 있는 중요한 자료이므로 상세하게 소개하고자 한다. 『삼국지』 〈예전〉에는,

> 옛적에 기자가 조선에 가서 8조의 교(教)를 만들어 그것으로써 백성을 교화하니 문을 닫지 않아도 도둑질하지 않았다. 그 후 40여 세 후손인 조선후(朝鮮侯) 준(準)이 자칭 왕이라 했다.[11]

고 했으며 같은 책 〈한전(韓傳)〉에서는,

> 후(侯) 준이 자칭 왕이라 하더니 마침 연나라로부터 망명 온 위만에게 공탈되자 그의 좌우 궁인을 데리고 바다로 도망해 한(韓) 땅에 가서 살

浪朝鮮民犯禁八條, ……, 今於犯禁寖多至六十餘條, 可貴哉, 仁賢之化也."

11 『삼국지』권30 「동이전」 〈예전〉. "昔箕子旣適朝鮮, 作八條之教以教之, 無門戶之閉 而民不爲盜. 其後四十餘世, 朝鮮侯淮(準)僭號稱王."

면서 스스로 한왕이라 했다. 그 후손은 절멸했으나 지금도 한인 가운데
는 오히려 그를 제사지내는 사람이 있다.[12]

고 적고 있다. 여기서 준의 후손이 한 땅에서 절멸했고 단지 그에 대한
제사만이 한인 사이에 전해졌다는 점에 관심을 가질 필요가 있다. 위의
〈한전〉의 주석으로 실린 『위략』에는,

옛적 기자의 후예인 조선후는 주 왕국이 쇠약해지자 연나라가 자칭 왕이
라고 하면서 동쪽으로 땅을 침략하려는 것을 보고 조선후도 왕이라 자칭
하고 군사를 일으켜 연나라를 공격해 주 왕실을 받들려고 했는데, 대부
예(禮)가 간하므로 이를 중지하고 예를 사신으로 서쪽에 보내어 연나라
를 설득시켜 계획을 중지시키니 공격하지 않았다. 그 후 자손이 점차 교
만해지고 사나워지니 연나라가 장수 진개를 보내어 조선의 서방을 쳐서
2,000여 리의 땅을 빼앗고 만·번한으로 국경을 삼았는바 조선은 마침내
약화되었다. 진나라가 전국을 통일하고 몽염을 시켜 장성을 구축했는데
그것이 요동에까지 뻗쳐 있었다. 그때 조선왕 부(否)가 즉위해 진나라의
습격을 두려워한 나머지 진나라에 복속했으나 즐겨 조회하지는 않았다.
부가 죽고 그의 아들 준이 즉위한 후 20여 년이 지나 진승(陳勝)·항량
(項梁) 등이 궐기해 중국의 정세가 혼란해지자 도탄에 빠진 연·제·조나
라의 일부 백성들이 준에게로 도망해 가니 준이 그들을 받아들여 서방에
서 살게 했다. 한(韓)나라가 노관으로 연왕을 삼으니 이때 조선은 패수로
써 연나라와 국경을 정하게 되었다. 노관이 모반해 흉노로 들어가게 되

---

12 위의 「동이전」〈한전〉. "侯準既僭號稱王, 爲燕亡人衛滿所攻奪, 將其左右宮人走入
海, 居韓地, 自號韓王. 其後絶滅, 今韓人猶有奉其祭祀者."

자 연나라 사람 위만은 호복(胡服)을 입고 동쪽으로 망명해 패수를 건너서 준에게 투항했다. 그리고 준에게 서쪽 변경에 살면서 옛 중국의 망명자를 규합해 조선의 번병(藩屏)이 되겠다고 하므로 준은 그 말을 믿고 그를 박사로 삼고 규를 하사했으며 100리의 땅을 봉지로 주어 서쪽의 변경을 수비하도록 했다. 만이 망명자들을 끌어 모아 무리가 점차 많아지자 사람을 준에게 보내어 거짓으로 한나라 군사가 10개의 길로 쳐들어오니 들어가 숙위하겠다고 하고 이어 준을 공격하니 준이 만과 싸워 이기지 못했다.[13]

고 했다. 또 준이 한왕(韓王)이 되었다는 구절의 주석에는,

그 아들과 친족으로서 위만조선에 눌러 있는 사람들은 이어 성을 한씨(韓氏)라고 했다. 준이 해중에서 왕으로 있으면서 조선과 서로 왕래하지 않았다.[14]

고 했다.

지금까지 소개한 내용은 중국의 옛 문헌에 나타난 기자 전설의 주요한 줄거리인데, 진(秦)시대 이전의 기록에서는 기자와 조선의 관계가 전혀 언급되어 있지 않으며, 진·한시대 이후의 기록에서 이것이 구체화되고 있다는 것을 알 수 있다. 기자의 전설에 관해 좀 더 구체적인 지식을 갖기 위해 몇 개의 단편적인 기록을 보충할 필요가 있을 것 같다.

『사기집해』에는 마융(馬融)의 말을 인용해 기자의 기는 국명이고 자

---

13 위 〈한전〉 주석 참조.
14 위 〈한전〉 주석 참조.

는 작위의 명칭이라고 했으며 또 사마표(司馬彪)의 말을 인용해 기자의 이름은 서여(胥餘)였다고 전하고 있다.[15] 이것은 제신의 형[또는 서형(庶兄)]이었다고 전하는 미자의 경우에 미는 국명이고 자는 작위였다[16]는 것과 동일한 것이다. 제신과 기자의 혈연적인 관계에 대해서는 『사기』에 기자가 제신의 친척이었다고만 적혀 있을 뿐인데 『사기색은』에는 마융과 왕숙(王肅)은 기자가 제신의 제부(諸父)라고 했고 복건(服虔)과 두예(杜預)는 기자가 제신의 서형이라고 했다고 인용하고 있다. 그리고 기자의 무덤이 양(梁)나라 몽현(蒙縣)에 있다고 전하고 있다.[17] 그런데 기자의 무덤에 대해서는 역도원의 『수경주』에는 박성(薄城)의 서쪽에 있다고 했고[18] 『대청일통지』에서는 상구현 북쪽에 있다고 했다.[19]

기자의 무덤이 있다고 전해오는 몽현, 박성, 상구현 북쪽이라는 세 지점은 오늘날 하남성 남구현(南邱縣)과 산동성 조현(曹縣) 경계로서 서로 매우 가까운 지역이라는 점을 유념할 필요가 있다. 그리고 정초(鄭樵)는 『통지(通志)』에서 기자의 성에 대해서 기자는 자성(子姓)이며 상 왕국의 왕기(王畿) 내의 제후였다고 적고 있다.[20] 이것은 『사기집해』에 미자가 상 왕국의 왕기 내의 제후였다는 것과 같은 내용인데 상 왕실의 성이 자였으므로 이들은 바로 상 왕실과 같은 혈족이라는 뜻이 된다.

끝으로 기자의 전설을 이해하는 데 반드시 기억해야 할 중요한 내용

---

15 『사기』 권38 「송미자세가」.
　　『하동집』의 기자비(箕子碑) 주에도 기자는 주(紂)의 제부(諸父)였고 이름은 서여였다고 적혀 있다.
16 『사기』 권38 「송미자세가」.
17 위와 같음.
18 『수경주』 권23 「변수(汳水)」조.
19 『대청일통지』 권194 「귀덕부(歸德府)」 2 〈능묘(陵墓)〉조 기자묘.
20 『통지』 「씨족략(氏族略)」.

으로서 『구당서』 〈고(구)려전〉에,

> 고구려의 풍속에는 음사(淫祀)가 많아서 영성신(靈星神)·일신(日神)·
> 가한신(可汗神)·기자신을 섬긴다고 했다.[21]

는 점이다. 이 기록은 고구려가 도읍을 평양성에 정한 후의 상황을 기록
한 것이므로 이 시기에 평양성 지역에 기자신을 제사지내는 민속신앙이
있었음을 뜻한다.

지금까지 기자의 전설을 이해하는 데 필요한 중국 문헌에 나타난 내
용들을 소개했는데 이것이 한국의 문헌에서 어떻게 수용되었는지를 간
단하게 살펴보겠다. 그런데 한국 문헌의 내용은 중국 문헌의 기록을 옮
겨온 후대의 것에 불과하므로 기자 전설을 해명하는 사료로서는 그 가
치가 낮다는 점을 먼저 인식할 필요가 있다. 한국에 현존하는 역사 문헌
가운데 가장 오래된 『삼국사기』 「연표(年表)」에는 기자가 서주 왕실로부
터 봉함을 받았다는 간단한 기록이 있을 뿐이고[22] 같은 책 「잡지(雜誌)」
〈제사(祭祀)〉조에는 앞에서 언급한 고구려의 풍속에는 음사가 많아서
영성신·일신·기자신·가한신을 섬긴다는 『구당서』 기록을 인용하고 있
을 뿐이다.[23] 그런데 『삼국유사』에는,

> (서)주 왕국의 무왕이 기묘년에 즉위해 기자를 조선에 봉하니 단군은 장
> 당경으로 옮겨갔고 후에 아사달에 숨어 산신이 되었는데 1,908년을 살

---

21 『구당서』 권199 상 「동이열전」.
　　『신당서』 권220 「동이열전」에도 같은 내용이 실려 있다.
22 『삼국사기』 권29 「연표」 상.
23 『삼국사기』 권32 「잡지」 제1 〈제사〉.

았다.[24]

고 적고 있으며, 『제왕운기』에서는 단군이 상 왕국의 호정(虎丁)[무정(武丁)] 8년 을미(乙未)에 아사달에 들어가 신이 된 뒤에 기자가 서주 왕국의 무왕 원년 기묘(己卯) 봄에 와서 나라를 세웠다고 기록하고 있다.[25] 『삼국유사』와 『제왕운기』 기록이 전하는 기자에 관한 내용이 중국 문헌의 그것과 다른 점은 중국 문헌에서는 기자가 조선에 봉해졌었다고만 전할 뿐이고 조선 지역에 있었던 기존세력과의 관계에 대해서는 언급하지 않았는데, 『삼국유사』와 『제왕운기』에서는 기자와 단군조선의 관계를 기록함으로써 한국 고대사에서 기자의 위치를 나타내고 있다는 것이다. 그런데 『고려사』의 기록에 따르면 고려 숙종 7년 예부(禮部)가 상주(上奏)하기를,

> 우리나라가 예의로써 교화한 것은 기자로부터 시작되는데 기자가 사전(祀典)에 실려 있지 않으니 그 분영(墳塋)을 구해 사당을 세우고서 제사를 지내자고 하므로 그렇게 하기로 했다.[26]

고 했는데 이때에 오늘날 평양에 기자릉(箕子陵)이 만들어졌을 것임을 알 수 있다. 그 후 충숙왕 12년에는 조정에서 평양부에 명령을 내려 기자사(箕子祠)를 세우고 제사를 지내도록 했으며, 공민왕 5년에는 기자사를 수리하고 시기에 맞추어 제사지내도록 평양부에 명령을 내렸는데 같

---

24   『삼국유사』권1 「기이」 〈고조선〉조.
25   『제왕운기』권 하 「후조선(後朝鮮)」.
26   『고려사』「예지」 〈잡사(雜祀)〉조.

은 명령을 공민왕 20년에도 내린 바 있다.²⁷ 같은 명령이 공민왕 때에 두 차례에 걸쳐 내려진 것은 이 시기에 왕실에서는 기자에 대한 관심이 높아졌음을 뜻하는 것이기도 하지만 기자사에 대한 제사가 충실하게 이행되고 있지 않았을 가능성도 있음을 시사한다. 한편『고려사』「지리지」〈서경유수관(西京留守官)〉조에는,

> 평양부는 본래 세 조선의 옛 도읍으로서 당요 무진년에 신인이 단목의 아래로 내려오니 국인들이 그를 받들어 국군(國君)으로 삼고 평양에 도읍하고 국호를 단군조선이라 하니 이것은 전조선이요, (서)주 왕국의 무왕이 상 왕국을 멸망시키고 기자를 조선에 봉했는데 이것이 후조선이며, 그 후 41대 후손인 준 때에 연나라 사람 위만이 망명해 와서 1천여 명의 무리를 모아 준을 공탈하고 왕험성에 도읍하니 이것이 위만조선이다.²⁸

라고 했고,『고려사』「악지(樂志)」에는 기자를 흠모한 기록들이 보인다.

조선시대에 이르면 그 국명부터가 기자의 고국(故國)이라 하여 조선으로 채택되었고 주자학이 성행함에 따라 모화사상과 더불어 기자 숭배도 날로 증진되었다. 그 결과 선조 때에 이르면 윤두수(尹斗壽)는 기자에 관계된 중국의 문헌을 모아『기자지(箕子志)』를 편찬했고, 이이(李珥)는 기자의 입국(立國) 시말과 세계(世系), 역년(歷年) 등에 관해 서술한『기자실기(箕子實紀)』를 저술했으며, 한백겸(韓百謙)은 기자의 토지제도를 정전제(井田制)로 상상한『기전고(箕田考)』를 저술했다.

그리고 영조 때에는 서명응(徐命膺)이 기자가 동천(東遷)한 이래의 사

---

27 위와 같음.
28 『고려사』「지」권12 〈지리〉 3.

적을 적은 『기자외기(箕子外紀)』를 지었고 정조 때에는 이가환(李家煥)과 이의준(李儀駿)이 기자의 정전(井田)에 관한 제가(諸家)의 연구를 모아서 엮은 『기전고(箕田考)』가 나오게 되었다. 뿐만 아니라 상당(上黨 : 청주) 한씨, 덕양[德陽 : 행주(幸州)] 기씨(奇氏), 태원(太原) 선우씨(鮮于氏)는 모두 기자를 원조로 삼기에 이른다.

이 외에도 기자와 관계된 조선시대 문헌이 많이 있지만 대부분이 모화사상과 기자 숭배의 전개에서 나온 산물들이며 기자전설을 이해하는 데 필요한 기본 사료는 되지 못한다.

3. 기자전설에 대한 종래의 인식

앞에서 소개한 기자전설에 관해 중국 학계에서는 지금도 기자가 고조선의 뒤를 이은 통치세력이 되었음을 인정하려고 하지만[29] 한국의 학계에서는 최근 수십 년 사이에 기자의 동래설을 부인하는 것이 주류를 형성하고 있다. 그런데 선학들의 계속된 연구 업적이 있었음에도 불구하고 기자전설의 전모를 완전하게 인식하기에는 아직 연구 결과가 충분하지 못하며 기자의 동래를 부인하는 논거도 충분한 설득력이 있다고는 말하기 어렵다. 우선 기자 동래의 반대설을 개략적으로 소개하고 그 문제점을 지적하고자 한다.

---

29 기자조선을 긍정적으로 받아들이는 최근의 논문으로는, 梁嘉彬, 「箕子朝鮮考」 『史學彙刊』 第10期, 中國文化大學, 民國 69(1980), pp. 1~31이 있다.
한국의 학계에도 기자조선이 실재했던 것으로 보는 견해가 있다.
이형구, 「기자조선의 정체」 『조선일보』 1983년 1월 16일자.

기자의 동래에 대해 일찍이 의심을 품었던 한국 학자는 최남선을 들수가 있다. 그에 따르면,[30] 고조선에는 가장 존귀한 씨족으로서 '기'씨가 있었는데 이들이 언제인가부터 단군의 자리, 즉 왕위를 차지하게 되었고 스스로를 '기으지'라고 불렀는데, '기'는 태양을 의미하고 신성함을 뜻하며 '으지'는 종자·자손·씨족 등을 뜻하는 것으로서 '기으지'는 태양의 아들을 의미하는데, 이것이 그대로 왕호(王號)와 같이 사용되기도 했다는 것이다.

그런데 당시 고조선에는 춘추시대 이래로 전란을 피해 중국으로부터 이주해 온 사람들이 많이 살고 있었는데 이들은 '기으지'의 음이 기자와 비슷하므로 기씨의 선조가 기자라는 부회설(附會說)을 만들었다는 것이다. 그리고 고조선 기씨 왕조에서도 선진국인 중국과 교류를 하거나 국내에 있는 중국의 귀화인들을 통치하는 데 있어서 중국 고대의 성인을 선조로 하는 것이 필요했으므로 이 부회설을 즐겨 사용하게 되었고, 이것이 중국에 역수출되어 기자가 조선에 군림했다는 기록으로 남게 되었다는 것이다.

최남선은 계속해서 기자가 조선에 올 수 없었던 근거를 들고 있는데 그 요지를 보면 다음과 같다. 첫째, 『사기』「송미자세가」에 기자의 동래를 전하는 짧막한 구절이 있을 뿐이고 조선으로 왔다는 분명한 증거가 없으며 더구나 그의 묘가 중국에 있다. 그리고 당시에 고조선과 중국의 상·서주 왕국 사이에는 허다한 부족이 거주하고 있었을 것인데 기자가 자유롭게 빈번히 출입할 수 없었을 것이다. 둘째, 당시 고조선 지역에는

---

30 최남선, 「조선사의 기자는 지나의 기자가 아니다」『육당최남선전집』 2, 현암사, 1973, pp. 366~374(월간『괴기(怪奇)』제2호, 1929. 수록).
'기으지'조선설은 최남선의 『아시조선(兒時朝鮮)』, 동양서원, 1927, pp. 36에서도 보인다.

이미 본토인의 정치세력이 있었는데 일개 망명자가 이를 복속시켰을 수도 없고 중국에서 아무 인연도 없는 고조선 지역에 제후를 봉할 수도 없었을 것이며, 더욱이 당시 서주 무왕은 겨우 상·주혁명에 성공해 그 세력이 황하 중류 지역에도 다 미치지 못했을 것인데 고조선 지역에까지 그 세력이 미쳤다는 것은 믿을 수 없다. 셋째, 『상서』에는 상 왕국이 멸망된 직후에 기자가 서주 무왕에게 '홍범'을 전수한 것으로 기록되어 있는데, 이것은 기자의 동래설과는 모순되는 것이며 기자가 상 왕국이 망한 후에도 중국에 있었음을 의미한다. 넷째, 한반도에는 기자에 관한 유적이 전혀 없는 것으로 평양의 기자묘나 정전 등은 모두 고려 중기 이후의 부회로서 출현한 것이니 한반도의 기자 유적은 모두 후대의 가탁(假托)이다. 다섯째, 기자가 예악과 문학을 고조선 지역에 전했다고 하는데 그것이 사실이라면 고조선의 왕실에는 약간의 문헌이라도 존재했어야 할 것인데 기자로부터 40대 이상의 후손이라는 왕의 이름 한둘이 전할 뿐이다. 이것은 기자가 중국의 문물을 고조선 지역에 전한 일이 없음을 말해준다. 여섯째, 중국인은 주변의 종족에 대해 일종의 동화책으로서 그들의 조상을 중국의 계보로 만드는 것이 하나의 전통적인 습관인데 중국 주변의 민족 자신도 중국의 문화에 깊이 동화되면 실리와 허욕의 두 면이 작용해 그들의 조상을 중국과 결부시키는 경우가 많았는데 기자동래설도 이와 같은 중국인의 씨계적(氏系的) 이민동화술(異民同化術)의 결과로 생산되었을 것이다.

이상에 열거한 이유를 들어 기자동래설을 부정한 최남선은 기자조선이라는 종래의 명칭을 고쳐 '기ㅇ지조선'이라고 불러야 한다고 했으며, 굳이 한자로 표기해야 한다면 '해씨조선(解氏朝鮮)'이라고 할 수 있고 해씨의 후예로서 현재 기씨가 있으니, 편의상 '기씨조선(奇氏朝鮮)'이라고 부를 수도 있다고 했다.

최남선이 '기ㅇ지조선'을 '해씨조선'으로 표기할 수 있다고 한 것은 해의 옛 음이 '기'이기 때문인데, '기'가 한자로는 해로 표기되었다는 근거로서 부여와 고구려의 역사에 보이는 해부루(解夫婁), 해모수(解慕漱) 등의 해(解)가 바로 태양을 뜻하는 기라는 것이다. 이와 같은 최남선의 견해는 언어를 통한 추리에 의한 것인데, 그와 같은 방법을 채택해 기자조선의 정체를 밝혀 보려고 했던 것으로서 정인보와 안재홍(安在鴻)의 견해가 있다. 정인보는 '기(箕)'를 '검'의 한자로의 전사(轉寫)로 보고 '검'은 고조선시대의 최고의 칭호로서 단군왕검의 '왕검'과 같은 것이니, '왕검'을 오늘날은 '임검'으로 읽겠지만 고대에는 "한(칸)검"으로 읽었던 것으로서 '한'은 '汗'·'韓'·'馯'으로 기록에 나타나는 것으로 군주에 대한 칭호라고 했다. 그리고 소국의 군주는 '한'이라는 칭호를 사용할 수 있었으나 '검'은 '천왕(天王)'·'천가한(天可汗)' 등과 같이 최고의 칭호이기 때문에 전 조선의 왕이라야만 사용할 수 있었다는 것이다. 결국 옛날에는 '기(箕)'·'개(蓋)'·'해(海)'가 모두 같은 음이었고 이것들은 '검(儉)' 또는 '험(險)'으로 쓰였던 검으로부터 음사(音寫)한 것이기 때문에 기자조선은 천왕(天王)·지존(至尊)을 뜻하는 '검조선'이라고 했다.[31]

안재홍은 고대의 한국어와 옛 문헌에 나타난 한자의 표기를 여러 측면에서 비교·검토하고 한국어의 '크' 또는 '큰'은 거대 또는 방대의 뜻이 있으며 '한'은 성대(盛大)·홍대(洪大) 또는 광대(廣大)의 뜻이 있고, '신'은 강대 또는 웅대의 뜻이 있음을 확인했다. 그리고 '지'는 수장(首長) 또는 대인(大人)을 뜻하는데 '지'의 전음(轉音)으로 '긔'·'기'·'치'가 같은 뜻으로 사용되어 결국 '지'·'긔'·'기'·'치'는 공후(公侯)에 해당하

---

31 정인보, 『조선사연구』 상, 서울신문사, 1947, pp. 58~61.

는 고대 한국어로 보았다. 다시 '크'·'큰'·'한'·'신'이 '지'·'긔'·'기'·'치'와 결합해 '크치'·'큰지'·'한기'·'신지' 등의 지위를 상징하는 말이 나타났는데 이것들이 한자로는 구치(仇治)·근지(近支)·한기(韓岐)·신지(臣支) 등으로 표기되었고, 한역(漢譯)을 하면 대공(大公) 또는 태공(太公)이 된다고 인식했다.

따라서 고조선시대의 부족 또는 연맹부족은 '크치'·'큰지'·'한기' 또는 '신지' 등을 자신들의 수장을 일컫는 위호(位號)로 사용했을 것인데, 고조선은 '크치'를 위호로 했기 때문에 '크치조선' 또는 '크치국'이라고 불렸을 것이며 이것이 음이 비슷한 기자조선 또는 기자국으로 중국인에게 오인되었을 것이라고 했다. 따라서 고조선은 대공조선(大公朝鮮)이라는 뜻을 지닌 '크치조선'·'크치국' 또는 '크치시대'라고 불러야 마땅하다는 것이다. 안재홍은 이상과 같은 자신의 견해를 뒷받침하기 위해 기존의 문헌에 보이는 곤지조선(昆支朝鮮), 근지국(近支國), 견지국(遣支國), 금질국(金銍國), 겸지국(鉗知國), 건길국(鞬吉國), 근기국(勤耆國)은 큰지조선 또는 큰지국의 한자 표기이며, 중국의 문헌에 보이는 군자국(君子國)은 큰지국의 전문(傳聞)이 한자 표기된 것이라고 설명했다. 결국 '크치조선'이 한자로 기자조선으로 음사되었고 이 결과 중국의 기자가 조선에 와서 왕이 되었다는 전설이 생성되었다는 것이다.[32]

지금까지 소개한 몇 개의 견해는 기자조선과 관계가 있는 낱말들의 음운을 비교·검토해 그것들을 주된 논거로 삼고 있다는 점에서 공통성이 있다. 그런데 기자조선의 원명(原名)을 '기ㅇ지조선'·'검조선'·'크치조선'이라고 세 학자가 각각 다르게 보고 있는 점에서 알 수 있듯이, 낱

---

32 안재홍, 「기자조선고」 『조선상고사감』, 민우사, 1947, pp. 7~59.

말의 음운을 통한 고찰은 상상이나 추측의 범위를 벗어나지 못한다는 약점을 지니고 있는 것이다. 그리고 낱말의 음운을 통한 고찰과 더불어 제시된 다른 논거들도 지극히 소박한 사고의 범위를 벗어나지 못하며 결정적인 근거를 제출하지 못한 아쉬움을 면할 수가 없다. 예를 들면 최남선은 당시에 고조선과 중국의 상·서주 왕국 사이에는 허다한 부족이 거주하고 있었을 것이기 때문에 기자의 왕래가 자유롭지 못했을 것이며 고조선 지역에는 이미 본토인의 정치세력이 있어서 일개 망명자가 이를 복속시킬 수 없었을 것이라는 매우 중요한 주장을 하면서도 여러 부족이 거주했다는 점이나 본토인의 정치세력이 있었다는 것을 뒷받침할 만한 아무런 근거도 제시하지 못했던 것이다.

이러한 언어를 통한 고찰과 달리 이병도는 옛 문헌의 기록에 비교적 충실하면서도 그 문제점을 지적하고 기자조선은 '한씨조선(韓氏朝鮮)'이어야 한다는 견해를 제출했다. 이병도는 『삼국지』 「동이전」의 〈한전〉에 보이는 기자의 후손이라는 준왕이 연나라의 망명객인 위만에게 정권을 탈취당하고 바다로 도망해 한지(韓地)에 살면서 스스로 한왕이라 칭했다는 기록에서 준왕이 후에 한왕이라고 칭한 것은 그의 성이 한씨였기 때문일 것이라고 해석했다.[33] 준왕의 성이 원래 한씨였을 것이라는 근거로, 동한(후한)시대의 왕부가 지은 『잠부론』에, 연나라와 가까운 곳에 한후(왕)가 있었고 그 후 한의 서쪽에서도 또한 성을 한이라고 칭하다가 위만에게 공벌당해 해중으로 거주지를 옮겼다는 기록이 있다.

그런데 이병도는 이 기록의 뒷부분에 보이는 위만에게 공벌당했다는 내용은 준왕에 관한 것임이 분명하고 그의 성을 한으로 기록하고 있음

---

33 이병도, 「삼한문제의 신고찰」 『진단학보』 3권, 1935, pp. 98~99.

은 원래 준왕의 성이 기가 아니라 한이었음을 알게 하는 것이라고 했다. 그리고 한후의 서쪽에서도 또한 성을 한이라고 칭했다는 내용에서 위만을 지칭하는 뒤의 한이 앞의 한후의 서쪽에 있었다고 기록한 것은 고조선의 위치와는 부합되지 않는 것으로서 동쪽을 서쪽으로 잘못 기록했을 것으로 보았다. 기자에 대해서도 기는 봉국의 이름이고 자는 작위의 명칭이기 때문에 기가 성이 될 수 없으며 따라서 준왕은 한준(韓準)으로 불려야 마땅하고 기준(箕準)이 될 수는 없는 것이라고 했다.[34]

그런데 이병도 자신도 지적했듯이, 고조선 지역에서 칭성을 하게 된 것은 중국의 영향을 받은 것이겠지만 한이 성이 된 것은 한국어, 만주어, 몽골어와 관계를 맺고 있는 것으로서, 고대 한국어에서는 대(大)를 '한'이라 했고 만주어와 몽골어에서는 군장, 대인 또는 대군을 '한(汗, Han)' 또는 '가한(可汗, Kahan)'이라고 했는데 이러한 대인, 군장 또는 대군이라는 뜻을 지닌 말이 중국식으로 한(韓)이라고 표기되었을 가능성이 크다. 이렇게 볼 때 기자가 동쪽으로 이동해 와서 왕이 된 후에 그가 그 지역의 언어로 '한'·'한(汗)' 또는 '가한(可汗)'이라 불렸고 이것이 중국식으로 한(韓)이라고 표기되었을 가능성을 완전히 배제할 수는 없을 것이며, 이렇게 본다면 이병도의 한씨조선설이 기자동래설을 부인하는 결정적인 근거가 될 수는 없는 것이다. 또 이병도가 『잠부론』에 보이는 한후의 서쪽에서도 또한 한(韓)이라고 했다는 기록에서 서쪽을 동쪽의 오기로 본 것은 필자의 생각으로는 중대한 착오를 일으킨 것인데 이 점에 대해서는 다음에 자세하게 언급할 것이다.

이병도는 또 다른 글에서 복생의 『상서대전』은 기자의 동주(東走)·동

---

34 위와 같음.

봉(東封)이 서주 무왕에게 홍범을 연술(演述)한 것보다 선행한 사실과 같이 말했는데, 『사기』의 「송미자세가」에는 반대로 기자의 동봉이 기자의 홍범 연술보다 늦은 것으로 기록되어 있으며 『한서』 「지리지」에는 상왕국이 멸망되기 직전에 기자가 동주한 것처럼 되어 있어, 기자에 관한 기록에 서로 모순이 있음을 지적한 바 있다. 그리고 『상서대전』에는, 서주 왕국의 책봉을 받은 기자가 부득이 신례를 닦아야 하겠으므로 서주 무왕 13년에 주 왕실에 조근을 왔더니 무왕이 그에게 홍범에 대해서 물었다고 되어 있다. 그런데 서주 무왕 13년은 주족이 상 왕국을 멸망시켰다는 해인데 그 당시 동주했다는 기자가 같은 해에 또 어떻게 먼곳으로부터 서주 왕실에 조근을 올 수 있었겠는가? 그뿐 아니라 주족에 의한 석방을 탐탁하게 여기지 않아서 동주했다는 기자가 서주 왕실의 책봉을 받고 신례를 닦기 위해 입조했다는 것은 상식적으로도 이해하기 곤란한 것이라고 지적했다. 그리고 갑골문에 기자의 이름이 나타나지 않으므로 지금에 와서는 기자의 실존 여부까지도 의심하게 되었다고 했다.[35]

그런데 이병도가 위에 지적한 기자에 관한 기록의 모순은 그 전승 과정에서 일어난 착오로 볼 수도 있는 것이므로 이것이 바로 기자의 동래를 부인하는 근거로 제시되기는 곤란한 것이다. 그리고 갑골문에 기자의 이름이 나타나지 않는다고 했으나, 이는 갑골문에 대한 검토를 소홀히 했기 때문인 것으로서 다음에 자세히 언급되겠지만 기자와 연관지을 수 있는 기록이 갑골문에서 확인된다는 점을 일단 밝혀두고자 한다.

그런데 여기서 한 가지 간과해서는 안 될 것이 있다. 그것은 『구당서』 〈고(구)려전〉에 보이는 평양 일대의 풍속에 기자신을 섬기는 음사가 있

---

35 이병도, 「기자조선의 정체와 소위 기자팔조교에 대한 신고찰」 『한국고대사연구』, 박영사, 1976, pp. 44~45.

었다는 기록[36]에 대해 이병도는 오늘날 평양 일대가 한사군의 낙랑군 또는 고조선의 중심 지역이었다는 점을 고려해 기자신앙이 낙랑군이나 고조선 시대부터 있었을 것이라고 보았다는 점이다. 평양 지역에는 낙랑시대에 한인들이 많이 들어와서 거주했기 때문에 그들에 의해 민간신앙의 하나로서 기자가 받들어졌거나 한씨조선 시대에 이미 기자를 시조로 가식(假飾)해 왔기 때문에 그때부터 기자를 신앙하고 봉사하던 것이 그 후 위만조선 또는 낙랑군시대에 이르러는 민간신앙으로 전락되어 고구려 시대에 이르렀던 것이 아닐까라고 하는 지극히 모호한 해석을 하고 있는 것이다.[37] 그리고 이런 점으로 보아 『고려사』에 보이는 평양부의 기자사의 유래도 매우 오래되었을 것으로 보았다. 그런데 필자는 기자의 동래를 부인하기 위해서는 고구려시대 이전에 이미 있었다고 하는 기자신 숭배의 민속신앙에 대한 좀 더 납득할 말한 해명이 필요하지 않을까 생각한다.

지금까지 소개한 것은 기자전설에 대한 한국 학자들의 비교적 초기의 연구 업적에 속한 것들인데, 근래에도 정중환, 김정배, 천관우 등에 의해 논문이 발표되었다.

정중환은 최남선과 이병도, 그리고 기자조선설을 부인했던 일본인 학자들의 견해를 소개하고, 기자는 상 왕실의 근친도 아니며 상왕으로부터 봉함을 받아 자작이 된 사람도 아니라고 전제하면서 지금까지 기국(箕國)이라는 명칭이 확인되지 않는 것으로 보아 기국이라는 것도 가공적인 국명일 것이라고 단정했다. 기자가 상 왕실의 근친도, 상왕으로부터 봉함을 받은 자작도 아닐 것이라는 이유로서 정중환은 왕실의 근친

---

36 주 21 참조.
37 앞 글, 「기자조선의 정체와 소위 기자팔조교에 대한 신고찰」, pp. 54~55.

을 제후로 봉하는 것은 서주 왕국 초기에 시작된 제도이기 때문에 상 왕국 시대에는 이러한 제도가 있었을 리 없다고 주장했는데,[38] 다음에 자세히 고찰하겠지만 이러한 제도는 상 왕국에 이미 존재하고 있었다. 서주 왕국의 통치조직인 혈연관계를 바탕으로 한 분봉제도는 그 시원이 상 왕국의 통치조직 가운데 이미 존재하고 있었으며 서주 왕국은 이를 한층 더 구체적이고 조직적으로 확대시켰다. 그리고 기국이라는 명칭도 아직까지 확인되지 않았다고는 속단할 수 없으며, 다음에 자세하게 언급이 되겠지만 기국과 연결시킬 수 있는 약간의 자료가 존재한다는 점을 일단 밝혀두고자 한다.

정중환이 들고 있는 기자조선설을 부인한 일본인 학자들의 견해 가운데 『일본상고사이면(日本上古史裏面)』 내용은 정중환 자신이 요약한 것에서도 알 수 있듯이, 기자국이 연나라와 가까운 지역에 있어야 한다고 말하고 있으며 기자조선국의 기점은 요서 지방일 것이고 이것이 점차 이동했을 것이라고 보고 있으므로 이는 기자조선을 근본적으로 부정하고 있지 않다는 점[39]을 정중환은 인식했어야 했다. 또 정중환이 『조선사의 간(栞)』에서 요약한 이마니시 류(今西龍)의 견해는 논문으로도 발표된 바 있다.

이마니시 류는 기자조선 전설은 낙랑의 한씨가 가문을 장식하기 위해 기자의 후예라고 가작(假作)했을 것이고 이것이 정사에 수록되어 움직일 수 없는 설이 되었을 것이라고 추측했다. 또한 이마니시 류는 그 후 조선의 옛터를 차지하게 된 고구려의 풍속에 기자신을 숭배하는 것이 있게 되었을 것이고 또 고구려를 계승했다는 사상을 지닌 고려에서 이

---

38 정중환, 「기자조선고」 『동아논총』 2집 상, 동아대, 1964, p. 22.
39 위 글, pp. 16~17.

것이 한층 발전해 기자릉과 기자사가 만들어졌고, 고려 말에 들어온 주자학이 조선시대에 정치와 학술을 지배하게 되자 조선인들은 기자의 고국임을 최고의 긍지로 생각하게 되었다고 했다.[40] 그런데 이러한 이마니시 류의 견해에 대해 낙랑 한씨가 어떤 연고로 기자의 후손이라고 주장하게 되었으며 어떻게 해서 기자조선 전설이 성립되었는가에 대한 설명이 충분하지 못하다는 지적이 있다[41]는 점을 간과해서는 안 될 것이다. 시라토리 구라키치(白鳥庫吉)나 나카 미치요(那珂通世)도 기자조선을 부인했지만 설득력 있는 근거를 제시하지는 못했던 것이다. 결국 정중환은 기자의 동래를 부인하면서도 그것에 관한 초기 학자들의 연구 업적을 크게 벗어나지 못했다는 아쉬움을 남기고 있다. 다만 그는 기자조선시대를 태양 숭배를 위주로 하는 맥족의 부족사회라고 하면서 대표적인 유물로 지석묘를 들고 있는데,[42] 이는 지석묘사회를 부족사회라는 개념으로 파악한 점에는 문제가 있지만 고고학 자료를 활용하려고 했다는 점에서는 일단 연구 방법상의 진전이라고 할 수 있겠다.

김정배는 종래 문헌 위주의 연구 방법에서 탈피해 고고학 자료를 충분히 활용함으로써 참신한 면모를 보여주었다. 김정배는 전설과 유물의 검증을 통해 기자조선시대와 그 이전인 단군조선과는 종족적·문화적으로 다르다고 보고 무문토기 이래의 한국 청동기시대가 기자조선시대에 해당된다고 했다. 그리고 단군조선시대의 주민은 고아시아족인 데 반해 무문토기와 청동기문화의 담당자는 예맥족일 것으로 보았다. 김정배는

---

40 今西龍, 「箕子朝鮮傳說考」上·下 『支那學』 2卷 10號, pp. 1~20·11號, pp. 40~60, 大正 11(1922).

41 稻葉君山, 「箕子朝鮮傳說考を讀みて」 『支那學』 2卷 12號, 大正 11(1922), pp. 63~65.

42 앞 글, 「箕子朝鮮考」, p. 32.

한국의 무문토기와 청동기문화 가운데 중국적 요소가 없음을 들면서, 이것은 당시에 중국과 한국 사이에 문화적인 교류가 없었음을 알게 해주는 것이고 기자의 동래를 고고학적으로도 부정하는 것이라고 주장했다. 그리고 기자조선 대신에 예맥조선이라는 명칭을 사용하는 것이 바람직하다고 제안했다.[43]

이러한 김정배의 주장에 대해서 기자의 동래가 소수의 정치집단이었을 경우에는 유물 가운데 중국적인 요소가 남아 있을 정도로 문화적인 영향을 미치지 못했을 수도 있다는 의문이 제기될 수 있을 것이다. 그러나 한반도와 만주 지역에 중국의 황하 유역과는 다른 문화권이 존재하고 있었다는 것을 확인했다는 점은 커다란 의미를 지니고 있는 것이다.

지금까지 소개한 연구가 기자 개인이건 기자족이건 간에 그들의 동래를 부인하는 것과는 달리 천관우는 전혀 다른 각도에서 기자전설을 인식·해석하고 있다. 천관우는 논리의 전개에서 갑골문, 금문, 고고학 등의 자료를 활용하지 못했다는 아쉬움을 보여주기는 하지만 문헌 사료를 비교적 폭넓게 섭렵하고 이러한 사료를 긍정적으로 파악, 인식하려고 했다는 점은 일단 평가받을 만하다.

천관우는 기자족을 동이족 안에 있었던 하나의 씨족 단위였을 것으로 보고 이들이 중국 산서성(山西省) 태곡현(太谷縣) 일대를 시발점으로 동쪽으로 이동했을 것으로 파악했다. 즉 태곡현 일대에 기국(箕國)을 세운 기자족은 상 왕국 말기에 상 왕실의 제후국이 되었다가 새로 일어난 서주 왕국의 압력을 받아 그 주력이 동방으로 이동해 하북성의 난하 하류 지역에 도착해 일단 정착하게 되었을 것인데 이것이 기자조선이라는 것

43 김정배, 「소위 기자조선과 고고학상의 문제」 『한국민족문화의 기원』, 고려대 출판부, 1973, pp. 180~198.

이다. 그 후 기자족은 이동을 계속해 요서와 요동을 거쳐서 평양 지역에 이르렀을 것인데 그들의 이동은 수세기에 걸쳤을 것이며, 기자족의 평양 지역 도착과 한국의 청동기시대 개시가 관련이 있을 것으로 보았다.

그리고 천관우는 기자조선을 단군조선에 대치된 세력이라고 봄으로써 한국 고대사에서 기자조선을 인정했다.[44] 천관우의 견해 가운데 기자족이 난하 하류 유역에 도착해 일단 정주했을 것으로 본 것이라든지 조선을 요서로부터 요동을 거쳐 대동강 하류에 이르는 이동된 개념으로 파악한 것 등은 많은 시사를 주는 것이라고 하겠다. 그런데 조선의 이동을 바로 기자족의 이동으로 일치시켜서 인식한 것은 조선을 바로 기자조선으로 파악했기 때문일 것으로 생각되는데 이 점은 다시 검토해볼 여지가 있다고 생각된다. 그리고 천관우가 기자족의 출발지인 기국을 산서성 태곡현으로 본 것은, 『춘추』와 『좌전』에 나타난 진(晉)과 적(狄)의 전쟁지인 기(箕)[45]에 대해 두예는 그 위치가 "태원(太原) 양읍현(陽邑縣) 남(南)"이라고 주를 단 바 있고 후에 정초는 그곳이 기자의 봉국이었을 것으로 생각하면서 오늘날 태곡현이라는 것에 따르고 있다.[46] 그런데 정초는 기자국은 상 왕국의 기내제후(畿內諸侯)라고도 했는데[47] 기자가 산서성의 태곡현에 있었다면 지리적 위치로 보아 왕기 내의 제후가 될 수 없으므로 서로 모순된 내용을 전하고 있다.

이 점에 대해서 천관우는 좀 더 의문을 가지고 상 왕국의 왕기 내인 하남성의 상구현 지역에 기자묘가 있다고 전하는 기록에 관심을 가졌어

44 천관우, 「기자고」 『동방학지』 15집, 연세대 국학연구원, 1974, pp. 1~172.

45 『춘추』· 『좌전』 〈희공 33년〉조.

46 앞 글, 「기자고」, pp. 19~20.

47 주 20 참조.

야 했을 것이다. 그러나 천관우는 기국의 위치를 산서성 태곡현으로 보았기 때문에 기자가 기내제후라고 한 정초의 기록이 잘못된 것으로 인식했고 상구현의 기자묘는 기자를 추모한 송의 미자(微子) 계통 세력이 만든 전설일 것이라고 했는데[48] 또 부사년(傅斯年)의 「이하동서설(夷夏東西說)」[49]을 발전시켜 상족(商族)을 동이의 일부였을 것으로 보고 결국 기자족도 동이계의 한 지족(支族)일 것이라는 전제에서 논리를 전개시켰는데[50] 이 점들도 재검토되어야 할 것으로 생각된다.

지금까지 살펴본 바와 같이 기자조선 전설에 관한 그동안의 한국 학자들의 연구 내용은 상당한 진보를 보여주고 있음에도 불구하고 아직도 많은 문제점을 남기고 있다. 이러한 문제점들이 극복되지 않는 한, 한국 학자들의 기자조선 연구가 한국이 외국세력의 압제 아래 있을 때 그에 대한 저항으로서의 민족의식에서 출발했다는 것과 연결되어 기자조선의 부인은 한국 역사학계의 민족주의 대두 때문이라는 비난[51]을 면하기 어려울 것이며, 기자조선은 고조선의 뒤를 이은 통치세력이었다는 전설을 그대로 신봉하려는 끈질긴 주장을 설복시킬 수도 없을 것이다.

4. 상·서주 왕국의 구조와 동북부 상황

기자전설은 발원지가 중국의 황하 유역이고 그것이 동북부 지역으로

---

48 앞 글, 「기자고」, p. 54.

49 傅斯年, 「夷夏東西說」 『歷史語言研究所集刊外編 第1種 – 慶祝蔡原培先生六十五 歲論文集』 下册, 民國 24(1935), pp. 1093~1100.

50 앞 글, 「기자고」, pp. 30~35.

51 胡秋原, 「寰游觀感」 『大陸雜誌』 14卷 12期, 民國 46(1957), p. 41.

전개되었으므로 기자전설의 실체를 파악하기 위해서는 기자가 활동했다는 시대인 상·서주 왕국의 국가 구조와 사회 그리고 그 당시의 동북부 지역의 상황에 대한 깊은 이해를 필요로 한다. 따라서 기자전설에 관계된 내용들을 검토하기 전에 이 문제에 관해 고찰하고자 한다.

상 왕국의 국가 구조는 읍(邑)을 기초로 하고 있었다. 지금까지 상시대의 갑골문에서 확인된 읍의 수는 1,000개에 가까운데[52] 이 읍은 사람의 거주지로서 취락을 의미한다. 취락인 읍의 주위에는 농경지가 있었고 읍과 농경지를 포함한 영역을 비(鄙)라고 불렀다. 그런데 갑골문에 읍 자는 사방을 둘러친 성벽을 뜻하는 네모꼴과 사람이 앉아 있는 형태가 결합되어 만들어진 것으로[53] 갑골문 연구 초기 단계에 일부 학자들은 읍의 구성 요소에 대해 성벽과 사람이 필수적인 것으로 인식해 읍을 성읍(城邑)이라는 개념으로 파악했다. 그리고 갑골문에 자주 보이는 읍의 건설을 뜻하는 '작읍(作邑)'이라는 기록에 근거해 읍은 인위적으로 건설된 취락일 것으로 보기도 했다.[54]

그런데 하나의 비에는 하나의 읍만 있는 것이 아니라 20개 또는 30개의 읍이 있었음이 확인되는 것으로 보아,[55] 읍 가운데는 자연적으로 성장한 소규모의 취락이 상당히 많았을 것이며 이러한 소규모의 취락은 성벽을 구비하지 않았을 것으로 생각된다. 이것은 지금까지 발굴된 상

---

52 董作賓, 「卜辭中的亳與商」『大陸雜誌』6卷 1期, 民國 42(1953), p. 8.
53 갑골문에 읍 자는 邑으로 되어 있다.
54 Kwang-chih Chang, *Shang Civilization*, Yale University Press, 1980, p. 159.
55 羅振玉, 『殷虛書契菁華』, 民國 3(1914) 2片에는 토방(土方)이 동비(東鄙)에 침입해 2개의 읍에 피해를 입힌 내용의 갑골문이 보이는데 이것은 동비에 2개의 읍이 있었음을 알게 한다.
　　郭沫若, 『殷契粹編』, 文求堂, 昭和 12(1937), 801片, 74葉 ; 姬佛陀, 『戬壽堂所藏殷虛文字』民國 6(1917), 43葉 1片에는 각각 20읍, 30읍의 기록이 보인다.

시대의 유적 가운데 성벽이 확인되지 않은 것이 더 보편적이라는 점에서도 알 수 있다.

결국 상 왕국 국가 구조의 기초가 된 읍은 자연적으로 성장한 것이 보편적이었고 변경지대에 새로운 경작지를 개간한다든가 또는 다른 목적으로 읍을 인위적으로 건설하기도 했다.[56] 이러한 읍 가운데는 대읍(大邑)이라고 불린 것이 있었는데 이것은 규모가 큰 읍으로서 그곳에 종묘(宗廟)가 있었고[57] 제후가 거주해 한 지역의 신앙과 정치의 중심지였다.[58] 일정한 지역의 소읍들은 대읍에 종교적·정치적으로 종속된 위치에 있었던 것이다.

지방의 종교·정치적 중심지가 대읍이라면 중앙의 종교·정치적 중심지는 상읍(商邑)과 도읍(都邑)으로 나누어진다. 갑골문에는 상(商)이라는 지명이 자주 보이는데 이것은 항상 취락을 지칭한다. 갑골문 연구 초기 시기에는 상은 상 왕국의 후기 도읍지였던 오늘날 하북성 안양(安陽)을 지칭한 것으로 해석되었다.[59]

그러나 그 후 결론적으로 상은 당시의 도읍으로부터 상당히 떨어진 거리에 있었음이 확인되었다. 이것은 상 왕국의 마지막 왕인 제신(帝辛)

---

56 張政烺,「卜辭裒田及其相關諸問題」『考古學報』, 1973年 1期, p. 114.

57 陳夢家,『殷墟卜辭綜述』, 科學出版社, 1956, p. 323.

58 方法斂,『金璋所藏甲骨卜辭』, 藝文印書館, 民國 55(1966), 611片. "貞, 作大邑于唐土."
方法斂,『庫方二氏藏甲骨卜辭』, 藝文印書館, 民國 55(1966), 200片. "已卜, …… 唐不 …… 侯唐."
위 두 갑골문은 당에 대읍을 만들고 그곳에 당후가 있었음을 알게 한다.

59 羅振玉,『殷虛書契考釋』, 藝文印書館, 民國 58(1969), 序文·下 54葉.
王國維,「說毫」『觀堂集林』卷12, 藝文印書館, 民國 47(1958), pp. 136~137.
胡厚宣,「卜辭中所見之殷代農業」『甲骨學商史論叢』, 初集(下), 齊魯大學, 1945, p. 42.

의 인방(人方) 정벌을 위한 군사 행군의 기록에 기초해 확인된 것인데, 이 기록을 통해 상 왕국의 중요한 2개의 지명, 즉 상(商)과 박(毫)이 확인되었다. 제신군의 행군 방향과 거리에 근거해 상은 오늘날 하남성 상구(商邱), 박은 오늘날 안휘성(安徽省) 박현(毫縣)으로 추정되었는데, 박은 바로 상 왕국 초기에 대을(大乙)이 도읍했다는 박으로 상정되었다.[60] 상족은 당시의 도읍지가 아닌 다른 곳에 고정되어 있는 상을 특별한 읍으로 생각했는데 아마도 그들 조상의 거주지로서 상 왕실에서 가장 중요시했던 종묘, 위패, 왕위의 표징품 등을 그곳에 두고 특별한 제사의식과 많은 군대의식을 그곳에서 행했을 것이다.[61]

도읍을 현실적인 정치의 중심지라고 한다면 상읍(商邑)은 상 왕국의 종교적·정신적 중심지였던 것이다. 그리고 도읍과 상읍을 연결하는 지역과 그 주변 지역은 상왕의 직할지로서 이른바 왕기에 해당되었을 것이다. 지금까지 고찰한 바를 통해볼 때 상 왕국의 국가 구조는 읍이 기본 단위가 되어 소읍·대읍·도읍·상읍이라고 하는 읍의 누층적인 관계에 기초한 읍제국가[62]였던 것이다. 그런데 당시의 읍은 혈족집단인 씨족이나 부족이 취락을 이루고 있었으므로 읍의 누층적인 관계는 바로 씨족 또는 부족의 누층적 관계를 뜻하는 것이기도 하다.

여기서 한 가지 밝혀두어야 할 것은 앞에서 언급된 박과 상은 갑골문

---

60 앞 글, 「卜辭中的毫與商」, pp. 8~9.

61 앞 책, 『殷墟卜辭綜述』, p. 257.

62 마쓰마루 미치오(松丸道雄)는 읍 자체를 하나의 국가로 규정해 은 왕국이 다수의 읍제국가로 구성되어 있었다고 본 바 있으나(松丸道雄, 「殷周國家の構造」 『世界歷史』 第4卷, 岩波講座, 1970, pp. 49~60) 각 읍이 국가로서의 요건을 갖추고 있었다고는 생각되지 않는다. 따라서 마쓰마루의 읍제국가는 필자의 읍제국가와 성격을 달리한다(윤내현, 「은족의 기원과 고대국가의 출현」 『상주사』, 민음사, 1984 참조).

과 옛 문헌의 기록을 통해 추정될 뿐 고고학적으로는 아직까지 증명이 되지 않고 있는데, 이것은 이 지역이 황하의 하류로서 물길이 자주 바뀌어 홍수에 의한 퇴적이 적어도 몇 미터 이상의 두께로 유적을 덮어버리고 파괴했기 때문일 것으로 생각된다.[63]

상 왕국의 국가 구조가 읍의 누층적인 관계에 기초를 둔 읍제국가였다면 그 읍들을 통치하는 조직은 어떠했는가? 상 왕국의 통치조직은 신정적(神政的) 결합과 혈연적 조직으로 나누어 볼 수 있다. 신정적 결합은 다시 점복(占卜)행사와 제사의식으로 나뉜다. 상 왕국의 점복행사를 보면 당시에 점복을 주관한 사람을 정인(貞人)이라고 했는데 이 정인들로 구성된 정인기구가 있었다.[64]

상 왕국에서는 국가적인 중대사로부터 왕실의 사사로운 일에 이르기까지 모든 문제를 점복을 통해 신의 뜻을 파악해 결정했던 만큼 정인기구의 정치적 지위가 매우 높았을 것은 상상하기 어렵지 않다. 그리고 지금까지 확인된 120여 명[65]에 달하는 정인의 이름은 대부분이 갑골문에 보이는 지명, 씨족명 또는 부족명, 그리고 금문 중의 도상명(圖象名)과 일치한다.[66] 당시의 씨족명이나 부족명이 대개 그들이 거주하고 있던 지역의 명칭과 일치한다는 점에서 볼 때 정인은 상 왕국을 구성하고 있던

63 앞 책, *Shang Civilization*, p. 213.

64 董作賓, 「甲骨文斷代硏究例」『中央硏究院歷史語言硏究所集刊』外編 1種 上册, 1933, p. 344.

65 요종이(饒宗頤)는 117명(饒宗頤, 『殷墟卜辭人物通考』上·下册, 香港大學, 1959), 진몽가는 120명(앞 책, 『殷墟卜辭綜述』, p. 202)의 정인을 갑골문에서 확인했다.

66 위 책, 『殷墟卜辭人物通考』下册, pp. 192~198.
   張秉權, 「甲骨文中所見人地同名考」『淸華學報』, 慶祝李齊先生七十歲論文集 下册, 1967, pp. 687~774.
   林巳奈夫, 「殷周時代の圖象記號」『東方學報』39册, 1968, pp. 44~45.

여러 부족의 대표자로서 중앙정부의 최고 결정기관에 참여한 사람들임을 알 수 있다.

그런데 이 정인기구는 구성원의 수나 활동 면에서 시간이 흐름에 따라 점차로 축소, 약화되다가 상 왕국 말기에 이르면 왕권에 예속되는 현상을 보인다.[67] 아마도 상 왕국 초기에는 상왕이 정인기구의 우두머리로서 무사장(巫師長) 역할을 했을 것인데[68] 세월이 흐르면서 세속적인 왕권이 강화되고 신정적인 요소는 쇠퇴했을 것이다. 정인기구와 더불어 신정적 결합의 한 요소가 되었던 제사의식은 당시의 사람들에게는 신에게 기원과 구복을 하는 절차였으므로 매우 중요한 의미를 갖는 것이다.

이러한 제사의식의 내용에 따르면 초기의 갑골문인 무정시대의 기록을 통해 상족의 조상신에 대한 제사와 더불어 상 왕국을 구성하고 있던 다른 부족의 수호신에 대해서도 상왕이 주관하는 제사가 받들어져, 상족의 조상과 다른 부족의 수호신에 대한 상 왕실이 중심이 된 공동제사라는 의식을 통해 다른 부족과의 연맹관계를 공고히 하고 있었음을 알 수 있다. 그런데 조갑(祖甲) 이후가 되면 상족의 조상에 대한 제사는 체계화되는 반면에 다른 연맹부족의 수호신에 대한 제사는 자취를 감추게 된다.[69] 이와 같은 제사 내용의 변화는 상족의 선민의식, 세속적인 전제 왕권의 확립과 관계가 있는 것이다.[70]

상 왕국의 통치조직 가운데 혈연적 조직은 왕실 근친의 분봉과 통혼관계로 나누어진다. 왕실 근친의 분봉은 왕자나 왕자의 후손 가운데서

---

67 앞 글, 「甲骨文斷代研究例」 참조.
68 陳夢家, 「商代的神話與巫術」『燕京學報』 20期, 1936, pp. 91~155.
69 董作賓, 『甲骨學六十年』, 藝文印書館, 民國 63(1974), p. 113.
70 윤내현, 『상왕조사의 연구』, 경인문화사, 1978, pp. 148~175, 228~251 참조.

유능한 사람을 특정한 지역에 파견해 그 지역을 다스리게 하는 제도였다. 갑골문에 따르면 상왕의 왕자와 그 후손들을 통칭해 '다자(多子)'라고 불렀으며 이 '다자'는 집단을 형성해 상 왕국을 보호하는 중앙군의 성격을 띠고 있었는데 이것을 '다자족(多子族)'이라고 했다.[71] 다자 중에 능력이 우수한 사람은 상왕에게 발탁되어 특정한 지역에 분봉되어 그 지역을 다스리게 되었는데, 이들은 왕자 또는 그 후손을 뜻하는 자(子)와 그 지역의 지명 또는 부족명이 결합되어 자어(子漁), 자화(子畵), 자전(子奠), 맹자(盟子), 양자(羊子) 등으로 불렀다.[72]

혈연적 조직 가운데 통혼관계를 보면 상 왕실에 출가한 여자는 그 출신 부족의 명칭과 부(婦)를 결합시켜 부호(婦好), 부정(婦姘) 등으로 불렀는데, 이 명칭은 그 여자의 출신 부족을 지칭하는 것으로도 사용되었으며 이들을 통칭해 '다부(多婦)'라고 불렀다.[73] '다부'는 상 왕실로부터 특별한 예우를 받았는데 사회적 신분이 대체로 '다자'와 비슷했다. 상

---

71 董作賓,「五等爵在殷商」『中央硏究院歷史語言硏究所集刊』6本, 民國 25(1936), p. 422.
　　貝塚茂樹,「殷虛卜辭を通じて見た殷代文化」『中國古代史學の發展』, 弘文堂, 昭和 42(1967), p. 299.

72 胡厚宣,「殷代封建制度考」『甲骨學商史論叢』初集(上), pp. 37~45.
　　앞 글,「五等爵在殷商」, pp. 420~429.

73 '부모(婦某)'는 왕비일 것이라는 설[郭沫若,『殷契粹編』考釋編, 文求堂, 昭和 12(1937), 1226·1234片 ; 앞 글,「殷代封建制度考」, p. 37], 상왕의 친임(親任) 대관(大官)일 것이라는 설[島邦男,『殷墟卜辭硏究』, 汲古書院, 昭和 33(1958), p. 452], 본래 왕자의 부인이었으나 후에 유별호칭(類別呼稱)이 되어 다자(多子)의 부인을 지칭하는 것이 되었을 것이라는 설(白川靜,「卜辭の世界」貝塚茂樹 編『古代殷帝國』, みすず書房, 1972, pp. 231~233) 등이 있는데 필자는 시라카와(白川)의 견해에 원칙적으로 동의하나 이것이 '부모'의 출신 부족에 대한 호칭으로도 사용되었음을 지적한 바 있다(앞 책,『상왕조사의 연구』, pp. 199~202).

왕국에는 자와 부 외에도 후(侯)와 백(伯)이라는 작위가 있었다.[74]

상 왕국을 멸망시키고 서주 왕국을 건립한 주족이 주 왕실의 근친을 분봉하는 이른바 혈연적인 봉건제도를 확립했음은 잘 알려진 사실인데, 이것은 바로 상 왕국의 통치조직 가운데 혈연적 조직의 일부가 계승·발전된 것임을 알 수 있다. 그리고 서주시대의 작위 명칭인 후(侯)·남(男)·공(公)·백(伯)·자(子) 가운데 후·백·자는 상시대에 이미 존재했던 것이다. 서주 왕국이 상 왕국의 통치조직 중에서 혈연적 조직의 일부만을 계승해 발전시킨 이유는 이미 쇠퇴한 신정적 결합을 다시 부활시킬 필요성을 느끼지 않았기 때문이기도 하겠지만 주족 내부의 사정도 상당히 작용했을 것으로 생각된다.

『시경』에 따르면 고공단보(古公亶父) 때에 주족은 거주지를 빈(豳)에서 주원(周原)으로 옮겼는데 고공단보는 이때 개혁을 단행해 당시까지 굴을 파고 그 안에서 거주하며 집이라고 할 만한 것을 갖지 못했던 주족을 성곽이 있는 궁실을 가진 사회로 끌어올렸다.[75] 이 내용에 따르면, 아마도 주족은 이 시기에 구성원 사이에 평등이 유지되던 부족사회 단계로부터 사회 신분과 빈부의 계층 분화가 일어나는 추방사회(chiefdom society) 단계에 진입했을 가능성이 있다. 그런데 상 왕국을 정벌한 무왕은 고공단보로부터 3대가 되므로 상 왕국을 멸망시킬 당시의 주족의 사회 수준은 부족사회의 요소가 많이 남아 있어서 혈연적인 통치조직에 친밀했던 것이다.

---

74 상 왕국의 작위 명칭을 동작빈은 후·백·자·남(앞 글, 「五等爵在殷商」, p. 414), 호후선 (胡厚宣)은 부(婦)·자·후·백·남(男)·전(田)(앞 글, 「殷代封建制度考」, p. 105) 등으로 보았으나 시마 구니오(島邦男)는 남과 전은 갑골문에 작위의 명칭으로 사용된 예가 없음을 지적했다(앞 책, 『殷墟卜辭研究』, p. 425).

75 『시경』「대아」〈면(綿)〉. "陶復陶穴, 未有家室, ……築室于玆."

지금까지 살펴본 바와 같이 왕실의 근친을 제후로 봉하는 것은 상 왕국의 통치조직에 그 시원을 두고 있으며 이것을 서주 왕국이 한층 발전·구체화했으므로, 이 제도가 상시대에는 존재하지 않았을 것을 전제로 하여 기자를 부정한, 앞에서 언급된 바 있는 정중환의 논리가[76] 성립될 수 없음을 알게 된다. 그리고 만약 기자가 실존 인물이었다면 그 명칭으로 보아 다자 중에서 발탁되어 기(箕)라는 지역 또는 기라는 부족을 다스리도록 봉함을 받았던 인물일 가능성이 있음을 발견하게 된다. 다시 말하면 기자는 상왕의 왕자이거나 그 후손으로서 상 왕실의 근친이라는 뜻이 된다.

이제 상·서주 왕국 국가 구조의 기초였던 읍의 성장 과정과 성격 변화에 대해 살펴보고자 한다. 이것은 기자전설과는 직접적인 관계가 없지만 당시의 사회와 주변의 상황을 이해하는 데 도움이 되기 때문이다.

지금으로부터 1만 년 전 현세통에 접어든 후에 농경과 목축이 시작되어 정착 생활에 들어가게 됨에 따라 부족사회가 보편화된다고 하는 것은 주지의 사실이다. 고고학적인 발굴에 의해 지금까지 확인된 바에 따르면 중국에서 가장 빠른 부족사회의 문화로서는 남부 해안 지역에 지금으로부터 8,000년 전 이전의 대분갱문화(大坌坑文化)가[77] 있었고, 황하 중류 유역에는 약 8,000년 전의 배리강문화(裵李崗文化)와[78] 자산문

---

76 주 38 참조.

77 Kwang-chih Chang, *The Archaeology of Ancient China*, Yale University Press, 1978, pp. 85~91.
윤내현, 『중국의 원시시대』, 단국대 출판부, 1982, pp. 143~155.

78 開封地區文管會·新鄭縣文管會, 「河南新鄭裵李崗新石器時代遺址」 『考古』 1978年 2期, p. 73.
開封地區文物管理委員會 等, 「裵李崗遺址一九七八年發掘簡報」 『考古』 1979年 3期, p. 197.

화(磁山文化)가[79] 있었다. 그리고 장강 하류 유역에는 약 7,000년 전의 하모도문화(河姆渡文化)가[80] 있었고, 산동성 지역에는 약 7,300년 전에 개시된 북신문화(北辛文化)가[81] 있었다. 그러나 여기서는 기자전설의 이해에 필요한 황하 중류와 하류 유역에만 국한해 언급하겠다.

황하 중류 유역의 배리강문화와 자산문화는 같은 지역에서 지금으로부터 약 7,200년 전부터는 앙소문화(仰韶文化)로 발전했으며,[82] 앙소문화는 다시 약 5,000년 전부터 과도기 문화인 전기용산문화(前期龍山文化 : 묘저구2기문화)[83] 단계를 거쳐서 약 4,500년 전부터는 후기용산문화(용산문화)로 발전했다. 후기용산문화는 지역적 특성에 따라 섬서용산문

79 邯鄲市文物保管所·邯鄲地區磁山考古隊短訓班, 「河北磁山新石器時代遺址試掘」 『考古』 1977年 6期, p. 361.

80 浙江省文管會·浙江省博物館, 「河姆渡發現原始社會重要遺址」 『文物』 1976年 8期, p. 6.
    浙江省文物管理委員會·浙江省博物館, 「河姆渡遺址第一期發掘報告」 『考古學報』 1978年 1期, p. 42.
    河姆渡遺址考古隊, 「浙江河姆渡遺址第二期發掘的主要收獲」 『文物』 1980年 5期, p. 1.

81 中國社會科學院考古研究所山東隊·滕縣博物館, 「山東滕縣古遺址調査簡報」 『考古』 1980年 1期, p. 43.
    中國社會科學院考古研究所山東隊 等, 「山東滕縣北辛遺址發掘報告」 『考古學報』 1984年 2期, p. 190.

82 앙소문화의 초기 단계로는 '북수령유형(北首嶺類型)'이 있다.
    考古所寶鷄發掘隊, 「陝西寶鷄新石器時代遺址發掘記要」 『考古』 1959年 5期, p. 229.
    考古研究所渭水調査發掘隊, 「寶鷄新石器時代遺址第二·三次發掘的主要收獲」 『考古』 1960年 2期, p. 4.
    中國社會科學院考古研究所寶鷄工作隊, 「一九七七年寶鷄北首嶺遺址發掘簡報」 『考古』 1979年 2期, p. 97.

83 中國科學院考古研究所, 『廟底溝與三里橋』, 科學出版社, 1959, p. 108.

화(陝西龍山文化)와 하남용산문화(河南龍山文化)로 나누어진다.[84] 한편 황하 하류 유역인 산동성 지역에서 북신문화의 뒤를 이어 약 6,500년 전부터는 대문구문화(大汶口文化)[85]가 전개되었고, 대문구문화는 약 4,500년 전부터 산동용산문화[山東龍山文化 : 전형용산문화(典型龍山文化)]로[86] 발전했다. 유물을 통해 볼 때 산동용산문화는 기본적으로 대문구문화를 계승하고 있지만 질그릇의 검은 색깔에 관한 기술만은 하남성 지역의 전기용산문화로부터 수입해 발전시켰을 가능성이 많다.[87]

그런데 위에 언급된 문화들이 전개되는 과정에서 간과해서는 안 될 중요한 사실을 발견하게 된다. 그것은 사회 성격의 변화이다. 황하 중류 지역의 배리강문화·자산문화·앙소문화, 산동성 지역의 북신문화·대문구문화 전기[종래의 청련강문화(靑蓮崗文化)] 기간에는 개개의 부락이 정치적·경제적으로 하나의 사회 단위가 되어 부락의 구성원 사이에 정치·경제 등에서 질서 있는 평등이 유지되었다.

그런데 산동성 지역에서는 대문구문화 중기인 지금으로부터 약 5,500년 전 이전에 이미 거주민 사이에 빈부의 차이가 일어나고 있었고 황하 중류 유역에서는 전기용산문화(묘저구2기문화) 단계인 약 5,000년 전부터 사회 성격이 변화하는 약간의 징후가 나타나기 시작했다.

그 후 대문구문화 후기(종래의 대문구문화), 산동용산문화, 하남용산문

---

84 앞 책, *The Archaeology of Ancient China*, pp. 174~178.

85 楊子苑, 「山東寧陽縣堡頭遺址淸理簡報」『文物』 1959年, 10期, p. 61.
    山東文物管理處·濟南市博物館, 『大汶口』, 文物出版社, 1974.
    山東大學歷史系考古硏究室, 『大汶口文化討論文集』, 齊魯書社, 1981.

86 楊子苑·王思禮, 「試談龍山文化」『考古』 1963年 7期, p. 377.

87 山東省博物館 等, 「一九七五年東海峪遺址的發掘」『考古』 1976年 6期, pp. 377~382.

화, 섬서용산문화에 이르면 부락의 구성원 사이에 사회적 신분의 차이와 재산상의 빈부 등 뚜렷한 계층 분화가 나타나고 전문직업인이 출현하며 신과 인간 사이의 매개자인 종교적인 특수 직업이 탄생한다. 그리고 전쟁이 발발하고 부락 사이에 연맹관계가 성립되는 사회가 되는데, 이러한 사회는 이전 단계의 평화롭고 평등이 유지되던 부족사회와는 전혀 성격을 달리하는 것으로 학자들은 이것을 추방사회라고 부른다.[88]

황하 유역의 경우 부족사회로부터 추방사회로의 변화는 황하 중류 지역보다는 하류 지역인 산동성에서 먼저 일어났다. 그러나 추방사회 단계에서 황하 중류 지역은 산동성을 비롯한 동부 해안 지역보다 전쟁이 치열했음이 유적들에서 확인된다.[89] 이러한 현상은 다음과 같이 설명될 수 있을 것이다.

지금으로부터 1만 년 전 현세통에 접어들면서 기온은 점차로 상승하기 시작해 8,000년 전부터 5,500년 사이가 가장 높은 기온을 형성해 현재보다 약 섭씨 2.5~5도 정도가 높았고 그 후 기온은 다시 내려가기 시작해 3,000년 전에 이르면 현재와 같은 기후에 도달하게 된다.[90] 이러한

---

88 앞 책, *Shang Civilization*, pp. 361~363 참조.
사회 성격의 변화에 대한 구체적인 내용은, 앞 책, 『중국의 원시시대』, pp. 129~500을 참조할 것.

89 北京大學·河北省文化局, 「1957年邯鄲澗溝村古遺址發掘簡報」 『考古』 1961年 4期, p. 197.
北京大學考古實習隊, 「洛陽王灣遺址發掘簡報」 『考古』 1961年 4期, pp. 177~178.
張光直, 「新石器時代中原文化的擴張」 『中央研究院歷史語言研究所集刊』 41本 2分, 民國 58(1969), p. 341.

90 林朝棨, 「槪說臺灣第4期的地史並討論其自然史和文化的關係」 『考古人類學刊』 28. 1966, p. 20.
竺可楨, 「中國近五千年來氣候變遷的初步硏究」 『考古學報』 1972年 1期, p. 35.
Laboratory of Quaternary Palynology and Laboratory of Radiocarbon·Kweiyang

알맞은 기후 조건의 영향 아래서 부족사회의 인구는 급격하게 증가하고 지금으로부터 5,000년 전 이전에 황하 유역에만 100만 명 이상이 거주했는데[91] 주로 황하 중류 유역에 집중되어 있어서 당시에 황하 중류의 지류 유역에 있던 부락의 수는 같은 지역에 현존하는 부락의 수와 비슷했다.[92]

이와 같은 인구의 급증은 황하 중류 유역에 인구 폭발 현상을 가져왔을 것이고 여기에다 5,500년 전부터는 기온이 하강하기 시작해 식료의 원천에 타격을 받게 되었다. 인구의 폭발과 자연환경의 변화로 인한 식료 위기는 사회 성격에 변화를 가져와 사유재산제의 급속한 진전으로 인한 빈부와 사회 신분의 현격한 차이를 발생시키고 당면한 경제문제를 해결하기 위한 치열한 약탈전쟁을 유발시켰을 것이다. 이러한 전쟁이 전개되는 과정에서 세력 강화를 위해 부락연맹이 형성되고 그 지도자의 정치권력은 급속하게 성장되어 훗날 왕권으로 발전하기에까지 이르게 된다.

한편 황하 중류 지역이 이러한 변화 과정을 거치고 있는 동안의 산동성 지역은 황하 중류 지역과는 다른 자연환경 속에 있었다. 산동성은 지금으로부터 7,500년 전까지는 2개의 섬으로 나뉘어 있었고 황하 하류의 삼각주 형성에 의해 약 4,500년 전에 이르러서야 완전한 반도를 이루게

Institute of Geochemistry·Academia Sinica, "Development of Natural Environment in the Southern Part of Liaoning Province During the Last 10,000 Years" *Scientica Sinica*. Vol. 21, No. 4, 1978, pp. 525~529.

91　Colin McEvedy and Richard Jones, *Atlas of World Population History*, Penguin Books, 1980, p. 170.

92　梁星彭,「關中仰韶文化的幾個問題」『考古』1979年 3期, p. 260.

되는데 이때 회하평원(淮河平原)도 육지가 되었다.[93] 따라서 산동성을 포함한 황하 하류 유역은 상당히 늦은 시기까지 침수되었거나 늪 지대를 형성해 사람이 살기에 좋은 조건을 제공해주지 못했다.

그러므로 산동성 지역의 초기 부족사회의 문화는 그 지역에 있었던 이전 시대의 문화가 발전했기보다는 다른 지역에서 이주해 온 사람들에 의해 전래되었을 것이다. 다른 지역으로부터 산동성 지역으로의 이주는 오랜 기간에 걸쳐서 계속되었을 것인데 인구 폭발 현상을 일으키고 있던 황하 중류 지역으로부터의 이주가 주류를 형성했을 것이다. 산동성 지역에서 가장 빠른 부족사회 문화인 북신문화의 유물이 황하 중류 유역에 있었던 자산문화와 앙소문화의 영향을 보여주는 것은 이것을 입증해준다.[94]

그런데 산동성 지역에서는 황하 중류 지역보다는 빨리 대문구문화 중기로부터 사회 성격에 변화가 일어나기 시작해 대문구문화 후기(종래의 대문구문화)에 이르면 사회 구성원 사이에 빈부의 차이가 현저한 추방사회 단계에 도달한다. 그러나 황하 중류 지역에서와 같은 치열한 전쟁의 흔적은 찾아볼 수가 없다. 이러한 차이는 황하 중류 지역의 사회 변화가 식료의 부족이라는 절박한 상황에서 일어난 것인 데 반해 산동성 지역의 사회 변화는 이민사회라는 특수한 상황에서 풍요한 물질을 바탕으로 한 인간 욕망의 표출에 의한 것으로 설명될 수 있다. 따라서 황하 중류 지역의 사회 변화는 적극적일 수밖에 없고 산동성 지역의 사회 변화는

93 丁驌, 「華北地形史與商殷的歷史」 『中央研究院民族學研究所集刊』 22期, 民國 54(1965), pp. 155, 160~161.
94 윤내현 옮김, 「중국의 신석기시대고고」 『사학지』 15집, 단국대 사학회, 1981, p. 156.

소극적이어서 강력한 정치권력의 출현은 더딜 수밖에 없었다.[95]

여기서 잠깐 천관우가 "동이에 관해서는, 그 낙양(洛陽)·안읍(安邑) 방면에서 용산문화가 앙소문화의 뒤를 잇는 것은 분명해졌지만, 산동 방면에서 앙소문화의 유적이 발견된 예가 아직은 없다는 것도 지적되고 있다."고 말하고 "용산-흑도(黑陶)문화의 기원은 서방이라 할지라도 그 최성기는 동방에서 경과되었으며, 그 최성기의 용산-흑도문화의 담당자 가 문헌상의 동이라는 것이 흔들리고 있는 흔적은 있어 보이지 않는 다."[96]고 지적한 점에 대해서 검토해볼 필요가 있다.

산동성 지역에 앙소문화 유적이 분포되어 있지 않은 것은 황하 유역 에 앙소문화가 전개되던 시기의 산동성 지역이 아직 육지로 형성되지 못하고 침수되어 있거나 늪 지대를 형성하고 있어서 사람이 거주할 수 있는 자연환경을 제공해주지 못했다는 점에서 이해될 수 있다.[97] 그리고 사람의 거주가 가능한 지역에서는 황하 중류 지역 문화의 영향을 받고 있었다는 점을 인식해야 한다. 즉 산동성 지역에서 가장 빠른 부족사회 문화인 북신문화의 유물 중에 갈돌판과 갈돌봉은 자산문화의 것과 유사 하고 채색질그릇 조각도 출토되었던 것이다.[98]

또 천관우가 지적한 용산문화의 최성기가 동방(산동성을 의미한 듯)에 서 경과되었고 그 최성기의 용산문화의 담당자가 문헌상의 동이라는 것 이 흔들리지 않고 있다고 본 점은 다음과 같이 수정되어야 한다. 즉 앞 에서 본 바 있듯이 중국 내의 모든 용산문화에 대한 전개 과정은 하나

---

95 앞 책, 『중국의 원시시대』, p. 500.
96 앞 글, 「기자고」, pp. 32~33.
97 주 93 참조.
98 주 94 참조.

의 수직선상에서 설명될 수 없으며 하남용산문화, 섬서용산문화, 산동용산문화 등이 각 지방성의 용산문화로서 그 지역에 있었던 이전 시대의 문화를 계승·발전시켜 병존하고 있었던 것이다. 따라서 산동용산문화는 하나의 지방성 용산문화이며 그 최성기는 산동용산문화의 최성기이지 모든 용산문화를 포괄한 개념으로 사용될 수는 없을 것이다. 그리고 산동성이 육지화되어 사람의 거주가 가능해지자 이 지역으로 이주한 사람의 주류는 인구 폭발 현상을 일으키고 있던 황하 유역으로부터 온 사람들이었을 것이며, 그 외에 해안선을 따라서 남부와 북부로부터도 상당한 이주가 있었을 가능성을 생각해볼 수 있지만 양적인 면에서는 주류를 이루지 못했을 것이다.

이렇게 볼 때 그 지역의 대문구문화를 계승하면서 기술적인 면에서 하남성 지역의 영향을 받은 산동용산문화의 담당자를 동이로만 단정할 수는 없다. 산동용산문화에 대한 근래의 연구 결과에 따르면, 산동성의 동부와 서부가 서로 다른 문화 요소를 포함하고 있어서 산동용산문화는 동·서 2개의 문화유형으로 나뉠 수 있으며, 서부의 것이 하남용산문화의 요소를 많이 포함하고 있다는 점도 이 문제를 고찰하는 데 참고가 될 것이다.[99]

천관우가 산동용산문화의 담당자를 동이로 본 것은 그가 길게 소개한 것에서도 알 수 있듯이, 그가 부사년의 「이하동서설」 영향을 강하게 받았기 때문이다. 「이하동서설」은 주지하는 바와 같이 이족은 동방, 하족은 서방에서 기원해 이들이 하남성 지역을 향해 진출했을 것이라는 전제에서, 이것을 옛 문헌에 기록된 전설을 체계적으로 정리하면서 논증

---

99 文物編輯委員會, 『文物考古工作三十年』, 文物出版社, 1979, p. 190.

하고 있다. 여기에서 부사년은 상족(商族)과 이족(夷族)을 동일시하지는 않았지만[100] 상족이 하남성 지역으로 진출해 하족을 이긴 데는 이족의 도움이 컸을 것으로 보고 상족이 하족(夏族)을 이긴 것은 실제로는 이인(夷人)들이 하족을 이긴 것이라고 말할 수 있다고 하였다.[101] 또한 부사년은 상족의 기원지를 발해만 연안일 것으로 추정했다.[102] 하족을 서방, 이족을 동방으로 본 견해는 이전부터 중국의 사학자들이 가지고 있던 전통적인 생각인데 이것을 부사년이 체계적으로 정리한 것이다.

부사년은 이것을 문헌에 기록된 전설에 의거하고 있으므로 그 견해는 고고학과는 상관이 없는 것처럼 보인다. 그러나 당시에 앙소문화의 기원지는 서방, 용산문화의 기원지는 동방 지역일 것으로 인식되어 있었고 용산문화와 상문화(商文化)는 일부 유물의 유사성에 근거해 용산문화의 담당자는 상족의 조상일 것으로 받아들여지고 있었으며, 이러한 중국 역사학계와 고고학계의 분위기 속에서 부사년보다 수년 전에 서중서(徐中舒)가 앙소문화의 주인공은 하족일 것이며 상족의 기원지는 발해만 연안일 것이라는 견해를 제출한 바 있다.[103] 따라서 부사년은 이러한 견해를 문헌의 기록에 의거해 좀 더 체계적으로 정리·발전시킨 것에 불과하다.[104]

그런데 앞에서 언급한 바와 같이 고고학이 성취한 업적은 서방의 앙

---

100 앞 글, 「이하동서설」, p. 1130.

101 위 글, p. 1117.

102 위 글, p. 1106.

103 徐中舒, 「再論小屯與仰詔」 『安陽發掘報告』 3期, 民國 20(1931), pp. 523~557.

104 당시에 중국 학계에서는 상족이 동방 지역에서 이동해 왔을 것이라는 생각이 지배적이었는데, 이것은 부사년의 "湯之始都應在東方, 湯自東徂西之事, 在今日已可爲定論"이라는 표현에서도 알 수 있다(위 글, 「이하동서설」, p. 1104).

소문화, 동방의 용산문화라는 인식의 수정을 불가피하게 만들었으며 오히려 황하 중류 유역으로부터 변방으로의 문화 전파와 거주민 이동이 있었음을 알게 해주었다. 따라서 서중서와 부사년이 제시했던 상족의 기원지가 발해만 연안일 것이라는 견해는 존립 근거를 잃는다. 그러나 상족의 기원지에 관한 부사년의 견해를 지지한 천관우는 부사년이 상족과 동이를 구별한 것은 무리라고 하면서 "아직은 더 많은 증거가 필요하겠지만" "상족이 동이의 일부였다고 한다면, 또 기자가 상인이었다고 한다면, 기자족은 당연히 동이의 일부였다는 말이 될 것이다."[105]라고 했다. 그리고 "앙소문화와 용산문화가 각각 서방과 동방을 대표하는 신석기문화라는 입론(오늘날은 그것이 아니라는 것이 밝혀졌다)과, 하인이 서방의 주민이요 동이가 동방의 주민이라는 「이하동서설」의 기본 명제는 처음부터 불가분의 관계에 있는 것이 아니었다."[106]고 말함으로써 고고학적인 결과와는 상관없이 상족의 기원에 관한 부사년의 견해를 긍정적인 것으로 받아들였다.

그러나 앞에서 언급했듯이 「이하동서설」은 당시의 고고학적인 인식의 분위기를 배경으로 쓰였으며, 「이하동서설」에서 상족의 기원 문제에 관한 부분을 보면 상 왕국이 건립된 시기로부터 계산하더라도 1,000년 이후의 문헌에 나타난 지극히 전설적인 기록과 옛 문헌에 보이는 낱말과 오늘날 지명과의 유사성 등을 근거로 하여 매우 추상적인 논리를 전개하고 있어, 치밀한 듯하지만 결정적인 근거는 하나도 제시되지 못했음을 발견하게 된다. 이와 같은 추상적인 논리의 전개로 얻어진 결과가 고고학적인 연구의 결과와 상충되었을 때 어느 쪽을 택해야 하는가는 지

---

105 앞 글, 「기자고」, p. 35.
106 위 글, p. 32.

극히 상식에 속하는 것이다.[107] 예일부(芮逸夫)는 부사년의 견해를 발전시켜 중국 고대의 상족과 한국 문화의 기초를 이룬 고조선 민족은 동원(同源)이라고 할 수 있다[108]고 했는데, 여기에 대해서는 상족이 사용하던 갑골문의 어순이 오늘날 중국어와 기본적으로 일치하고[109] 한국어와는 다르다는 지극히 소박한 반증이 제시될 수 있다.

그럼에도 중국의 고고학에 대한 인식이 부족했던 50여 년 전의 상황에서 발표된 부사년의 상족의 기원에 관한 견해가 아직도 대만 출신의 일부 학자들에 의해 신봉되고 있는 것은 전통적인 것을 고수하려는 중국인의 특성과 은사에 대한 의리가 복합적으로 작용한 것으로 이해된다. 그리고 '상족의 발해만 기원'의 원 제안자인 서중서에 대한 언급을 볼 수 없는 것은 그가 대륙에 남아 있는 학자이기 때문일 것이다.

근래에 상 왕국의 후기 도읍지였던 안양의 유적과 그곳에서 출토된 유물 가운데 지배계층과 관련된 것의 일부가 산동성 지역의 대문구문화와 용산문화의 영향을 받은 것으로 확인되어, 상 왕실은 정치적 집단으로서 동쪽으로부터 온 정복자일 것으로 본 견해가 제출된 바도 있다.[110] 그러나 안양보다 빠른 시기의 상문화인 정주(鄭州)의 이리강(二里岡), 하문화(夏文化)와 상대(商代) 초기의 문화가 복합되어 있는 언사현(偃師縣)의 이리두문화 등에서는 동부 해안 지역 문화와의 연관성을 찾아볼

---

107 「이하동서설」에 대한 비판은,
　　앞 책, 『상왕조사의 연구』, pp. 13~62 참조.

108 芮逸夫, 「韓國古代民族考略」 董作賓 等, 『中韓文化論集』(一), 中華文化出版事業
　　委員會, 民國 44(1955), p. 47.

109 앞 책, 『殷墟卜辭綜述』, pp. 83, 133.

110 앞 책, Shang Civilization. p. 345.

수가 없으므로, 이 견해는 부정되었다.[111] 안양의 유적과 유물에서 보이는 동부 해안 지역 문화의 영향은 상 왕국 후기에 수입되었을 것이다.

상 문화의 요소 가운데 하층민의 생활과 밀접한 관계를 맺고 있는 질그릇, 돌공구, 뼈공구, 조가비공구, 반지하식 움집, 그리고 조의 경작과 삼의 재배 등은 용산문화의 전통을 그대로 이어받은 것으로서 산동용산문화보다는 하남용산문화에 가까우며, 단지 용산문화와 구별되는 돌낫의 대량 출토는 농업 생산의 증대를 의미하는 것이다.[112] 반면에 상층민의 생활과 관계된 질그릇 제조 기술의 진보, 청동기의 사용, 발달된 문자의 출현, 묘실(墓室)이 있는 무덤, 전차의 사용, 발달된 석제 조각품 등은 용산문화와는 큰 차이를 보이는데,[113] 이것은 용산문화 단계에서 분명해진 사회 계층의 분화가 이리두문화와 정주의 상문화를 거쳐서 안양기에 이르면서 한층 심각해진 결과로서 궁극적으로 나타난 사회 현상이라고 이해된다.

분명히 말해서, 상족의 기원지는 어느 지역인가, 이들은 단일부족인가 복합부족인가 원주민인가 이주민인가, 상 왕국의 지배계층은 정복자들인가 아니면 피지배계층과 동일한 혈연관계에 있는가 등에 대해서 명쾌한 해답을 얻을 단계는 아니다. 그러나 황하 중류 지역이 일찍이 인구 폭발로 인해 식료 부족 현상을 가져온 결과로 다른 지역으로 거주민의 이동이 있었을 것이라는 점, 이 지역 주민은 다른 지역 주민에 비해 약탈을 통한 전쟁 경험이 풍부했다는 점, 상문화는 같은 지역에 있었던 이

111 David N. Keightley, "Shang China is Coming of Age - A Review Article" *The Journal of Asian Studies*, Vol. XLI, No. 3, 1982, p. 552.

112 앞 책, *Shang Civilization*, p. 340.

113 Li Chi, *The Beginnings of the Chinese Civilization*, University of Washington Press, 1957, p. 15.

전의 문화 요소를 대부분 계승하고 있다는 점 등으로 보아, 다른 지역의 거주민이 하남성 지역으로 이주해 왔을 가능성은 생각하기 어렵다. 또한 같은 지역에 있던 부락들이 부족사회를 거쳐 추방사회에 이르러 연맹관계를 형성하고 그 중심 세력이 궁극적으로 공주(共主)로서 지배세력으로 등장했을 것으로 보는 것이 순리일 것이다.

따라서 중국 고대사에 등장하는 하·상·주는 서로 인접해 병존하던 오랜 역사를 지닌 부족으로서 시기에 따라 공주의 자리를 교체한 것으로 보아야 할 것이다. 고고학적인 발굴 결과와 전설을 통해볼 때, 위의 세 세력 가운데 하족이 중앙에 위치해 오늘날 하남성 중부로부터 다소 서부에 치우쳐 있었고 그 동쪽은 상족, 서쪽은 주족의 활동 지역이었을 것으로 생각된다. 결론적으로 상족의 기원지와 초기의 활동 지역은 하남성·하북성·산동성을 벗어나지 않을 것인데 하남성의 동부로부터 하북성 서남부와 산동성 서부의 범위가 그 중심 지역이었을 것이다.[114]

그러면 당시에 중국의 동북부 지역은 어떠한 상황에 있었는가? 황하 유역의 부락들이 변화를 거치는 동안 요령성 지역에서도 몇 개의 지역적 특징을 지닌 문화가 성장하고 있었다. 그중 가장 연대가 올라가는 부족사회 문화는 심양 지역의 신락유형(新樂類型)[115]으로서 지금으로부터 약 7,000년 전이 된다. 지금으로부터 약 5,400년 전에 이르면 사회 성격이 변하는 징후를 볼 수가 있는데, 요하 상류 유역과 서랍목륜하(西拉木

---

114 鄒衡, 「論湯都鄭亳及其前後的遷徙」 『夏商周考古學論文集』, 文物出版社, 1980, p. 218.
필자는 상족의 기원지에 관해 추형(鄒衡)과 같은 견해를 이미 발표한 바 있다.
윤내현, 「상족의 기원에 관한 고찰」 앞 책, 『상왕조사의 연구』, pp. 13~63.
115 沈陽市文物管理辦公室, 「沈陽新樂遺址試掘報告」 『考古學報』, 1978年 4期, pp. 449~461.

倫河) 유역에 있었던 부하문화(富河文化)[116]에서 발견된 점뼈[卜骨]가 그것이다. 비록 1점밖에 출토되지 않았지만 이것은 종교적인 권위자가 출현했을 것임을 알게 해주며 사회 신분에 분화가 일어나고 있었을 가능성을 시사해준다.

그런데 5,000년(서기전 3000) 전에 나타났을 것으로 추정되는 소하연문화(小河沿文化)[117] 단계에서는 분명한 계층 분화가 일어났음이 확인된다. 그리고 소하연문화 단계를 거쳐서 지금으로부터 약 4,400년(서기전 2400) 전부터 3,700년(서기전 1700) 전 사이에 존재했던 풍하문화(豐下文化 : 하가점하층문화)[118] 단계에 이르면 초기 청동기가 출현하고 빈부와 사회신분에 현저한 차이가 일어나고 의례(儀禮)가 제도화되었을 가능성도 확인할 수 있다.

지금까지의 발굴 결과를 보면 요령성을 중심으로 한 중국의 동북부 지역은 황하 유역과 서로 영향을 주고받기는 했지만 각각 다른 문화권을 형성하고 성장해 왔으며 거의 비슷한 시기에 사회 성격의 변화를 겪었다. 아울러 대등한 수준의 생산력과 문화를 지닌 사회가 형성되어 병존하고 있었다는 점은 주목해야 할 것이다.[119]

---

116 中國科學院考古研究所內蒙古工作隊, 「內蒙古巴林左旗富河溝門遺址發掘簡報」 『考古』1964年 1期, pp. 1~5.

117 遼寧省博物館 等, 「遼寧敖漢旗小河沿三種原始文化的發現」『文物』1977年 12期, pp. 1~9.

118 中國科學院考古研究所內蒙古發掘隊, 「內蒙古赤峰藥王廟·夏家店遺址試掘簡報」 『考古』1961年 2期, pp. 77~81.
   遼寧省文物幹部培訓班, 「遼寧北票縣豐下遺址1972年春發掘簡報」『考古』1976年 3期, pp. 186, 197~210.

119 요령성 지역의 사회 성격 변화에 대한 구체적인 내용은 다음을 참조할 것.
   앞 책, 『중국의 원시시대』, pp. 316~326, 430~447.
   앞 책, 『文物考古工作三十年』, pp. 85~88.

5. 기자의 실체와 기자국의 이동

기자전설의 신빙성이 문제가 되는 것은 그것을 전하는 기록이 후대의 것이라는 데 있다. 따라서 기자전설의 실체를 파악하기 위해서는 그것을 전하는 내용의 진실성부터 검토해야 할 것이다. 그러기 위해서는 기자전설의 배경을 이루고 있는 상·서주 시대의 기록을 검토하고 그 중에 기자전설과 연결시킬 수 있는 것이 있는지 여부를 확인하는 작업으로부터 출발해야 할 것이다. 상·서주 시대의 기록으로는 갑골문과 금문이 현존하고 있음은 주지의 사실이다.

우선 기자의 명칭부터 검토해보자. 『사기집해』에는 마융(馬融)의 말을 인용해 기자의 기(箕)는 국명이고 자(子)는 작위의 명칭이라고 했으며, 또 사마표(司馬彪)의 말을 인용해 기자의 이름을 서여(胥餘)였다고 전하고 있다.[120] 그리고 『사기』에서는 기자는 제신(帝辛)의 친척이라고만 전하고 있는데, 『사기색은』은 마융과 왕숙은 기자가 제신의 제부(諸父)라고 했고 복건과 두예는 기자가 제신의 서형(庶兄)이라고 했다고 전하고 있다.[121] 그런데 상 왕국에서는 왕자와 그 후손을 통칭해 다자(多子)라고 불렀고 다자 가운데는 상왕에게 발탁되어 어느 특정한 지역에 파견되어 그 지역을 다스리도록 봉함을 받은 사람이 있었는데, 이들은 다자의 일원임을 나타내는 자와 그가 봉해진 지역의 명칭이나 부족의 명칭을 결합시켜 '자모(子某)' 또는 '모자(某子)' 등으로 불렸음은 앞에서 살펴본 바 있다.[122] 이렇게 볼 때 기자가 실존했던 인물이라면 기라는 땅

---

120 주 15 참조.
121 주 17 참조.
122 주 72 참조.

이나 기라는 부족을 다스리도록 봉함을 받은 다자의 일원이었을 것임을 알게 된다. 이것은 『사기집해』에 인용된 기는 국명이고 자는 작위의 명칭이라고 한 마융의 언급과 일치되는 것이다.

상 왕국에는 봉국이라는 개념이 아직 확립되지 않았기 때문에 기(箕)를 국명이라고 할 수는 없다. 그런데 후에 서주시대에 분봉제도가 확립되면서 제후국, 즉 봉국이라는 개념이 등장하게 되고 자(子)도 작위의 명칭 가운데 하나로 확립된다. 따라서 마융이 기를 국명, 자를 작위의 명칭이라고 한 것은 서주시대 이후의 개념으로 표현한 것으로 이해된다. 이렇게 본다면 기자는 다자 출신이고 다자는 상 왕실의 근친이므로, 『사기』에서 기자가 제신의 친척이라고 기록한 것은 기자의 출신신분과 일치함을 알 수 있다. 그리고 상 왕실의 성은 자(子)였으므로 정초가 『통지』에서 기자의 성을 자라고 한 것[123]도 타당성이 있다. 그런데 『사기집해』에 따르면 사마표가 기자의 이름을 서여였다고 전했는데 그 진위를 지금으로서는 확인할 길이 없다.

그러나 『사기색은』이 전하는, 마융과 왕숙은 기자가 제신의 제부라고 했고 복건과 두예는 기자가 제신의 서형이었다고 한 서로 엇갈린 내용은 다음과 같이 설명될 수 있다. 상 왕국에서 유별호칭(類別呼稱)[124]은 사용한 부의 항렬에 속하는 사람은 모두 부로, 자의 항렬에 속하는 사람은 모두 자로 불리는 것으로, 이러한 호칭 원칙은 모(母)나 조(祖)의 경우에도 적용되었다. 그런데 기자는 개인의 성명이 아니라 작위의 명칭이므로 기자의 작위를 계승한 인물은 모두가 기자로 불렸을 것인데 당

---

123 주 20 참조.

124 松丸道雄, 「殷金文に見える王と諸氏族」 『世界歷史』 4卷, 岩波書店, 1970, pp. 65~79.

시에 작위는 세습되었던 것이다. 따라서 기자 중에 제신의 제부가 있었을 것이고 제형(諸兄)도 있었을 것이다.

오늘날 전하는 기자전설의 주인공인 기자가 제신과의 관계에서 어느 항렬에 속했는지는 확인할 수가 없지만, 위에서 살펴본 바와 같이 기자가 세습된 작위명이라는 것과 상시대의 유별호칭 사이에 야기된 혼란으로 인해 기자가 제신의 제부 또는 서형으로 전해졌을 것이다.

지금까지 살펴본 바와 같이 문헌에 나타난 기자의 개인 신분에 관계된 기록은 상 왕국의 사회 구조와 통치조직을 통해서 볼 때 모순되지 않음을 알 수 있다. 이제 기자와 관계된 기록을 상시대의 기록인 갑골문과 금문에서 확인하겠다. 갑골문자 가운데 기(箕) 자로 읽을 수 있는 것은 ⊠·⊠·⊠·⊠ 등이 있다. 이 가운데 ⊠는 기(箕) 자로 통용될 수는 있지만 본래 기(其) 자이기 때문에 여기에서는 제외되어야 할 것이다. ⊠는 '己丑 ⊠死'[125]라는 기록이 있어 이것을 "己丑日에 箕가 사망했다."라고 해석한다면 ⊠는 인명일 것임이 틀림없다. 그런데 그 이상의 내용을 알게 하는 갑골문을 볼 수가 없다. 한편 ⊠에 관한 갑골문을 보면,

① ……貞, 狩勿⊠于⊠, 九月
② 子, 王卜…… 出于⊠
③ 辛巳, 卜在⊠, 今日王逐兕……[126]

---

125 羅振玉, 『殷虛書契前編』 卷6, 34葉 7片.
126 ① 貝塚茂樹, 『京都大學人文科學研究所藏甲骨文字』, 263片.
　　② 姫佛陀, 『戩壽堂所藏殷虛文字』, 9葉 16片.
　　③ 郭若愚, 『殷契拾掇第二編』, 399片.

등이 있다. ①은 어떤 종류의 사냥을 鸄에서 해도 괜찮겠는지의 여부를 9월에 점친 기록으로 해석되며, ②는 왕이 鸄로 행차해도 되겠는지의 여부를 물은 것이다. 그리고 ③은 鸄에서 점을 친 것으로 점을 친 날 왕이 들소를 뒤쫓고 있음을 알게 한다. 이 기록들은 鸄가 지명이라는 점을 분명하게 보여주고 있는 것으로서 ①과 ②의 내용을 종합해볼 때 鸄는 왕실과 귀족의 사냥터였을 것으로 생각된다.

위에 인용된 것 이상으로 자세한 내용을 전하는 기록을 갑골문에서 찾아볼 수 없으므로 鸄의 위치가 어디였는지를 확인할 방법이 현재로서는 없다. 그러나 상 왕국에는 전국 각지에 사냥터가 산재해 있었다. 대개 읍을 둘러싸고 있는 농경지 밖에 있는 이 사냥터들이 읍과 읍을, 상왕의 직할지(왕기)와 비직할지를 연결하는 지역이었다[127]고 하는 점에서 생각해볼 때, 적어도 상왕의 직할지 내에 있었을 가능성은 희박하다. 그리고 이 지역에 제후가 분봉되었거나 대읍이 있었음을 입증해주는 근거도 아직까지는 찾아볼 수 없다. 따라서 기자가 봉해졌던 기(箕)로 보기에는 근거가 부족하다.

그런데 鸄는 그것을 그대로 한자화하면 기(眞)가 되는데, 이에 관한 갑골문의 기록에는,

① ……王其在眞
② 癸未……于眞……
③ ……貞, 翌日乙酉小臣鸄其……考眞侯, 王其……以商, 庚戌王弗晦[128]

---

127 앞 책, *Shang Civilization*, p. 211.
128 ① 董作賓, 『小屯·殷虛文字甲編』, 2877片.

등이 보이는데 갑골편의 파손과 문자의 탈락이 심해 전체적인 내용은 명확하게 파악할 수 없다. 하지만 ①과 ②의 갑골문은 기(箕)가 지명임을 알게 하고 ③의 갑골문은 기후(箕侯), 즉 기(箕)에 봉해진 제후가 있었음을 알게 해준다. 특히 ③의 갑골문에는 상 왕국의 중앙관료인 소신(小臣)과 기후(箕侯)가 함께 등장하고 상왕(商王)과 상읍(商邑)이 연관되어 있으며, 마지막 부분에는 경술일(庚戌日)에 상왕이 늦지 않겠느냐는 내용이 보인다. 따라서 상왕과 그의 가까운 신하인 소신 그리고 기후 등이 상읍에 모여 어떠한 의식을 가지려고 했는데 그날이 경술일이었을 것이며 상왕이 당시에 다른 곳에 가 있었으므로 그날까지 도착하겠는지의 여부를 점친 기록이었음을 미루어 짐작할 수 있다.

그런데 앞에서 상 왕국의 구조를 살필 때 언급한 바 있듯이, 상읍은 상 왕실의 종묘가 있는 성지로서 상족의 종교적·정신적 중심지였다. 따라서 상읍에서 의식이 행해졌다면 종묘에 대한 제사의식일 가능성이 많은데, 기후가 상 왕실의 종묘 제사에 참석했다는 것은 그가 상 왕실의 근친이거나 상왕과 가까운 사이였을 것임을 알게 해준다. 이 갑골문은 갑골문의 시기 구분에서 제5기, 즉 제을(帝乙)·제신(帝辛)시대에 속하는 것으로 상 왕국 말기의 것이다.[129] 상·서주 시대 제후의 작위인 후와 자가 서로 통용되었다는 점에서 위의 갑골문의 내용에서 기후(箕侯)가 전설의 주인공인 기자였을 가능성이 있다.

이 기후는 갑골문에서뿐만 아니라 상·서주 시대의 금문에서도 확인되었는데 필자는 그를 기자전설의 주인공이라고 믿고 있으므로 이에 대

---

② 위 책, 2398片.
③ 앞 책, 『殷虛書契前編』卷2, 2葉 6片.
129 島邦男, 『殷墟卜辭硏究』, 汲古書院, 昭和 33(1958), p. 432.

한 좀 더 자세한 검토를 필요로 한다.

　지금까지 기(萁)와 관계된 명문이 확인된 청동기는 20여 점이 넘는데 기후(萁侯), 기백(萁伯), 기공(萁公) 등으로 기록된 내용을 볼 수 있다. 따라서 기를 국명으로 보는 데는 학자들 사이에 이론이 없다. 그러나 종래에 전하던 청동기들은 대부분이 출토지가 분명하지 않았기 때문에 기국(萁國)의 위치를 확인할 수 없었고 기국의 실체를 파악할 수도 없었다. 금문 연구 초기 시기에는 기국을 문헌에 보이는 기국(杞國)으로 추정한 바 있는데[130] 곽말약(郭沫若)은 '기공호(萁公壺)'의 명문을 고석(考釋)하면서, 『기공호』의 명문 내용에 따르면 기국(萁國) 공실(公室)의 성이 강(姜)이라는 것을 알 수 있는데 문헌에 보이는 기국(杞國)의 성은 사(姒)였으므로 동일한 나라가 될 수 없음을 지적했다. 그리고 그 음이 같은 점을 들어 기국(萁國)은 춘추시대의 기국(紀國)일 것이며 기(萁)는 기(己)와 같다고 했다.[131]

　동작빈도 분명한 근거는 제시하지 않았지만 갑골문에 보이는 기(萁)를 기국(紀國)으로 본 바 있다.[132] 그러나 금문에는 기(己)·기(杞)·기(萁)의 국명이 모두 보이고 기(己)가 기(萁)와 혼용된 근거가 없으므로 기(己)·기(杞)·기(萁)를 각각 다른 나라로 보는 것이 타당할 것으로 생각된다. 그리고 기(萁)와 기(紀)는 같은 강성(姜姓)의 나라이므로 동일국일 가능성을 생각해볼 수 있겠지만, 그렇게 보기 위해서는 서주시대 이후에 강성의 나라가 많이 있었다는 점, 지금까지 출토된 청동기를 통해

---

130 周法高, 『金文詁林』 卷14 下, 香港中文大學, 1975, p. 8072.

131 郭沫若, 「萁公壺」 『兩周金文辭大系圖錄考釋』, 科學出版社, 1957, 199葉.

132 앞 글, 「五等爵在殷商」, pp. 415~416.

볼 때 기국(萛國)의 멸망이 전국시대 초기로 추정된다는 점에서,[133] 금
문의 기국(萛國)이 문헌에는 기국(紀國)으로 다른 문자를 사용해 기록되
어야 했던 충분한 이유가 제시되어야 할 것이다. 필자가 보기에는 기국
(萛國)이 기국(紀國)과 동일국인지 그렇지 않은지를 밝힐 만한 충분한
자료가 아직까지는 발견되지 않았기 때문에 이 점은 기자전설의 실체를
밝히는 데 중요한 것이 아니므로 일단 그대로 보류해두기로 하겠다.

그런데 근래에 기국(萛國)의 위치와 실체를 밝히는 데 적극적인 시사
를 주는 청동기들이 출토되었다. 그것은 1951년에 산동성 황현(黃縣)
남부촌(南埠村)에서 출토된 8점의 기기(萛器),[134] 1969년에 산동성 연대
시(烟臺市) 남쪽 교외에서 출토된 '기후정(萛侯鼎)',[135] 그리고 1973년
요령성 객좌현(喀左縣)에서 출토된 기후(萛侯)의 명문이 있는 방정(方
鼎)[136] 등이다. 이것들은 기족(萛族)의 활동 지역을 알게 하는 것으로서
매우 중요한 시사를 준다. 먼저 산동성 출토 청동기부터 살펴보겠다.

산동성 황현 남부촌의 고묘(古墓)에서 출토된 청동기를 정리하면서
왕헌당(王献唐)은 기(萛)와 기(箕)를 같은 것으로 보고 한시대에 산동성
의 치유(淄濰) 유역에는 기현(箕縣)이 있었고 주시대에 유수(濰水) 상류
지역에는 강성의 나라가 있었음을 근거로 제시하면서, 명칭·지리·성씨
등이 일치하므로 한시대의 기현 일대가 옛 기국(萛國)의 소재지였을 것
으로 추정했다.[137] 『한서』「지리지」에 따르면 낭야군(琅邪郡)에는 기현

---

133 王献唐, 『黃縣萛器』, 山東出版社, 1960, p. 168.

134 위 책 참조.

135 齊文濤, 「槪述近年來山東出土的商周靑銅器」『文物』1972年 5期, p. 8.

136 喀左縣文化館, 「遼寧喀左縣北洞村出土的殷周靑銅器」『考古』1974年 6期, p. 366.

137 앞 책, 『黃縣萛器』, pp. 23~29, 165~169.

　앞 책, 『山東古國考』, pp. 154~158.

(箕縣)이 있었는데 이것을 후국(侯國)으로 삼았다가 왕망 집권시대에 폐지된 것으로 되어 있다.[138]

그런데 기현(箕縣)의 옛 성터 위치에 대해서는 3가지 설이 전한다. 첫째는 『태평환우기(太平寰宇記)』와 『속산동고고록(續山東考古錄)』에 보이는 오늘날 거현(莒縣) 동북이라는 설이고, 둘째는 『기주부지(沂州府志)』에 실린 거현 서북이라는 설이며, 셋째는 『중수거지(重修莒志)』에 기록된 거현 북쪽이라는 설이 그것이다. 왕헌당은 이 중에 세 번째 설이 비교적 정확한 것으로 보았다. 이와 같이 기국(箕國)의 위치를 거국(莒國 : 오늘날 산동성 거현)의 북쪽으로 추정한 것은 춘추시대의 위치에 해당되는 것으로서 그곳은 내국(萊國)의 동남이 되고 정우국(淳于國)과 기국(杞國)의 서남이 되는 것으로 산간 지대에 속한다.

그런데 왕헌당은 이러한 기국(箕國)의 위치는 춘추시대의 상황일 뿐이며 춘추시대 이전 상·서주 시대의 기국(箕國)의 위치를 한시대의 기현(箕縣) 경내로 한정하는 것은 합당하지 않다고 했다.[139] 1969년에 산동성 연대시 남쪽 교외에 있는 상천촌(上夼村)에서 '기후정'이 출토되자 기국(箕國)의 위치를 연대시 지역으로 추정하는 견해가 제출된 바 있다.[140] 그러나 명문의 내용에 따르면 '기후정'은 기후(箕侯)가 제(弟)인 수(叟)에게 은상(恩賞)을 내린 바 있고 그것을 기념하기 위해 수가 제조한 것이므로[141] '기후정'의 출토에 근거해 기국(箕國)의 위치를 추정하는 데는 문제가 있으며, 현재로는 왕헌당이 한시대의 기현을 춘추시대

---

138 『한서』 권28 상 「지리지」 상, 〈낭야군〉조.
139 앞 책, 『黃縣箕器』, pp. 158~167.
　　　앞 책, 『山東古國考』, pp. 148~156.
140 앞 글, 「概述近年來山東出土的商周靑銅器」, p. 9.
141 위 글, pp. 8~9.

의 기국(箕國)으로 추정한 것이 합리적인 것으로 받아들여지고 있다.[142] 지금까지 언급된 황현과 연대시 교외에서 출토된 기기(箕器)는 서주 후기로부터 춘추시대에 제작된 것으로서 이 시기에 기족(箕族)이 산동성 지역에서 활동했을 것임을 알게 한다.

왕헌당이 기국(箕國)을 한시대의 기현으로 추정하고 기(箕)와 기(箕)를 동일한 것으로 파악하자 이것을 합리적이라고 받아들인 진반(陳槃)은 기족(箕族)의 이동로를 추적했다. 『춘추(春秋)』〈희공(僖公) 33년〉조에 "진인(晉人)이 기(箕)에서 적(狄)에게 패했다."라는 기록이 있고 두예는 『좌전(左傳)』주(註)에서 이 기(箕)에 대해 "태원(太原) 양읍현(陽邑縣) 남쪽에 기성(箕城)이 있다."라고 했으며, 이곳을 오늘날 산동성 태곡현(太谷縣) 동남 35리 지점으로 정초는 이 기(箕)를 기자가 봉해졌던 기국(箕國)으로 추정했다.[143] 단지 지명의 동일성에 근거한 정초의 추정은 그가 기자의 나라는 상 왕국의 기내제후라고 한 것과는 모순이다.

그런데 앞에서 언급한 기에서 진(晉)나라와 싸운 적은 백적(白狄)으로 이들은 서하(西河)에 거주하고 있었기 때문에 황하를 건너와서 진나라를 쳤을 것이므로, 기는 마땅히 황하에서 가까운 곳에 있어야 한다. 그러나 태곡현의 기는 백적의 거주지로부터 너무 멀기 때문에 백적과 진나라가 싸운 기는 이곳이 아닐 것이다. 『좌전』〈성공(成公) 13년〉조에는 진인(秦人)이 진(晉)나라의 하현(河縣)에 들어와서 기(箕)와 고(郜) 두 읍을 불태우고 농작물을 베어 갔다는 기록이 있어 이 기가 황하에서 가까운 곳임을 알게 된다. 이 기는 오늘날 산서성 포현(蒲縣) 동북으로서

---

142 陳槃, 『不見於春秋大事表之春秋方國稿』 1冊, 中央研究院歷史語言研究所, 民國 59(1970), 50葉.

143 주 20 참조.

원래 기성(箕城)이 있었는데, 이곳이 앞에서 언급된 진인(晉人)이 적(狄)에게 패한 기(箕)일 것이다.

이렇게 볼 때 진나라에는 2개의 기읍(箕邑)이 있었는데 하나는 지금의 산서성 태곡현 동남에 있었고 다른 하나는 산서성 포현 동북에 있었다는 것이 된다.[144] 그리고 하남성 등봉현(登封縣) 동남에도 기산(箕山)이 있다.[145] 그런데 기국(眉國)은 강성(姜姓)인데 전설에 따르면 강족(姜族)은 태악(太嶽)의 후예로서 산서성 남부에 있는 곽태산[藿太山: 태악(太岳)이라고도 부름]이 그 발상지라고 한다. 지금까지 살펴본 기(箕)라는 지명과 관계된 내용에 근거해 진반은 기족은 본래 산서성에 있었기 때문에 산서에 2개의 기성이 있었고, 이들이 점차 하남성으로 이동함에 따라 등봉현 동남에 기산이 있게 되었을 것이며 마지막으로 산동성으로 옮겼을 것으로 보았다.[146]

이러한 진반의 견해는 바로 동조자를 얻었다.[147] 그런데 기족(箕族)이 위의 순으로 이동했는지의 여부는 현재로서는 확인할 수가 없다. 하지만 고대 중국에서는 국명·부족명·지명이 대체로 일치했고 부족이 이동함에 따라 지명도 이동한 예가 많았다는 점에서 일단 가능성이 있는 견해로 받아들일 수 있을 것이다. 여기서 필자는 앞에서 인용된 바 있는 사냥터로 나타난 갑골문의 기(㘟)가 산서성의 기읍(箕邑)이나 하남성의 기산(箕山)일 가능성을 생각해보지만 명확한 근거를 찾을 수는 없다.

기족이 산서성 지역으로부터 산동성 지역으로 이동해 온 것이 맞다면

---

144 江永, 『春秋地理考實』 卷253, 11葉 下.

145 『사기』 권61 「백이열전(伯夷列傳)」, 瀧川龜太郎, 『史記會註考證』 참조.

146 앞 책, 『不見於春秋大事表之春秋方國稿』, 50~51葉.

147 앞 책, 『金文詁林』 卷14 下, p. 8075.

그들이 어떤 연유로 이동하게 되었는지에 대한 설명이 필요할 것이다. 이것은 2가지로 생각해볼 수 있을 것이다.

첫째는 황하 중류 유역의 부족사회 단계인 앙소문화 말기로부터 일어난 인구의 폭발과 자연환경의 변화에 따라 식료 조달에 위기를 맞은 기족이 새로운 거주지를 찾아 이동을 하게 되었을 가능성이 있다. 이 경우 당시에 새로 육지화되어 넓은 면적의 경작지를 확보할 수 있었던 황하 하류 지역이 가장 좋은 이주지의 대상이 되었을 것이다. 그러나 이 경우는 아직 문자가 사용되기 이전이기 때문에 동일하거나 자체(字體)의 기본이 같은 문자의 지명을 기족이 자신들의 이주 경로에 남겨놓는다는 것이 불가능했을 것이다. 그런데 산서성·하남성·산동성의 기지(箕地)는 오늘날 동일한 문자로 표기되고 있으며 갑골문의 경우에도 문자의 형태에 약간의 차이는 있지만 모두가 기(其 : ⊠)라는 기본 형태를 바탕으로 하고 있는 것이다. 이렇게 볼 때 기족이 산동성 지역으로 이동한 것은 중국에 문자가 등장하기 이전일 것 같지는 않다.

둘째로 중국에 문자가 출현한 이후에 정치권력에 의한 강제 이동을 생각할 수 있는데 기족의 이동은 이 경우에 해당될 것으로 생각된다. 이것은 상 왕국과 주변부족의 관계를 살펴봄으로써 분명해질 것이다.

기족은 강성이었다는 것이 청동기의 명문에 의해 확인되었음을 앞에서 말한 바 있다. 갑골문에 따르면 강성의 본족은 강족이었으므로 기족은 강족의 지족(支族)이었을 것이다. 강족은 상 왕국의 서북방 지역은 섬서성 동부와 산서성 서부의 산악 지역에 거주하던 부족으로서 상 왕국과는 대립적인 관계에 있었다.[148] 강족의 거주지는 상 왕국의 주위에

---

148 앞 책, 『殷墟卜辭研究』, pp. 404~405, 423 지도 참조.

있던 방국의 하나로 갑골문에는 강방(羌方)으로 표기되었는데 상 왕국과는 매우 잦은 전쟁을 했다. 그리고 강인(羌人)을 포로로 붙잡은 기록이 자주 보이며 이러한 포로들은 개·소·돼지 등과 함께 제사의 희생으로 사용되었다. 특히 목을 자르는 벌제(伐祭)에도 강인을 사용했음을 알게 하는 기록들이 보인다.[149] 그뿐만 아니라 강인 집단을 농경지의 개간 등의 노동에 동원하기도 했고 사냥에 종사시키기도 했다.[150] 이러한 강족 집단은 포로가 된 노예였던 것이다. 갑골문의 기록을 통해서 볼 때 상 왕국에서의 강인은 최하의 피지배계층으로서 인간으로서의 대우를 받지 못했다. 따라서 강방과 상 왕국의 사이는 불구대천의 원수였다.

한편 당시에 상 왕국의 서방에 거주하고 있던 주족(周族)은 강족과 매우 친밀한 관계에 있었다. 주족의 시조인 후직(后稷)의 어머니는 강원(姜嫄)으로 강성 출신이라고 전하며, 상 왕국을 멸망시킨 서주 무왕의 비(妃)도 왕강(王姜) 또는 읍강(邑姜)이라고 불린 강성 출신이었다. 그리고 서주 무왕이 상 왕국을 멸망시킬 때 가장 큰 공로를 세웠다는 태공망(太公望) 또는 사상보(師尙父)라고도 불리는 강상(姜尙)도 강성 출신인 것이다. 서주 무왕이 상 왕국을 칠 때, 주족의 연합세력이었던 용(庸)·촉(蜀)·강(羌)·무(髳)·미(微)·노(纑)·팽(彭)·복(濮) 등의 부족은 모두가 상 왕국의 서북부 산악 지역에 거주하면서 상 왕국으로부터 빈번한 토벌을 받았다. 따라서 주족의 연합세력은 본래부터 상족과는 강한 적대관계에 있던 부족들이며 그 가운데 적대감정이 가장 강하고 큰

149 羅振玉,『殷虛書契後編』卷上, 28葉 3片·21葉 13片.
　　林泰輔,『龜甲獸骨文字』卷2, 3葉 11片.
150 郭沫若,『殷契粹編』, 119葉 1222片.
　　앞 책,『殷墟卜辭綜述』, pp. 276~282 참조.

세력을 형성하고 있던 강족 출신의 강상이 연합군의 사령관이 되었던 것이다.[151]

이러한 연고에 의해 상 왕국을 멸망시키고 서주 왕국이 건립되자 강상의 제(齊)나라를 비롯한 강성의 제후가 많이 출현하게 되었다.

이러한 역사적인 배경에서 볼 때 강성의 기족 제후가 출현하고 기족이 지배귀족의 위치를 확보한 것은 서주 왕국의 건립으로부터 시작되었다고 보아야 할 것이다. 그런데 갑골문에도 기후(箕侯)에 관한 기록이 보이고 기(箕)라는 지명 등이 나타난 것으로 보아 기족의 일부나 전부가 상 왕국의 지배 아래 들어왔음이 분명하다. 그러나 강성인 기족은 상 시대에는 노예나 최하층민의 피지배집단으로서 생산 노동에 종사했을 것이며, 이들을 지배하던 기후는 강성이 아니었을 것이다. 상 왕국에서의 기후는 기족을 통치하기 위해 상 왕실의 근친인 '다자(多子)' 중에서 발탁되었음을 앞에서 말한 바 있다. 따라서 상시대의 기후는 상 왕실과 같은 자성(子姓)이었던 것이다.

앞에서 인용된 갑골문의 기후(萁侯)는 상왕과 상왕의 측근인 소신(小臣) 등과 함께 상 왕실의 종묘가 있는 상읍에서 의식을 가졌음을 알 수 있는데 이러한 기후(萁侯)가 강성일 수가 없으며 자성이었을 것임을 알 수 있다. 이 기후는 다자 출신이었기 때문에 상 왕실과의 관계를 상징하는 명칭으로 기자(箕子)라고도 불렸다. 이 자성의 기후(箕侯)가 바로 전설상의 기자인 것이다.

이러한 필자의 견해는 앞에서 언급된 요령성 객좌현에서 출토된 기후(萁侯)의 명문이 있는 방정(方鼎)에 의해 강하게 뒷받침된다. 지금까지

---

151 앞 책, 「은왕국의 멸망과 주족의 흥기」 『상주사』 참조.

산동성 지역에서 출토된 기기(箕器)는 모두 서주 후기로부터 춘추시대에 속하는 것이다. 그런데 요령성 객좌현에서 출토된 방정은 안양에서 출토된 상시대의 청동기인 '부기방정(父己方鼎)', '우정(牛鼎)', '녹정(鹿鼎)' 등[152]과 그 형태가 유사한 반면에, 서주 초기의 방정은 입이 크고 밑이 작으며 속이 얕고 다리가 가늘며 높은 것과는 구별된다. 그리고 명문의 서법(書法)도 단정하고 도봉(刀鋒)이 매우 노출되어 있는 점은 안양 후강(後岡)의 순장갱(殉葬坑)에서 출토된 대정(大鼎)[153]과 『삼대길금문존(三代吉金文存)』에 실려 있는 '을해부정정(乙亥父丁鼎)'[154] 등 상 왕국 말기의 것과 매우 유사하고 명문의 형식도 일치되어 이 청동기가 상 왕국 말기의 것임을 알게 해준다.[155] 이것은 앞에서 소개한 기후(箕侯)에 관한 갑골문의 생산 시기와 일치한다.

　서주 후기로부터 춘추시대에 속하는 기기(箕器)가 산동성 지역에서 출토되는 반면에 상 왕국 후기의 기기가 요령성 지역에서 출토되었다는 것은 무엇을 의미하는가? 이것은 상시대의 기후(箕侯) 즉 전설상의 기자(箕子)가 이 지역으로 이동해 왔음을 의미한다. 주족은 서주 왕국을 건립하고 종래에 상족의 지배 아래 옛 부족을 봉국으로 삼고 이들을 상 왕국의 잔여세력과 대항하는 데 이용했는데, 진(陳)·기(杞)·초(焦)·축(祝) 등이 여기에 속한다. 그리고 상족의 대부분은 피지배계층으로 전락했다.[156] 이 시기에 강성의 기족은 지배귀족의 위치를 확보할 수 있었고 강성의 제후가 출현했던 것이다. 이렇게 되자 상시대에 기족을 지배하

---

152 齊泰定, 「安陽出土的幾個商周靑銅器」 『考古』, 1964年 11期, p. 592·圖版 12.

153 郭沫若, 「安陽圓坑墓中鼎銘考釋」 『考古學報』 1960年 1期, 圖版 2.

154 羅振玉, 『三代吉金文存』 卷4 10葉.

155 앞 글, 「遼寧喀左縣北洞村出土的殷商靑銅器」, p. 369.

156 『좌전』 〈정공(定公) 4년〉조.

던 상족의 자성 기후는 제후의 자리를 잃고 새로운 거주지를 찾아서 이동을 했을 것이며, 이 자성 기후의 씨족집단이 마지막으로 도달한 곳이 요령성의 서남부 객좌현 지역이었을 것이다. 요령성의 서남부 지역에서는 상시대의 청동기가 가끔 출토되는데 이 중 대부분은 상·서주 왕조의 교체와 그 후의 중국 내의 정변으로 인해 망명길에 오른 상 왕국 귀족 후예의 소유물이었던 것이다.

자성 기후 일족은 요령성 객좌현 지역에 도달하기 전에는 오랜 기간을 하북성의 동북부 변경인 연산(燕山)의 남북 지역, 즉 난하의 서부 유역에 정주하면서 서주 왕국의 큰 봉국이었던 연나라의 감시를 받고 있었던 것 같다. 1867년 북경 교외에서 출토된 서주 초기의 청동기인 화(盉)의 명문에는 기후(覬侯)인 아(亞)가 연후(燕侯)로부터 은상을 받고 이것을 기념하기 위해 제작한 것으로 되어 있다.[157] 진몽가는 기후 아를 상족의 유민으로 본 바 있는데[158] 이것은 매우 옳은 것이며, 이 아가 바로 전설의 주인공인 기자이거나 작위를 세습한 그의 후예였을 것이다. 서주 왕국의 분봉제도는 일종의 군사식민으로서 각 지역에 있는 상 왕국의 잔여세력과 토착세력을 감독하고 제압했다.[159] 이와 같은 임무를 띤 봉국 가운데서 비교적 큰 나라가 노(魯)·위(衛)·진(晉)·제(齊)·연(燕)이었음은 주지의 사실인데 기자는 이 가운데 연나라의 감시를 받았던 것이다. 북경 교외에서 출토된 기후(覬侯)의 청동기가 연산·난하 서부 유역에 기자가 정주했음을 뒷받침하는 근거가 문헌의 기록에서도 보

---

157 方濬益,『綴遺齋彝器款識考釋』14卷 27葉, 1953. "覬侯亞夨匽侯錫亞貝作父辛尊";
潘祖蔭,『攀古樓彝器款識』, 1872.

158 陳夢家,「西周銅器斷代」(三)『考古學報』1956年 1期, p. 81.

159 伊藤道治,「姬姓諸侯封建の歷史地理的意義」『中國古代王朝の形成』, 創文社,
1975, pp. 247~284.

인다.『한서』「지리지」〈연지〉조에,

　　연의 지역에서 미(尾)와 기(箕)는 그 변두리이다.[160]

라는 기록이 보이는데, 여기에 나오는 기라는 지명은 기자 일족이 정착한 곳으로 추정된다. 오늘날 난하 서부 연안은 당시에 연나라의 변방이었으므로 기후 아의 청동기가 출토된 지역과 이 문헌의 기록에 나타난 지리적 위치는 일치하는 것이다.

　기자의 일족이 난하 서부 연안에 정착을 하게 된 이유는 다음과 같이 생각해볼 수 있다. 첫째로, 연나라는 소공(召公) 석(奭)이 봉해진 곳인데 『사기』에 따르면 주족이 상 왕국을 멸망시킨 후에 소공 석은 서주 무왕의 명을 받고 기자를 감옥에서 풀어준 바 있다.[161] 따라서 기자와 소공 석 사이에 이때부터 비교적 친밀한 인간관계가 형성되었을 것이고 이러한 연고로 기자는 소공 석의 봉지인 연나라 지역을 새로운 거주지로 선택했을 것이다. 둘째로, 새로운 안주지를 찾는 것이 목적인 기자는 당시에 가장 변방인 이 지역 밖에까지 이동할 필요를 느끼지 않았을 것이다. 그리고 당시에 난하의 동부 유역으로부터 요령성을 중심으로 한 그 동쪽 지역에는 황하 유역과는 다른 문화권을 형성한 그 지역의 토착부족이 강한 세력을 이루고 있었기 때문에 그것을 뚫고 이동하는 것은 위험한 일이었던 것이다.

　앞에서도 언급한 바 있듯이 고고학적 발굴 결과에 따르면 그 지역은 늦어도 지금으로부터 5,000년 전 이전에 경제적 빈부와 사회적 계층 및

---

160 『한서』 권28 하 「지리지」 하 〈연지〉조. "燕地, 尾·箕分壄也."
161 『사기』 권4 「주본기」.

부락연맹이 형성되는 추방사회 단계에 진입하고 약 4,400년 전에는 청동기시대에 들어갔으므로[162] 상 왕국이 멸망하고 기자가 망명하던 3,100년 전 무렵에 국가 단계에 도달했는지는 알 수 없다. 하지만 청동무기로 무장한 강한 군사력을 가진 정치세력이 존재하고 있었을 것임은 틀림없다. 그리고 그 지역의 거주민은 기본적으로 몽골 인종이기는 하지만 퉁구스족의 특징을 지니고 있어[163] 황하 유역의 거주민과는 차이가 있다는 점은 중요한 시사를 준다. 이러한 상황은 기자가 연산·난하 서부 유역에 정착할 수밖에 없었을 것임을 알게 해준다.

6. 기자국의 원위치와 최후 위치

기자전설의 실체를 밝히는 데 있어서 아직도 해결해야 할 문제가 남아 있다. 첫째, 망명 후의 기자국이 연산·난하 서부 유역에 있었다면 망명하기 이전에 상 왕실로부터 기족을 다스리도록 기자가 봉함을 받았던 곳은 어느 지역이었는가? 둘째, 기자가 어느 시기까지 연산·난하 서부 유역에서 활동했는가? 셋째, 기자가 중국의 변방에 있었다면 어떤 이유로 조선후(朝鮮侯)라고 전승되었는가? 넷째, 기자가 연산·난하 하류 유역에 있었다면 고구려시대의 평양 지역에 기자신을 섬기는 민속신앙이 있었다고 전하는 『구당서』 기록을 어떻게 인식해야 하는가? 등이다.

---

162 앞 책, 『文物考古工作三十年』, p. 88.
　　鄒衡, 『夏商周考古學論文集』, 文物出版社, 1980, p. 258의 圖 一 참조.
163 中國科學院考古研究所體質人類學組, 「赤峰·寧城夏家店上層文化人骨研究」 『考古學報』 1975年 2期, pp. 157~169.

먼저 기자가 망명하기 전의 기자국의 원위치, 즉 상시대 기국의 위치부터 알아보는 것이 순서일 것이다. 춘추시대 기국의 위치는 산동성에 있었던 한시대의 기현(箕縣)이 유력시되고 있음은 앞에서 말한 바 있는데, 그곳을 추정한 왕헌당 자신이 이것은 춘추시대의 상황일 뿐이라고 했듯이 상시대의 기국은 다른 지역에 있었을 것으로 생각된다. 여기서 갑골문의 기후(箕侯)에 관한 기록을 다시 한 번 검토해볼 필요가 있다. 갑골문의 내용에 따르면, 기후(箕侯)는 상왕과 상국의 가까운 신하인 소신 등과 함께 상읍에서 어떤 종류의 의식에 참여했음을 알 수 있다.[164] 이로 보아 기후(箕侯)가 상읍(商邑)에서 가까운 지역에 거주하고 있었을 가능성이 있다.

그런데 앞에서 상 왕국의 국가 구조를 고찰할 때 언급했듯이 상읍은 상 왕실의 종묘가 있던 상족의 종교적·정신적 중심지였으며, 당시의 정치적 중심지였던 도읍과 이 상읍을 연결한 지역 및 그 주변이 상왕의 직할지인 왕기였다. 이렇게 볼 때 기후의 거주지는 상왕의 직할지인 왕기 안에 있었을 가능성이 높다. 이것은 정초가 『통지』에서 기자는 상 왕국 왕기 내의 제후였다고 한 것과 일치된다. 갑골문에 나오는 상읍은 오늘날 하남성 상구이고 상 왕국 후기의 도읍지는 안양이었으므로 상 왕국 후기의 왕기는 오늘날 안양과 상구를 연결하는 지역과 그 주변이 된다. 그런데 상구 지역에는 예로부터 기자묘가 있는 것으로 전해오고 있다. 『사기색은』은 기자의 묘가 양국(梁國) 몽현(蒙縣)에 있다고 했고 『수경주』는 박성(薄城)의 서쪽에 있다고 했으며, 『대청일통지(大淸一統志)』는 상구현의 북쪽에 있다고 했다.[165]

---

164 주 127 참조.
165 주 17·18·19 참조.

이 세 기록이 하나의 기자묘를 달리 전하는 것인지 세 자리의 기자묘를 각각 전하는 것인지 지금으로서는 확인할 수 없다. 하지만 위의 세 지점은 하남성 상구현과 산동성 조현 경계 지역으로 서로 매우 근접해 있다. 만약 위의 세 기록이 세 자리의 기자묘를 각각 전하는 것이라면 기자 일족이 이 지역에서 작위를 세습하며 여러 대에 걸쳐서 살았다는 것이 된다. 갑골문을 통해 추정한 기후의 거주지가 상읍, 즉 상구나 그 주변일 가능성을 보여준 점, 기자가 상 왕국 왕기 내의 제후로 『통전』에 기록된 점, 그리고 기자의 묘가 상구 지역에 있는 것으로 전승되어온 점 등을 종합해볼 때, 상 왕국 후기에 기자는 왕기 내의 제후로서 오늘날 하남성 상구 지역에 있었을 것으로 생각된다.

지금까지의 고찰로 이미 명백해졌듯이, 기자는 상 왕국 말기에는 왕기 내의 제후로서 상구 지역에 있다가 주족에 의해 상 왕국이 멸망되고 서주 왕국이 건립되자 동북 지역으로 망명해 하북성의 연산·난하 서부 유역에 자리를 잡았을 것이다. 또한 이 지역은 연나라의 세력권 안에 있었기 때문에 기자는 연후의 감시를 받았을 것이다. 이러한 기자국에 기자로부터 40여 대 후에 준이 자칭 왕이라고 하더니 연나라로부터 망명해 온 위만에게 정권이 공탈되자 자신의 좌우 궁인을 거느리고 바다로 도망해 한(韓) 땅에 가서 살면서 스스로 한왕(韓王)이라고 칭했다고 『삼국지(三國志)』는 전하고 있다.[166]

그런데 기자로부터 준에 이르는 사이에 중국의 본토에서는 여러 차례의 심각한 정국의 변화가 나타나 서주시대로부터 춘추·전국, 진(秦)나라의 통일을 거쳐 서한 초에 이르게 된다. 이러한 정국의 변화에도 불구

---

166 주 12 참조.

하고 기자국은 변방에 있었기 때문에 명맥을 유지할 수 있었을 것이다. 그 사이에 중국 본토의 정국이 혼란할 때는 기회를 이용해 기자국은 세력을 키우기도 했다. 그러나 서한 초에 이르러서는 연왕 노관이 조선과 연나라의 경계를 패수(浿水)로 했다고 『삼국지』〈한전〉의 주석인 『위략』에 적혀 있는데 여기서 조선은 전후 문맥으로 보아 기자국을 포함하는 의미임을 알 수 있다. 이때 경계를 삼은 패수는 오늘날 난하를 지칭하고 있다. 패수에 관해서는 다음에 자세히 언급하겠다. 이때 이미 기자국은 동쪽으로 이동해 하북성 동북부와 요령성의 경계 지역에 위치해 패수, 즉 오늘날 난하를 경계로 서한제국의 후국인 연나라와 접하고 있었던 것이다. 따라서 기자국이 어느 시기에 난하 서부 연안으로부터 난하 동부 연안으로 이동했을 것인지가 문제로 남는다.

주지하는 바와 같이 중국 지역은 전국시대까지는 여러 나라가 병립해 있었으나 서기전 221년에 진제국에 의해 통일되었다. 그리고 중앙집권적 통치가 실시되었다. 따라서 기자국이 전국시대까지는 중국 지역에 속하는 난하 서부 연안에 있는 것이 가능했겠지만 통일정권인 진제국이 성립된 후에는 그 지역에 머무를 수 없었을 것이다. 그러므로 기자국은 진제국의 성립과 더불어 진제국의 동북부 국경인 난하의 동부 지역으로 이동해 정착하게 되었을 것으로 생각된다. 이 시기에 연나라로부터 망명해 온 위만의 세력에 의해 정권이 공탈되니 준은 바다로 도망했다고 전하는데 이는 기자국의 지리적 위치로 보아 준이 발해로 도망했음을 의미하는 것이다. 이러한 상황을 종합해볼 때 요령성 객좌현에서 출토된 상시대 말기에 제조된 기후(箕侯) 청동기는 자성(子姓) 기자국이 멸망하면서 남겨놓은 마지막 유물일 것으로 생각된다.

여기서 다음과 같은 의문이 제기될 수 있을 것이다. 어째서 서주시대에 만들어진 기후의 청동기는 난하의 서부 연안에서 발견되었는데 그보다 먼저 상시대에 제작된 기후의 청동기는 기자국의 멸망지인 난하의 동부 연안에서 출토되었는가 하는 점이다. 이 점은 다음과 같이 이해된다. 상·서주 시대의 분봉은 통치할 영역의 땅과 그 지역의 인민을 하사함과 동시에 제사를 분사해주었는데 이때 제사용의 제기도 함께 분사해주었다. 따라서 상시대에 제작된 기후의 청동기는 기자가 분봉될 때 상왕실로부터 분사받은 것으로서 기자 일족의 가문을 상징하는 가장 중요한 표징품이었다. 따라서 그 청동기는 기자국이 멸망할 때까지 소중하게 간수되었던 것이다.

기자국이 이 지역에서 멸망했음을 입증하는 자료는 문헌의 기록에서도 보인다. 동한(후한)시대 왕부의 『잠부론』에는,

옛날 주의 선왕 때에 또한 한후(韓侯)가 있었으니 그 나라는 연나라에 가까웠다. 그러므로 시경에서 말하기를 "커다란 저 한의 성은 연나라 군사들이 완성시킨 것"이라고 했다. 그 후 한(韓)의 서쪽에서도 또한 성(姓)을 한(韓)이라고 했는데 위만에게 공벌당해서 해중으로 옮겨 가서 살았다.[167]

라는 기록이 있는데, 이것은 『시경』「대아」〈탕지십〉의 '한혁'에 나오는 한성(韓城)을 설명하고 있는 것이다. 이 구절은 그동안 여러 학자들에 의해 인용된 이미 잘 알려진 내용이다. 위만에게 공벌당한 후의 한이 기자국의 준을 지칭하고 있다는 점에서는 이의가 없으나 그 해석에는 약간의 문제가 있다. 위의 기록에 나오는 한은 만주어와 몽골어에서 군장

---

167 『잠부론』 권9 「지씨성(志氏姓)」 제35. "昔周宣王時, 亦有韓侯, 其國也(地)近燕, 故詩云, 普彼韓城, 燕師所完, 其後漢西亦姓韓, 爲衛滿所伐, 遷居海中."

또는 대인(大人)을 한(汗, Han)·가한(可汗, Khahan)이라 하고 부여와 고구려에서도 대인을 가(加, Kha), 신라에서는 군장 또는 대인을 간(干, Khan), 금(今, Khum), 감(邯, Kham)이라고 했던 것으로 보아, 그 지역의 최고 통치자에 대한 호칭, 즉 군장이 음으로 한자화되었음을 알 수 있다. 그런데 왕부가 한을 성으로 기록한 것은 그가 한의 뜻을 잘못 인식했을 수도 있고 중국식으로 해석했기 때문일 수도 있다. 서주시대 분봉제도의 개념을 따르면 서주 왕실은 천하의 본가이고 제후는 그 분가에 해당한다. 그런데 제후가 새로운 성으로 출발했다는 것은 독립된 본가를 세웠다는 뜻이 되고 다른 세력에의 예속을 승인하지 않는다는 것이된다. 이렇게 볼 때 준이 성을 한으로 했다는 것은 『삼국지』에서 준이 자칭 왕이라고 했다는 기록과 그 뜻이 통함을 알게 해주는 것이다.

그런데 위 『잠부론』의 내용을 해석함에 있어서 이병도는 뒤의 한은 준왕을 지칭함이 분명한데 준왕이 연나라에 가까이 있던 한후의 서쪽에 있었다는 기록은 방위상으로 맞지 않는다고 보고 '한의 서쪽'이라는 표현은 '한의 동쪽'의 오기(誤記)일 것이라고 했다. 이것은 이병도가 준을 고조선의 왕으로 보고 그 위치를 한반도로 전제한 데서 비롯된 것이다. 그리고 이병도는 위 『잠부론』의 내용이 준의 성이 한이라고 한 것에 근거해 기자조선을 부정하고 '한씨조선설'을 제안한 바 있다.[168] 그런데 『삼국지』와 그 주석인 어환(魚豢)의 『위략』에는 준이 기자의 후손으로 분명히 적혀 있기 때문에 기자국의 위치를 확인하지 않은 상태에서 선입관을 전제로 해서 사료의 내용을 변경하는 것은 위험한 일일 것이다.

필자는 앞에 인용된 『잠부론』 내용이 매우 정확하다고 생각한다. 『잠

---

168 주 32 참조.

부론』의 내용 가운데 앞에 나오는 한후는 연나라의 동쪽에 있던 그 지역 토착세력의 군장 즉 왕을 의미하고, 뒤의 한은 기자국의 준을 뜻하는 것이기 때문에 기자국이 한후의 서쪽에 있었다는 표현은 정확한 것이다. 당시에 소국이었던 기자국은 그 서부 국경을 연나라와 접하고 있었겠지만 동북부 국경은 동방의 토착세력인 한후와 접하고 있었던 것이다. 『시경』 '한혁'에 "커다란 저 한의 성은 연나라 군사들이 완성시킨 것"이라고 한 한성은 연나라와 한후 사이에 있었던 성인 것이다. 이상과 같은 배경에서 보면 『잠부론』의 내용은 다음과 같이 이해된다. 즉 원래 연나라의 동쪽에는 그 지역의 토착세력의 군장이 있었고 그 토착세력과 연나라의 경계에는 성이 있었으며 그 성은 연나라 군사들이 쌓은 것이다. 그리고 그 토착세력의 서쪽에는 기자국이 있었고 기자의 후손인 준이 또한 군장이라고 했던 바 위만에게 공벌되어 해중으로 옮겨가서 살았다는 것이다. 그런데 준이 위만에게 공벌당한 시기는 서한 초가 되는데 당시에 서한제국의 연 지역과 국경을 접하고 있었던 정치세력은 고조선이었다. 따라서 기자국의 준이 한이라고 칭하기 이전부터 연나라와 국경을 접하고 있었던 동쪽의 토착세력은 고조선이었다는 것이 된다.

이병도는 마지막 부분의 "해중으로 옮겨가서 살았다."는 것도 한반도의 남쪽으로 내려갔음을 뜻한다고 보았는데,[169] 그렇다면 왜 남쪽으로 옮겨가서 살았다고 하지 않고 '해중'이라는 표현을 사용했는가? 그것은 준이 원래 한반도 북부에 있었을 것이라는 이병도의 선입관 때문에 일어난 혼란인 것이다. 『삼국지』〈한전〉에도 준이 바다로 도망했다는 분명한 기록이 있다. 기자국의 위치가 요령성 서남부와 하북성 동남부 경계

---

169 앞 글, 「기자조선의 정체와 소위 기자팔조교에 대한 신고찰」, p. 48.

지역으로 발해에 접하고 있었으므로 위만에게 패한 준이 무리를 이끌고 발해로 도망했다고 하는 것은 매우 순리적인 것이다. 바다로 도망한 준의 성은 한(韓)이 아니었고 자(子)였으니 자준(子準)으로 불려야 할 것이다.

지금까지 살펴본 바와 같이 기자는 고조선 지역을 통치했던 왕이 아니었으며 중국의 변방에 있던 소국의 하나인 기자국의 제후였다. 따라서 기자국을 멸망시키고 정권을 탈취한 위만도 기존의 고조선의 왕이 될 수 없다. 그렇다면 어떤 이유로 이들이 고조선의 왕으로 등장하게 되었는지가 문제로 남게 된다. 이 문제를 살펴보기 위해 기자에 관한 문헌기록을 다시 한 번 검토해볼 필요가 있다.

기자에 관한 기록은 내용의 성격상 두 종류로 나뉜다. 하나는 선진(先秦)시대의 기록으로서 여기에는 기자가 조선과 관계가 있는 것으로 나타나지 않는다. 다른 하나는 진·한시대 이후의 기록으로서 여기에는 기자가 '조선후'로 등장한다. 선진시대의 기록에는 기자가 조선으로 망명했다는 기록이 없으며 동시에 기자가 서주 왕국의 도읍지로부터 멀지 않은 지역에 있었을 가능성을 전하고 있다. 『상서』는 서주 무왕이 서주 왕국을 건립한 후 13년에 기자를 찾아가 천하를 다스리는 대법인 홍범을 배웠다는 내용을 전한다. 또한 『죽서기년』에는 서주 무왕 16년에 기자가 서주 왕실에 조근을 온 것으로 되어 있다. 그리고 『좌전』에는 기자가 "당숙의 봉지가 장차 반드시 커질 것이다."라고 예언한 바를 들었다는 진(秦)나라 목공의 말이 실려 있다.[170]

이 기록들이 전하는 연대가 정확한 것인지는 알 수가 없다. 하지만 적

---

[170] 주 2·4·6 참조.

어도 선진시대에는 기자국이 그의 통치자인 기자가 대대로 세습되면서 중국의 정치세력권 안에 있었음을 추정할 수 있는 것이다.

조선이라는 명칭이 이미 선진시대의 문헌인 『관자』와 『산해경』에 나오는 것은 잘 알려진 사실이다. 『관자』「규도」편에는, 제(齊)나라의 환공이 외국과 교역하는 데 있어서 좋은 물건 일곱 가지를 묻자 관중이 그중 하나로 발(發)과 조선의 호랑이 가죽을 들고 있는 내용이 실려 있다. 그리고 같은 책 「경중갑」편에는, 환공이 중국의 주변 나라들이 복종하지 않는 것은 잘못된 정치가 천하에 퍼진 때문일 것이라고 걱정하면서 이에 대한 대책을 묻자 관중이 아무리 먼 나라들이라도 그 나라 특산물을 높은 가격으로 교역해주면 모두 절로 찾아오는 법이라고 말하고 발과 조선의 특산물로 호랑이 가죽과 털옷을 들고 있는 내용도 있다.[171] 『관자』는 전국시대에 저작된 것이라고 하지만, 관중은 서기전 685년에 제나라의 상(相)이 되어 부국강병의 정책으로 환공을 보필했던 인물이므로 『관자』에 실린 위의 대화 내용은 근거가 있을 것이다. 그렇다면 조선이라는 명칭이 중국인들에게 알려진 시기는 적어도 춘추시대인 서기전 7세기 이전이 된다.

전국시대의 저작으로 알려진 『산해경』은 조선의 지리에 관한 구체적인 지식을 싣고 있다. 즉 『산해경』의 「해내북경」에는, 조선은 열양의 동쪽, 바다의 북쪽, 산의 남쪽에 있는데 열양은 연나라에 속한다고 했고, 같은 책 「해내경」에는 조선이 동해의 안, 북해의 귀퉁이에 있다고 했다.[172] 이러한 기록들을 통해 볼 때 적어도 춘추전국시대에는 중국인들이 조선에 관한 깊은 지식을 가지고 있었으며, 그 이전에 기자가 조선으

---

171 『관자』 권24 「규도」 제78 · 권23 「경중갑」 제80.
172 『산해경』 제12 「해내북경」 · 제18 「해내경」.

로 망명했다면 고대 중국인들이 그러한 사실을 기록하지 않았을 리가 없었을 것이다.

그런데 선진시대에는 기자가 조선과 연관을 맺은 것으로 나타나지 않다가 서한시대의 문헌인 『상서대전』과 『사기』에 이르면 기자가 조선으로 망명한 것으로 기록되어 있는데, 이것은 어떻게 이해해야 하는가? 이 문제는 『위략』 내용을 면밀하게 검토하면 자연스럽게 해명이 된다. 『위략』에는 전국시대 연나라가 장수 진개를 보내어 조선의 서방을 쳐서 2,000여 리의 땅을 빼앗고 만(滿)·번한(番汗)으로 국경을 삼았는 바 조선이 마침내 약화되었다고 했다. 그리고 한시대에는 노관이 연왕이 되었는데 이때 조선은 패수로써 연나라와의 국경을 정하게 되었다고 했다.[173]

전국시대 연나라의 진개가 조선을 친 것은 연 소왕 때일 것으로 추정이 되는데 이는 당시 연나라의 국력으로 보아 가능한 것이다. 연 소왕의 재위기간은 서기전 311년부터 서기전 279년 사이였으니 연나라와 조선의 경계가 만·번한이 된 시기는 서기전 3세기 초가 된다. 『위략』에서는 중요한 두 지역이 대두되는데 만·번한과 패수가 그곳이다. 이 위치가 밝혀지면 기자국의 위치도 분명해지게 된다. 이 만·번한은 『한서』「지리지」에는 문(文)·번한(番汗)으로 나오는데 그 주석을 보면 패수(沛水, 浿水) 옆에 있다고 했고 응소의 주석에는 한수(汗水) 옆에 있다고 했다.[174] 그런데 하북성 동북부에 있는 오늘날 난하는 난수(灤水) 또는 유수(濡水)라고도 했는데[175] 『산해경』「유수」조를 보면 그 지류로서 한수

---

173 주 13 참조.
174 『한서』 권28 「지리지」 하 〈요동군〉조.
175 藏勵龢 等, 『中國古今地名大辭典』, 商務印書館, 民國 64(1975), pp. 1281~1282.

가 있음을 발견하게 된다.[176] 이에 따라 『위략』에 나오는 패수는 오늘날 난하 또는 그 지류였음을 알게 되고 만·번한은 난하와 그 지류인 한수 유역에 있었음이 확인된다. 이 지역은 앞에서 언급된 북경 교외 즉 난하 서부 연안과 요령성 객좌현에서 출토된 기후 청동기 및 『한서』「지리지」 기록을 통해 추정한 기자국의 위치와 일치한다.

그런데 패수에 대해서는 오랫동안 쟁점이 되어온 것으로서 요동에 있다는 설, 낙랑군에 있다는 설, 대릉하설, 대동강설, 압록강설 등이 있다. 이 같은 혼란이 야기된 것은 원래 패수가 특정한 강을 지칭하는 고유명사가 아니라 일반적으로 강을 지칭하는 보통명사였기 때문이다. 퉁구스 계통 종족의 언어를 보면 강[河]을 만주어로 필랍(畢拉 : 중국음으로 삐라), 솔론어로는 삘라(必拉), 오로촌어로는 삐얄라(必雅拉)라고 하는데[177] 고대 한국어로는 펴라·피라·벌라 등이라고 했다.

강에 대한 언어의 어원이 이렇게 같을 것임을 알 수 있는데 고대에 조선인이 살던 지역에 있던 강들의 일반 명칭인 펴라·피라·벌라가 향찰식으로 기록됨으로써 후에 여러 강이 동일한 명칭으로 나타나게 되어 혼란이 야기된 것으로 생각된다.

결과적으로 전국시대에 진개가 기자국과 고조선을 치고 경계로 정한 만·번한이나 서한 초에 노관이 경계로 정한 패수가 서로 멀지 않은 지점에 있었다는 것이다. 『사기』「조선열전」에 따르면 진개전쟁 후에 설치된 국경선인 만·번한이 너무 멀어 지키기 어려우므로 패수로 국경을 삼았다고 했으니 만·번한은 패수였던 오늘날 난하 동부 연안에 있었을 것임을 알 수 있다. 그런데 진제국의 성립 시에 중국의 통일세력에 밀려

176 『수경주』 권14 「유수」조.
177 『黑龍江志稿』 卷7 方言條, 蒙文繙譯官 楊書章 編譯 「言語比較表」.

기자국은 진제국의 국경을 벗어난 난하의 동부 연안으로 이주를 했을 것인데 그 지역은 당시에 고조선의 서쪽 변경이었던 것이다. 따라서 한인들은 고조선의 변방에 있는 기자를 '조선의 기자'로 표현하게 되어 서한시대의 문헌에서부터는 기자가 조선과 연관을 가지고 나타나게 되었을 것으로 생각된다. 기자국이 그 말기에 고조선의 변방인 난하의 동부 연안에 위치해 있었음은 중국의 옛 문헌에서도 확인된다. 『한서』「지리지」〈낙랑군〉조를 보면, 낙랑군의 25개 현 가운데 조선현이 있었는데 이에 대해서 응소는 주석하기를,

(서주의) 무왕이 기자를 조선에 봉했다.[178]

라고 했다. 그런데 『위서』「지형지」〈평주〉조 '북평군'을 보면 당시의 북평군에는 조선과 창신(신창?) 2개의 현이 있었는데 조선현의 주석에,

서한·동한을 거쳐 진시대에 이르기까지는 낙랑군에 속해 있다가 그 후 폐지되었다. 북위의 연화 원년(서기 432)에 조선현의 거주민을 비여현으로 이주시키고 다시 설치해 북평군에 속하게 했다.[179]

고 했다. 따라서 조선현의 위치는 서한시대로부터 진시대까지는 변화가 없었다. 그러므로 『진서』「지리지」〈평주〉조 '낙랑군'을 보면 진시대의

---

178 『한서』 권28 하 「지리지」 하 〈낙랑군〉조 '조선현'의 주석. "應劭曰, 武王封箕子於朝鮮."
179 『위서』 권106 「지형지」 상 〈평주〉조 '북평군' 조선현의 주석. "二漢·晉屬樂浪, 後罷, 延和元年徙朝鮮民於肥如, 復置, 屬焉."

낙랑군은 한시대에 설치된 것으로 되어 있고 그 안에 조선·수성 등의 6개 현이 있었는데 조선현의 주석에는 기자가 봉해졌던 곳[180]이라고 하여 『한서』「지리지」에서와 같은 내용을 싣고 있으며, 수성현에 대한 주석에는 진제국의 장성이 시작된 곳[181]이라고 했다. 이로 보아 진시대의 조선현은 서한시대의 조선현과 동일한 지역으로 기자가 거주했던 곳임이 확인된다. 그런데 『사기집해』에 따르면 중국의 삼국시대 위나라 사람인 장안(張晏)은 말하기를,

> 조선에는 습수·열수·산수가 있는데 이 세 강이 합해 열수가 된다. 아마도 낙랑의 조선은 그 이름을 여기에서 취했을 것이다.[182]

라고 했다. 조선이라는 명칭의 유래에 대해서는 여러 설이 있으므로 그것의 가부를 논하는 것은 일단 보류하기로 한다. 여기서 분명해지는 것은 삼국시대의 낙랑군 조선현에는 습수·열수·산수의 세 지류가 있는 열수라는 강이 있었다는 점이다. 앞에서 언급한 바와 같이 조선현의 위치는 서한시대로부터 동한·삼국시대를 거쳐 진시대까지는 변화가 없었으므로 위의 세 지류가 있는 열수를 확인해낸다면 그 지역이 기자가 봉해졌던 조선현의 위치가 되는 것이다. 그런데 오늘날 난하는 유수라고도 불렸는데[183] 『수경주』「유수」조를 보면 유수에는 습여수·무열수·용

---

180 『진서』 권14 「지리지」 상 〈평주〉조 '낙랑군'.
181 위와 같음.
182 『사기』 권115 「조선열전」의 주석으로 실린 『사기집해』. "朝鮮有濕水洌水·汕水三水合爲洌水, 疑樂浪朝鮮取名於此也."
183 藏勵龢 等, 『中國古今地名大辭典』, 商務印書館, 民國 64(1975), pp. 1281~1282 참조.

선수라는 지류가 있었음이 확인되는 바,[184] 습수는 습여수, 열수(洌水/列水)는 무열수, 산수는 용선수의 약칭이었을 것으로 생각된다.

『사기색은』에 조선의 명칭에 대해서 언급하면서 선(鮮)의 음은 선(仙)인데 산수(汕水)가 있었으므로 취했다[185]고 했으니 선(鮮)과 산(汕)은 통용되었으므로 용선수의 약칭이 산수가 되었을 것임을 알 수 있는데, 중국 문헌에서 이와 같이 약칭이 사용된 예는 흔히 있는 것으로 청장수를 장수, 압록수를 압수로 표기한 것도 그 한 예이다. 따라서 습수·열수·산수의 세 지류를 가지고 있었던 열수는 오늘날 난하의 본류나 그 지류였음을 알 수 있으니 결국 낙랑군 조선현의 위치는 오늘날 난하 유역이었다는 것이 된다.

조선현의 위치가 오늘날 난하 유역이었음은 수성현의 위치를 확인함으로써 다시 한 번 분명해진다. 앞에서 언급한 바와 같이 『진서』「지리지」에 낙랑군 수성현에서 진장성(秦長城)이 시작되었다고 했는데, 문헌에 기록된 바를 종합해보면 진장성은 오늘날 난하 동부 연안에 있는 창려현의 갈석산 지역에서 시작되었음이 확인된다.[186] 조선현과 수성현은 모두 낙랑군에 속해 있었으므로 서로 근접되어 오늘날 난하 동부 연안에 위치해 있었던 것이다. 그리고 이 조선현 지역에 기자국이 그 말기에 위치했던 것이다.

그렇다면 기자국이 말기에 위치했던 조선과 고조선은 어떠한 지리적

---

184 『수경주』 권14 「유수」조.
185 『사기』 권115 「조선열전」에 주석으로 실린 『사기색은』.
186 윤내현, 「고조선의 서변경계고」 『남사정재각박사 고희기념 동양학논총』, 1984, pp. 17~21.
  _____, 「한사군의 낙랑군과 평양의 낙랑」 『한국학보』 41집, 일지사, 1985 겨울호, pp. 7~11.

관계에 있었는가? 앞에서 소개한 『위략』에 따르면 전국시대 연나라 장수인 진개가 조선의 서방 2,000리를 침략해 마침내 조선은 약화되었다[187]고 했는데 『사기』 「조선열전」에는 동일한 사건을 전하면서 조선이 연나라에 복속되었다고 기록되어 있다.[188] 여기서 서방 2,000리를 침략당한 후 약화된 조선과 연나라에 복속된 조선, 2개의 조선을 상정할 수 있다. 그리고 연나라에 복속된 조선은 다른 조선이 침략당한 지역에 속해 있었다는 논리가 성립된다. 결국 2,000리를 침략당한 조선은 고조선이었고, 연나라에 복속된 조선은 기자국이 그 말기에 위치했던 곳으로 서후에 낙랑군 조선현이 된 고조선의 서부 변경에 있었던 지명으로 귀결된다.

이러한 사실은 고조선의 크기를 확인함으로써 더욱 분명해진다. 조선현은 낙랑군의 25개 현 가운데 하나였다. 그리고 낙랑군은 위만조선 멸망 후 설치된 한사군 가운데 하나인데, 위만조선 지역에 3군이 설치되고 1군은 위만조선 지역 밖이었을 것으로 추정되므로,[189] 도식적으로 말하면 조선현은 위만조선 면적의 75분의 1쯤 되는 좁은 지역이었다는 것이 된다. 따라서 기자국이 위치했던 조선현 지역이 고조선의 전 지역이었을 수는 없는 것이다. 요약하면, 고조선의 서부 변경에 조선이라는 지명을 가진 곳이 있었고 그곳이 언제부터 어떤 이유로 조선이라고 불렸는지는 분명하지 않다. 하지만 기자국이 그 말기에 그 지역에 위치해 있었으며 후에 낙랑군의 조선현이 되었다는 것이다.

그러나 아직도 다음과 같은 의문이 남아 있다. 그것은 『위략』에 진개

---

187 주 13 참조.
188 『사기』 권115 「조선열전」.
189 윤내현, 「위만조선의 재인식」 『사학지』 19집, 단국대 사학회, 1985, pp. 26~27.

가 기자국과 고조선을 치고 2,000여 리를 빼앗았다고 했는데 기자국이 선진시대에 오늘날 난하 서부 연안에 있었다면 그 후에 국경선이 된 만·번한은 난하 동부 연안에 있었으므로 기자국으로부터 만·번한까지의 거리가 너무 가까워 2,000리가 될 수 없다는 것이다. 이 점은 당시 연나라의 사정과 2,000리의 의미를 확인하면 이해가 가능해진다. 진개가 기자국과 고조선을 친 시기는 연나라의 전성기였으나 그로부터 오래지 않아 연나라의 국력은 극도로 약화되어 멸망의 위기에까지 이르게 되었다. 따라서 진개는 고조선을 침략한 후 다시 후퇴할 수밖에 없었던 것이다.[190] 진개 침략 후의 국경선이 이전의 국경선인 난하로부터 멀지 않은 그 동부 연안에 있었음은 이러한 사실을 말해준다.

그리고 고대 중국인들이 사용한 2,000리라는 표현은 정확한 거리를 뜻하는 것이 아니라 단지 '넓다'는 뜻이었다. 예를 들면 전국시대에 각국을 돌며 합종책(合縱策)을 역설하던 소진(蘇秦)은 연나라의 문후(文侯)에게 연나라의 땅은 사방 2,000리나 된다고 했고, 조(趙)나라의 숙왕(肅王)에게도 조나라의 땅은 사방 2,000리라고 했으며, 제나라의 선왕에게도 제나라의 땅은 사방 2,000리가 된다고 했다.[191] 당시 이 세 나라의 크기는 같지 않았으며 제나라가 연나라보다 훨씬 큰 나라였음은 주지의 사실이다. 그리고 『관자』「경중갑」편에는 관중이 제나라의 환공과 대담하면서 발·조선과 오·월을 모두 8,000리 떨어진 곳으로 표현하고 있는데,[192] 이것은 정확한 거리가 아닌 것으로 단지 먼 곳이라는 뜻인 것이다. 이런 예에서 알 수 있듯이 진개가 2,000리의 땅을 빼앗았다는 것은

---

190 앞 글, 「고조선의 서변경계고」, pp. 9~10.
191 『사기』 권69 「소진열전」.
192 주 171 참조.

넓은 땅을 빼앗았다는 뜻이다.

지금까지의 고찰로 기자가 고조선 지역으로 거주지를 옮기기 전부터 고조선이 존재했으며 당시 고조선의 정치세력은 오늘날 난하에까지 미쳤음을 알 수 있다. 그리고 기자국은 선진시대에는 소국(小國)으로 난하의 서부 연안 지역에 있다가 그 후 고조선의 변방, 오늘날 요령성 서남부까지 활동 지역을 넓혔는데 진제국의 건립과 동시에 난하 서쪽의 땅을 잃고 난하를 경계로 고조선의 변방에 위치하게 되었음을 알 수 있다.

그런데 『사기』에 따르면 난하를 고조선과의 경계로 정한 서한의 연왕 노관은 원래 서한 고조와 같은 마을에서 같은 날 태어난 친구로, 서한 왕조의 개국공신으로 고조 5년(서기전 202년) 8월에 연왕으로 봉해졌고 후에 한에 모반했다가 고조 12년 4월에 고조가 사망하자 흉노로 도망한 것으로 되어 있다.[193] 그런데 『위략』에 따르면 노관이 모반해 흉노로 들어가자 연나라 사람 위만은 호복(胡服)을 입고 동쪽으로 망명해 패수를 건너 준에게 투항하고 서쪽 변경에 살면서 옛 중국의 망명자를 규합해서 준으로부터 정권을 탈취했다고 한다.[194] 그러므로 위만이 기자국에 들어온 것은 노관이 흉노로 도망한 해인 서기전 195년임을 알게 된다.

또 『위략』에 따르면, 준은 노관이 연왕이 되기 이전 진승·항량 등이 궐기해 중국이 혼란하기 20여 년 전에 이미 기자국의 통치자가 되어 있었고 위만에게 정권을 탈취당한 후 한 땅에서 상당한 기간을 살았다고 한다.[195] 그러므로 위만이 기자국에 들어와서 정권을 탈취하기까지는 오랜 기간이 걸리지 않았을 것임을 알 수 있다. 위만이 비록 중국의 망명

---

193 『사기』 권93 「한신·노관열전」.
194 주 13 참조.
195 주 13·14 참조.

자들을 규합했다고는 하지만 망명객의 신분으로서 오래지 않은 기간의 준비로 정권을 탈취할 수 있었다고 하는 것은, 기자국이 통치력이 강하지 못한 소국이었음을 알게 한다. 그리고 기자국이 고조선 변경에 자리를 잡은 지 오래지 않았기 때문에 아직 확고한 기반을 굳히지 못한 것도 그 원인이 되었을 것이다.

마지막으로 『구당서』〈고(구)려전〉에 기록된 고구려시대에 평양 지역에 기자신을 제사지내는 민속신앙이 있었다는 점[196]에 대해 살펴보겠다. 종래에는 이 평양을 한반도 북부에 있는 오늘날 평양으로 인식했기 때문에 기자가 평양 지역으로 이주한 사실이 없다면 어떤 연유로 평양 지역에 기자신을 제사지내는 풍속이 전해 내려왔을 것인지에 대해서 의문을 갖게 되었던 것이다. 그런데 『구당서』에 기록된 내용을 자세히 검토해보면 여기에 나오는 평양은 오늘날 평양이 아니었음을 알게 된다. 평양은 원래 고유명사가 아니었고 대읍 또는 장성을 뜻하는 보통명사로서 도읍과 같은 큰 취락에 대한 호칭[197]이었으므로 평양이라는 동일한 명칭이 여러 곳에 존재할 수 있다. 『구당서』〈고(구)려전〉을 보면,

고(구)려는 부여의 별종으로부터 나왔다. 그 나라는 평양성에 도읍했는데 바로 한(韓) 낙랑군의 고지(故地)이다. …… 동쪽으로 바다를 건너 신라에 이르고, 서북은 요수를 건너 영주(營州)에 이르며, 남쪽으로는 바다를 건너 백제에 이르고, 북쪽은 말갈에 이른다.[198]

196 주 21 참조.
197 이병선, 『한국고대국명지명연구』, 형설출판사, 1982, p. 132.
    앞 글, 「한사군의 낙랑군과 평양의 낙랑」, p. 26.
198 『구당서』 권199 상 「동이열전」〈고(구)려전〉.

고 했다. 종래에는 서한의 낙랑군이 오늘날 평양 지역에 위치했던 것으로 인식했다. 그런데 필자의 고증에 따르면 서한의 낙랑군은 오늘날 중국 하북성 동북부 난하 하류 동부 연안에 있었고[199] 서한 초까지의 요수는 오늘날 난하였다.[200] 따라서 여기에 나오는 평양성은 오늘날 난하 하류 동부 연안에 있었던 지명이었음을 알 수 있다. 만약 여기에 나오는 평양성이 오늘날 평양을 지칭한다면 동쪽으로 바다를 건너 신라에 이르고 남쪽으로 바다를 건너 백제에 이른다는 뒤 구절의 표현은 합당하지 않게 된다. 그러나 이 평양성이 난하 하류 동부 연안에 있었다면 이 표현은 정확한 것이다. 이로 보아 고구려가 한때 오늘날 난하 하류 동부 연안에 있었던 평양성에 도읍을 한 사실이 있음을 알게 되는데 그 지역은 바로 기자국이 그 말기에 위치했던 곳인 것이다. 그러므로 기자신을 제사지내는 민속신앙이 있었다고 하는 것은 매우 자연스러운 현상인 것이다.

그런데 『구당서』에 기자신 숭배를 민속신앙이자 사악한 신을 섬기는 '음사'로 기록하고 있는 것으로 보아 기자 일족의 후예가 그 지역에서 지배계층을 형성하지 못했음도 알 수 있다. 『삼국지』〈한전〉의 기록에 따르면 준은 위만에게 정권을 탈취당하고 좌우의 궁인을 데리고 바다로 도망해 한 땅에 가서 살면서 스스로 한왕이라고 했는데 그 후손은 전멸되었다.[201] 따라서 기자 일족의 후예는 망명지에서도 세력을 형성하지 못했다는 결론에 도달하게 된다.

---

199 앞 글, 「한사군의 낙랑군과 평양의 낙랑」, pp. 4~14.
200 앞 글, 「고조선의 서변경계고」, pp. 4~7.
201 주 12 참조.

7. 마치며

필자는 지금까지 고고학 자료, 청동기, 갑골문, 금문, 그리고 옛 문헌의 기록 등을 분석·종합해 기자와 기자국의 실체를 추적하고 복원을 시도했다. 그 결과로써 얻어진 바를 요약하면 다음과 같다.

기자는 상 왕실의 근친인 '다자' 출신의 제후로서 성은 자(子)였다. 기자는 강성(姜姓)인 기족(箕族)을 통치하기 위해 봉해졌기 때문에 기자라고 불렸으며, 기자는 작위의 명칭으로서 기후·기공·기백 등으로 불렸다. 상 왕국의 말기에 기자가 봉해졌던 기국은 상왕의 직할지 내인 상읍 부근, 오늘날 하남성 상구현 지역이었을 것으로 생각된다. 그런데 서기전 11세기 무렵에 주족에 의해 상 왕국이 멸망되었는데, 이때 주족의 연합세력으로서 강족이 가장 큰 공로를 세움에 따라 강족의 한 지족이었던 기족은 서주 왕국에 의해 지배계층의 지위를 얻게 되고 기국에 강성의 제후가 출현하게 되었다. 이와 같은 정변으로 인해 기국의 통치권과 지위를 상실한 자성(子姓)의 기자는 일족과 함께 서주 왕실의 영향력이 크게 미치지 않는 중국의 동북부 지역으로 이동하게 되었다. 그리하여 당시로서는 중국의 가장 변방인 오늘날 하남성 연산·난하의 하류 동부 지역에 자리를 잡았는데 이 지역은 연나라의 세력권 내이기 때문에 연후의 감시를 받게 되었다. 그 후 기자국은 서기전 3세기 초에 연나라의 장수 진개의 침략으로 피해를 보기도 했는데, 서기전 221년에 진나라가 중국을 통일하자 기자국은 통일세력에 밀려 오늘날 난하 중하류 동부 연안으로 이주해 고조선의 서부 변경에 위치하게 되었다. 이는 기자국의 마지막 통치자인 자준 때의 일이었다. 당시에 중국 지역과 고조선의 경계는 난하였으므로 이때부터 한인들은 기자국의 통치자를 조선후 기자라고 부르게 되었는데 이것은 '조선국의 제후인 기자' 또는 '조선에

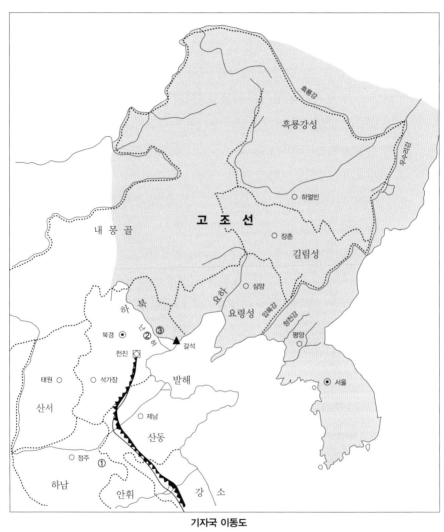

기자국 이동도

① 상시대의 기자국 ② 서주~전국시대의 기자국 ③ 기자국 최후의 위치(진~한초)

있는 제후 기자'라는 뜻으로 이해해야 할 것이다.

서기전 195년에는 위만이 연나라로부터 난하를 건너 기자국으로 망명해 왔는데 자부(子뉴)의 아들인 자준은 그를 신임하고 난하 유역에 거주하게 했다. 그런데 오래지 않아서 중국의 망명자를 규합한 위만이 기자국의 정권을 탈취했다. 정권을 탈취당한 자준은 소수의 궁인을 이끌고 오늘날 발해로 도망했다. 그 후 자준은 정치세력을 형성하지도 못했고 그의 후손도 전멸했는데 기자신을 제사지내는 것만이 오늘날 난하 유역에 민속신앙으로서 고구려시대까지도 남아 있었다. 그러나 당시의 지배계층에서는 이것을 사악한 신을 제사지내는 것으로 취급했다.

결국 기자국은 중국의 변방에 있었던 소국이었으며 그 말기인 자부 때에 고조선의 변방으로 쫓겨왔다가 오래지 않아 망했음을 알 수 있다.[202] 따라서 기자나 기자국은 한국 고대사의 주류에 위치할 수도 없으며 '기자조선'이라는 용어는 전혀 부당한 것임을 알게 된다. 이 점은 기자국의 정권을 탈취한 위만의 경우에도 재검토되어야 할 것이다. 다행히 이 논고에서 기자국은 한국 고대사의 주류에 위치할 수 없음이 확인되었고 기자와 위만의 실체가 밝혀짐으로써 당시에 고조선이 강한 토착세력으로 존재하고 있었다는 것이 방증되었다. 이제 고조선의 역사를 새로운 시각에서 바르게 복원하는 중요한 과제가 남아 있는 것이다.

---

[202] 아마도 수십 년을 넘기지 못했을 것이다.

韓國古代史新論

제
5
장

◉

위
만
조
선
의

재
인
식

1. 들어가며

위만조선은 동일한 지역에서 고조선과 대체된 정치세력이었던 것으로 인식되어왔다. 그리고 고조선의 위치를 한반도 북부 평양 지역으로 보는 것이 종래 한국 사학계의 정설이었으므로 위만조선의 위치도 당연히 평양 지역이 되어야 하는 것으로 인식되었다. 그러나 위만조선에 관한 기본 사료를 검토해보면 그와 같은 종래의 인식이 크게 잘못되어 있음을 발견하게 된다.

우선 위만조선은 고조선과 같은 지역에서 대체된 세력이거나 후계된 세력이 될 수 없음을 발견하게 된다. 위만은 기자국의 정권을 탈취해 위만조선을 건립했으므로 그 초기 위치는 기자국의 위치와 동일하게 된다. 그리고 위만이 고조선의 서부를 잠식해 차지한 후에도 고조선은 비록 그전보다는 약화되었지만 위만조선과 병존하고 있었다. 따라서 위만조선의 위치와 강역 및 한국사에서의 의미가 재검토되어야 할 필요가 있다. 그리고 종래의 한국 고대사의 인식체계를 전면적으로 수정하지 않으면 안 되게 된다. 그러므로 필자는 다소 장황하기는 하지만 본고에서 위만조선에 관한 전반적인 문제를 다루려고 한다.

흔히 고대사 연구에 있어서 사료의 부족을 말한다. 이 점은 한국 고대사 연구도 예외는 아니며 실제로 인접된 중국에 비하면 영세하기 짝이 없다. 그러나 그 영세한 사료나마 그동안 학계에서 충분히 연구·활용되었는지는 의문이다. 필자의 생각에 고조선·위만조선·한사군에 관한 연구는 이미 그 기본 골격이 완성되었을 것이라는 선입관 때문에 수십 년 동안 답보 상태에 있었던 것 같다. 그 결과 영세한 사료가 전하는 내용마저도 바르게 인식하지 못했다는 느낌을 떨쳐버릴 수가 없다.

위만조선은 동북아의 왕자였던 고조선과 신흥세력인 서한제국 사이에 끼어, 긴 기간은 아니었지만 고대사회의 상황 변화를 자신에게 유리하도록 충분히 이용했던 정치세력이었던 것 같다. 따라서 위만조선에 대한 인식은 당시의 동아시아 국제질서를 이해하는 데도 크게 도움이 될 것으로 믿는다. 그리고 위만조선의 흥망은 고조선의 국가 구조 및 사회질서의 붕괴와 병행했고 한국사에서 열국시대의 개시를 가져왔다고 생각된다. 따라서 위만조선의 흥망은 한국 고대사에서 사회 변화와 정치세력 변화에 있어서 중요한 의미를 갖는 것으로서 시대 구분의 한 기점이 될 수 있을 것으로 믿는다.

본고에서 결론으로 얻어질 위만조선에 대한 인식체계는 종래의 통설과는 전혀 다를 것이기 때문에 거기에 따른 많은 문제들이 구체적으로 재검토되어야 할 것이지만, 여기서는 그 전체적인 얼개만을 제시하게 될 것이다.

2. 위만조선의 건국

위만조선에 관한 가장 기본적인 사료는 『사기』 「조선열전」이다. 『사기』의 저자인 사마천은 위만조선이 서한의 침략을 받고 멸망되던 서한의 무제 원봉 3년(서기전 108)에 사관의 직을 맡아 태사령이 되어 있었으므로, 위만조선의 멸망에 관한 기록은 매우 신빙성이 있을 것이다. 그리고 위만조선의 건국 및 그 성장에 관한 기록도 사마천의 시대로부터 그리 오래지 않은 시기에 관한 것이기 때문에 상당히 믿을 수 있을 것으로 생각된다.

우선 위만조선의 건국에 관한 기록을 보면 『사기』 「조선열전」에,

> 연왕 노관이 (서한을) 배반하고 흉노로 들어가자 (위)만도 망명했는데 1,000여 명의 무리를 모아 상투머리에 만이(蠻夷)의 옷을 입고 동쪽으로 도망해 국경의 초소를 빠져나와 패수를 건너 진(秦)나라의 옛 공지(空地)인 상장(上障)과 하장(上障) 지역에 거주하면서 겨우 변방의 수비를 맡아 진번과 조선에 속해 있었으나, 만이(그 지역 토착민)와 옛 연·제의 망명자들이 그를 왕으로 삼으니 왕험(성)에 도읍했다.[1]

고 되어 있다. 이 기록에 따르면 서한의 후국(侯國)인 연나라의 후왕(侯王)이었던 노관이 서한에 모반했다가 흉노로 도망해 들어가자 위만도 망명했으므로 노관의 도망과 위만의 망명은 같은 시기에 이루어졌을 것임을 알 수 있다.

1 　『사기』 권115 「조선열전」, "燕王盧綰反, 入匈奴, 滿亡命, 聚黨千餘人, 魋結蠻夷服而東走出塞, 渡浿水, 居秦故空地上·下鄣, 稍役屬眞番·朝鮮, 蠻夷及故燕·齊亡命者王之, 都王險."

노관에 관해서는 『사기』 「한신·노관열전」에 자세히 기록되어 있다. 그에 따르면 노관은 원래 서한의 고조와는 같은 마을에서 같은 날에 태어난 막역한 친구로서 고조 유방을 도와 서한제국의 건립에 공이 컸으므로 개국공신으로서 고조 5년(서기전 202) 8월에 연왕으로 봉해졌다. 그 후 노관의 모반에 관한 정보가 자주 서한 정부에 전해졌으나 고조는 이를 믿지 않았는데 고조 12년(서기전 195) 4월에 고조가 사망하자 노관은 주발과 번쾌(樊噲)의 토벌을 받고 흉노로 도망한 것으로 되어 있다.[2] 그런데 앞에서 이미 본 바와 같이 위만의 망명은 노관이 흉노로 도망한 것과 같은 시기에 이루어졌으므로 위만이 서한으로부터 망명한 시기는 서한 고조 12년, 즉 서기전 195년이었을 것임을 알 수 있다.

국경의 초소[새(塞)]를 빠져나와 국경이었던 패수를 건넌 위만은 진제국의 옛 공지인 상장과 하장 지역[3]에 거주하다가 왕이 되었는데, 앞의 『사기』 「조선열전」에서는 그 지역의 토착민과 옛 연·제의 망명자들의 추대에 의해 이루어졌다고 전하고 있다. 이 부분에 대한 좀 더 구체적인 내용을 『위략』의 기록에서 얻을 수 있다. 『삼국지』 「동이전」〈한전〉에 주석으로 실린 『위략』에는,

(노)관이 (서한에) 모반했다가 흉노로 들어감에 이르러 연나라 사람 위만도 망명을 했는데 호복을 입고 동쪽으로 패수를 건너 준에게 가서 항복하고 준을 설득해 서쪽 경계 지역에 거주할 곳을 구하면서 중국의 망명자들을 모아 조선의 번병이 되겠다고 했다. 준은 그를 믿고 총애하여

---

2   『사기』 권93 「한신·노관열전」〈노관전〉.
3   전국시대 연나라가 진개의 고조선 침략 후에 설치한 국경 초소였는데, 진시대까지는 그대로 사용되다가 서한 초에 국경을 패수 서안으로 후퇴시키자 공지가 되었다.

박사를 삼고 규를 하사했으며 100리의 땅을 봉지로 주고 서쪽 변경을 수비하도록 명령했다. 만은 망명인들을 모아 그 무리가 점차 많아지자 사람을 보내어 준에게 거짓으로 고하기를, 한의 군사가 10개의 도로로 쳐들어오니 들어가서 (도읍을) 숙위하기를 원한다고 말하고 마침내 (사자가) 돌아오자 준을 공격했다. 준은 만과 싸웠으나 적수가 되지 못했다.[4]

고 했다. 이 『위략』의 내용은 『삼국지』 〈한전〉의 "제후 준이 왕이라고 칭하다가 연으로부터 망명한 위만에게 (정권을) 공탈당한 바 되었다."[5]는 구절에 대한 주석으로 실려 있다. 그리고 『위략』의 내용 가운데 위에 인용된 부분보다 앞 부분을 보면 준은 기자의 후손으로 되어 있고 『삼국지』 「동이전」 〈예전〉에는 준이 기자의 40여 세 후손으로 기록되어 있다.[6] 따라서 위에 인용된 『위략』의 내용은 서한의 후국이었던 연나라로부터 동쪽의 기자국으로 망명한 위만이 기자국의 준왕으로부터 정권을 탈취한 과정을 전해주고 있는 것이다. 즉 위만이 서한으로부터 기자국으로 망명해 기자국의 준왕에게 기자국의 서쪽 변경, 즉 기자국과 서한의 접경 지대에 거주하며 중국의 망명자들을 모아 기자국의 번병이 되겠다고 하자, 준왕이 그 말을 믿고 허락했다는 것이다. 그리고 그 후 위만은 망명자들을 모아 세력을 기른 후 준왕에게 서한이 쳐들어오니 도읍을 지키겠다고 거짓 보고하고 군사를 일으켜 도읍을 치고 정권을 탈

---

4   『삼국지』 권30 「동이전」 〈한전〉의 주석으로 실린 『위략』. "及縮反, 入匈奴, 燕人衛滿亡命, 爲胡服, 東度浿水, 詣準降, 說準求居西界, 收中國亡命爲朝鮮藩屏. 準信寵之, 拜爲博士, 賜以圭, 封之百里, 令守西邊. 滿誘亡黨, 衆稍多, 乃詐遣人告準, 言漢兵十道至, 求入宿衛, 遂還攻準. 準與滿戰, 不敵也."

5   위의 〈한전〉 본문.

6   『삼국지』 권30 「동이전」 〈예전〉.

취했다는 것이다.

그런데 한국 역사학계는 기자국의 존재를 부정하고 위만조선을 고조
선과 대체된 정치세력으로 인식함으로써 기자국의 마지막 왕이었던 준
을 고조선의 마지막 왕으로 한국사에 기술하고 있는 현실이다.[7] 이것은
사료의 분석과 비판의 미숙함을 드러낸 것이다. 기자에 관한 기록이 중
국의 여러 문헌에 나타나고 있는데 그 기록들에 대한 충분한 분석이나
비판 없이 기자나 기자국의 존재를 부정한다는 것은 무모한 일이다. 더
욱이 기자국의 존재는 부정하면서 사료에 그 후손으로 기록된 준왕만을
고조선의 계보로 옮겨 온 것은 역사를 지나치게 아전인수식으로 편집하
고 있다는 비난을 면할 수 없을 것이다.

조선시대 이후 많은 학자들이 기자국을 고조선의 뒤를 이은 정치세력
으로 인식했다. 따라서 고조선·기자국·위만조선은 같은 지역에서 교체
된 정치세력으로 믿었다. 그런데 근대적인 한국사 연구가 시작되면서
기자국의 존재에 대해서 의문을 품기 시작했고 마침내 이를 부정하기에
이르렀다. 이렇게 되자 기자국의 존재를 인정하지 않는다면 고조선과
위만조선 사이의 시간적인 공백을 어떻게 메워야 할 것인지가 문제로
등장하게 되었다. 그 결과 그 기간을 한씨조선(韓氏朝鮮)[8] 또는 예맥조
선(濊貊朝鮮)[9]으로 불러야 한다는 견해가 제출되기에 이르렀다.

그러나 옛 문헌의 기록을 자세히 검토해보면 기자국을 고조선의 뒤를
이은 정치세력으로 인식한 견해가 학계의 주류를 이룬 것은 조선시대부
터였던 것 같다. 고려시대의 문헌인 『제왕운기』와 『삼국유사』를 보면 한

---

7   『한국사』 2(고대, 민족의 성장), 국사편찬위원회, 1978, p. 74.
8   이병도, 「삼한문제의 신고찰」 『진단학보』 3권, 1935, pp. 98~99.
9   김정배, 『한국민족문화의 기원』, 고려대 출판부, 1973, pp. 211~213.

국 고대사에 대한 인식체계에 서로 차이가 있음을 발견하게 된다. 『제왕운기』에는 고조선(단군조선)에 대한 기록 다음의 기자국을 후조선(後朝鮮)으로 명명해 기술하고 있으며, 그 후 위만이 기자국의 준왕으로부터 정권을 탈취했고 다시 위만조선의 우거왕 때에 이르러 서한 무제의 침략을 받아 위만조선은 멸망되고 그 지역에 서한의 사군이 설치되었다고 기록하고 있다.[10] 따라서 『제왕운기』의 저자인 이승휴는 한국 고대사의 체계를 고조선·기자조선·위만조선·한사군이 같은 지역에서 순서대로 교체된 것으로 인식했던 듯하다.

그러나 『삼국유사』는 이와는 다른 한국 고대사 인식체계를 보여주고 있다. 우선 『삼국유사』의 체재를 보면 〈고조선〉조 다음에 〈위만조선(魏滿朝鮮/衛滿朝鮮)〉조가 있을 뿐, 기자국 또는 기자조선에 관한 항목은 독립해서 설정되어 있지 않다.[11] 이것은 『삼국유사』의 저자인 일연이 고조선의 뒤를 이어 고조선 지역에 존재했던 정치세력을 기자국 또는 기자조선이 아닌 위만조선으로 인식했을 가능성을 시사해주고 있다. 그러나 학자에 따라서는 일연이 〈고조선〉조에서 "기자가 조선에 봉해졌었다."[12]고 기록한 사실을 들어 일연이 고조선의 뒤를 이은 정치세력으로서 기자조선의 존재를 인정했다고 주장할 수 있을 것이다. 그러므로 이 점을 분명히 하기 위해 기자와 관계된 『삼국유사』 〈고조선〉조의 기록을 보면,

『고기』에 이르기를…… (단군왕검이) 당고(당요)가 즉위한 지 50년인 경

---

10 『제왕운기』 권 하.
11 『삼국유사』 권1 「기이」 1 참조.
12 위 책, 「기이」 1 〈고조선〉조.

인에 평양성에 도읍하고 비로소 조선이라 일컫고, 또 백악산아사달에 옮기어 도읍했는데 그곳을 또 궁홀산 또는 금미달이라고도 하니 치국하기 1,500년이었다. (서)주의 호왕이 기묘에 즉위해 기자를 조선에 봉하니 단군은 장당경으로 옮기었다가 후에 아사달에 돌아가 숨어서 산신이 되니 수가 1,908세였다 한다.[13]

고 전하고 있다. 그런데 지난날 많은 학자들은 이 기록에 나오는 기자가 봉해졌다는 조선을 고조선으로 인식했다. 그러나 그렇게 보기에는 문제가 있다. 만약 기자가 봉해졌던 조선이 고조선이었다면 기자가 그곳에 봉해짐과 동시에 고조선은 멸망되었어야 한다. 그러나 일연은 『고기』를 인용해 기자가 조선에 봉해졌었다고 전하면서도 그와 동시에 고조선이 멸망되었다고 기록하지 않고, 기자가 조선에 봉해지자 고조선은 도읍을 장당경으로 옮겼다고 기록했다. 따라서 이 기록이 옳다면 기자가 봉해졌던 조선은 고조선 전 지역일 수가 없게 된다.

이와 동일한 의문이 중국 문헌에서도 발견된다. 『사기』「조선열전」을 보면 위만조선에 대해서만 기술했을 뿐 기자에 대해서는 전혀 언급하지 않고 있다.[14] 그러면서도 『사기』의 저자인 사마천은 「송미자세가」에서 기자가 조선에 봉해졌었다고 기록하고 있다.[15] 만일 기자가 봉해졌던 조선과 위만조선이 동일한 지역을 의미한다면 왜 사마천은 「조선열전」에서는 기자에 대해서 한마디도 언급하지 않았는가? 사마천 자신이,

---

13 위의 〈고조선〉조. "古記云, ……, 以唐高即位五十年庚寅, 都平壤城, 始稱朝鮮, 又移都於白岳山阿斯達, 又名弓忽山, 又今彌達, 御國一千五百年. 周虎王即位己卯, 封箕子於朝鮮, 壇君乃移於藏唐京, 後還隱於阿斯達, 壽一千九百八歲."
14 『사기』 권115 「조선열전」.
15 『사기』 권38 「송미자세가」.

28개의 성좌는 북극성을 돌고 30개의 바퀴살은 1개의 바퀴통을 향하고 있어 그 운행이 무궁하다. (천자를) 보필했던 고굉의 신하들을 배열해 충신으로 도를 행함으로써 주상을 받들었던 내용을 모아 30세가를 지었다. 의를 돕고 재기가 높이 뛰어나 시기를 놓치지 않고 공명을 천하에 세운 사람을 모아 70열전을 지었다.[16]

고 한 말에서 알 수 있듯이,『사기』의 체재는 중국의 최고 통치자였던 천자를 정점으로 한 천하사상, 다시 말하면 중국적 세계질서의 사상적 체계를 바탕으로 하여 구성되어 있다. 따라서 중국적 세계질서에 포함되지 않거나 중국적 세계질서와 관계가 없다고 인식되었던 내용은『사기』에 실리지 않았다.

그렇기 때문에『사기』에 실린 중국의 주변 민족에 관한 기록을 보면 그 지역이 중국의 세계질서 안에 포함된 시기부터 서술되어 있다. 그러므로「조선열전」이 중국의 세계질서 속에 포함되지 않았던 고조선에 대해서 언급하지 않은 것은 매우 당연하다. 그러나 기자의 경우는 다르다. 사마천은 기자를 상 왕실의 후예로 인식하고 있었고[17] 중국의 고대왕조를 출현시켰던 하족·상족·주족은 모두 황제의 후손으로서 중국 민족의 근간을 이루었다고 믿고 있었다.[18] 따라서 기자는 황제의 후손이었으며 중국 민족의 근간을 이루었던 상족의 후예였다는 것이 된다. 그러므로 만약 기자가 고조선 전 지역의 통치자가 되었고 그 지역에 위만조선

---

16 『사기』권130「태사공자서」. "二十八宿環北辰, 三十輻共一轂, 運行無窮, 輔拂股肱之臣配焉, 忠信行道, 以奉主上, 作三十世家, 扶義俶儻, 不令己失時, 立功名於天下, 作七十列傳."

17 『사기』권38「송미자세가」.

18 『사기』권2「하본기」·권3「은본기」·권4「주본기」참조.

이 위치해 있었다면 고조선 지역은 기자시대로부터 중국의 세계질서 속에 포함되어야 하고 「조선열전」은 기자시대로부터 서술되어야 했다. 그러나 사마천은 「조선열전」에서는 기자에 대해서 한마디도 언급하지 않았고 「송미자세가」에서 기자에 관해 언급했다. 이는 기자가 고조선 전지역의 통치자가 된 사실이 없으며 기자가 봉해진 조선과 위만조선의 강역이 일치된 지역이 아닐 것임을 알게 해준다.

그렇다면 먼저 기자가 봉해진 조선이 어느 지역이었는지를 확인할 필요가 있다. 『한서』 「지리지」 〈낙랑군〉조를 보면 서한시대의 낙랑군에는 25개의 현이 있었는데 그 가운데 조선현이 있었다.[19] 이 조선현에 대해서 응소는 주석하기를,

무왕이 기자를 조선에 봉했다.[20]

고 했다. 즉 서한시대의 낙랑군에 속해 있었던 조선현이 기자가 봉해졌던 조선이라는 것이다. 주지하는 바와 같이 낙랑군은 서한의 무제가 원봉 3년(서기전 108)에 위만조선을 멸망시키고 그 지역에 설치했던 낙랑·임둔·진번의 3군 가운데 하나였다.[21] 따라서 도식적으로 설명한다면 낙랑군은 위만조선 강역 전체의 3분의 1쯤 되었던 것이다. 그리고 조선현은 낙랑군의 25개 현 가운데 하나였으므로 낙랑군의 25분의 1쯤 되었을 것이다. 그러므로 결국 조선현은 위만조선 강역 전체의 75분의 1쯤

---

19 『한서』 권28 하 「지리지」 하 〈낙랑군〉조.

20 위의 「지리지」 〈낙랑군〉조에 실린 조선현에 대한 주석.

21 윤내현, 「한사군의 낙랑군과 평양의 낙랑」, 『한국학보』 41집, 일지사, 1985 겨울호, pp. 4~6. 한사군 가운데 낙랑·임둔·진번은 위만조선 지역에 설치되었고 현도군은 위만조선과의 접경인 고조선의 서쪽 변경 지역에 설치되었다.

되었을 것인데 그곳에 기자가 봉해졌던 것이다.

이 조선현이 기자가 봉해졌던 곳임은 후대의 중국 문헌인『진서』「지리지」에서도 확인된다.[22] 그렇다면 기자국의 위치와 위만이 기자국의 준왕으로부터 정권을 탈취했던 곳, 즉 위만조선의 출범지를 알기 위해서는 낙랑군 조선현의 위치를 확인할 필요가 있다. 종래에는 낙랑군의 위치를 한반도 북부 평양 지역으로 인식했기 때문에 조선현의 위치도 평양 지역으로 상정되었다. 그러나 그러한 견해가 잘못된 것임을 필자는 여러 차례에 걸쳐 지적한 바 있다.[23] 그러므로 여기서는 종래의 견해에 대한 문제점을 지적하는 것은 생략하기로 하고 중국의 문헌이 전하는 바에 따라 조선현의 위치를 확인하고자 한다.

우선 조선현의 위치가 변화되었던 상황을 파악하기 위해『위서』「지형지」〈평주〉조 '북평군'을 보면 당시의 북평군에는 조선과 창신(신창?) 2개의 현이 있었던 것으로 되어 있는데,[24] 조선에 대한 주석에는,

> 양한(서한·동한)을 거쳐 진시대에 이르기까지는 낙랑군에 속해 있다가 그 후 폐지되었다. 북위의 연화(延和) 원년(서기 432)에 조선현의 거주민을 비여현으로 이주시키고 다시 설치해 북평군에 속하게 했다.[25]

고 했다. 그러므로 이 기록에 따르면 조선현의 위치는 서한시대로부터 동한·삼국시대를 거쳐 진시대까지는 변화가 없었다. 따라서 서한시대

---

22 『진서』권14「지리지」상〈평주〉조 '낙랑군'.
23 윤내현,「중국문헌에 나타난 고조선 인식」『한국사론』14, 1984, pp. 121~170 ;「고조선의 도읍 천이고」『백산학보』30·31합호, 1985, pp. 9~39 참조.
24 『위서』권106「지형지」상〈평주〉조 '북평군'.
25 위의 '북평군' 조선현에 대한 주석.

로부터 진시대에 이르기까지의 기록에서 조선현의 위치를 확인해낸다면 그곳이 서한 이래의 조선현의 위치가 되고 바로 기자가 봉해졌던 곳이 된다. 그런데 『진서』「지리지」〈평주〉조 '낙랑군'을 보면, 진시대의 낙랑군은 한시대에 설치한 것으로 되어 있고 그 안에 조선·둔유·혼미·수성·누방·사망 등 6개의 현이 있으며, 조선현은 기자가 봉해졌던 곳이고 수성현은 진장성이 시작된 곳이라고 했다.[26]

위의 6개의 현 가운데 조선현과 수성현의 위치가 분명하게 확인된다. 『사기』「조선열전」에 주석으로 실린 『사기집해』에는 위만조선의 조선이라는 명칭에 대해서 주석하기를,

> 장안은 말하기를 조선에는 습수·열수·산수가 있는데 이 세 강이 합해 열수가 된다. 아마도 낙랑의 조선은 여기에서 그 명칭을 얻었을 것이다.[27]

라고 했다. 조선이라는 명칭의 유래에 대해서는 여러 설이 있어 위의 장안의 설이 옳은지의 여부에 대해서는 단언할 수가 없다. 그러나 위의 기록에서 분명한 것은 조선 지역에 습수·열수·산수의 세 지류가 있는 열수라는 강이 있었다는 점이다.

따라서 이러한 강을 확인해낸다면 자연히 조선의 위치도 밝혀지게 된다. 그런데 오늘날 난하에는 습수·열수·산수의 세 지류가 있었음이 확인된다. 오늘날 난하가 유수라고도 불렸음은 앞에서 말한 바 있는데 『수

---

26 주 22와 같음.
27 『사기』 권115 「조선열전」에 주석으로 실린 『사기집해』. "張晏曰, 朝鮮有濕水·洌水·汕水, 三水合爲洌水, 疑樂浪朝鮮取名於此也."

경주』「유수」조를 보면 유수에는 무열수·습여수·용선수가 있었던 것으로 기록되어 있다.[28] 아마도 장안이 말한 습수는 습여수의 약칭이었을 것이고, 열수(洌水/列水)는 무열수의 약칭이었을 것이며 산수는 용선수의 약칭이었을 것이다. 용선수의 약칭이 산수(汕水) 또는 선수(鮮水)로서 산과 선이 통용되었음은 『사기색은』에 조선의 명칭에 대해서 언급하면서 선(鮮)의 음은 선(仙)인데 산수(汕水)가 있었으므로 취했다[29]고 한 것에서 알 수 있다.

그리고 중국 문헌에서 강의 이름을 약칭으로 사용한 것은 흔히 있는 것으로 청장수를 장수, 압록수를 압수로 표기한 것은 그 예이다. 결론적으로 말하면 열수도 난하에 대한 명칭이었다는 것인데 그것이 난하 전체를 지칭한 것이었는지 또는 그 일부나 지류에 대한 호칭이었는지는 분명하지 않다. 그러나 위의 인용문의 내용을 통해 낙랑군의 조선이 오늘날 난하 유역에 있었음이 분명하게 확인된다. 그런데 장안은 삼국시대 위나라 사람이었으므로, 이 조선의 위치는 삼국시대의 위치로서 바로 서한시대 이래 조선현의 위치가 되는 곳으로 기자가 거주했던 지역이기도 한 것이다.

수성현의 위치도 조선현과 근접된 지역에서 확인된다. 『진서』「지리지」에 수성현은 진장성이 시작된 곳이라고 했는데, 필자가 이미 다른 논문에서 밝힌 바와 같이 진장성의 동단은 오늘날 중국 하북성 동북부에 있는 난하의 동부 연안인 창려현의 갈석 지역이었다.[30] 그러므로 수성현

---

28 『수경주』권14「유수」조.

29 『사기』「조선열전」에 주석으로 실린 『사기색은』. "鮮音仙, 以有汕水, 故名也."

30 윤내현, 「고조선의 서변경계고」『남사정재각박사 고희기념 동양학논총』, 고려원, 1984, pp. 18~21.

의 위치는 이 지역이었다는 것이 된다. 수성현이 오늘날 창려현 갈석 지역이 있었다면 수성현과 같은 군에 속해 수성현과 근접해 있었던 조선현도 난하의 동부 연안에 있었을 것임을 알 수 있다. 그리고 수성현과 조선현을 포괄한 지역이 낙랑군이었다는 것이 된다. 진시대의 낙랑군은 서한시대에 설치된 것이고 그 위치가 서한시대로부터 진시대에 이르기까지 변화가 없었으므로 서한의 무제가 설치했던 한사군의 낙랑군은 이 지역과 크게 차이가 나지 않았을 것임을 알수 있다.

『한서』「엄주오구주부서엄종왕가전」〈가연지전〉에는 서한 무제의 업적을 말하면서 "동쪽으로 갈석을 지나 현도와 낙랑을 군으로 삼았다."[31]고 했는데 당시의 갈석은 오늘날 중국 하북성 동북부에 있는 난하 하류 동부 연안의 창려현 갈석과 동일했다.[32] 따라서『한서』의 이 기록은 앞의『진서』「지리지」의 조선현과 수성현의 위치에 관한 기록과 그 내용이 일치하는 것으로 매우 정확한 표현이라고 생각된다. 한사군이 한반도 북부에 있었다면 하북성 동북부에 있는 갈석을 기준으로 해서 그 위치를 표현했을 리가 없는 것이다.

그런데 앞에서 언급된 북위 연화 원년(서기 432)에 이치된 조선현의 위치를 분명하게 해주는 기록이『수서』「지리지」〈북평군〉조에서 확인된다. 그 기록에 따르면 수시대의 북평군에는 노룡현이 있었을 뿐인데 노룡현에 대한 주석을 보면,

---

31　『한서』권64「엄주오구주부서엄종왕가전」〈가연지전〉.

32　高洪章・董寶瑞,「碣石考」『歷史地理』3輯, 上海人民出版社, 1982, pp. 225~228.
　　중국의 옛 문헌에 나오는 갈석산은 바다에 침몰되었을 것이라는 이른바 '갈석창해설'이 제출된 바 있으나, 근래의 연구 결과에 따라 오늘날 중국 하북성 동북부 난하의 동부 연안에 있는 창려의 갈석산이 문헌에 나오는 갈석임이 확인되었다.

옛날에 북평군을 설치해 신창·조선 2개의 현을 통령했는데, 후제(북제) 시대에 이르러 조선현을 폐하고 신창현에 편입시켰으며, 또 요서군을 폐하게 됨에 따라 해양현을 비여현에 편입시켜 통령하게 되었다. 개황 6년(서기 586)에는 또 비여현을 폐지해 신창에 편입시켰고. 개황 18년(서기 598)에는 노룡현으로 개명했다. …… 장성이 있고 관관이 있고 임유궁이 있고 복주산이 있고 갈석이 있고 현수·노수·온수·윤수·용선수·거량수가 있고 바다가 있다.[33]

고 기록되어 있다. 이 기록에 나오는 비여현은 서한시대 이래 요사군에 속해 있었는데 고죽성이 있었던 영지현과 접해 있었다.[34] 그러므로 비여현과 영지현은 고죽국이 있었던 지역에 위치해 있었다는 점에는 의문의 여지가 없으며, 고죽국의 중심지가 오늘날 난하 하류 동부 연안이었다는 사실은 이미 학계에 주지되어 있다.[35] 따라서 비여현도 난하 하류 연안에 있었다는 것이 된다. 그런데 오늘날 난하는 유수라고도 불렸고,[36] 『수경주』「유수」조를 보면 위의 『수서』 노룡현 주석에 나오는 현수·노수·용선수 등은 난하의 지류였음이 확인된다.[37] 그리고 장성과 갈석이 난하의 하류 동부 연안에 있었음은 이미 앞에서 언급했다. 이상과 같은 사실들을 종합해볼 때 북위 연화 원년(서기 432)의 조선현 이치(移置)는 난하 하류 동부 연안에서 이전의 지역과 근접된 지역으로 행해졌음을

---

33 『수서』 권30 「지리지」 중 〈북평군〉조 '노룡현'.
34 『한서』 권28 하 「지리지」 하 〈요서군〉조 참조.
35 陳槃, 『不見於春秋大事表之春秋方國稿』 册1, 孤竹條. 中央研究院歷史語言研究所, 民國 59(1970), pp. 28~31 참조.
36 藏勵龢 等, 『中國古今地名大辭典』, 商務印書館, 民國 64(1975), pp. 1281~1282.
37 『수경주』 권14 「유수」조.

알 수 있다.[38]

　필자는 기자의 이동 경위와 그 과정 및 기자국의 위치에 관한 논문을 발표해 다음과 같이 고증한 바 있다.[39] 즉 기자는 상 왕실의 후예로서 오늘날 하남성 상구현 지역에 봉해졌었는데 주족에 의해 상 왕국이 멸망하고 서주 왕국이 건립되자 자신의 봉지를 잃게 되었다. 따라서 기자국은 중국의 동북부 지역으로 이동해 서주시대로부터 전국시대까지는 오늘날 중국 하북성 동북부 난하 하류의 서부 연안에 위치해 있다가 진 제국이 중국을 통일하자 중국의 통일세력에 밀려 난하 하류의 동부 연안으로 위치를 옮겼을 것이다. 필자가 기자국의 마지막 위치로 추정했던 난하 하류의 동부 연안은 앞에서 조선현에 관계된 문헌의 기록을 중심으로 해서 고증된 기자가 봉해졌던 곳으로, 전해온 조선의 위치와 동일한 지역인 것이다.

　당시에 난하는 고조선과 중국 지역의 국경선이었으므로 기자국이 위치했던 조선은 고조선의 서부 변경 지역에 있었던 지명이었던 것이다. 이 점은 다음에 다시 확인될 것이다. 이렇게 보면 사마천이 『사기』「조선열전」에서 기자에 관한 언급을 하지 않은 이유와 일연이 『삼국유사』에서 기자국 또는 기자조선에 관한 항목을 독립시켜 설정하지 않은 뜻을 알게 된다. 그러나 일연이 『삼국유사』〈고조선〉조에서 "기자를 조선에 봉하니 단군은 장당경으로 옮기었다."[40]고 기록한 것은 기자국이 조

38　이 시기의 조선현 이치를 한반도 북부 평양 지역으로부터 난하 하류 유역으로 행해졌을 것으로 보는 견해가 있으나(천관우, 「난하 하류의 조선」『사총』21·22합집, 고려대 사학회, 1977, pp. 38~46), 그것은 낙랑군의 위치를 한반도 북부의 대동강 유역으로 보았기 때문에 빚어진 오류이다.

39　윤내현, 「기자신고」『한국사연구』41, 1983, pp. 1~50.

40　『삼국유사』권1 「기이」 1 〈고조선〉조.

선 지역으로 옮겨 온 것과 고조선이 장당경으로 도읍을 옮긴 것이 관계가 있음을 말하고 있다. 즉 기자국이 조선 지역으로 옮겨 옴에 따라 고조선이 도읍을 옮겼던 것이니, 당시 고조선의 도읍이 기자의 조선 지역으로부터 너무 가까운 곳에 있었을 것으로 필자는 추정한 바 있다.[41]

이상과 같은 필자의 견해를 뒷받침하는 내용을 진개의 고조선 침략에 관한 기록에서도 확인할 수 있다. 즉 고조선의 국명과 그 변경에 있었던 지명이 동일했기 때문에 고조선과 관계된 동일한 진개의 침략 사건에 대해서 『사기』와 『위략』의 표현이 각각 다른 것을 볼 수 있다. 주지하듯이 중국의 전국시대 연나라가 장수 진개로 하여금 기자국과 고조선을 침공하도록 했는데 이 사건을 전하면서 『사기』 「조선열전」은 조선이 연나라에 복속되었다고 기록했고,[42] 『삼국지』 「동이전」에 실린 『위략』은 진개가 조선의 서방 2,000리의 땅을 취했다고 기록했다.[43] 여기서 연나라에 복속된 조선과 서부의 땅 2,000리를 빼앗긴 조선이 동일할 수가 없으며 연나라에 복속된 조선은 진개가 차지했던 2,000리 속에 포함되어야 할 것이다. 다시 말하면 『사기』 「조선열전」에 보이는 연나라에 복속된 조선은 고조선의 서부 변경에 있었던 지명이었고 『위략』에 나오는 서방 2,000리의 땅을 빼앗긴 조선은 고조선이었다.

어쨌든 기자국이 그 말기에 오늘날 중국 하북성 동북부에 있는 난하의 하류 동부 연안에 있었다면 위만조선의 출범지도 이 지역이 되어야 한다. 왜냐하면 위만은 기자국의 준왕으로부터 정권을 탈취했기 때문이

---

41 앞 글, 「고조선의 도읍 천이고」, pp. 22~27.
42 『사기』 권115 「조선열전」. "自治全燕時, 嘗略屬眞番·朝鮮, 爲置吏, 築鄣塞."
43 『삼국지』 「동이전」 〈한전〉에 주석으로 실린 『위략』. "燕乃遣將秦開攻其西方, 取地二千餘里."

다. 그렇다면 한 가지 의문이 제기될 수 있다. 그것은 앞에서 필자는 기자국이 있었던 조선현의 크기를 위만조선 강역 전체의 75분의 1쯤 되었을 것으로 추정했는데 위만이 기자국의 정권을 탈취했다면 기자국과 위만조선의 영역에 왜 그렇게 큰 차이가 있었는가 하는 점이다. 이 점은 다음에 확인되겠지만 위만이 기자국의 정권을 탈취한 후 고조선의 서부 영역을 침략·잠식해 마침내 오늘날 요하 근처에 이르기까지 그 영역을 확장했기 때문이다.

이제 위만조선의 건국 연대가 문제로 남아 있다. 앞에서 살펴본 바와 같이 『사기』「조선열전」·「한신·노관열전」 및 『삼국지』「동이전」〈한전〉에 주석으로 실린 『위략』 등의 기록을 통해볼 때 위만이 서한으로부터 기자국으로 망명한 것은 서기전 195년이었다. 그 후 위만은 기자국의 준왕으로부터 정권을 탈취했으나 그 시기에 관한 믿을 만한 기록은 찾아볼 수 없다. 그러나 『사기』「조선열전」의 다음과 같은 내용은 참고가 된다.

> 효혜(孝惠)·고후(高后)시대가 되어 천하가 처음으로 안정되자 요동태수는 (위)만을 외신으로 삼기로 약속하고 국경 밖에 있는 오랑캐들을 방어해 변방을 도적질하지 못하도록 하라고 했다.[44]

고 적혀 있다. 효혜는 서한의 혜제를 말하는데 그의 재위 기간은 서기전 195년부터 7년간이며, 고후는 혜제의 모후인 여태후(呂太后)를 말하는데 혜제가 서기전 188년에 사망하자 여태후는 혜제의 두 유자(幼子)인

---

44 『사기』 권115 「조선열전」.

공(恭)과 홍(弘)을 제(帝)로 삼아 이들을 모두 소제(小帝)라고 부르고 서기전 180년까지 섭정을 했다. 따라서 효혜·고후시대는 서기전 195년부터 서기전 180년까지가 된다.

그런데 『사기』「조선열전」 기록을 보면 요동태수가 위만을 외신으로 삼은 것은 위만이 정권을 수립한 후가 되므로 위만의 건국은 서기전 195년부터 서기전 180년 사이였다는 것이 된다. 그러나 여기서 주의해야 할 것은 위만이 세력을 신장해 고조선의 중심부를 차지하고 고조선과 대치한 세력으로서의 위만조선을 성립시킨 것은 서기전 180년 이후가 된다는 점이다. 이 점은 다음에 고조선의 강역을 밝히는 과정에서 분명해질 것이다.

3. 위만조선의 서변

위만조선의 위치를 한반도 북부, 즉 오늘날 대동강 유역으로 보는 것이 한국 역사학계의 통설로 되어 있다. 그러나 옛 문헌에 기록된 바를 분석·정리해보면 위만조선의 위치를 한반도 북부로 볼 수 없음을 발견하게 된다. 필자는 고조선의 강역은 오늘날 중국 하북성 동북부에 있는 난하로부터 한반도 북부 청천강에 이르는 지역이었을 것이라는 견해를 발표한 바 있는데[45] 만약 위만조선이 고조선이 있었던 지역에 위치해 있었다면 위만조선의 위치는 오늘날 발해 북쪽에 있었어야 한다.

우선 위만조선의 초기 위치와 그 성장 과정을 명확하게 인식하기 위

---

45 윤내현, 「고조선의 위치와 강역」『군사』 8호, 1984, pp. 149~178 ; 앞 글, 「중국문헌에 나타난 고조선 인식」.

해 위만이 기자국의 준왕으로부터 정권을 탈취할 당시의 기자국과 고조
선 및 서한의 상호 지리관계를 확인할 필요가 있다. 앞에서 살펴본 바와
같이 위만조선은 위만이 기자국의 준왕으로부터 정권을 탈취해 성립되
었으므로 그 초기의 위치는 기자국 말기의 위치와 같게 된다. 그런데 기
자국이 말기에 위치했던 곳은 앞에서 확인된 바와 같이 서한시대의 낙
랑군 조선현으로서 오늘날 중국 하북성 동북부에 있는 난하 중하류의
동부 연안이었다. 따라서 위만조선은 이 지역에서 출발했다는 것이 된
다. 그런데 당시에 고조선은 오늘날 난하를 서쪽 경계로 하여 오늘날 중
국 하북성 동북부로부터 요령성·길림성을 포함하고 한반도 북부의 청
천강에 이르는 지역을 그 강역으로 하고 있었다. 그러므로 기자국 말기
와 위만조선 초기의 위치는 고조선의 서쪽 변경으로서 서한과 접경하고
있었다.

이러한 지리적 상호관계를 분명히 해주는 기록을 왕부의 『잠부론』에
서 확인할 수 있다. 그 내용을 보면,

옛날 (서)주의 선왕 때에 또한 한후가 있었으니 그 나라는 연에 가까웠
다. 그러므로 『시경』에서 말하기를 "커다란 저 한의 성은 연나라 군사들
이 완성시킨 것"이라고 했다. 그 후 한의 서쪽에서도 또한 성을 한이라고
했는데 위만에게 공벌당하고 해중으로 옮겨가서 살았다.[46]

고 했다. 이것이 『시경』 '한혁'의,

---

46 『잠부론』 권9 「지씨성」. "昔周宣王時, 亦有韓侯, 其國也(地)近燕 故詩云, 普彼韓城,
燕師所完, 其後韓西亦姓韓, 爲衛滿所伐, 遷居海中."

커다란 저 한의 성은

연나라 군사들이 완성시킨 것

선조들이 받으신 천명을 따라

백만을 다스리신다.

(서)주왕은 한후에게

추족과 맥족까지 내려주셨다.[47]

라는 구절에 나오는 '한의 성'을 설명하는 내용이라는 것은 주지되어 있
다. '한혁'은 서주 선왕 때(서기전 828?~ 서기전 782) 한후가 서주 왕실을
방문한 것을 칭송해 부른 노래로 전해오고 있다. 그런데 '한혁'에는 한
후와 함께 추족·맥족이 등장하는데 한후를 한족의 제후로 인식하고 여
기에 나오는 한족·추족·맥족은 중국의 서북방 지역으로부터 동북부
지역으로 이동해 왔을 것으로 보는 견해가 제출된 바 있다.[48] 그러나 필
자는 그렇게 인식하지 않고 있다. 이 점에 대해서는 이미 자세히 논한
바 있으므로[49] 여기서는 생략하기로 하고 『잠부론』 내용만을 검토해보
기로 하겠다.

그 내용은 다음과 같다. 옛날 서주 왕국의 선왕(宣王) 시대에 한후의
나라가 있었다. 그 나라는 서주 왕국의 제후국인 연나라와 근접하고 있
었기 때문에 『시경』 '한혁'에 저 커다란 한의 성은 연나라 군사들이 축
조해 완성시킨 것이다. 그런데 그 후 한후의 나라 서쪽에서도 또한 성을

<hr>

47 『시경』「대아」〈탕지십〉 '한혁'.
48 김상기, 「한·예·맥이동고」『사해』 창간호, 조선사연구회, 단기 4281, pp. 3~16.
49 윤내현, 「고조선의 사회 성격」 역사학회 편 「한국고대의 국가와 사회」, 일조각, 1985,
　　pp. 1~56 ; 앞 글, 「기자신고」, pp. 42~44 ; 앞 글, 「중국문헌에 나타난 고조선 인식」,
　　pp. 126~133.

한(韓)이라고 칭하는 자가 나타났다가 위만에게 공벌당하여 해중으로 옮겨가서 살았다는 것이다.

이 내용에서 분명하게 확인되는 것은 위만과 위만에게 공벌당한 한이다. 위만은 위만조선을 건립한 인물이며 위만에게 공벌당해 정권을 빼앗긴 인물은 기자국의 준왕이라는 것은 역사적인 사실로 받아들여지고 있다. 따라서 위에 보이는 위만에게 공벌당한 한은 기자국의 준왕을 지칭하고 있음을 알 수 있다. 다시 말하면, 왕부는 준왕을 한이라고 지칭하는 것이다. 이 점에 대해서는 한국 역사학계에 이론이 없다. 왕부는 준왕이 성을 한이라고 칭했다고 적고 있지만 준왕은 기자의 후손이고 기자는 상 왕실의 후예인데 상 왕실의 성은 자(子)였으므로 준왕의 성도 자였다는 것이 된다.

그렇다면 왜 왕부는 준왕이 성을 한이라고 했다고 적었을까? 이 한은 중국의 북부와 동북부 알타이계통 언어에서 군장 또는 대군장을 한(汗, Han) 또는 가한(可汗, Kahan)이라고 한 것이 한자화되었을 것이다. 다시 말하면, '한'은 그 지역의 통치자에 대한 호칭인데 준을 그 지역의 왕이라는 뜻으로 한이라고 불렀을 가능성이 대단히 높을 것이다. 이러한 의미의 한을 왕부는 잘못 인식했거나 중국식의 개념으로 파악했을 가능성이 있다.

주지하는 바와 같이 상 왕국 말기의 통치조직을 한층 구체화시킨 서주 왕국의 봉건제도는 혈연적인 종법제에 기초를 두고 있었다. 서주왕은 최고 신인 천(天)을 대리해 천하를 다스리는 천자로서 천하의 종가가 되었다. 천자의 자리는 그의 적장자에 의해 계승되고 다른 아들들은 제후로 봉해졌다. 제후의 자리도 적장자에 의해 계승되고 다른 아들들은 대부(大夫)가 되었다. 대부도 적장자에 의해 계승되고 다른 아들들은 사(士)가 되었다. 사도 적장자에 의해 계승되고 다른 아들들은 평민이 되었다.⁵⁰ 따라서 서주 왕국은 피지배 계층인 농민과 노예를 제외하고는 천자로부터 평민에 이르는 모든 사람은 성이 동일했다는 것이 된다. 그러므로 천자는 천하의 종가라는 논리가 성립되었다. 서주시대의 제후 가운데는 성이 천자와 동일하지 않은 인물도 있었으나 그들도 혈연에 기초한 봉건제도가 의제화되어 서주 왕실을 종가(宗家)로 받들어야만 했다.⁵¹ 말하자면 천하의 대종(大宗)만이 왕이라고 칭할 수 있었다.

그러던 것이 전국시대에 이르러 서주시대의 통치조직과 사회질서가 붕괴되어 제후국이 독립국으로 등장해 왕이라는 칭호까지 사용하게 되었다. 이것은 천자의 권위를 전면적으로 부정한 것이었다. 이 시기에 본래 서주 왕국의 제후국으로 출발했던 연나라도 스스로 왕이라는 칭호를 사용했고 이를 본 기자국에서도 왕이라는 칭호를 사용하게 되었는데 이러한 사정을 『삼국지』 「동이전」에 주석으로 실린 『위략』은,

> 옛날 기자의 후손인 조선의 제후는 주나라가 쇠퇴하자 연나라가 스스로를 높여 왕이라 칭하고 동쪽으로 땅을 공략하고자 함을 보고 조선의 제후도 스스로 칭해 왕이라 하고 군사를 일으켜 연나라를 역습함으로써 주왕실을 받들고자 했다.⁵²

고 전하고 있다. 연나라가 왕이라는 칭호를 사용하기 시작한 것은 서기전 333년 역왕(易王) 때부터이므로 위 기사는 이로부터 오래지 않은 시

---

50 윤내현,『상주사』, 민음사, 1984, pp. 112~113 .
51 松丸道雄,「王と諸侯との綜合秩序」『世界歷史』卷4, 岩波書店, 1970, pp. 72~80.
52 『삼국지』 권30 「동이전」〈한전〉의 주석으로 실린 『위략』. "昔箕子之後, 朝鮮侯, 見周衰, 燕自尊爲王 欲東略地, 朝鮮侯亦自稱爲王, 欲興兵逆擊燕以尊周室."

기의 상황을 전하는 것으로 생각된다.

춘추시대까지만 해도 '존왕양이(尊王攘夷)', '계절존망(繼絕存亡)'의 이념을 기초로 하여 패자는 형식적으로나마 주왕을 천자로 받들고 서주시대의 봉건질서를 유지하려고 노력했다. 그러나 전국시대에 이르러 이러한 이념과 질서가 붕괴되어 종래의 제후국이 왕이라는 칭호를 사용하고 약육강식의 국면을 형성하게 되었다. 이러한 상황에서 연나라가 스스로 왕이라는 칭호를 사용하고 동쪽으로 기자국을 침략하려 했고 이에 자극을 받은 기자국에서도 왕이라는 칭호를 사용하고 연나라를 역습하려고 했다는 것이다.

그러므로 기자국은 전국시대 중기에 이미 왕이라는 칭호를 사용했다는 것이 된다. 그런데 필자의 고증에 따르면, 기자국은 상 왕국이 멸망된 후 서주시대로부터 전국시대 말까지는 그 중심지가 오늘날 중국 하북성 동북부에 있는 난하 하류의 서부 연안이었고 진제국이 중국을 통일하자 기자국은 중국의 통일세력에 밀려 난하 하류의 동부 연안, 즉 고조선의 서쪽 변경으로 옮겨오게 되었는데, 이 시기부터 기자국의 군주는 그 지역의 토착어로 왕을 뜻하는 '한(韓)'이라는 칭호를 사용했을 것이다. '한'은 '왕'과 그 의미가 같으므로 '한'이라는 칭호를 사용했다는 것은 서주시대의 사회질서 개념에 따르면 기자국의 군주가 스스로 가문을 건립하고 그 종가가 되었음을 뜻한다. 다시 말하면 창성(創姓)을 했다는 것이 된다. 이런 의미에서 왕부는 『잠부론』에서 기자국의 준왕을 한이라고 부르고 그것을 성으로 인식했을 가능성이 있다.

이제 『시경』 '한혁'에 나오는 한후를 어떻게 인식해야 할 것인지가 문제로 남는다. 왕부는 『잠부론』에서 설명하기를 본래 한후가 있었는데 그 한후의 서쪽에서 준왕이 또한 한이라고 칭하다가 위만에게 공벌당했다고 했다. 따라서 그 문맥으로 보아 앞의 한후와 뒤의 한은 같은 의미로 사용된 것임을 알 수 있다. 다시 말하면 한후의 한은 중국의 북부와 동북부의 알타이 계통 언어에서 군장 또는 대군장을 뜻하는 한(汗, Han) 또는 가한(可汗, Kahan)이 한자화되었을 것이고, 후는 중국식 개념의 제후를 의미하는 것으로, 동일한 개념을 지닌 한과 후가 복합되어 한후라는 호칭이 만들어졌을 것이다. 외래어가 중국화되면서 같은 개념의 말이 복합되어 하나의 명사를 이루는 현상은 흔히 볼 수 있다. 이렇게 볼 때 한후의 한은 족명이나 국명이 아니었음을 알 수 있다.

왕부의 『잠부론』에 따르면 한후의 나라는 서주 왕국의 선왕 시대 이래 기자국의 준왕이 위만에게 공벌당할 때까지 연나라와 가까운 곳에 있었다. 그리고 한후 나라의 성을 연나라 군사가 축조했다고 했는데 아마도 이 성은 연나라와 접경 지역에 있었을 것이다. 이렇게 본다면 연나라와 한후의 나라는 국경을 접하고 있었다는 것이 된다. 그런데 서주시대에 연나라와 국경을 접하고 있었던 한후의 나라를 확인하는 작업은 당시의 기록이 부족한 현실에서 쉬운 일이 아니다. 그러나 그 한후의 나라가 기자국의 준왕이 위만에게 공벌당할 때까지도 존재하고 있었다는 왕부의 기록을 상기한다면 한후의 나라를 확인할 수 있다.

위만은 서한 초인 서기전 195년에 서한의 연 지역으로부터 동쪽에 있는 기자국으로 망명해 오래지 않아 준왕으로부터 정권을 탈취했다. 왕부가 『잠부론』에서 한이 위만에게 공벌당했다고 한 것은 이 사실을 가리키는 것이다. 그런데 준왕은 본래부터 있었던 한후의 나라 서쪽에서 한이라고 칭하다가 위만에게 공벌당했으므로 한후의 나라는 서주시대이래 서한 초에 이르기까지 계속해서 존재했으며, 그 위치는 기자국의 동쪽에 있었고 부분적으로는 연나라와 접경하고 있었다는 것이 된다. 서한 초에 연 지역과 접경하고 그 동쪽에 있었던 정치세력이 고조선이었음은 여러 문헌에서 확인되므로 굳이 설명을 필요로 하지 않는다. 따라서 고조선은 서주시대의 선왕 때에도 이미 연나라와 접경하고 존재했었다는 것이 된다.

이상의 고찰을 통해서 얻어진 결론에 따르면 고조선은 서주시대 이래 중국의 연나라 지역과 국경을 접하고 그 동쪽에 위치했고 후에 기자국이 고조선의 서쪽, 즉 고조선과 연나라 지역 사이에 위치했다가 위만에게 정권을 탈취당했다는 것이 된다. 따라서 위만조선도 건국 초기에는 고조선과 서한의 연나라 지역 사이에 위치했다는 결론에 도달하게 된다. 필자는 기자국의 이동 과정과 그 마지막 위치에 관한 고증을 통해서 기자국은 서한시대로부터 전국시대 말까지는 오늘날 중국 하북성 동북부에 있는 난하 하류의 서부 연안을 그 본거지로 했다가 진제국이 중국을 통일한 이후에는 기자국이 난하 하류의 동부 연안으로 옮겨왔을 것으로 본 바 있다. 그리고 당시에 고조선의 서쪽 국경은 오늘날 난하였으므로 결국 기자국이 그 말기에 위치했던 곳은 고조선의 서쪽 변경이 되고 이때 기자국은 고조선의 정치질서 속에 소속되었을 것이라고 한 바 있다.[53] 이러한 필자의 고증의 정확성이 지금까지의 고찰로써 다시 한 번 확인된 셈이다.

필자는 기자국이 그 말기에 오늘날 난하 하류의 동부 연안에 있었고 위만조선은 기자국의 정권을 탈취해 성립되었다고 여러 차례에 걸쳐 주장한 바 있는데, 이러한 필자의 견해가 옳다면 위만조선의 서쪽 국경은 오늘날 난하였다는 것이 된다. 오늘날 난하가 고조선시대로부터 위만조선시대에 이르기까지 국경선을 이루고 있었음은 이미 고증된 바가 있으나[54] 이를 좀 더 분명히 하기 위해 위만조선과 관계된 기록을 통해 다

---

53 본장 2절 '위만조선의 건국' 참조.
54 앞 글, 「고조선의 서변경계고」.

시 한 번 확인해볼 필요가 있다. 위만조선에 관한 기본 사료는 『사기』 「조선열전」인데 그 내용에서 위만조선의 서쪽 경계를 시사하는 기록이 발견된다.

『사기』「조선열전」에 따르면 위만이 서한으로부터 기자국으로 망명할 때 서한 동북부의 국경 초소를 빠져나와 패수를 건넌 것으로 되어 있다.[55] 이것은 당시에 기자국과 서한의 국경선이 패수였음을 알게 해준다. 그리고 위만조선은 기자국의 정권을 탈취해 성립되었으므로 패수는 위만조선과 서한의 국경선이었다는 것이 된다.

그동안 고조선·위만조선의 서쪽 경계를 이루었던 패수에 대해서 대동강설, 압록강설, 요하설, 사하설(沙河說), 헌우락설(蓒芋濼說), 고려하설, 대릉하설, 청천강설, 난하설 등이 제출되어 있는데[56] 이와 같이 견해가 다양한 것은 패수가 옛 문헌에 여러 강의 명칭으로 표기되었기 때문이었다. 중국 문헌에 등장한 패수 가운데 잘 알려진 것만 보더라도,『한서』「지리지」의 요동군 번한현 패수(沛水/浿水)와 낙랑군 패수현 패수,[57] 『수경주』의 본문에 보이는 낙랑군 누방현 패수와 그 주석에 보이는 오늘날 대동강을 지칭한 패수,[58] 『요사』「지리지」의 요양현 패수[59] 등이

---

55 주 1·4 참조.

56 대동강설(『수경주』권14 「패수」조), 압록강설(정약용, 「조선고」『강역고』: 津田左右吉, 「浿水考」『津田左右吉全集』卷11), 요하설(西川權, 『日本上古史の裏面』), 사하설(大原利武, 「浿水考」『漢代五郡二水考』), 헌우락설(신채호, 『조선상고사』), 고려하설(정인보, 『조선사연구』), 대릉하설(최동, 『조선상고민족사』), 청천강설(이병도, 「패수고」『청구학총』13호), 난하설(장도빈, 『국사』; 문정창, 『고조선사연구』).

57 『한서』권28 하 「지리지」하 〈요동군〉조·〈낙랑군〉조.

58 『수경주』권14 「패수」조.

59 『요사』권38 「지리지」2 〈동경요양부〉 및 〈요양현〉.
  『요사』에서는 이 지역이 한시대의 패수현이었다고 기록하고 있지만 그 위치와 패수현과 부합되지 않는다. 『성경통지』에서는 이 패수가 어니하(淤泥河)라고 했다.

있다.

생각해보건대 이와 같이 패수가 여러 강의 명칭으로 표기된 것은 그
것이 원래 고유명사가 아니었기 때문일 것이다. 퉁구스계통 종족의 언
어를 보면 강을 만주어로는 삘라, 쏠론어로는 삘라, 오로촌어로는 삐얄
라라고 하는데[60] 고대 한국어로는 펴라·피라·벌라 등이었다. 강에 대
한 이러한 유사한 언어의 어원이 같을 것임을 알게 되는데, 패수라는 명
칭을 가진 강들이 분포되어 있는 지역으로 보아 고대에 조선족이 살던
지역의 강들에 대한 보통명사인 펴라·피라·벌라가 향찰식으로 기록됨
으로써 여러 강이 패수라는 명칭을 얻게 되었을 것으로 생각된다. 따라
서 패수가 원래 고유명사가 아니었기 때문에 패수라는 명칭의 강이 문
헌에 등장할 경우 그 패수가 오늘날 어느 강을 지칭하는지를 먼저 확인
해야 할 필요가 있다.

그렇다면 위만조선의 서쪽 경계를 이루었던 패수는 오늘날 어느 강이
었는가? 이 패수를 확인하기 위해 『사기』 「조선열전」 첫 부분을 보면,

연나라의 전성시로부터 일찍이 진번과 조선을 공략해 복속시키고 관리
를 두기 위해 장새를 쌓았다. 진(秦)나라가 연나라를 멸망시키고 (그것
을) 요동외요에 속하게 했다. (서)한이 흥기했는데 그것이 멀어서 지키
기 어려우므로 요동의 옛 새를 다시 수리하고 패수까지를 경계로 삼고
(서한의) 연나라에 속하게 했다.[61]

고 했다. 여기에 나오는 패수가 위만이 기자국으로 망명할 때 건넌 패수

60 　『黑龍江志稿』卷7 方言條, 蒙文翻譯官, 楊書章編譯 「言語比較表」.
61 　『사기』 권115 「조선열전」.

로서 서한과 기자국(후에는 위만조선) 사이의 국경선이었던 것이다.

「조선열전」의 기록에 따르면, 전국시대의 연나라는 전성기에 패수 밖에 있던 진번과 조선을 공략해 복속시키고 그 지역에 국경 초소인 장새를 축조했는데 진나라가 연나라를 멸망시키고 중국을 통일한 후에는 장새를 행정적으로 요동의 외요(外徼 : 국경의 최전방 초소)에 속하게 했으나, 서한이 건립된 후 장새와 요동의 외요가 너무 멀어 지키기 어려우므로 요동에 있던 옛 초소를 다시 수리해 사용하고 패수까지를 국경으로 삼았다는 것이다. 연나라가 전성기에 진번과 조선을 복속시켰다고 한 것은 연나라의 소왕 때 진개가 고조선의 서부를 침공했던 사건을 가리키며, 그때 고조선의 변경 지역이었던 진번과 조선이 연나라에 복속되었던 것이다. 이 조선 지역은 후에 기자국이 위치했고 다시 위만조선이 자리했으며 한사군이 설치된 후에는 낙랑군의 조선현이 되었던 것이다.

그런데 『사기집해』에는 위의 조선과 병기된 진번에 대해서 서광의 말을 인용해 "요동에 번한현이 있다."[62]고 주석되어 있다. 요동 지역에 있는 번한현은 원래 진번이었다는 것이다. 한편 『삼국지』 「동이전」 〈한전〉의 주석으로 실린 『위략』에는 연나라의 진개가 조선 지역을 침공한 후 국경을 만·번한으로 했다고 기록되어 있다.[63] 그리고 『한서』 「지리지」를 보면 서한시대의 요동군에는 문현과 번한현이 있었다고 기록되어 있다.[64] 그런데 만과 문은 고대에 동일한 음이었을 것으로 생각되므로[65]

---

62 위의 「조선열전」 주석으로 실린 『사기집해』. "徐廣曰, 遼東有番汗縣."
63 『삼국지』 권30 「동이전」 〈한전〉의 주석으로 실린 『위략』. "燕乃遣將秦開攻其西方, 取地二千餘里, 至滿番汗爲界, 朝鮮遂弱."
64 『한서』 권28 하 「지리지」 하 〈요동군〉조.
65 만(滿)·문(文)·문(汶)은 지금도 중국의 동남부 지역에서 통용되는 오음(吳音)으로는 그 음이 동일하다. 고대의 음이 주로 변경 지역에서 보존된다는 점에서 생각해볼 때

『위략』에 나오는 만·번한이 『한서』 「지리지」에 나오는 문헌과 번한현일 것이라는 점에는 이견이 없다. 진개가 조선 지역을 침공한 후 국경으로 삼은 지명으로 『위략』에는 번한현이 등장하고 『사기』 「조선열전」에는 진번이 등장하는데 『사기집해』에는 요동에 있었던 번한현이 진번이라고 했으니, 이 기록들의 내용이 일치하고 있는 점으로 보아 그 전하는 바가 정확할 것으로 생각된다.

그런데 『한서』 「지리지」를 보면, 번한현에 대한 반고의 주석에는 그곳에 패수(沛水/浿水)가 있었다[66]고 했고, 응소의 주석에는 한수(汗水)가 있었다[67]고 했다. 따라서 패수나 한수를 확인해낸다면 진번의 위치가 밝혀지게 되는데 이 점을 『수경주』가 해결해준다. 『수경주』 「유수」조를 보면 유수의 지류로 한수가 있었다고 했다.[68] 그런데 유수는 오늘날 난하에 대한 옛 명칭이었으므로 한수는 난하의 지류였고 진번은 오늘날 난하 유역에 있었던 지명이었다는 것이 된다. 반고에 따르면 패수도 번한현, 즉 진번 지역에 있었으므로 난하의 지류이거나 난하 본류의 일부에 대한 명칭이었을 것으로 생각된다. 그리고 『사기』 「조선열전」에 조선이 진번과 병기된 것으로 보아 두 지역은 근접되어 있었을 것이므로 조선도 난하 유역에 있었던 지명이며, 반고가 말한 패수는 바로 위만이 망명할 때 건넜던 서한과 기자국 사이의 국경선이었던 패수였던 것이다.[69]

필자는 앞에서 낙랑군 조선현의 위치를 오늘날 난하 하류 동부 연안

고대에는 위의 세 문자가 동일한 음을 지녔을 것이다.

66 『한서』 권28 하 「지리지」 하 〈요동군〉조 '번한현'의 주석. "沛(浿)水出塞外, 西南入海."

67 위의 번한현 주석. "應劭曰, 汗水出塞外, 西南入海."

68 『수경주』 권14 「유수」조.

69 구체적인 내용은 앞에서 소개된 「고조선의 서변경계고」 참고.

으로 고증하면서 그곳이 기자국이 말기에 위치했던 조선일 것으로 본 바 있는데, 이러한 필자의 견해는 위에서 진번의 위치를 확인하면서 얻어진 조선의 위치에 대한 결론과 일치한다. 따라서 서한과 기자국 사이의 국경선이었던 패수는 오늘날 난하이거나 그 지류였다는 것이 되며, 그것은 바로 후에 위만조선의 서쪽 국경선이었던 것이다.

4. 위만조선의 동변

필자는 고조선의 강역을 오늘날 난하를 서쪽 경계로 하여 오늘날 중국 하북성 동북부 일부와 요령성·길림성을 포함하고 한반도의 청천강에까지 이르렀던 것으로 고증한 바 있다. 그리고 기자국이 말기에 위치했던 곳은 난하 하류의 서부 연안으로 고조선의 서쪽 변경이었음을 말했다. 따라서 기자국의 정권을 탈취해 성립된 위만조선의 초기 위치는 고조선의 서쪽 변경이 된다. 그런데 종래에는 위만조선을 고조선과 같은 지역에서 대체된 정치세력으로 인식하여 위만조선의 강역이 처음부터 고조선의 그것과 동일했을 것으로 믿어져 왔다. 그러나 그것은 사료 분석의 미숙함이 가져온 오류였다.

위만조선은 고조선의 서쪽 변경인 오늘날 난하 중하류 동부 연안에서 건립된 후 서한의 지원을 받아 동쪽으로 고조선의 서부를 점차 잠식해 통치 영역을 확대했다. 『사기』 「조선열전」에 따르면,

> (서한은) 효혜·고후시대가 되어 천하가 처음으로 안정되자 요동태수는 바로 (위)만을 외신으로 삼기로 약속하고 국경 밖에 있는 오랑캐들을 방어해 변경을 도적질하지 못하도록 하고 여러 오랑캐의 군장들이 천자를

알현하러 들어오고자 하거든 그것을 막지 말도록 했다. 천자가 그것을 듣고 허락하니 이로써 (위)만은 (서한으로부터) 군비와 재정의 지원을 받아 그 주변의 소읍을 침략해 항복을 받았으며 진번과 임둔이 모두 와 서 복속되어 (영토가) 사방 수천 리에 이르렀다.[70]

고 했다. 이 기록은 위만조선의 영토 확장 과정을 전해주는데 위만조선에 복속된 주변의 세력 가운데 진번이 포함되었다는 것은 중요한 의미를 갖는다.

앞에서 확인된 바와 같이 진번은 요동의 번한현 지역으로 오늘날 난하 동부 연안에 조선과 근접되어 있었다. 그런데 위만이 건국을 한 후 서한의 지원을 받아 영토를 확장하는 과정에서 진번이 복속되었다는 것에서 위만조선이 건립된 초기에는 진번이 그 영역에 포함되지 않았고 겨우 진번과 근접되어 있던 조선 지역만을 그 영토로 하고 있었음을 알 수 있다. 그리고 위에 인용된 『사기』「조선열전」의 내용에 따르면 위만이 영토를 확장한 것은 효혜·고후시대 이후가 되는데 효혜·고후시대는 서기전 195년부터 서기전 180년까지이므로 결국 위만조선의 영토가 확장된 것은 서기전 180년 이후였다는 것이 된다. 그런데 『사기』「조선열전」은 위만조선이 동쪽으로 어느 지역까지 영토를 확장했는지, 다시 말하면 위만조선의 영토 확장 후 그 동쪽 경계가 어디였는지에 대해서는 언급이 없다.

그러나 서한의 무제가 위만조선을 멸망시키고 한사군을 설치한 상황

---

70 『사기』 권115 「조선열전」, "會孝惠·高后時天下初定, 遼東太守即約滿爲外臣, 保塞 外蠻夷, 無使盜邊, 諸蠻夷君長欲入見天子, 勿得禁止. 以聞, 上許之, 以故滿得兵威 財物侵降其旁小邑, 眞番·臨屯皆來服屬, 方數千里."

을 파악할 수 있다면 위만조선의 동쪽 경계를 추정할 수 있다. 주지하는 바와 같이 서한 무제는 위만조선을 멸망시킨 후 그 지역에 낙랑·진번·임둔·현도의 사군을 설치했으므로 이 4개의 군이 위치했던 지역이 대체로 위만조선 멸망 시의 강역과 비슷했을 것으로 우선 추정해볼 수 있다. 그런데 한사군의 명칭 가운데 진번과 임둔은 앞에서 인용된 『사기』 「조선열전」의 내용에 병기되어 등장한 것으로 보아 서로 근접한 지역이었을 것임을 알 수 있다. 그리고 진번은 동 열전 첫머리에 조선과 병기된 것으로 보아 조선과 근접된 지역에 위치했을 것임도 알 수 있는데, 조선은 한사군 설치와 더불어 낙랑군에 속해 조선현이 되었으므로 결국 낙랑군은 진번과 가까운 지역이었다는 것이 된다.

서한의 무제가 설치한 한사군의 명칭이 위만조선시대에 있었던 지명을 그대로 사용했으므로 그 위치도 그 이전 시대와 크게 차이가 나지 않을 것으로 본다면, 낙랑군은 진번군과 접해 있었고 임둔군도 진번군과 접해 있었을 것이다. 그리고 앞에서 고증된 바와 같이 낙랑군에 속한 조선현이 난하 중하류 동부 연안에 있었으므로 낙랑군의 위치는 그 지역이었을 것이다. 그런데 위만은 서한의 지원을 받아 동쪽으로 영토를 확장했으므로 『사기』 「조선열전」에 기록된 순서에 따른다면 임둔군이 낙랑군·진번군보다는 난하로부터 먼 곳에 있었을 가능성이 있다.

여기서 한 가지 유의해야 할 점은 현도군에 관한 문제이다. 『사기』 「조선열전」에는 위만조선이 영토를 확장하면서 현도 지역을 복속시켰다는 기록은 보이지 않는다. 그리고 위만조선이 멸망된 것은 서한 무제 원봉 3년(서기전 108)이며[71] 『한서』 「지리지」에 따르면 낙랑군이 설치된

---

71 『사기』 권115 「조선열전」.

것도 위만조선이 멸망된 해인 무제 원봉 3년인데[72] 현도군은 그보다 1년 후인 원봉 4년(서기전 107)에 설치되었다.[73] 현도군의 설치 연대인 원봉 4년은 원봉 3년의 오기일 것으로 보는 견해[74]가 있으나 『한서』「오행지」에,

(양복과 순체) 두 장군이 조선을 정벌하고 3군을 열었다.[75]

는 기록이 있는 것으로 보아 위만조선이 멸망된 원봉 3년에는 낙랑·진번·임둔 3군만이 설치되었음이 분명하고, 이 지역이 위만조선의 강역이었을 것이다. 서한 무제는 위만조선을 멸망시키고 그 여세를 몰아 더욱 동쪽으로 진출해 위만조선이 멸망한 그 이듬해인 원봉 4년에 현도군을 설치했을 것으로 생각된다. 따라서 현도군은 한사군 가운데 가장 동쪽에 위치했고 위만조선의 동쪽 경계는 현도군 지역을 넘어설 수는 없는 것이다.

　그런데 『한서』「지리지」〈현도군〉조에는 위만조선 멸망 후 서한의 동북쪽 국경선을 추정할 수 있는 기록이 보인다. 현도군에는 고구려·상은대(上殷臺)·서개마(西蓋馬)의 3현이 있었던 것으로 되어 있는데 고구려

72　『한서』권28 하「지리지」하〈낙랑군〉조. "武帝元封三年開."
73　위의「지리지」하〈현도군〉. "武帝元封四年開."
74　王善謙, 『한서』권28 하「지리지」하〈현도군〉의 보주(補注).
75　『한서』권27 중지하(中之下)「오행지」제7 중지하. "元封六年秋, 蝗. 先是, 兩將軍征朝鮮, 開三郡." 이에 대해서 안사고는 주석하기를, "무기(武紀)에 이르기를 그 땅이 낙랑·임둔·현도·진번의 4군이라고 했는데 여기서는 3군만을 말하고 있으니, 이것은 아마 전사자(傳寫者)의 잘못일 것이다."라고 했다. 그러나 무(제)기에서는 편의상 4군을 모두 말했을 것이고 현도군은 다른 3군보다 1년 후에 설치되었다고 보아야 할 것이다 (이병도,「현도군고」『한국고대사연구』, 박영사, 1981, p. 169, 주 1 참조).

현의 주석에는 그곳에 요수가 있었던 것으로 되어 있다.[76] 이 요수는 중국의 고대문헌에 등장한 요수 가운데 가장 동쪽에 위치한 것으로 오늘날 요하를 지칭하고 있음이 분명하다. 여기서 필자는 요수라는 명칭이 지녔던 의미를 확인해냄으로써 위만조선 멸망 후 서한의 동북 국경선을 추정할 수 있을 것으로 믿는다.

종래에는 흔히 『한서』 「지리지」 〈현도군〉조에 보이는 요수가 오늘날 요하인 것에 근거하여, 서한시대 이전에도 요수의 위치는 오늘날 요하와 동일했을 것으로 잘못 인식함으로써 중국 고대의 지리 고증에 많은 오류를 범했다. 서한 전기까지의 요수는 오늘날 요하가 아니었고 오늘날 중국 하북성 동북부에 있는 난하였다. 난하는 고조선과 위만조선의 서쪽 경계였으며 동시에 선진시대로부터 진·한 초에 이르기까지 중국 지역의 동북부 국경이었다. 이 점에 대해서는 필자가 이미 자세히 고증한 바가 있으므로 이해를 돕기 위해 오늘날 난하가 선진시대로부터 서한 초에 이르기까지의 요수였다는 근거만을 간단히 제시하기로 하겠다.

『설원』 「변물」편에는 춘추시대의 제나라 환공이 관중과 함께 고죽국을 정벌한 내용이 적혀 있다. 그 기록을 보면 그들은 고죽국에 이르기 전, 비이(卑耳)라는 계곡을 10리 못 가서 강을 건넜는데 그 강의 명칭이 요수였던 것으로 되어 있다.[77] 이 기록은 『관자』 「소문」편에 있는 내용을 옮겨 적은 것으로서, 『관자』에는 강을 건넌 것으로만 기록되어 있고 강명이 적혀 있지 않았으나 『설원』에는 요수라는 강명이 삽입되어 있다. 이 내용은 명시대에 곽조경(郭造卿)이 지은 『노룡새략(盧龍塞略)』에도

---

76 『한서』 권28 하 「지리지」 하 〈현도군〉조 '고구려현'의 주석. "遼山, 遼水所出, 西南至遼隊入大遼水."

77 『설원』 권18 「변물」.

수록되어 있는데[78] 『설원』의 저자인 유향이 강명을 확인해 보충했던 것이다. 그런데 고죽국의 위치는 대체로 오늘날 하북성 노룡현 지역으로 보는 데 이론이 없으며, 노룡현은 난하의 하류 동부 연안에 위치하고 있다.[79] 당시에 환공은 관중과 더불어 오늘날 산동성 지역인 제나라를 출발해 하북성 북부에 있던 산융을 정벌하고 고죽국으로 향했으므로 지리적 관계로 보아 환공 일행이 고죽국을 정벌할 때 건넜던 강은 오늘날 난하였음을 알 수 있다. 『관자』는 전국시대의 저술이지만 제나라의 환공은 춘추시대 초기인 서기전 7세기의 인물이었으며, 『설원』은 서한시대에 유향이 저술했다. 그러므로 춘추시대 또는 전국시대로부터 서한 전기에 이르기까지는 오늘날 난하가 요수로 불렸음을 알 수 있다.

오늘날 난하는 유수(濡水)라고도 불렸는데 『수경주』「유수」조를 보면 앞에 소개된 『관자』「소문」편에서 제나라의 환공이 고죽국을 정벌한 내용이 실려 있다. 그리고 비여현 근처의 산 위에 있는 사당에 얽힌 전설도 소개하고 있는데 전설에 등장한 그 지역의 강명이 요수로 불렸던 것으로 되어 있다.[80] 비여현은 고죽국 지역으로 오늘날 난하 하류 유역에 있었다.[81] 이로써 『수경주』를 편찬한 역도원(酈道元)도 오늘날 난하를 요수로 인정했음을 알게 된다. 또 서한시대에 유안(劉安)이 편찬한 『회남자』에는 당시의 6대 강으로 하수·적수·요수·흑수·강수·회수 등을

---

78 곽조경, 『노룡새략』 권1 「경부수략경(經部守略經)」 상.

79 陳槃, 『不見於春秋大事表之春秋方國稿』 冊1 孤竹條, 中央研究院歷史語言研究所, 民國 59(1970), pp. 28~31.

80 『수경주』 권14 「유수」조.

81 『한서』 권28 하 「지리지」 하 〈요서군〉조에 따르면, 비여현은 영지현과 접해 요서군에 속해 있었는데 영지현에는 고죽성이 있었다.

들고 있는데[82] 동한시대의 고유는 요수에 대해서 주석하기를,

> 요수는 갈석산에서 나와 새의 북쪽으로부터 동쪽으로 흘러 곧게 요동의
> 서남에 이르러 바다로 들어간다.[83]

고 했다. 갈석산은 중국의 동북부에 위치했던 산의 명칭으로 옛 문헌에
자주 등장하는데 오늘날 하북성 창려에 위치한 갈석산을 말한다.[84]

그런데 갈석산으로부터 가까운 곳에 있는 강으로는 오늘날 난하가 있
다. 갈석산은 발해의 해안으로부터 북쪽으로 약 20킬로미터 떨어진 곳
에 위치하므로 그 거리가 바다와 너무 가까워 요수의 시원지가 될 수는
없었을 것이다. 하지만 서로 가까운 지역에 있기 때문에 착오를 일으켰
을 것으로 본다면 고유가 주석한 요수는 중국 하북성 동북부에 있는 오
늘날 난하일 것으로 추정할 수 있다. 요수의 흐름 방향에 대해서 고유는
말하기를 "새의 북쪽으로부터 동쪽으로 흐른다."고 했는데 이것은 오늘
날 난하 하류의 흐름 방향과 일치하는 것이다. 그러나 오늘날 요하의 흐
름 방향과는 반대가 되는 것으로 고유가 말한 요수는 오늘날 요하가 아
니라 난하였을 것임을 알 수 있다.

지금까지의 고찰에 따르면 오늘날 난하는 패수·열수(洌水/列水)·요
수 등의 명칭으로 불렸는데 동일한 강이 어떻게 여러 명칭으로 불렸을
것인지에 대해서 의문을 품을 수 있을 것이다. 이 점은 다음과 같이 설

---

82 『회남자』권4 「추형훈」.
83 위의 「추형훈」에 나오는 요수에 대한 주석. "遼水出碣石山, 自塞北東流, 直遼東之西
南入海."
84 주 32와 같음.

명할 수 있다. 난하는 매우 긴 강이고 많은 지류가 있다. 그리고 『수경주』에 따르면 본류와 지류는 지역에 따라서 부분적으로 각각 다른 명칭으로 불렸다. 따라서 패수·열수·요수는 본류의 각각 다른 부분에 대한 명칭이었거나 또는 다른 지류에 대한 명칭이었을 것으로 생각된다.

　여기서 중요한 것은 서한 전기까지는 오늘날 난하가 요수였는데 무슨 이유로 『한서』 「지리지」 〈현도군〉조에는 오늘날 요하가 요수로 등장하는가 하는 점이다. 이 점을 이해하기 위해서는 『한서』의 성격을 알 필요가 있다. 주지하는 바와 같이 『한서』는 동한시대에 편찬된 것으로 서한시대 전체 기간의 상황을 내용으로 하고 있다. 따라서 그 「지리지」도 서한 말까지의 상황을 싣고 있다. 그런데 서한시대에 그 동북부 지역은 국경선에 변화가 나타났다. 서한 무제가 위만조선을 멸망시키고 그 지역에 한사군을 설치함으로써 서한의 동북쪽 국경선이 크게 동쪽으로 이동하게 되었던 것이다. 이러한 당시의 사정을 통해볼 때 요수의 이동은 국경선의 이동과 관계가 있음을 알 수 있다. 다시 말하면 위만조선이 멸망하기 전에는 당시의 국경선이었던 난하가 요수였으나 위만조선이 멸망한 후에는 오늘날 요하가 요수로 되었으니 이로써 국경선이 오늘날 요하로 옮겨왔을 것임을 알 수 있다. 결국 요수는 고대 중국인들에게 있어서 동북쪽 국경선을 이루던 강에 대한 호칭이었음을 뜻한다.

　『삼국유사』 「순도조려」에는 요수는 일명 압록인데 지금은 안민강이라고 부른다[85]고 했으니, 서한인들이 오늘날 요하를 요수라고 명명한 후에도 고구려인들은 그것을 압록이라고 불렀고 고려시대에는 안민강이라고 했음을 알 수 있다. 이러한 사실은 오늘날 요하가 원래 요수가 아니었음

---

[85] 『삼국유사』 권3 「법흥」 〈순도조려〉. "遼水一名鴨淥, 今云安民江."

을 알게 해준다. 그리고 『삼국사기』 「지리지」에는 요동성의 본명은 오열홀(烏列忽)이었다[86]고 기록되어 있는데, 요동은 요수의 동쪽을 뜻하므로 고대 한국어에서 압록과 오열은 의미가 통했을 것이다. 이렇게 볼 때 고대 중국인들은 그들의 동북쪽 국경을 이루는 강을 요수라 했고, 고대 한국인들은 그것을 압록수 또는 오열수(烏列水)라고 불렀을 것으로 생각된다.

위만조선이 멸망한 후 서한의 동북쪽 국경선이 오늘날 요하였다면 한사군은 오늘날 난하로부터 요하 사이에 설치되었다는 것이 된다. 그렇다면 한사군 가운데 현도군이 오늘날 요하 서부 연안에 위치해 가장 동쪽에 있었을 것이다. 이렇게 볼 때 현도군에 속해 있었던 서개마현의 '개마'를 검다는 뜻의 '검'으로 보고 서개마현은 오늘날 요하 서쪽 북진(北鎭) 부근에 있는 흑산(黑山) 지역일 것으로 고증하고, 동쪽에 있는 개마와 구별하기 위해 서개마라고 명명했다는 정인보의 견해[87]는 타당한 것으로 생각된다.

지금까지 고찰한 바에 따르면 위만조선의 멸망 당시 강역은 서쪽은 오늘날 중국 하북성 동북부에 있는 난하를 경계로 하고 동쪽은 오늘날 요하 근처에까지 이르렀으므로, 위만조선은 한반도 북부에 있었던 것이 아니라 오늘날 발해 북안에 위치해 있었다는 것이 된다. 이러한 사실은 다음과 같은 기록에서도 확인된다. 『사기』 「조선열전」에는 서한의 무제가 위만조선을 공략하던 상황에 대해서,

천자는 죄인을 모집해 위만조선을 공격했다. 그 가을에 누선장군 양복을

---

86 『삼국사기』 권37 「잡지」 6 〈지리〉 4 '고구려·백제'. "遼東城州, 本烏列忽."
87 정인보, 『조선사연구』, 서울신문사, 1947, p. 172.

파견했는데 (누선장군은) 제를 출발하여 발해에 떴다. 병사는 5만 명이었는데 좌장군 순체는 요동에 출격해 우거를 토벌했다.[88]

고 기록되어 있다. 수군을 거느린 누선장군은 제를 출발해 발해로 항해했다고 했는데 제는 오늘날 산동성을 말하므로, 당시의 발해의 위치를 확인해낸다면 누선군의 항해 방향을 알 수 있게 된다. 그리고 육군을 거느린 좌장군 순체는 요동에 출격해 위만조선의 우거왕을 토벌했다고 했으니 위만조선의 영역에 요동이 있었음을 확인하고 당시의 요동이 어디였는가를 확인해낸다면 위만조선의 위치도 밝혀지게 된다.

먼저 당시 발해의 위치는 다음과 같은 기록을 통해서 확인된다. 『전국책』에는 소진이 제나라의 선왕과 나눈 대화 가운데 "제나라의 북쪽에는 발해가 있다."[89]고 말한 것으로 기록되어 있다. 그리고 『사기』 「하거서」에는 "황하가 발해로 흘러 들어간다."[90]고 했다. 제나라는 오늘날 산동성이었으므로 산동성 북쪽에 발해가 있었다면 전국시대의 발해는 오늘날 발해와 그 위치가 차이가 없었음을 알 수 있다. 그리고 『사기』에 황하가 발해로 흘러 들어간다고 했으니 서한시대의 발해도 오늘날 발해와 위치가 다르지 않았음을 알게 된다. 그런데 산동성을 출발한 누선장군의 군대가 발해를 항해해 위만조선을 쳤다면 위만조선은 산동성의 북쪽에 있었다는 것이 되므로 그 위치가 한반도가 될 수가 없으며 발해 북안이 된다.

그러면 당시의 요동은 어디였는가? 전국시대에 편찬된 『여씨춘추』와

---

88 『사기』 권115 「조선열전」.
89 『전국책』 권8 「제(齊)」 1. "蘇秦爲趙合從, 說齊宣王曰, 齊南有太山, 東有琅邪, 西有清河, 北有渤海, 此所謂四塞之國也."
90 『사기』 권29 「하거서」.

서한시대에 편찬된 『회남자』에는 당시의 6대 강을 들고 있는데 그 가운데 요수가 있다.[91] 이 요수에 대한 고유의 주석에는 요수가 요동의 서남에 이르러 바다로 들어간다고 되어 있다.[92] 따라서 요동은 요수의 동북지역이 된다. 그런데 앞에서 이미 확인된 바와 같이 선진시대로부터 서한 전기에 이르기까지의 요수는 오늘날 난하였으므로 당시의 요동은 오늘날 난하 동북 지역이었음을 알 수 있다.

이 문제에 대해서는 이미 자세하게 논한 바 있지만[93] 다음과 같은 기록은 참고가 된다. 『사기』「진시황본기」에는 요동의 위치를 확인할 수 있는 내용이 실려 있다. 진제국의 2세 황제가 동쪽의 군현을 순행했는데 그때 이사(李斯)·거질(去疾)·덕(德) 등의 대신들이 수행을 하게 되었다. 갈석산에 이르러 대신들은 시황제가 세웠던 비석의 한 귀퉁이에 자신들의 이름을 기념으로 새겨넣고 돌아왔다. 이에 대해서 2세 황제는 대신들의 이름만을 새기고 시황제의 공덕을 새겨넣지 않은 것을 꾸짖었다. 그러자 대신들이 잘못을 빌고 다시 갈석산에 가서 시황제의 공덕비를 세우고 돌아왔는데 이에 대해서 『사기』의 저자인 사마천은 대신들이 요동에 다녀왔다고 적고 있다.[94] 따라서 갈석산이 있는 지역이 요동이었다는 것이 되는데, 갈석산은 오늘날 중국 하북성 창려현에 있는 갈석산을 말하는 것으로 난하 하류 동부 연안에 위치하고 있다.[95]

이로써 오늘날 난하 동북부 지역이 요동이었음은 확인되었는데 여기서 한 가지 문제가 제기된다. 그것은 『사기』「조선열전」에 서한의 순체

---

91 『여씨춘추』 권13 「유시람」 및 주 82.
92 위의 주석.
93 앞 글, 「고조선의 서변경계고」.
94 『사기』 권6 「진시황본기」 〈2세 황제 원년〉조.
95 주 32 참조.

가 요동에 출격해 위만조선의 우거왕을 토벌했다고 했으므로 요동은 위만조선의 영토여야 하는데 진제국의 시황제와 2세 황제가 요동에 있는 갈석산을 다녀왔다고 한 것은 모순되지 않는가 하는 점이다. 이 점은 다음과 같이 설명된다. 고조선과 위만조선이 존재했던 선진시대로부터 서한 초에 이르기까지 요동의 서남부 지역 일부였던 난하 하류의 동부 연안은 중국 측에 속해 있었고 그곳에 요동군이 설치되어 있었다. 다시 말하면 진한시대의 요동군은 오늘날 난하 하류의 동부 연안으로서 난하로부터 창려 갈석에 이르는 지역이었던 것이다.[96]

그러므로 요동은 그 서남부 일부를 제외하고는 대부분이 위만조선에 속해 있었다는 것이 된다. 따라서 엄밀하게 말하면 위만조선의 서쪽 국경선의 북부는 난하의 상류와 중류에 의해서 형성되었고 남부는 창려의 갈석산이었던 것이다. 이러한 국경선은 전국시대에 연나라의 진개가 고조선을 침공한 이후에 일시적으로 약간의 변화가 있었지만 기본적으로는 선진시대로부터 크게 변화가 없었던 것이니 『염철론』「험고」편에 전국시대의 연나라 국경에 대해서,

> 대부가 말하기를…… "연나라는 갈석에 의해 막혔고 사곡에 의해 끊겼으며 요수에 의해 둘러싸였다. …… 이것들은 나라를 굳게 지킬 수 있게 하니 산천은 나라의 보배이다."라고 했다.[97]

는 기록이 이것을 잘 말해준다. 지금까지의 고찰로 진한시대의 요동이

---

96 앞 글, 「고조선의 서변경계고」, pp. 4~24 참조.
97 『염철론』 권9 「험고」. "大夫曰……, 燕塞碣石, 絶邪谷, 繞援遼, ……者 邦國之固, 而山川社稷之寶也."

확인됨으로써 위만조선의 위치가 오늘날 난하 동쪽, 발해의 북안이었음이 다시 한 번 분명해졌다.

5. 위만조선의 성격

주지하는 바와 같이 위만조선을 건립한 위만은 서한제국으로부터 망명한 인물이었다. 위만이라는 인물을 좀 더 구체적으로 알기 위해 위만에 관한 『사기』 「조선열전」의 내용을 다시 한 번 인용하면,

> 연왕 노관이 (서한에) 모반해 흉노로 들어가자 (위)만도 망명했는데 1,000여 명의 무리를 모아 상투머리에 오랑캐의 옷(만이복)을 입고 동쪽으로 도망해 국경의 초소를 빠져나와 패수를 건너 진(秦)나라의 옛 공지인 상장과 하장 지역에 거주하면서 겨우 변방의 수비를 맡아 진번과 조선에 속해 있었으나, 만이(그 지역 토착민)와 옛 연·제의 망명자들이 그를 왕으로 삼으니 왕험(성)에 도읍했다.[98]

고 되어 있다. 이 기록에 따른다면 노관이 서한에 모반했다가 흉노로 들어가니 위만도 망명했는데, 앞에서 언급했듯이 노관은 서한의 고조 유방과는 같은 마을에서 같은 날 태어난 막역한 친구였다. 그리고 유방을 도와 서한제국의 건립에 공이 컸으므로 개국공신으로서 서한 고조 5년 (서기전 202)에 연왕으로 봉해졌다. 그 후 서한 정권에 모반한 노관은 고

---

98 『사기』 권115 「조선열전」.

조가 사망하자 주발과 번쾌의 토벌을 받고 흉노로 도망을 했다.

그런데 위에 소개된 『사기』 「조선열전」의 문맥에 따르면 위만의 망명은 노관의 모반 및 흉노로의 도망과 어떤 연관이 있는 것처럼 보인다. 그렇기 때문에 일본 사학자인 미카미 쓰기오(三上次男)는 위만이 연왕 노관의 부장이었을 것으로 본 바 있다.[99] 그러나 분명한 점은 사마천이 위만과 노관의 관계에 대해서 언급한 사실이 전혀 없다는 것이며 위만을 노관의 부장으로 본 미카미 쓰기오의 견해는 추측에 불과하다는 것이다. 한편 이병도는 위만이 서한으로부터 망명할 때 상투머리에 만이복을 했다는 기록에 근거하여 상투머리와 만이복은 조선인의 머리 모양과 복식을 뜻할 것으로 해석했다. 이병도는 위만이 조선의 풍속을 따른 것으로 보아 위만을 순수한 한인(漢人) 계통이 아니라 조선인 계통의 후손일 것으로 보았다. 국호를 조선이라고 한 것을 보면 더욱 그러하다는 것이다.[100]

그런데 상투머리는 고대에 조선인들만의 머리 모양은 아니었다. 이병도 자신도 언급했듯이 남월인들도 상투머리의 습속이 있었고[101] 최근에 발굴된 진시황릉에서 출토된 도용(陶俑)도 일부는 상투머리를 하고 있었다.[102] 그리고 위만이 입었다는 만이의 옷이 반드시 조선의 복식을 뜻하는 것인지도 의문이다. 이렇게 볼 때 위만을 조선인 계통의 후손으로 단정할 수 있는 근거도 분명하지는 않다. 그러나 당시의 서한 연나라 지

99　三上次男, 「衛氏朝鮮國の政治・社會的性格」 『中國古代史の諸問題』, 東京大學出版會, 1954, p. 213.

100　이병도, 「위씨조선흥망고」 『한국고대사연구』, 박영사, 1981, pp. 80~81.

101　『사기』 권97 「역생육가열전(酈生陸賈列傳)」, "酈生至, 尉他魋結, 箕倨見陸生."

102　中國社會科學院, 『新中國的考古發現和研究』, 文物出版社, 1984, 圖版 110~112 참조.

역은 고조선 지역과 접경을 하고 있었으므로 상당한 숫자의 조선계인들이 그곳에 거주하고 있었을 것으로 본 이병도의 추측은 받아들여도 좋을 것이다. 따라서 그 자신이 순수한 한인계든 조선인계든 간에 위만은 연나라 지역에 거주하고 있던 조선계인들을 통해서 조선인의 습속은 물론 고조선 지역에 대한 정보도 상당히 가지고 있었을 것이다.

『사기』「조선열전」의 기록을 보면 위만의 망명은 노관의 모반 사건과 어떤 연관이 있을 것이라는 시사를 받게 된다. 그런데 노관은 흉노로 도망을 했으나 위만은 흉노를 택하지 않고 고조선 지역의 기자국으로 망명을 한 것은, 위만이 고조선 지역의 사정에 밝아 기자국으로 망명을 하는 것이 자신에게 유리하리라는 판단에 따라 이루어졌을 것이다. 더욱이 기자국은 원래 중국 상 왕실의 후예로서 전국시대까지는 오늘날 난하 서부 연안, 즉 중국 지역 내에 위치해 있다가 진제국이 중국을 통일하자 난하의 동부 연안으로 밀려 들어와서 고조선의 통치질서 속에 포함되어 있었다. 따라서 그 지배층은 중국계가 주된 세력을 이루고 있었을 것이므로 자신의 처지를 이해해 줄 것이라는 위만의 계산도 있었을 것이다.

『삼국지』「동이전」〈한전〉의 주석으로 실린 『위략』이 전하는 바에 따르면, 위만은 기자국으로 망명해 준왕에게 서쪽 경계 지역에 거주하기를 청하면서 중국으로부터의 망명인들을 모아 번병이 되겠다고 하자 준왕은 그를 믿고 100리의 봉지를 주어 서쪽 변경을 지키도록 했다.[103] 그런데 기자국의 왕실은 원래 중국 상 왕실의 후예로서 주족에 의해 상 왕국이 멸망되자 봉지를 잃고 중국의 동북부 지역으로 이동해 당시의

---

103 주 4 참조.

연나라 지역이었던 난하 서부 연안에 자리 잡게 되었다. 그 후 천자를 정점으로 한 서주시대적 사회질서가 와해되는 춘추시대를 거쳐 약육강식·토지겸병의 시대인 전국시대에 이르자 연나라와 기자국 사이의 관계도 원만하지를 못하다가 결국에는 연나라의 장수 진개의 침략으로 큰 피해를 입기도 했다. 진제국이 중국을 통일하자 그 세력에 밀려 고조선의 서변으로 밀려와 고조선의 후국(侯國)으로서 고조선의 통치질서 속에 포함된 후에도 기자국은 중국 지역과의 관계가 불안한 상태였는데 『위략』에 따르면,

> 진나라가 천하를 병합함에 이르러 (진나라는) 몽염을 시켜 장성을 축조했는데 (그것이) 요동에까지 이르렀다. 그때 조선(기자국)은 부(否)가 왕이 되었는데 진나라가 그를 습격할까 두려워해 진나라에 복속된 척하면서도 조회는 하지 않았다. 부가 사망하자 그 아들 준이 왕위에 올랐다. 20여 년이 지나 진(陳 : 진승)·항(項 : 항량)이 일어나 천하가 어지러워짐에 연·제·조의 사람들이 근심과 고생으로 인해 점차 도망해 준에게로 가니 준은 그들을 서방에 살게 했다.[104]

는데, 바로 이러한 상황이 계속되면서 진제국이 서한제국에 의해 교체되고 오래지 않아 위만이 기자국으로 망명을 하게 되었던 것이다.

기자국 준왕의 처지에서 생각해 본다면, 일찍이 그의 선대에 중국의 중심부로부터 밀려나 변경에서 소국으로서의 고초를 겪어야 했고, 자신

---

104 『삼국지』권30 「동이전」〈한전〉의 주석으로 실린 『위략』. "及秦幷天下, 使蒙恬築長城, 到遼東. 時朝鮮王否立, 畏秦襲之, 略服屬秦, 不肯朝會. 否死, 其子準立, 二十餘年而陳·項起, 天下亂, 燕·齊·趙民愁苦, 稍稍亡往準, 準乃置之於西方."

의 시대에는 중국 지역으로부터 고조선 지역으로 이주해야 하는 고통을 맛보아야 했으므로 서한으로부터 망명한 위만에 대해서 동류의식에서 오는 동정심도 일어났을 것이다. 그리고 신흥세력인 서한제국의 침략에 대비해야 할 조치를 취해야 하는 당면 과제를 안고 있었던 준왕에게, 서변에 거주하며 중국 망명인들을 모아 번병이 되어 서한의 침략을 방어하겠다는 위만의 제안은 매우 만족스러운 것이어서 위만이 준왕의 신임을 얻기에 충분했을 것으로 생각된다. 위만이 서한으로부터의 망명객이었기 때문에 준왕의 신임을 훨씬 쉽게 얻을 수 있었을 것이다.

잘 알려진 바와 같이 준왕은 위만을 믿고 총애해 박사로 삼고 규를 하사함과 동시에 100리의 땅을 봉지로 주어 기자국의 서변에 거주하도록 했다. 그런데 위만은 그곳에 거주하면서 중국의 연(하북성)·제(산동성) 지역으로부터의 망명인들과 토착인들을 규합해 세력을 형성한 후 준왕에게 서한의 군사들이 침입해 오니 궁성을 숙위해야겠다고 거짓으로 보고하고 성 안으로 들어와 정권을 탈취했다. 이 정변이 일어난 시기가 위만이 기자국으로 망명한 후 오래지 않은 때임을 생각해볼 때 위만은 처음부터 모반 계획을 가지고 있었을 가능성이 있다.

위만의 모반은 준왕과의 개인적인 관계에서 볼 때는 준왕이 베푼 후의에 대한 어이없는 배신이었지만, 역사적 의미에서는 중국 대륙에서 일어난 거대한 사회 변혁의 파급 효과였다고 이해된다. 중국에서는 춘추시대에 이미 상·서주의 봉건질서가 와해되고 전국시대를 거쳐 진제국의 성립과 더불어 중앙집권적 군현제가 실시된 후 불과 15년 만에 진제국은 멸망하고 한미한 출신의 유방에 의해 서한제국이 건립되고 군국제가 실시되었다. 한편 고조선은 당시까지도 고대의 읍제국가적 봉건질서를 유지하고 있었다. 또한 고조선의 국가질서에 새로 편입된 기자국도 춘추시대·전국시대·진 통일 등의 정치적 변화를 체험했다고는 하지만 왕실의 교체 없이 40여 대를 내려왔기 때문에 고래(古來)의 통치 체제와 질서에 안주하고 있었을 것이다.

그런데 위만은 진나라에 의한 중국의 통일과 진제국의 성립, 진제국의 멸망과 서한제국의 건립, 그리고 그 사이에 있었던 진승·오광의 봉기, 유방과 항우의 전쟁, 노관의 모반 등을 직접 체험 또는 목도했던 것이다. 따라서 위만은 구질서의 붕괴와 신질서의 대두 및 실력에 의한 정권 쟁취의 가능성을 깊이 인식하고 있었다고 보아야 할 것이다. 바로 이러한 세태의 추이와 역사적 배경에서 준왕에 대한 위만의 모반이 일어났던 것이다. 위만의 기자국 정권 탈취는 고조선 측에서 볼 때는 기존의 정치질서를 파괴하는 행위였을 뿐만 아니라 고조선의 통치 영역 안에서 일어난 사건이었기 때문에 위만과 고조선의 관계는 처음부터 심각할 수밖에 없었을 것이다.

그리고 위만과 서한제국의 관계에 있어서도 위만이 서한으로부터 망명한 인물이라는 점에서 생각해본다면 원만한 관계가 쉽게 성립될 수 없었을 것으로 생각되지만 당시에 위만과 서한은 서로를 필요로 하는 처지에 있었다.

앞에서 언급한 바와 같이 위만의 모반은 고조선의 통치 영역 또는 통치질서 안에서 일어난 사건이기 때문에 고조선은 위만의 세력을 용인할 수 없었을 것이다. 그리고 고조선은 위만의 모반세력을 위험스러운 존재로 규정했을 것이다. 따라서 위만으로서는 고조선의 세력을 견제할 만한 배후세력을 필요로 하고 있었을 것이다. 그뿐만 아니라 중국 지역의 정치적·사회적 대변화를 체험한 위만이 볼 때에 구래(舊來)의 제도를 그대로 유지하고 있는 고조선의 사회 내부에는 많은 모순이 내포되어 있었으므로 새로운 사회 변화에 의해 출현한 신흥세력인 서한제국과 유대관계를 갖는 것이 자신의 세력 확장을 위해서 유리하리라는 판단을 내렸을 것이다.

고조선은 그 영역 내에 거주하던 여러 부족들이 조선족을 중심 및 정점으로 하여 원뿔 모양의 층위적인 연맹관계를 형성한 고대 봉건제도 또는 읍제국가의 양상을 하고 있었다. 따라서 중앙집권적인 강력한 권력은 아직 출현하지 않았다. 이러한 사회는 본래 철기가 사용되기 이전에 출현했는데 당시에는 주로 석기가 농구로 사용되었으므로 토지 개간에 한계가 있었다. 따라서 토지는 영역보다는 개간해 활용할 수 있는 정도만이 그 의미를 가졌다. 다시 말하면, 사람이 거주하는 거주 지역과 그 주위의 농경지로 구성된 읍이 중요한 의미를 가지고 있었고, 정치와 경제의 기초는 토지의 영역이 아니라 읍의 집적(集積)이었다. 이러한 사회 구조는 철기의 보급으로 인해 붕괴되기 마련이었다.

철기의 보급은 넓은 면적의 토지 개간을 가능하게 하여 경작 면적의 확대를 가져와 정치·경제의 기초를 읍의 집적이 아니라 토지의 영역이라는 개념으로 바뀌게 했다. 또한 철기의 보급은 관개 시설과 심경(深耕)을 가능하게 하여 농업 생산을 증대시켜 소토지소유제의 출현을 가능하게 했다. 이러한 현상은 경제 구조에 변화를 가져왔다. 농업 생산의 증대를 위해 읍이 단위가 되어 집단 경작을 했던 생산 활동은 와해되고 1가 1호가 단위가 된 개체 생산의 경제 구조로 변화되었다.[105]

근래의 고고학적 발굴 결과에 따르면 고조선 지역에서는 서기전 4, 5세기 무렵에 이미 철제 농구가 보편화되었음이 확인되었다.[106] 따라서

---

105 철기의 보급에 따른 사회 구조와 경제 구조의 변화에 대한 중국의 예는 앞에서 소개된 『상주사』, pp. 189~201 참조.

106 요령성 무순의 연화보 유적을 예로 보면 출토된 전체 농구의 90% 이상이 철제였다. 이 유적의 연대는 중국의 전국시대에 해당된다(王增新, 「遼寧撫順市蓮花堡遺址發掘簡報」 『考古』 1964年 6期, pp. 286~293).

위만이 모반을 했던 서기전 2세기 초에는 철기의 보급이 한층 현저하게 일반화되었을 것이다. 철기의 일반화는 경제·사회의 구조에 변화를 가져왔을 것인데 이와 같은 경제·사회 구조의 변화에 따라 서기전 5세기 이후의 고조선은 구래의 읍이 기초가 된 읍제국가적 통치조직과 새로 등장한 영역 개념 및 개체 생산이 기초가 된 경제·사회 구조 사이에 심한 모순과 갈등이 야기되었을 것이 분명하다. 이와 같은 모순과 갈등에 의해 중국에서 이미 몇 차례에 걸친 정치적인 큰 변화가 일어났음을 잘 알고 있었던 위만은 고조선도 곧 정치적인 큰 변화를 맞게 될 사회로 규정했을 것이고 정치 변화를 주도할 주인공으로 자기 자신을 배제하지는 않았을 것이다. 이렇게 생각해보면 위만의 서한제국에 대한 접촉은 적극적이었을 것으로 생각된다.

한편 서한제국은 서기전 202년에 통일전쟁의 종결을 보게 되었지만 오랜 기간의 전쟁에 의한 피해로 경제와 사회는 크게 파괴되었다. 당시에 서한은 조정을 출입하는 장상(將相)들이 마차를 사용하지 못하고 우차를 이용하는 형편이었고 민중은 극도의 기근 때문에 인구가 줄어들었다.[107] 이러한 상황에서 중앙권력은 아직 충분하게 강화되지 못한 상태였기 때문에 각지에서 빈번히 반란이 일어났다. 따라서 서한 정부는 우선 국내의 정치적 문제를 해결하는 것이 급선무였다. 그래서 전국시대 이래의 각국의 왕실 후예, 지방의 귀족세력, 그리고 토호들을 대거 장안으로 이주시키고,[108] 지방에 봉지를 받고 후왕이 되었으면서도 현지로 가지 않고 장안에 거주하고 있던 공신들을 봉지에 가서 거주하게 함으

---

107 『사기』 권30 「평준서」 ; 『한서』 권24 「식화지」 상.
108 『사기』 권99 「유경숙손통열전」.

로써[109] 지방세력의 성장을 방지하는 정책을 단행했다. 이와 같이 국내 정치가 아직 안정되지 못했던 서한 정권은 미처 그 주변의 이민족에 대해서는 강력한 정책을 실행할 능력이 없었다.

당시 서한 주변의 이민족을 보면 진제국이 멸망하자 남쪽에서는 남월 (南越)과 민월(閩越)이 독립했고 북쪽에서는 흉노의 묵특선우(冒頓單于)가 나타나 서쪽의 월지(月氏)를 쫓아내고 동쪽의 동호를 멸망시켜 전 몽골을 통일했다. 그리고 남월은 내지 깊숙이까지 쳐들어왔으며 민월은 절강(浙江) 남부를 침략했고 북쪽의 흉노를 포함한 이민족들은 변경 지역을 어지럽혔다.[110] 특히 흉노는 북방 민족을 귀복시켜 재조직함으로써 유목민족의 총력을 한곳에 집중시키는 체제를 완성했다. 그리고 서한과 패권을 다투기 위해 장성 내에까지 진출했는데 서기전 200년에는 백등 성(白登城)을 포위해 친정(親征)에 임했던 서한 고조의 군대를 참패시켜 서한 정권은 흉노와 굴욕적인 화친을 맺게 되었다. 서한은 흉노에게 금품 · 속(粟) · 백(帛) 등을 보내고 공주를 선우에게 출가시켰는데, 이때 수행했다가 흉노에 귀화한 한인들이 서한 정권을 원망하여 흉노의 참모가 되어 서한을 더욱 괴롭히기도 했다. 흉노는 서한이 약속을 이행하지 않거나 기근이 들었을 때는 운중(雲中) · 상군(上郡) · 안문(雁門) · 연(燕) · 대(代) 등의 북방 지역에 쳐들어와 가축과 물자를 약탈해 막대한 피해를 입혔고 서한의 도읍인 장안을 위협하기도 했다.[111]

상황이 이러했기 때문에 서한으로서는 북쪽의 장성에 이르는 국경선도 확보할 수 없는 형편이어서 그것만이라도 회복하는 것이 최대의 염

---

109 『사기』 권10 「효문본기」.
110 『염철론』 권38 「비호」.
111 『사기』 권10 「효문본기」 · 권99 「유경 · 숙손통열전」 참조.

원일 정도였다.[112] 그리고 고조선과의 국경도 전국시대 연나라가 진개의 고조선 침략 후에 패수(오늘날 난하) 동쪽에 설치했던 장새와 요동외요가 너무 멀어서 지키기 어려우므로 패수(오늘날 난하) 서쪽에 있었던 요동고새를 수리해 다시 사용하는 형편이었다. 다시 말하면, 스스로 국경선을 후퇴시키는 상황이었다. 서한의 형편이 이러했기 때문에 동북부의 큰 세력인 고조선을 견제하기 위해서는 위만을 이용할 필요가 있었던 것이다.

이상에서 살펴본 바와 같이 위만과 서한은 서로가 필요한 존재였기 때문에 그 관계가 쉽게 밀착되었다. 『사기』「조선열전」에,

> 효혜·고후시대가 되어 천하가 처음으로 안정되자 요동태수는 바로 (위)만을 외신으로 삼기로 약속하고 국경 밖에 있는 오랑캐들을 방어해 변경을 도적질하지 못하도록 하고 여러 오랑캐의 군장들이 천자를 알현하러 들어오고자 하거든 그것을 막지 말도록 했다. 천자가 그것을 듣고 허락하니 이로써 (위)만은 (서한으로부터) 군비와 재정의 지원을 받아 그 주변의 소읍을 침략해 항복을 받았으며 진번과 임둔이 모두 와서 복속되어 (영토가) 사방 수천 리에 이르렀다.[113]

고 한 것은 이러한 사실을 전하는 것이다. 서한시대의 외신은 이민족이 주가 된 나라의 군주가 서한에 신속(臣屬)된 것을 뜻한다. 그 지역은 서한 정부가 직접 통치하는 군·현이나 내번(內藩)의 밖에 있었다. 따라서 외신의 경우 서한의 내번을 구성하고 서한으로부터 인수를 받았을 뿐

---

112 『사기』 권110 「흉노열전」에 실린 서한 문제가 흉노의 선우에게 보낸 편지 참조.
113 『사기』 권115 「조선열전」.

서한의 법이 직접 미치지는 않았다.[114]

그러므로 위만은 서한의 외신이 됨으로써 그 외번으로 신속되어 고조선의 영토를 공격할 군비와 재정을 서한으로부터 지원받았으나 실제로는 독립국의 위치에 있었다. 당시에 위만의 처지로서는 그렇게 하는 것이 고조선의 정치질서 속에서 벗어날 수 있는 것이었고 서한에도 완전히 예속되지 않을 수 있는 것이었다. 말하자면 위만은 서한과 고조선이라는 2개의 큰 세력 사이에 끼어 당시의 상황을 자신에게 유리하도록 잘 이용했다고 말할 수 있다. 위만의 목표는 서한의 지원을 받아 고조선의 정권을 쟁취해 동북아의 정치질서를 장악하는 것이었다고 생각된다. 앞에서 언급한 바와 같이 고조선의 내부에는 구래의 통치제도와 새로운 경제 구조·사회 구조 사이에 이미 심각한 갈등이 나타나고 있었으므로 위만은 그것이 가능하다고 판단했을 것이다.

위만은 자신의 목표 달성을 위한 기반을 확고하게 하기 위해 그 지역 토착민을 포섭하는 데 있어서도 적극적이었던 것 같다. 『사기』 「조선열전」에,

> 오랑캐 및 옛 연·제 망명자들이 그를 왕으로 삼으니 왕험에 도읍했다.[115]

고 했는데 여기서 오랑캐는 그 지역 토착민을 뜻하므로, 결국 위만이 기자국의 정권을 탈취해 건국할 때 토착민들로부터도 상당한 지지를 받았

---

114 東原朋信, 「文獻にあらわれたる秦漢璽印の研究」『秦漢史の研究』, 吉川弘文館, 1960, p. 174.
115 주 1 참조.

다는 것으로 이해된다.

　미카미 쓰기오는 위만의 정권은 단순히 중국 망명인들로만 구성되었던 것이 아니라 그 지역 토착민들과의 연합세력이었다고 지적한 바 있다. 그 근거로 『사기』 「조선열전」에는 조선상(朝鮮相) 노인(路人)·상(相) 한음(韓陰)·이계상(尼谿相) 삼(參)·장군(將軍) 왕겹(王唊) 등의 인명이 보이는데, 그중 노인·한음·왕겹 등은 중국계인이고 삼은 조선계 토착인일 것으로 보았다. 노인에 대해서 『사기색은』은 어양인(漁陽人)이라고 했고 중국에는 노(路)라는 성이 많으므로 노인은 중국으로부터의 이주자였을 것이며 한음과 왕겹도 중국에 한(韓)·왕(王)의 성이 많은 점으로 미루어보아 중국계인일 것으로 보았다. 그러나 이계상 삼은 이름이 외자로 기록되어 있는데 이것은 『송서』 「왜인전」에서 왜왕 찬(瓚)·무(武) 등의 예에서 볼 수 있는 바와 같이 그가 고조선 지역의 토착인으로서 성을 갖지 않았기 때문이었을 것으로 보았다. 그리고 이계는 아마도 토착부족의 명칭이 한자로 기록되었을 것인데, 이로 보아 위만조선의 지배층은 중국인에 의해 완전히 독점되지 않았고 토착민 호족이 상당히 진출해 중국인 유력자와 토착호족 사이에 어느 정도의 타협이 이루어졌을 것이라고 했다.[116] 그리고 이병도는 위만조선의 관직명으로 보이는 조선상·이계상 등은 그의 출신 부족명이 관직명이 된 것으로서 원시부족장제의 잔재 유풍이라고 했다.[117]

　이상의 지적들은 매우 긍정적으로 받아들여진다. 위만조선의 중앙관직명에 토착 부족의 명칭이 보이는 것이라든가 중앙관료 가운데 그 지역 토착인이 포함된 것은 위만정권이 단순한 중국계 망명인들의 정권이

---

116 앞 글, 「衛氏朝鮮國の政治·社會的性格」, pp. 217~218.
117 앞 글, 「위씨조선흥망고」, p. 82.

아니라 그 지역 토착민들을 포섭해 참가시킨 현지에 지지 기반을 마련한 정권이었음을 알게 해준다. 그러나 이러한 위만정권도 고조선의 서부 영역을 대부분 차지해 대국으로 성장하게 됨에 이르러 국내외적으로 심한 모순과 갈등을 일으키게 되었던 것 같다. 국내적인 것으로는 권력 구조에 있어서 토착인들과의 갈등이었고 국외적인 것으로는 서한제국과의 관계 악화였던 것으로 생각된다.

위만은 중국에서 읍제국가가 붕괴되고 영역국가가 출현하는 사회 변화 과정과 그 결과로 권력 구조가 중앙집권으로 이행되었음을 망명 이전에 체험을 통해서 알고 있었다. 따라서 위만정권은 영역국가에 기초한 중앙집권의 통치체제를 갖추었을 것이다. 그리고 시간이 흐름에 따라 그것이 한층 강화되었을 것이다. 그런데 중앙정권에 일정한 의무만을 이행하면 지방권력은 상호 간에 상대적으로 독립된 성격을 지녔던 읍제국가 구조의 고대 봉건제적 정치적 체험밖에 가지고 있지 못했기 때문에 토착호족들은 위만의 중앙집권화 정책에 불만이 매우 컸을 것으로 생각된다. 이러한 상황은 위만정권과 토착세력 사이의 갈등으로 심화되었을 것임이 틀림없다. 그 결과 나타난 것이 예군(濊君) 남려(南閭)의 반란이었다고 생각된다. 『한서』「무제기」〈원삭 원년〉조에는,

> 동이의 예군(薉君, 濊君)인 남려 등 28만 명이 항복하니 그곳을 창해군으로 삼았다.[118]

고 했고 『후한서』「동이열전」〈예전〉에는,

---

118 『한서』권6 「무제기」〈원삭 원년〉조. "東夷薉(濊)君南等口二十八萬人降, 爲蒼海郡."

(무제) 원삭 원년에 예군이었던 남려 등이 (위만조선의) 우거왕을 배반
하고 28만 명을 이끌고 요동에 와서 속령이 되니 무제는 그 땅을 창해군
이라고 했다가 몇 해 후에 (그것을) 없애버렸다.[119]

고 했는데 이것은 무제 원삭 원년(서기전 128)에 위만조선에 속해 있던
토착의 대부족인 예의 군장이 위만조선의 우거왕을 배반하고 서한에 투
항했음을 말하고 있는 것이다.

다음에 제6절에서 자세히 언급되겠지만 예족은 원래 고조선을 구성
하고 있던 대부족 가운데 하나로서 오늘날 난하 동부 연안에 거주하고
있었는데 위만이 고조선의 서부를 침략·잠식하는 과정에서 예족의 거
주 지역도 위만조선에 복속되었던 것이다. 우거왕은 위만의 손자이고
이 사건은 위만조선이 건국된 후 약 66년 만에 일어났으며 위만조선이
멸망되기 20년 전의 일이었다. 이때 위만조선은 이미 고조선의 서부를
대부분 차지하고 강한 국력을 기반으로 하여 동북아의 패자로 군림하고
있었을 것으로 생각된다. 그러한 상황을 『삼국지』「동이전」〈예전〉에,

(서)한의 무제가 (위만)조선을 공벌해 멸망시키고 그 땅을 나누어 사군
으로 삼았다. 그 이후로는 호(胡)와 한(漢) 사이에 점차 차별이 생겼고
대군장은 없어졌다.[120]

---

119 『후한서』 권85 「동이열전」〈예전〉. "元朔原年, 濊君南閭等畔右渠, 率二十八萬口詣
遼東內屬, 武帝以其地爲蒼海郡, 數年乃罷.
120 『삼국지』 권30 「동이전」〈예전〉. "漢武帝伐滅朝鮮, 分其地爲四郡. 自始之後, 胡·漢
稍別, 無大君長."

고 한 기록에서 알 수 있다. 위만조선이 멸망함으로써 대군장이 없어졌다고 했으니 그 이전에는 위만조선이 그 지역의 대군장, 즉 패자였을 것임을 알 수 있다. 이와 같이 대국으로 성장한 위만조선의 왕실은 전제권을 강화했을 것이고 토착부족에 대해서 오만했을 것이다. 그리고 그 결과로 나타난 것이 예군 남려의 이반(離叛)이었을 것으로 생각된다.

위만조선 왕실의 오만과 우거왕의 전제군주로서의 면모는 대외관계에서도 나타났다.『사기』「조선열전」에 따르면,

> (위만으로부터) 아들을 거쳐 손자 우거에 이르러는 유혹으로 인해 (위만조선으로) 도망한 (서)한인들이 점차 늘어났고 또 (우거왕은) 서한에 들어가 (천자를) 알현한 바도 없는 데다가 진번 주변의 여러 나라가(또는 진(辰)나라가) 글을 올려 천자를 알현하고자 했으나 또한 (그것을) 가로막아 통하지 못하게 했다. (무제) 원봉 2년에 (서)한은 섭하(涉何)를 보내어 우거(왕)의 잘못을 꾸짖어 나무랐으나 끝내 조칙을 받들기를 거부했다.[121]

는 것이다. 이러한 우거왕의 태도에 화가 난 섭하는 돌아갈 때 자신을 배웅 나온 위만조선의 장사[將士 : 또는 비왕(裨王)]를 국경인 패수 변에서 죽이고 서한으로 도망했다. 섭하가 이 사실을 무제에게 보고하자 무

---

121 『사기』 권115 「조선열전」. "傳子至孫右渠, 所誘漢亡人滋多, 又未嘗入見, 眞番旁衆國(또는 辰國)欲上書見天子, 又擁閼不通. 元封二年, 漢使涉何譙諭右渠, 終不肯奉詔."
『사기』의 판본에 따라 '진번방중국'이 '진번방진국'으로 되어 있다(백납본 『사기』). 그리고 『한서』 「조선전」에는 '진번·진국'이라 되어 있고, 『자치통감』 「한기(漢記)」에는 '진국'으로만 기록되어 있다.

제는 섭하의 행동을 가상하게 여기고 그를 요동군의 동부도위(東部都
尉)로 삼았는데 섭하에게 원한을 품고 있던 위만조선은 군사를 일으켜
섭하를 공격하고 그를 살해했다.[122]

　이러한 일련의 사건은 서한에게 침략의 구실을 주었다. 서한 무제는
원봉 2년(서기전 109)에 발병해 누선장군 양복으로 하여금 수군을 거느
리게 하고 좌장군 순체로 하여금 육군을 지휘하게 하여 위만조선을 공
격하니, 다음해인 원봉 3년(서기전 108)에 위만조선은 멸망되었다.[123] 그
런데『삼국지』「동이전」〈한전〉의『위략』이 전하는 바에 따르면 위만조
선이 멸망하기 전에,

　　(위만조선의) 조선상(朝鮮相) 역계경(歷谿卿)이 간했으나 우거(왕)이
　　(그것을) 채용하지 않으므로 동쪽의 진(辰)나라로 갔는데 그때 (그를)
　　따라 나선 사람이 2,000여 호나 되었다.[124]

고 한다. 이와 같은 우거왕의 서한에 대한 방만한 태도와 대신들의 간함
을 듣지 않는 자만심은 결국 위만조선을 멸망의 길로 인도했다. 서한 무
제 원봉 3년(서기전 108) 여름에 이계상 삼이 사람을 시켜 위만조선의
우거왕을 살해하고 서한에 항복한 사건[125]도 위만조선의 왕실과 토착호
족 사이의 갈등 및 우거왕의 방만한 태도 등이 작용했을 가능성이 있다
는 맥락에서 인식되어야 할 것이다.

---

122 위의「조선열전」.

123 위와 같음.

124『삼국지』권30「동이전」〈한전〉의 주석으로 실린『위략』. "初, 右渠未破時, 朝鮮相歷
　　谿卿以諫右渠不用, 東之辰國, 時民隨出居者二千餘戶."

125『사기』권115「조선열전」.

6. 열국시대의 개시

필자는 고조선의 강역을 오늘날 중국 하북성 동북부에 있는 난하를 서쪽 경계로 하여 하북성 동북부 일부, 요령성과 길림성 전 지역을 포함하고 한반도의 청천강에 이르렀을 것으로 본 바 있다.[126] 그런데 위만조선의 강역이 멸망 시에 서쪽은 난하로부터 동쪽은 오늘날 요하 가까이까지 이르렀고 서한 무제가 위만조선을 멸망시킨 후 설치한 한사군의 영역이 동쪽으로 오늘날 요하에까지 이르렀다면, 위만조선이 존재했던 기간은 물론이고 위만조선이 멸망하고 한사군이 설치된 이후에도 고조선은 오늘날 요하로부터 청천강에 이르는 지역에 남아 있어야 한다는 논리가 성립된다.

만약 이러한 논리가 사실로 입증된다면 위만조선을 동일한 지역에서 고조선을 대체한 정치세력으로 보아 왔던 한국 고대사의 인식체계는 크게 수정을 받아야 한다. 그런데 안타깝게도 위만조선과 한사군이 존재했던 시기의 고조선에 관한 구체적인 내용을 전하는 기록은 아직 발견된 바가 없다. 그러나 여기서 분명히 인식해야 할 것은 사료의 부족을 바로 역사적 사실이 존재하지 않았음을 뜻하는 것으로 직결시켜서는 안 된다는 것이다. 직접 사료는 존재하지 않더라도 간접 사료와 당시의 역사적 상황의 전개에 따라 그 정황의 유추가 가능하기 때문이다.

고조선이 위만조선과 한사군이 존재했던 시기에 어떤 상황에 처해 있었는지를 전하는 기록은 발견되지 않고 있다. 하지만 위만조선이 멸망하고 한사군이 설치된 이후까지도 고조선이 존재했음을 알게 하는 기록

---

126 앞 글, 「중국문헌에 나타난 고조선 인식」, pp. 135~146.

으로 단편적인 것이 보인다. 『삼국지』 「동이전」 〈예전〉에 예의 위치에 대해서 설명하기를,

> 예는 남쪽은 진한, 북쪽은 고구려·옥저와 접했고, 동쪽은 큰 바다에 의해 막혔는데, 지금의 조선의 동쪽이 모두 그 땅이다.[127]

라고 했다. 이 기록에 따르면 『삼국지』가 편찬되던 당시에 예의 서쪽에 조선이 있었음을 알 수 있다. 『삼국지』는 진수가 편찬했는데 그는 233년부터 297년까지 생존했던 인물이므로 위의 내용은 고조선이 서기 3세기까지는 존재했음을 알게 해준다.

위의 인용문은 한국 고대사에 관계된 사료로서 한국사 학자들의 깊은 관심의 대상이 되어 왔지만 그것을 고조선이 3세기 무렵까지 존재했음을 전하는 사료로서는 인식하지 못했다. 그 이유는 '지금의 조선(今朝鮮)'이라는 진수의 표현에 관심을 기울이지 않았기 때문인 것 같다. 위의 예전에는 계속해서 위만조선에 관해서도 언급하고 있는데 위만조선에 대해서는 '지금의 조선'이라는 표현을 사용하지 않고 그냥 조선이라고만 표현함으로써 두 조선을 구분하고 있다. 어쨌든 고조선이 3세기 무렵까지 존재했다고 하는 것은 중요한 의미를 갖는다. 그러면 당시 고조선의 위치는 어디였는가? 위 〈예전〉의 내용에 따르면 예는 한반도의 북부에 위치해 동해와 접했고 고조선은 그러한 예의 서쪽에 위치했다는 것이 된다. 따라서 3세기 무렵의 고조선의 위치는 한반도의 서북부로 상정된다.

---

127 『삼국지』 권30 「동이전」 〈예전〉. "濊南與辰韓, 北與高句麗·沃沮接, 東窮大海, 今朝鮮之東皆其地也."

당시의 고조선의 위치를 좀 더 분명하게 확인하기 위해 『후한서』 「동이열전」 〈예전〉의 기록을 보면,

> 예는 북쪽으로는 고구려·옥저와 접하고, 남쪽은 진한과 접했으며, 동쪽은 큰 바다에 의해 막혔고, 서쪽은 낙랑에 이르렀다.[128]

고 되어 있다. 『삼국지』 〈예전〉과 『후한서』 〈예전〉의 기록을 종합해보면 예의 서쪽에 고조선과 낙랑이 있었다는 것이 되는데 고조선과 낙랑의 상호 지리관계는 분명하지가 않다. 이 점을 분명히 해주는 기록이 『후한서』 「동이열전」 〈한전〉에 실려 있다. 그 내용을 보면,

> 한에는 세 종류가 있는데 첫째는 마한이고 둘째는 진한이며 셋째는 변진이다. (그 가운데) 마한은 서쪽에 있는데 54국이 있고 그 북쪽은 낙랑, 남쪽은 왜와 접했다.[129]

고 되어 있다. 따라서 낙랑의 남쪽에는 마한이 있었으므로 고조선이 위치할 수 없었고, 고조선과 낙랑이 같은 시기에 병존했다면 고조선은 낙랑의 북쪽에 위치했을 수밖에 없게 된다.

고조선과 낙랑의 이러한 상호 간의 지리관계를 더욱 확실하게 해주는 기록은 『삼국지』 「동이전」의 〈고구려전〉의 기록이다. 그 내용을 보면,

---

128 『후한서』 권85 「동이열전」 〈예전〉. "濊北與高句麗·沃沮, 南與辰韓接, 東窮大海, 西至樂浪."
129 위의 「동이열전」 〈한전〉. "韓有三種, 一曰馬韓, 二曰辰韓, 三曰弁辰, 馬韓在西, 有五十四國, 其北與樂浪, 南與倭接."

고구려는 요동의 동쪽 1,000리 떨어진 곳에 있는데 남쪽은 조선·예맥, 동쪽은 옥저, 북쪽은 부여와 접했다.[130]

고 되어 있다. 이 기록에 따르면 북쪽에 있었던 고구려와 남쪽에서 국경을 접하고 있었던 정치세력은 고조선과 예맥이라는 것이 되는데, 앞에서 이미 확인된 바와 같이 예맥(또는 예)은 동해에 접하고 있었으므로 고조선은 예맥의 서쪽에서 북쪽에 있는 고구려와 국경을 접하고 있었을 것임을 알 수 있다. 그러므로 낙랑이 고조선의 북쪽에 위치할 수 없게 된다.

여기에 나오는 낙랑은 오늘날 중국 하북성 동북부에 있는 난하의 동부 연안에 있었던 한사군의 낙랑군을 말하는 것이 아니라 한반도 북부에 있었던 낙랑을 지칭하는 것이다. 이 낙랑은 오늘날 평양 지역에 있었던 최리의 낙랑국이 고구려에게 멸망된 후 동한의 광무제가 그 지역을 침공해 설치했던 군사기지로서[131] 『삼국사기』 「고구려본기」에는,

가을 9월에 (동)한의 광무제가 바다를 건너 낙랑을 정벌하고 그 땅을 취해 군·현을 만드니 살수(오늘날 청천강) 이남은 (동)한에 속하게 되었다.[132]

고 기록되어 있다. 종래에는 이에 대해 한사군의 낙랑군에 관계된 기록

---

130 『삼국지』권30 「동이전」〈고구려전〉. "高句麗在遼東之東千里, 南與朝鮮·濊貊, 東與沃沮, 北與夫餘接."

131 앞 글, 「중국문헌에 나타난 고조선 인식」, pp. 161~164.

132 『삼국사기』권14 「고구려본기」〈대무신왕 27년〉조. "秋九月, 漢光武帝, 遣兵渡海伐樂浪, 取其地爲郡縣, 薩水已南屬漢."

으로 인식했다. 그런데 이를 한사군의 낙랑군과 관계된 기록으로 보려면 논리적 모순이 발생한다.

위의 『삼국사기』 기록은 대무신왕 27년(서기 44)에 일어났던 사건을 말하고 있는데 이때는 이미 한사군이 설치되고 150여 년이 지난 후였다. 따라서 낙랑군은 이미 동한의 영토가 되어 있었는데 자기들의 영토가 된 낙랑군에 광무제가 군대를 파견해 그곳을 정벌하고 그 땅을 취해 군현을 만들었다는 것이 되는 것이다. 그러므로 이 낙랑은 한사군의 낙랑군이 아닐 것임을 알 수 있으며, 한사군의 낙랑군은 오늘날 난하 동부 연안에 위치했음이 이미 확인되었으므로 이 낙랑은 한사군의 낙랑군과는 전혀 다른 것임이 분명해진다. 그런데 위에 인용된 『삼국사기』의 내용에 따르면 광무제가 설치한 낙랑의 북쪽 경계는 오늘날 청천강이었다. 이렇게 볼 때 중국의 동한시대와 삼국시대에 고조선이 위치했던 곳은 오늘날 청천강 이북 지역이었던 것으로 귀결된다.

고조선은 전성기에 국토가 오늘날 난하로부터 청천강에 이르렀다가 위만조선에게 그 서부 지역을 공략당했고, 다시 서한 무제가 침략해 한사군을 설치하게 됨에 따라 오늘날 요하 이서 지역을 모두 잃게 되었다. 따라서 한사군이 설치된 이후의 고조선 강역은 특별한 사태만 발생하지 않았다면 오늘날 요하로부터 청천강에 이르는 지역이었다는 것이 된다. 그러나 그렇게 보기에는 문제가 있다. 만일 당시의 고조선 영토가 오늘날 요하로부터 청천강까지였다면 전보다는 약화되었지만 아직도 상당히 큰 정치세력이었다고 할 수 있다. 그런데 왜 『후한서』와 『삼국지』에 부여·고구려·동옥저·읍루·예·한·왜 등은 독립된 항목으로 설정되어 기록되었으면서도 고조선에 대해서는 독립된 항목도 설정되지 않았고 자세한 기록도 볼 수 없는지에 대해서 그 의문을 제기하지 않을 수 없는 것이다.

그리고 앞에 인용된 『후한서』〈예전〉에는 낙랑만 보이고 조선은 보이지 않으며 『삼국지』〈예전〉에는 조선은 보이는 반면에 낙랑은 보이지 않는다. 따라서 이에 대한 의문도 제기될 수 있을 것이다. 혹시 동한시대에는 낙랑은 존재했으나 고조선은 존재하지 않았고, 삼국시대에는 고조선은 존재한 반면에 낙랑은 존재하지 않았던 것이 아닌가라고 생각할 수도 있을 것이다. 그러나 동한의 광무제가 오늘날 평양 지역에 설치했던 낙랑은 서기 300년(신라 기림 이사금 3년)에 신라에 귀복함으로써 비로소 멸망되었으므로[133] 낙랑의 멸망 연대보다 앞선 시대인 중국의 삼국시대에 낙랑은 그대로 존재하고 있었다고 보아야 한다. 그리고 고조선도 동한시대에는 존재하지 않았다가 그보다 늦은 시대인 삼국시대에 다시 출현했다기보다는 특별한 상황 변화가 확인되지 않는 한 위만조선과 서한이 차례로 고조선의 서부를 차지한 이후 계속해서 그 동부 지역에 위치하고 있었다고 보아야 한다. 동한시대에도 고조선이 존재했음은 『후한서』「동이열전」〈고구려전〉에 고구려의 위치를 말하면서 고구려가 남쪽은 조선·예맥과 접했었다[134]고 한 기록에서도 분명하게 확인된다.

이렇게 본다면 예(또는 예맥)의 서쪽에는 고조선과 낙랑, 2개의 정치세력이 있었는데 『후한서』 편찬자는 낙랑만을 언급했고 『삼국지』 편찬자는 고조선만을 언급했다는 것이 된다. 이 시기의 고조선과 낙랑이 앞에서 언급한 바와 같이 역사서에 독립된 항목으로 설정되지 못한 것으로 보아 그 세력이 크지 않았을 것으로 생각된다. 『후한서』와 『삼국지』의 편찬자가 고조선과 낙랑 가운데 하나만을 언급한 것도 그러한 데에

---

133 『삼국사기』 권2 「신라본기」 〈기림 이사금 3년〉조. "樂浪·帶方兩國歸服."
134 『후한서』 권85 「동이열전」 〈고구려〉. "高句麗, 在遼東之東千里, 南與朝鮮·濊貊, 東與沃沮, 北與夫餘接."

서 연유되었을 것이다. 그런데 이 시기의 낙랑은 동한의 광무제가 설치한 군사기지였으므로 토착세력과의 갈등 등으로 그 세력이 계속해서 불안한 상태에 있었을 가능성이 있다. 하지만 고조선은 오늘날 요하로부터 청천강에 이르는 상당히 넓은 지역이 아직 그 영역으로 남아 있었을 것이므로 결코 미약한 정치세력일 수 없을 것이라는 의문을 갖게 된다.

이 점은 고조선의 국가 구조와 성격을 이해하면 자연스럽게 납득이될 것이다. 고조선은 조선·추·맥·예·진번·직신(식신 또는 숙신)·양이·양주·유·청구·고이·고죽 등 많은 부족이 층서적이기는 하지만 연맹적 성격을 강하게 지니고 형성되어 있던 읍제국가 또는 동양적 고대봉건제국가였다.[135] 이러한 국가 구조는 각 지역이 대부족을 중심으로정치세력을 형성해 상대적으로 독립된 위치에 있었고 단지 연맹부족 전체의 중심 세력이 되는 부족 또는 정실(正室)에 대해서만 모든 지역의정치세력이 일정의 의무를 이행하며 그들의 공주(共主)로 받들었다.

좀 더 구체적으로 말하면 고조선을 구성하고 있었던 조선·추·맥·예·진번·발·직신·양이·양주·유·청구·고이·고죽·옥저 등은 각 지역의 대부족으로서 그들이 거주하는 대읍은 주변의 소부족이 거주하는소읍의 종교적·정치적 중심지였다. 따라서 각 지역은 대읍을 중심으로거기에 소읍이 종속되어 정치세력을 형성하고 있었다. 그리고 대읍을중심으로 한 각 지역의 정치세력은 중앙의 대부족이 거주하는 대읍에종속되어 있었는데 중앙의 대부족 대표자가 바로 고조선의 임금 또는왕이었던 것이다.[136] 그런데 이러한 읍제국가는 왕이 모든 인민을 직접통치하는 것이 아니라 직할지의 인민과 각 지역 정치세력의 군장만을

---

135 앞 글, 「고조선의 사회 성격」, pp. 39~56.
136 위 글, pp. 49~51.

다스리기 때문에 실질적으로 왕의 권한은 제한되어 있었고 중앙집권의 정치 행태도 아직 출현하지 않은 단계였다.

이러한 형태의 통치 구조가 중국에서는 상·서주 왕국시대에 해당되는데 서주시대는 상시대에 비해 혈연조직이 구체화·보편화되었다. 이와 같은 읍제국가 또는 동양적 봉건제국가는 중앙집권화가 이루어지지 않았고 중앙으로부터 지방에 이르기까지 직접 통치에 필요한 조직적인 관료조직을 충분하게 갖추지 못했기 때문에 중앙의 통제세력이 무너져 구심력을 잃게 되면 순식간에 대읍이 중심이 된 각 지역의 세력들이 독립을 하게 된다. 이러한 현상을 중국에서는 춘추전국시대에 보게 된다. 서주 왕국의 도읍지였던 호경이 신후(申侯)와 견융(犬戎)에게 공탈된 후 주 왕실은 도읍을 동도(東都)였던 낙읍으로 옮겨 평왕(平王)이 즉위하고 정사를 베풀었지만, 이미 주 왕실은 통제력을 잃었을 뿐만 아니라 형식적으로는 천자라는 명칭으로 불렸지만 실질적으로는 소국으로 전락했다. 그리고 제후국들이 패권을 다투게 되었고 전국시대에 이르면 제후국들이 완전히 독립국이 되어 영토 겸병의 전쟁을 벌이게 되었다.[137]

고대 중국에서 서주 말기부터 춘추전국시대에 발생했던 현상이 위만조선의 흥기와 멸망 그리고 그 이후 시대의 고조선 사회에서 일어났던 것이다. 위만조선이 성장하면서 고조선의 서부 영역을 오늘날 요하 가까이까지 침략·잠식해 들어가자 고조선은 요하 동부 연안에 있는 오늘날 심양 동남 지역으로 천도까지 해야 하는 처지가 되었다.[138] 그러한 상황에서 고조선 왕실은 연맹부족의 공주로서의 통제권을 크게 상실했을 것인데 거기에다 서한 무제가 오늘날 요하까지를 차지하게 됨으로써

---

137 앞 책, 『상주사』, pp. 151~244 참조.
138 윤내현, 「고조선의 도읍 천이고」 『백산학보』 30·31합호, pp. 22~39.

고조선 왕실의 지위는 한층 추락되었던 것이다. 『삼국지』는 위만조선 건국으로부터 450여 년이 지난 후에 편찬되었고 『후한서』는 『삼국지』보다 100여 년이나 늦게 편찬되었으므로, 이 책들이 편찬되던 시기에 고조선 왕실은 연맹부족 공주로서의 통제권을 상실하고 유명무실한 작은 세력으로 이미 오래전에 전락했을 것이다.

이상과 같이 고조선의 와해 과정을 고조선과 인접해 있던 중국 고대 사회의 변천 과정을 모형으로 하여 유추해보았는데, 고조선을 구성하고 있었던 여러 연맹부족의 천이 과정을 살펴보면 당시의 상황을 더욱 분명하게 인식할 수가 있다. 고조선을 구성하고 있던 여러 부족에 관한 자세한 기록을 접할 수는 없지만 그 가운데 대표적인 일부 부족에 관한 단편적인 기록들을 종합해보면 당시의 상황을 비교적 명료하게 인식할 수가 있다.

고조선을 구성하고 있었던 대부족의 명칭 가운데 위만조선이 멸망한 후의 역사서에 등장하는 부족의 명칭으로는 고구려(고이)·예(또는 예맥)·옥저 등이 보인다. 이들은 위만조선의 흥망 기간에 동쪽으로 크게 이동한 것으로 나타난다. 그리고 부여·동옥저·낙랑(최리의 낙랑국) 등도 그 지배계층의 대부분은 서쪽으로부터 이동한 것으로 보인다. 다시 말하면 『후한서』와 『삼국지』에 나타나는 고구려·예맥·부여·동옥저·낙랑 등은 원래 고조선을 구성하고 있던 대부족 가운데 일부가 위만조선의 흥망 과정에서 동쪽으로 이동하여 형성된 정치세력인 것이다. 이러한 사실을 분명하게 인식하기 위해 관계 기록을 살펴보자.

먼저 위만조선이 멸망한 후의 고구려·예맥·부여·동옥저·낙랑 등의 위치를 알기 위해 『삼국지』「동이전」의 기록을 보면 고구려의 위치에 대해서는 앞에서 인용된 바와 같이,

고구려는 요동의 동쪽 1,000리 떨어진 곳에 있는데 남쪽은 조선·예맥, 동쪽은 옥저, 북쪽은 부여와 접했다.[139]

고 했고 예에 대해서는,

예(맥)는 남쪽은 진한, 북쪽은 고구려·옥저와 접했고, 동쪽은 큰 바다에 의해 막혔는데, 지금의 조선의 동쪽이 모두 그 땅이다.[140]

라고 했다. 그리고 부여에 대해서는,

부여는 장성의 북쪽에 있는데 현도(군)으로부터는 1,000리 떨어졌고 남쪽은 고구려, 동쪽은 읍루, 서쪽은 선비와 접했는데, 북쪽에는 약수가 있고 (영역이) 2,000리쯤 된다.[141]

고 했고 동옥저에 대해서는,

동옥저는 고구려 개마대산의 동쪽에 있는데 큰 바다에 잇닿아 있다. 그 지형이 동북으로는 좁고 서남으로 긴데 1,000리쯤 된다. 북쪽은 읍루·부여, 남쪽은 예맥과 접했다.[142]

---

139 주 130과 같음.

140 주 127과 같음.

141 『삼국지』 권30 「동이전」 〈부여전〉. "夫餘在長城之北, 去玄菟千里, 南與高句麗, 東與挹婁, 西與鮮卑接, 北與弱水, 方可二千里."

142 위의 「동이전」 〈동옥저전〉. "東沃沮在高句麗蓋馬大山之東, 濱大海而居. 其地形東北狹, 西南長, 可千里, 北與挹婁·夫餘, 南與濊貊接."

고 했다. 『후한서』 기록[143]도 부분적으로 표현에 약간의 차이가 보일 뿐 대체적으로 위에 인용된 『삼국지』의 내용과 일치된다.

필자는 앞에서 낙랑은 오늘날 평양을 중심으로 하여 북쪽은 청천강에 이르렀고 당시의 고조선은 청천강 이북 지역에 위치했을 것으로 본 바 있다. 여기에다 위의 기록들을 연결시켜보면 고구려·예맥·부여·동옥저·낙랑·고조선 등이 한반도 북부로부터 오늘날 요하 이동의 만주 지역에 위치했음을 알 수 있다. 그런데 여기서 유의해야 할 것은 『후한서』와 『삼국지』가 전하는 이들의 위치는 중국의 동한시대 이후의 상황으로서 이미 위만조선이 멸망하고 그 지역에 한사군이 설치된 이후의 정황이라는 점이다. 따라서 위만조선의 흥망 기간에 위의 부족들에게 어떠한 변화가 일어났는지를 확인하기 위해서는 위만조선 성립 이전, 즉 고조선시대의 그들의 원주지(原住地)를 확인할 필요가 있다.

고구려족의 원주지를 명확하게 말하기는 어렵지만 추정을 가능하게 하는 단편적인 기록이 보인다. 『일주서』 「왕회해」에는 중국의 동북부 지역에 거주하던 여러 부족의 명칭으로 직신·예인·양이·양주·발인(發人)·유인(兪人)·청구·고이·고죽 등이 보이는데, 고이에 대해서 '동북이로서 고구려'라고 주석되어 있다.[144] 그런데 고이와 병기되어 있는 청구는 『사기』 「사마상여전」에서도 보이는데 이에 대해서 『사기정의』에 복건의 말을 인용해 '청구국은 해동 300리에 있다'[145]고 한 것으로 보아 청구는 발해의 북안에 있었던 지명이었을 것으로 추정되며, 고죽은 오

---

143 『후한서』 권85 「동이열전」.
144 『일주서』 권7 「왕회해」 제59.
145 『사기』 권117 「사마상여전」에 나오는 '청구'에 대해서 『사기정의』에는 "服虔云, 靑丘國在海東三百里. 郭璞云, 靑丘, 山名, 上有田, 亦有國, 出九尾狐, 在海外."라고 기록되어 있다.

늘날 난하 하류 동부 연안에 있었다고 보는 것이 정설이다.[146] 따라서 청구·고죽 등과 병기되어 있는 고이, 즉 고구려족은 난하로부터 동쪽으로 그리 멀지 않은 발해 북안에 거주했을 것으로 추정할 수 있다. 『일주서』 「왕회해」는 중국의 서주 초기에 성주(낙읍)에서 열렸던 대회에 관한 기록이고,[147] 앞에 언급된 여러 족명은 성주대회의 참석자들이다. 그러므로 위에 말한 고구려족의 거주지는 서주 초기, 즉 서기전 11세기 무렵의 상황을 말하는 것이다.

　『수서』〈배구전〉에는 배구가 수 양제에게 상주한 내용 가운데 "고(구)려의 땅은 본래 고죽국인데 주대에는 그곳에 기자를 봉했고 (서)한시대에는 (그곳을) 나누어 삼군을 삼았다."[148]고 한 내용이 있다. 배구의 표현이 정확하다고 할 수는 없지만 앞에서 말한 바와 같이 고죽국은 오늘날 난하 하류 동부 연안에 있었는데 고죽국이 멸망한 후 기자국이 말기에 그 지역에 위치했고 다시 위만조선이 그곳에서 건국했다가 서한에 의해 멸망되었던 점을 상기해보면, 배구가 고구려의 땅이 본래 고죽국이었다고 한 것은, 고구려족과 고죽족의 거주지가 연접되어 있었기 때문에 대체적인 지리를 말한 것이거나 또는 고죽국이 멸망한 후 일시적이나마 그 지역이 고구려족의 거주지가 되었음을 전하는 것으로 이해된다. 이렇게 본다면 배구가 말한 고구려족의 본래 거주지는 필자가 앞에

146　주 79와 같음.
147　『한서』 권30 「예문지」에 『주서』는 주나라의 사기(史記)라 했으니 주시대의 역사를 기록한 책이다. 「왕회해」에는 성주의 대회에 태공망이 참석했던 것으로 기록되어 있는데 태공망은 서주 무왕을 도와 상 왕국을 멸망시키고 서주 왕국을 건립하는 데 공이 컸던 인물이다. 따라서 성주의 대회는 서주 왕국 초에 열렸음을 알 수 있다.
148　『수서』 권67 「열전」 제32 〈배구전〉. "高(句)麗之地, 本孤竹國也. 周代以之封于欺子, 漢世分爲三郡."

서 『일주서』「왕회해」 기록을 통해 추정한 지역과 대체로 일치한다.

그런데 『한서』「지리지」에는 현도군에 고구려현이 있었던 것으로 되어 있는데 고구려현의 주석에는 그곳에 요수가 있었던 것으로 기록되어 있고[149] 당시 서한의 국경은 그 요수, 즉 오늘날 요하였으므로, 고구려현은 요하의 서부 연안에 있었다는 것이 된다. 고구려현의 명칭은 고구려인들이 거주했기 때문에 붙었을 것인데 그 위치가 앞에서 상정한 고구려족의 원주지보다는 동쪽이 된다. 그렇다면 위 두 지역의 상호관계를 어떻게 설명해야 하는지가 문제로 등장한다. 이 점을 필자는 다음과 같이 인식하고 싶다. 고구려족은 원래 난하 동부 연안에 거주하던 고조선의 구성부족이었을 것인데, 위만이 기자국의 정권을 탈취한 후 고조선의 서부 영역을 잠식하는 과정에서 고구려족 일부가 위만에게 항거하며 동쪽으로 밀려 오늘날 요하 서부 연안인 고구려현 지역에 거주하다가, 서한 무제가 위만조선을 멸망시키고 그 여세를 몰아 오늘날 요하까지를 차지하자 이에 항거하던 고구려인들은 다시 오늘날 요하 동쪽으로 이주했을 것으로 보는 것이다.

예맥은 일찍부터 비교적 널리 분포되어 있었던 것으로 문헌에 나타나므로 그 원주지를 찾는다는 것은 어려운 일이다. 그러나 분명한 것은 서기전 1, 2세기 이전 문헌에는 예맥이 오늘날 요하 이동 지역에 거주한 것으로는 전혀 나타나지 않고 요하 이서 지역에서만 보인다는 점이다. 『관자』「소광」편에는 춘추시대에 제국의 환공이 패자로 성장한 과정을 말한 내용 중에 "천하를 바로잡으려고 북쪽으로는 고죽·산융·예맥에 이르렀다."[150]고 한 구절이 보인다. 그런데 당시에 산융은 오늘날 하북

---

149 『한서』 권28 하 「지리지」 하 〈현도군〉조.
150 『관자』 권8 「소광」 제20. "一匡天下, 北至於孤竹·山戎·穢(濊)·貉(貊), 拘秦夏."

성 북부에 있었고 고죽은 난하 하류 동부 연안에 있었으므로 이들과 병기된 예맥족도 난하 유역에 거주하고 있었을 것임을 알 수 있다.

그리고 앞에서 이미 인용된 바와 같이 『한서』 「무제기」에는 위만조선의 우거왕 때 예군 남려가 우거왕을 배반하고 28만 명을 이끌고 서한에 투항했다는 기록[151]이 보이는데, 이는 당시 예족의 거주지가 위만조선과 서한의 접경 지역이었을 것임을 알게 한다. 다시 말하면 예족족의 거주지가 당시에 위만조선과 서한의 국경이었던 난하의 동부 연안이었다는 것이 된다. 서한시대에 있어서 예맥족의 거주지가 서한으로부터 근접된 지역에 있었다고 하는 것은 『사기』 「평준서」・「화식열전」과 『한서』 「식화지」의 기록에서도 확인된다. 『사기』 「평준서」에는 서한인인 "팽오가 예・조선과 교역을 했다."[152]고 기록되어 있고 『한서』 「식화지」에는 "팽오가 예・맥・조선과 통하게 했다."[153]고 되어 있는데, 이러한 기록들은 당시에 예맥족이 서한으로부터 멀지 않은 곳에 거주하고 있었음을 알게 해준다. 또 『사기』 「화식열전」에는 "무릇 연 지역은 북쪽으로는 오환・부여와 접했고 동쪽으로는 예・맥・조선・진번으로부터의 이익을 관장했다."[154]고 기록되어 있다. 이것은 예맥이 조선・진번과 이웃해 중국의 연 지역과 근접되어 있었기 때문에 연 지역이 이 지역들과 중국 지역 사이의 교역을 맡아 이익을 보았다는 뜻으로 이해된다.

부여족의 거주지를 추정할 수 있는 가장 빠른 기록은 위에 인용된

---

151 주 119와 같음.
152 『사기』 권30 「평준서」. "彭吳賈滅(濊)・朝鮮, 置滄海之郡, 則燕齊之間, 靡然發動."
153 『한서』 권24 「식화지」 하. "彭吳穿穢(濊)・貊・朝鮮, 置滄海郡, 則燕齊之間靡然發動."
154 『사기』 권129 「화식열전」. "夫燕亦勃・碣之間, ……, 北鄰烏桓・夫餘・東綰穢(濊)・貉(貊)・朝鮮・眞番之利."

『사기』「화식열전」내용이다.[155] 그것에 따르면 부여가 오환과 나란히 연 지역의 북쪽에 있었다는 것이 된다. 그런데 같은 열전에서는 거기에 기록된 연 지역의 위치를 발해와 갈석 사이[156]라고 했으니, 여기에서 말하는 연 지역은 대체로 오늘날 난하 하류 유역 가운데 서한에 속했던 부분을 말하고 있음을 알 수 있다. 그러므로 서한 초기까지의 부여족 거주지는 그 북쪽인 난하 상류 유역으로 추정된다.

옥저족의 원주지에 대해서는 『삼국지』「동이전」〈동옥저전〉에 잘 나타나 있다. 그 내용에 따르면 『삼국지』가 편찬될 당시에는 동옥저·북옥저·남옥저가 있었던 것으로 전하면서 옥저족의 원주지에 대해서는 다음과 같이 적고 있다. 즉,

> (서)한 초에 연의 망명인 위만이 조선왕이 되었을 때 옥저는 모두 거기에 속했다. (서)한 무제 원봉 2년에 조선을 정벌해 (위)만의 손자인 우거를 살해하고 그 땅을 나누어 4군을 삼았는데 옥저성으로써 현도군을 삼았다. 후에 이맥(夷貊)의 침략으로 (현도)군은 구려의 서북쪽으로 옮겼는데 지금 일컫기를 현도의 고부(故府)라고 하는 것이 그것이다. 옥저는 다시 낙랑에 속했다.[157]

고 되어 있다. 이 기록을 통해서 확인되는 것은 옥저족의 원주지가 위만

---

155 위와 같음.
156 위의 주에 인용된 문장 가운데 보이는 "夫燕亦勃·碣之間"에 대해서 『사기정의』에 주석하기를 "渤海·碣石在西北"이라고 했다.
157 『삼국지』권30 「동이전」〈동옥저전〉. "漢初, 燕亡人衛滿王朝鮮, 時沃沮皆屬焉. 漢武帝元封二年, 伐朝鮮, 殺滿孫右渠, 分其地爲四郡, 以沃沮城爲玄菟郡. 後爲夷貊所侵, 徙郡句麗西北, 今所謂玄菟故府是也."

조선에 속해 있었다는 것, 그 후 한사군이 설치되었을 때는 그 지역이 현도군이 되었다는 것, 그리고 마지막에는 그 지역이나 부족이 낙랑군에 속하게 되었다는 것 등이다. 앞에서 이미 확인되었듯이 위만조선의 영토는 동쪽으로 오늘날 요하에 미치지 못했고 현도군은 요하 서부 연안에 위치했으므로 옥저족 원주지는 위만조선의 동부로서 오늘날 요하로부터 서쪽으로 약간 떨어진 지역이었다는 것이 된다. 그리고 낙랑군은 오늘날 난하 하류 동부 연안에 있었는데 후에 옥저족을 낙랑군으로 이주시켰거나 옥저 지역이 행정적으로 낙랑군에 속하게 되었을 것임도 알 수 있다.

낙랑이라는 명칭은 주지하는 바와 같이 한사군 가운데 하나의 군명이었다. 이 낙랑군은 위에서도 언급한 바와 같이 오늘날 난하 하류 동부 연안에 있었다. 그런데 한반도 북부 평양 지역에도 낙랑이 있었다. 『삼국사기』「고구려본기」〈대무신왕 15년〉조 기록은 고구려의 남쪽에 최리의 낙랑국이 있었음을 전하고 있다.[158] 이 낙랑국은 서기 37년(대무신왕 20)에 고구려의 습격으로 멸망되었는데[159] 그때 낙랑인 5,000여 명이 신라로 투항한 것으로 되어 있다.[160] 그로부터 7년이 지난 서기 44년(대무신왕 27)에 동한의 광무제가 병사를 보내어 바다 건너에 있는 이 낙랑

---

158 『삼국사기』 권14 「고구려본기」〈대무신왕 15년〉조. "夏四月, 王子好童, 遊於沃沮, 樂浪王崔理, 出行因見之, 問曰, 觀君顏色, 非常人, 豈非北國神王之子乎, 遂同歸以女妻之"의 내용에 낙랑의 왕 최리가 고구려 대무신왕의 아들인 호동에게 "북쪽의 나라(대무)신왕의 아들이 아니냐?"고 물었으니 낙랑군은 고구려의 남쪽에 있었음을 알 수 있다.

159 위의 「고구려본기」〈대무신왕 20년〉조. "王襲樂浪滅之."

160 『삼국사기』 권1 「신라본기」〈유리 이사금 14년〉조. "高句麗王無恤(大武神王)襲樂浪滅之, 其國人五千來投, 分居六部."

지역을 침략해 살수(오늘날 청천강) 이남을 동한에 속하게 했다.[161] 이로부터 평양 지역은 동한의 군사기지가 되었는데 『후한서』「동이열전」과 『삼국지』「동이전」에 보이는 낙랑은 바로 이 낙랑인 것이다. 여기서 기억해야 할 것은 평양 지역의 낙랑이 기록에 처음 나타난 때가 중국의 동한시대 초에 해당된다는 사실이다.

지금까지의 고찰로써 분명해진 것은 고구려·예맥·부여·옥저·낙랑 등의 명칭이 중국의 서한시대 전기까지는 한반도를 포함한 오늘날 요하 동쪽 지역에서는 보이지 않고 요하 서쪽 지역에 존재했다는 점이다. 그런데 이 명칭들이 동한시대 이후의 기록에서는 요하 동쪽의 만주 지역과 한반도 북부에서 보인다. 이것은 무엇을 의미하는가? 그 기간 동안에 위의 명칭들이 동쪽으로 이동했음을 뜻한다. 그런데 바로 그 시기에 그 지역에 커다란 정치적 변화가 일어났음을 간과해서는 안 될 것이다. 위만조선의 건립과 영토 확장 그리고 그 멸망과 한사군의 설치가 그것이다. 이러한 상황의 변화와 여러 부족 또는 지역 명칭의 이동은 불가분의 관계에 있었을 것으로 보고 필자는 다음과 같은 유추가 가능하다고 생각한다.

고구려·예맥·부여·옥저·낙랑 등은 원래 오늘날 요하 서쪽 지역에 위치해 고조선을 구성하고 있었던 부족명 또는 지명이었다. 그런데 위만이 기자국의 정권을 탈취한 후 고조선의 서부 영역을 잠식해 들어오자, 그 지역의 거주민 가운데 일부가 위만의 침략에 항거하며 고조선 왕실과 함께 동쪽으로 이동했을 것이다. 그 후 서한 무제가 위만조선을 침공하자 이에 항거하던 그 지역 거주민이 또 동쪽으로 이동했을 것이다.

---

161 『삼국사기』 권14 「고구려본기」 〈대무신왕 27년〉조. "秋九月, 漢光武帝, 遣兵渡海伐樂浪, 取其地爲郡縣, 薩水已南, 屬漢."

아마도 위만의 영토 확장 때보다는 서한 무제의 침략 시에 더 많은 거주민의 이동이 있었을 것이다. 왜냐하면 위만 자신은 서한으로부터의 망명인이었지만 그 정권은 토착세력과의 연합이었기 때문에 그 지역 거주민 사이에도 상당한 지지 기반을 가지고 있었을 것이지만 서한 무제의 침공은 완전한 외세의 침략이었기 때문이다.

위만의 영토 확장과 서한 무제의 침략으로 인해 오늘날 요하 동쪽으로 이동한 여러 지역 거주민들은 제각각 집단을 형성하고 초기에는 고조선 왕실을 그들의 공주로 받들었을 것이다. 그러나 고조선 왕실은 위만·서한과의 전쟁 과정에서 이미 여러 부족을 통어할 수 있는 능력을 상실했기 때문에 오래지 않아 각 집단이 독립된 정치세력으로 성장했고, 고조선 왕실은 이름뿐인 미미한 세력으로 전락했던 것이다.『후한서』〈고구려전〉과『삼국지』〈예전〉에 보이는 조선은 바로 이 약화된 고조선인 것이다.

이와 같이 새로 등장한 정치집단은 그들 본래의 족명 또는 그들이 본래 거주했던 지명을 자신들의 국명으로 삼으니 오늘날 요하 동쪽의 만주 지역과 한반도 북부에 고구려·예맥·부여·옥저·낙랑 등의 명칭이 출현하게 되었다. 이러한 현상은 중국 역사에서 서주 말기부터 춘추전국시대에 걸쳐서 일어났던 사회 변화를 방불하게 했다.

이러한 필자의 견해는 고고학적으로도 뒷받침된다. 1958년에 평양 정백동의 토광묘에서는 세형동검과 함께 '부조예군[夫租薉(濊)君]'이라고 새겨진 은인(銀印)이 출토되었다.[162] 그런데『한서』「지리지」에 따르면 서한의 낙랑군에는 25개의 현이 있었는데 그 가운데 부조현(夫租縣)이

---

162 백련행, 「부조예군의 도장에 대해」『문화유산』 1962년 4호, p. 61.

있었다.[163] 그러므로 평양에서 '부조예군'의 인장이 출토되었다는 것은 그 지역이 한사군의 낙랑군이었음을 알게 하는 증거라고 인식하는 학자가 있다.[164] 그러나 이미 김정학이 지적했듯이 '부조예군'의 은인은 한사군 설치 이전에 만들어진 것이다.[165] 한사군이 설치되었던 서한시대 이후의 관직을 보면 군에는 태수·대윤·승·장사가 있었고 현에는 영·장·승·위 등이 있었을 뿐, 군이라는 관직은 없었다. 그런데『한서』「무제기」에,

> 원삭 원년(서기전 128) 가을에 동이의 예군인 남려 등 28만 명이 항복하니 그곳을 창해군으로 삼았다.[166]

는 기록에서 '부조예군'과 같은 직명인 예군이라는 관직이 확인된다.

위 기록은 주지하는 바와 같이 위만조선 말기에 우거왕을 배반하고 서한으로 투항했던 예군인 남려에 관한 기록이다. 따라서 예군은 위만조선에서 사용했던 관직명이었음을 알 수 있다. 그런데 앞에서 언급했듯이『한서』「지리지」에 따르면 부조현은 낙랑군에 속해 있었는데 낙랑군 지역은 한사군이 설치되기 이전에는 위만조선에 속해 있었고 그 이전에는 고조선에 속해 있었다. 따라서 '부조예군'은 고조선이나 위만조선에서 사용했던 관직명이었음을 알 수 있다. 한사군의 낙랑군이 오늘날 중국 하북성 동북부에 있는 난하의 하류 동부 유역에 위치해 있었음

163 『한서』 권28 하 「지리지」 하 〈낙랑군〉조 참조.
164 靳楓毅, 「論中國東北地區含曲刃青銅劍的文化遺存」 下 『考古學報』 1983年 1期, pp. 51~52.
165 김정학, 「청동기의 전개」 『한국사론』 13, 국사편찬위원회, 1983, p. 133.
166 『한서』 권6 「무제기」 〈원삭 원년〉조. "東夷薉君南閭等口二十八萬人降, 爲蒼海郡."

은 앞에서 이미 확인된 바 있으므로 낙랑군에 속했던 부조현도 그 지역에 있었다는 것이 된다. 따라서 부조예군의 원주지는 난하 하류 동부 연안이었다는 결론에 도달하게 된다. 그리고 고조선이나 위만조선의 부조지역 예군이 위만조선의 흥망 시기에 평양 지역으로 이주해 왔을 것임을 알 수 있다. 부조예군묘에서 은인과 함께 요령성과 한반도 지역의 특징적인 청동기인 세형동검이 출토되었다는 것은 이 묘에 묻힌 사람이 중국계가 아니라 고조선계였음을 알게 한다.

'부조예군'의 은인을 한(漢)으로부터 주어졌을 것으로 보는 견해[167]가 있지만 필자는 그것이 고조선이나 위만조선에서 만들어졌을 가능성을 인정하고 싶다. 고조선은 서주시대 이래 중국 지역과 밀접한 관계를 맺고 있었으므로 한자는 물론 중국의 문물제도가 상당히 수입되어 있었을 것이며, 위만조선에 이르면 그 지배계층의 상당수가 서한의 망명객에 의해 형성되어 있었을 것인데[168] 그들은 서한의 문물제도에 매우 친숙했을 것이기 때문이다.

결론적으로 말하면, 위만조선의 흥망은 한국사상에 열국시대의 개시를 가져왔던 것이다. 오늘날 요하 동부의 만주와 한반도 북부의 고구려·예맥·부여·옥저·낙랑 등은 서쪽으로부터의 이주민과 토착세력의 복합으로 형성되었겠지만, 이주민이 전쟁 경험이 풍부했고 발달된 무기를 소유하고 있었을 것이기 때문에 그들이 지배족으로 군림했을 것으로 생각된다.

---

167 주 165와 같음.
168 위만조선의 통치계층은 중국으로부터의 망명객과 토착세력의 복합으로 이루어졌을 것이다(三上次男,「衛氏朝鮮國の政治·社會的性格」『中國古代史の諸問題』, 東京大學出版會, 1954, pp. 217~218).

7. 마치며

필자는 지금까지 위만조선의 건국 과정과 그 시기, 위치와 강역, 국가적 성격과 그 흥망의 역사적 의의 등에 관해서 고찰했다. 그 결과로 얻어진 바를 요약하면 다음과 같다.

서기전 195년에 서한제국의 연 지방으로부터 기자국으로 망명한 위만은 오래지 않아서 기자국의 준왕으로부터 정권을 탈취했다. 위만이 정권을 탈취한 연대는 분명하지 않으나 서기전 180년 이전이었던 것만은 분명하다. 당시에 기자국은 고조선의 서쪽 변경인 오늘날 난하 하류 동부 연안에 있었던 조선이라는 지역에 위치해 고조선의 국가질서 속에 포함된 하나의 후국이었을 것으로 생각된다. 기자국이 위치했던 조선의 크기는 고조선 전체 면적의 200분의 1쯤 되었다. 따라서 위만조선의 출발지도 난하 하류 동부 연안이었고 초기에는 아주 작은 세력이었다는 것이 된다.

그 후 서기전 180년 무렵에 이르러 위만은 서한제국에 그 외신이 될 것을 약속하고 서한으로부터 군비와 경제의 원조를 받아 고조선의 서부를 잠식해 들어와 마침내 고조선의 중심부까지를 차지해 명실상부한 위만조선의 건립을 보게 되었다. 이때는 그 연대는 분명하지 않으나 서기전 180년 이후가 된다. 당시의 위만조선 강역은, 서쪽은 오늘날 난하 상류와 중류 및 창려 갈석으로부터 동쪽은 오늘날 요하에 약간 미치지 못한 지역이었다. 따라서 위만조선은 한국의 역사학계가 종래에 인식하고 있던 것처럼 한반도 북부에 위치했던 것이 아니라 오늘날 발해 북안에 위치했음을 알 수 있다. 그런데 원래 고조선의 강역은 서쪽은 오늘날 중국 하북성 동북부에 있는 난하 유역으로부터 동쪽은 한반도의 청천강에까지 이르렀으므로, 위만조선이 성립된 후에도 고조선은 전보다는 작은 세력이었지만 그 동쪽에 위치하고 있었다. 따라서 위만조선은 고조선과 같은 지역에서 대체된 정치세력이 아니었고 고조선의 서부를 차지하고 고조선과 서한제국 사이에 위치해 있었다.

위만의 정권 탈취와 성장은 기자국 준왕의 후의에 대한 개인적인 배신이기도 했지만 동아시아의 역사 전개 과정에서 본다면 중국에서 춘추시대 이래 있었던 사회 변화와 정치 변화의 여파였고 철기의 보급에 따른 고조선의 사회 구조와 경제 구조 변화의 영향으로 이해된다. 위만은 기자국으로 망명하기 전에 전국시대의 약육강식과 토지겸병 전쟁, 진나라에 의한 중국 통일과 진제국의 성립, 서한제국의 출현이라는 큰 정치 변화와 그 사이에 있었던 진승·항량 등의 봉기, 유방과 항우의 전쟁 등의 많은 사건을 직접 체험했거나 목격한 인물이었다. 그런데 위만이 망명할 당시 기자국이 속해 있었던 고조선의 국가질서는 읍제국가의 기초 위에 고대 봉건제가 계속되고 있었다. 그러면서도 철제 농구의 보급으로 인해 국가 구조의 기초가 되었던 읍의 집적이 토지의 영역이라는 개념으로 바뀌고 경제 구조에 있어서는 집단 농경이 개체 생산으로 변화되었으며 소토지소유제의 출현이 가능하게 되었다. 따라서 고조선은 구래의 정치질서와 새로운 사회 구조 및 경제 구조 사이에 심한 모순과 갈등이 존재했던 것이다. 위만은 이러한 고조선 지역의 상황을 이용해 정권을 수립·확장시켰던 것인데 망명 전의 체험이 크게 작용했을 것으로 생각된다.

위만은 정권의 확장 과정에서 서한제국으로부터 지원을 받았는데, 이는 위만의 세력 확장 욕망과 서한제국의 동북아 정책, 즉 고조선 세력 견제라는 당면 과제가 서로 일치되었기 때문이었다. 위만조선은 초기에는 토착세력과 융화·연합함으로써 상당한 지지 기반을 확보했으나 고조선의 중심부까지를 차지하고 큰 세력으로 성장하자 왕실은 방만해졌

던 것 같다. 그리고 영역국가의 구조에 따른 중앙집권 강화의 통치체제
는 그러한 역사적 체험을 갖지 못한 토착세력과의 사이에 심한 갈등과
마찰을 일으켰던 것으로 보인다. 위만조선 왕실의 방만과 국내의 모순
은 대외관계에도 나타나 서한제국과의 관계를 악화시켰다. 이러한 위만
조선의 자세는 중국적 세계질서 이념인 천하사상의 현실화를 추구하던
서한제국에게 침략의 구실을 주어 서기전 108년에 서한 무제의 침공으
로 멸망당했다.

위만조선의 성립과 멸망은 한국사상에 중요한 역사적 의미를 갖는다.
그것은 읍제국가의 붕괴와 영역국가의 성립 및 열국시대의 개시를 가져
왔다는 점이다. 고조선의 국가 구조는 읍이 누층적으로 형성된 읍제국
가였다. 말기에 이르러 철기의 일반화에 따라 영역의 개념이 발생한 결
과 위만은 망명하기 전 서한에서의 체험을 토대로 하여 중앙집권화된
영역국가를 성립시켰다. 따라서 고조선의 쇠퇴와 위만조선의 성립은 읍
제국가로부터 영역국가로의 변화를 가져왔다.

한편 위만이 기자국의 정권을 탈취하고 고조선의 서부를 잠식해 그
영역을 확장하는 과정에서 고조선을 구성하고 있었던 여러 부족 가운데
일부가 위만의 침공에 항거하며 고조선 왕실과 함께 동쪽으로 이동했
다. 그리고 서한 무제가 위만조선을 멸망시키고 그 여세를 몰아 오늘날
요하까지를 차지하고 그 지역에 한사군을 설치하는 과정에서 서한의 침
략에 항거하던 여러 토착부족(원래 고조선의 구성부족)들이 대거 동쪽으
로 이동해 오늘날 요하 동쪽에 정착하게 되었다. 『후한서』와 『삼국지』
등에 오늘날 요하 동부의 만주와 한반도 북부에 위치했던 것으로 나타
난 고구려·예맥·부여·옥저·낙랑 등이 바로 그러한 세력들이었던 것
이다.

다시 말하면 고구려·예맥·부여·옥저·낙랑 등은 원래 오늘날 중국

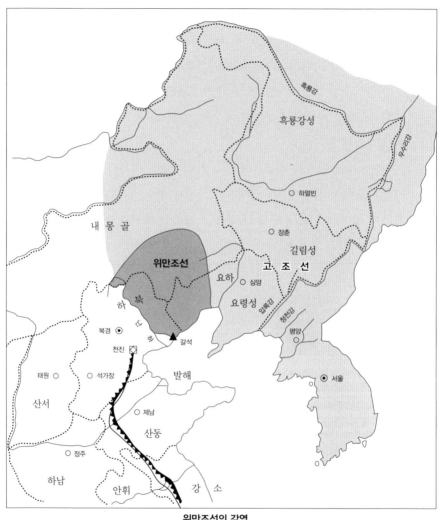

위만조선의 강역

하북성 동북부에 있는 난하로부터 요령성에 있는 요하에 이르는 사이에 위치하고 있었던 고조선 구성부족의 명칭 또는 지명이었다. 그런데 위만조선의 흥망 과정에서 그 부족의 구성원 또는 그 지역의 거주인들이 요하 동쪽으로 이동해 정착지를 마련하고 독립된 정치세력으로 성장했던 것이다. 당시에 고조선 왕실은 위만 및 서한과의 전쟁을 거치면서 세력이 약화되어 고조선의 구성부족을 통어할 수 있는 능력을 상실하고 작은 세력으로 전락했다. 이러한 결과로 인해 요하 동쪽의 만주와 한반도 지역은 열국시대에 접어들게 되었던 것이다.

위만조선은 고조선의 서부 영역을 차지하고 있었을 뿐만 아니라 그 멸망은 한국 고대에 있어서 읍제국가의 붕괴와 열국시대의 개시를 가져왔으므로 한국사의 범주에서 중요한 의미를 지니고 있기는 하다. 그러나 그것이 한국사의 주류에 위치한다고 볼 수 있을지는 의문이며, 한국사의 주류를 고조선으로부터 열국으로 이어지는 것으로 파악해야 할 것으로 생각된다.

韓國古代史新論

제6장

●

한사군의 낙랑군과 평양의 낙랑

1. 들어가며

서한 무제에 의한 한사군 설치는 고조선족이 활동했던 영역의 일부가 완전히 서한의 강역이 되었음을 뜻하는 것으로 고대 한중관계사에서 중요한 의미를 갖는다. 그뿐만 아니라 한사군에 대한 정확한 인식은 한국 고대사의 체계를 바르게 인식하는 관건이 된다.

한국 고대사에서 고조선(단군조선)·위만조선·한사군 등은 상호 간에 긴밀한 연관을 맺고 있는 것으로 주지되어왔다. 따라서 그 가운데 어느 한 문제를 고찰하고자 할 때 자연히 다른 문제에 관해서도 언급을 하지 않을 수 없게 된다. 바꾸어 말하면 고조선·위만조선·한사군 등에 관한 문제는 그중 어느 하나라도 그 실체가 명확하게 구명(究明)되지 않는 한 그 전체에 대해서도 명쾌한 해답을 얻을 수 없게 된다. 예를 들면, 지금까지 한국 사학계는 고조선·위만조선·한사군 등은 같은 지역에 존재했던 정치세력으로서 서로 대체되어 시간적으로 선후관계에 있었던 것으로 인식해왔다. 그러므로 이러한 한국 사학계의 통설에 따르면 고조선·위만조선·한사군 가운데 어느 하나라도 정확한 위치가 확인된다면 그것은 바로 다른 2개의 위치를 뜻하는 것이 되기 때문에 그러한 통설이 사실과 부합되는지의 여부를 가리기 위해서는 고조선·위만조선·한사군의 위치와 관계된 모든 기록을 검토·종합해보지 않으면 안 된다.

그동안 필자는 고조선·기자국·위만조선 등에 관한 한국 고대사와 관계된 일련의 논문들을 발표했으며,[1] 필요에 따라서 한사군에 관해서도 단편적으로나마 언급해왔다. 그러나 고조선·기자국·위만조선·한사군에 관한 필자의 견해는 그동안의 한국 사학계의 통설과는 크게 차이를 보이는 것이다. 따라서 한사군, 그중에서도 특히 낙랑군에 관한 구체적이고 명백한 구명이 없이는 필자가 제시한 한국 고대사 전체의 인식 체계는 선명해질 수 없게 된다. 그러므로 그동안 다른 논문에서 단편적으로 언급되었던 한사군의 낙랑군에 관한 필자의 견해를 종합·보완하여 좀 더 구체적이고 체계적으로 정리할 필요를 느껴왔다. 이러한 필요성에 따라 이 논문은 집필되었다. 따라서 이 논문은 이미 발표된 한국 고대사에 관한 필자의 다른 논문들과 그 맥을 같이한다.

---

1   윤내현, 「기자신고」 『한국사연구』 41, 한국사연구회, 1983, pp. 1~50.

_____, 「중국 문헌에 나타난 고조선 인식」 『한국사론』 14, 국사편찬위원회, 1984, pp. 121~170.

_____, 「고조선의 서변경계고」 『남사정재각박사 고희기념 동양학논총』, 고려원, 1984, pp. 1~38.

_____, 「고조선의 위치와 강역」 『군사』 제8호, 1984, pp. 152~161.

_____, 「고조선의 도읍 천이고」 『백산학보』 30·31호 창립20주년 기념호, 백산학회, 1985, pp. 9~39.

_____, 「고조선의 사회 성격」 역사학회 편 『한국고대의 국가와 사회』, 일조각, 1985, pp. 1~56.

주지하는 바와 같이 고조선·위만조선·한사군의 낙랑군은 그 중심지가 오늘날 한반도 북부에 있는 평양으로 인식되어왔다. 그러나 필자는 그러한 한국 사학계의 통설을 부정하면서 고조선의 강역을 오늘날 중국 하북성 동북부에 있는 난하의 동부 연안으로부터 한반도 북부의 청천강에 이르는 지역으로 추정했다. 그리고 위만조선은 고조선의 뒤를 이은 것이 아니라 고조선의 서쪽 변경에 위치해 있었던 기자국의 뒤를 이은 정치세력으로서 고조선의 서부를 침략·잠식한 후 오늘날 요하 서쪽에 위치해 고조선의 잔여세력과 병존해 있었을 것으로 주장한 바 있다.

그런데 한사군은 위만조선이 서한의 무제에게 멸망된 후 그 지역에 설치되었으므로 고조선과 위만조선에 관한 위와 같은 필자의 주장이 분명해지기 위해서는 한사군의 위치가 명확하게 밝혀지지 않으면 안 된다. 그런데 종래에 한사군의 위치를 한반도 북부 지역으로 보게 된 것은 낙랑군 지역을 오늘날 평양을 포함한 대동강 유역으로 인식했던 것에 기초하고 있다. 그러므로 위만조선이 오늘날 요하 서쪽에 위치해 있었다면 한사군이 그 지역에 있었다는 것이 확인되어야 하는데, 특히 낙랑군의 위치가 그 지역 내에서 명확하게 확인되어야 한다. 이 글은 이러한 점을 충족시켜줄 것으로 기대되는데, 그럴 경우 다음과 같은 문제가 해명되지 않으면 안 된다.

첫째로, 한사군의 낙랑군이 오늘날 요하 서쪽에 위치했다면 종래에 낙랑군이 위치했던 것으로 믿어져 온 평양 지역에는 어떠한 정치세력이 존재했는가? 둘째로, 오늘날 평양 지역에 한사군의 낙랑군이 위치하지 않았다면 평양 지역에서 발견되어 낙랑군 유적으로 보고된 중국식 유적과 유물은 어떻게 설명되어야 하는가? 등이다. 따라서 필자는 이 논문에서 이러한 문제들을 가능한 한 명확하게 구명하려고 노력할 것이다.

2. 한사군의 낙랑군

서한의 무제가 서기전 108년(원봉 3)에 위만조선을 멸망시키고 그 지역에 낙랑·진번·임둔·현도의 한사군을 설치했음은 익히 알려진 사실이다. 그런데 이 한사군에 대해서 그동안 한국 역사학계에서는 대체로 한강 이북의 한반도로부터 만주 남부 지역에 걸쳐서 위치했던 것으로 보는 것이 통설로 되어왔다. 특히 한사군 가운데 낙랑군은 그 위치가 오늘날 대동강 유역으로 원래 고조선이 위치한 지방이었던 것으로 인식되어왔다.

그러나 필자는 고조선과 위만조선의 위치가 한반도 북부가 아니라 오늘날 발해 북안이었음을 주장한 바 있다.[2] 그리고 위만조선은 고조선의 서변에 있었던 기자국의 정권을 탈취한 후 고조선의 서부를 잠식해 세력을 키워 그 영역이 대체로 오늘날 중국 하북성 동북부에 있는 난하로부터 요하에 조금 못 미치는 지역에 이르고 고조선 영역 전체의 절반쯤 되었을 것으로 보았다.[3] 이러한 필자의 견해가 옳다면 한사군은 오늘날 요하 서쪽에 위치했었다는 것이 되며, 한사군 가운데 하나인 낙랑군은 당연히 그 지역 안에 있었어야 한다.

그런데 낙랑·진번·임둔·현도의 4군은 동시에 설치되었던 것이 아니라 위만조선이 멸망한 서기전 108년(원봉 3)에는 낙랑·진번·임둔의 3군만이 설치되었다가 다음해인 서기전 107년(원봉 4)에 현도군이 설치

---

2   위 글, 「중국 문헌에 나타난 고조선 인식」 ; 「고조선의 서변경계고」 ; 「고조선의 위치와 강역」.
3   윤내현, 「위만조선의 재인식」 『사학지』 19집, 단국대 사학회, 1985, pp. 15~33.
     위 글, 「고조선의 서변경계고」, pp. 6~7.
     위 글, 「중국 문헌에 나타난 고조선 인식」, p. 153.

되었던 것 같다.[4] 그러한 사실은 『한서』「오행지」에,

(양복과 순체) 두 장군이 (위만)조선을 정벌하고 3군을 열었다.[5]

는 기록에서 위만조선 멸망과 동시에 3군이 먼저 설치되었음을 알 수
있을 뿐 아니라 『한서』「지리지」에 낙랑군은 위만조선이 멸망한 서한 무
제 원봉 3년에 설치된 것으로 기록되어 있는 반면에 현도군은 다음해인
원봉 4년에 설치된 것으로 기록되어 있는 것에서 현도군이 다른 3군보
다 1년 후에 설치되었음을 알 수 있다.[6] 아마도 서한 무제는 위만조선을
멸망시키고 그 지역에 낙랑·진번·임둔의 3군을 설치한 다음에 그 여세
를 몰아 종래의 위만조선 강역 밖의 지역까지를 공략해 그 지역에 현도
군을 설치했을 것으로 생각된다.[7] 따라서 낙랑·진번·임둔 지역은 원래
위만조선의 영역이었고 현도군 지역보다는 서한으로부터 가까운 지역에
위치했었다는 것이 된다.

　필자는 위만조선이 멸망하기 전의 서한의 동북부 국경은 오늘날 난하
상류와 하류 및 난하 하류의 동부 연안에 있는 갈석산이었으며, 위만조

4　이 점은 이병도에 의해 이미 언급되었다(이병도, 「현도군고」『한국고대사연구』, 박영사,
　1981, pp. 169~170).

5　『한서』권27 중지하 「오행지」제7 중지하. "元封六年秋, 蝗. 先是, 兩將軍征朝鮮, 開
　三郡." 이에 대해서 안사고는 주석하기를 낙랑·임둔·현도·진번 4군이었는데 여기에
　3군이라고 되어 있는 것은 잘못 기록된 것이라고 했으나, 『한서』「지리지」에 현도군이
　다른 3군보다 1년 늦은 원봉 4년에 설치된 것으로 기록되어 있는 것으로 보아 위만조
　선이 멸망된 직후에는 3군만 설치되었음을 알 수 있다.

6　『한서』권28 하 「지리지」제8 하 〈낙랑군〉조·〈현도군〉조 참조.

7　이 점에 대해서는 이병도도 필자와 같은 견해를 피력했으나 현도군의 위치에 대해서는
　이견을 보이고 있다.

선이 멸망하고 한사군이 설치된 이후의 서한의 동북부 국경은 오늘날 요하였다는 견해를 발표한 바 있다.[8] 그리고 현도군의 위치를 요하의 서부 연안에 위치했을 것으로 본 바 있다.[9] 이러한 필자의 견해에 따른 다면 낙랑·진번·임둔은 오늘날 난하로부터 요하에 조금 못 미치는 지역에 위치했었다는 것이 된다. 이 지역은 바로 앞에서 필자가 언급한 위만조선의 강역인 것이다.[10] 그런데 한사군 가운데 한국사와 연관된 문제로서 반드시 확인하고 넘어가야 할 것은 낙랑군의 위치이다. 왜냐하면 종래에는 낙랑군 영역이 원래 고조선의 중심 지역이었을 것으로 믿어왔기 때문이다.

『한서』「지리지」를 보면, 낙랑군에는 조선(朝鮮)·염한(誹邯)·패수(浿水)·함자(含資)·점제(黏蟬)·수성(遂城)·증지(增地)·대방(帶方)·사망(駟望)·해명(海冥)·열구(列口)·장잠(長岑)·둔유(屯有)·소명(昭明)·누방(鏤方)·제해(提奚)·혼미(渾彌)·탄열(呑列)·동이(東暆)·불이(不而)·잠태(蠶台)·화려(華麗)·사두매(邪頭昧)·전막(前莫)·부조(夫租) 등 25개의 현이 있었던 것으로 되어 있다.[11] 따라서 위에 열거된 현 가운데 어느 하나라도 명확하게 그 위치가 확인된다면 대체적인 낙랑군의 영역을 알 수 있게 된다. 그런데 위의 25개 현 가운데 조선현과 수성현의 위치가 분명하게 확인된다. 우선 위의 조선현에 대한 응소의 주석을 보면,

(서주의) 무왕이 기자를 조선에 봉했다.[12]

---

8 앞 글, 「고조선의 서변경계고」.
9 앞 글, 「위만조선의 재인식」.
10 위와 같음.
11 『한서』권28 하 「지리지」하 〈낙랑군〉조.
12 『한서』권28 하 「지리지」하 〈낙랑군〉조 '조선현'의 주석. "應劭曰, 武王封箕子於朝

라고 했다. 그리고 『위서』「지형지」〈평주〉조 '북평군'을 보면 북평군에는 조선과 창신(신창?) 2개의 현이 있었던 것으로 되어 있고 조선현에 대해서 주석하기를,

> 서한·동한을 거쳐 진시대에 이르기까지는 낙랑군에 속해 있다가 그 후 폐지되었다. 북위의 연화 원년(서기 432)에 조선현의 거주민을 비여현으로 이주시키고 다시 설치해 북평군에 속하게 했다.[13]

고 했다. 따라서 조선현은 서한시대로부터 진시대에 이르기까지는 낙랑군에 속해 있었고, 그 위치도 변화가 없었음을 알 수 있다. 그리고 북위의 연화 원년에 조선현이 비여현 지역으로 이치되었음도 알 수 있다.

조선현 위치가 서한시대로부터 진시대에 이르기까지 변화가 없었으므로 이 기간 동안에 어느 시기에서든 조선현의 위치를 확인해낸다면 그곳은 바로 서한시대의 조선현의 위치가 되는 것이다. 그러므로 『진서』「지리지」〈평주〉조 '낙랑군'을 보면 진시대의 낙랑군은 한시대에 설치한 것으로 되어 있고, 그 안에 조선·둔유·혼미·수성·누방·사망 등 6개의 현이 있었는데, 조선현에 대한 주석에는 '서주가 기자를 봉했던 곳'[14]이라고 하여 『한서』「지리지」 응소의 주석과 같은 내용을 싣고 있다. 이로 보아 진시대의 조선현은 서한시대의 조선현과 동일한 곳으로 기자가 거주했던 곳임을 알 수 있어 『위서』「지형지」의 조선현에 대한 주석이

鮮."

13 『위서』 권106 「지형지」 상 〈평주〉조 '북평군'. "二漢, 晉屬樂浪, 後罷, 延和元年徙朝鮮民於肥如, 復置, 屬焉."

14 『진서』 권14 「지리지」 상 〈낙랑군〉조 '조선'. "周封箕子地."

정확함이 확인된다.

그런데 『사기집해』에 따르면 중국의 삼국시대 위나라 사람인 장안(長鞏)은 말하기를,

조선에는 습수·열수·산수가 있는데 이 세 강이 합해 열수가 된다. 아마도 낙랑의 조선은 그 이름을 여기에서 취했을 것이다.[15]

라고 했다. 조선이라는 명칭의 유래에 대해서는 여러 설이 있으므로 그것의 가부를 논하는 것은 일단 보류하기로 한다. 그런데 여기서 분명해지는 것은 조선 지역에 습수·열수·산수의 세 지류가 있는 열수라는 강이 있었다는 점이다. 앞서 말한 바와 같이 조선현의 위치는 서한시대로부터 동한·삼국시대를 거쳐 진시대까지는 변화가 없었으므로 위의 세 지류가 있는 열수를 확인해낸다면 그 지역이 기자가 봉해졌던 조선현의 위치가 되는 것이다. 그런데 오늘날 난하는 유수라고도 불렸으므로[16] 『수경주』「유수」조를 보면 유수에는 습여수·무열수·용선수라는 지류가 있었음이 확인되는데[17] 습수는 습여수·열수는 무열수, 산수는 용선수의 약칭이었을 것으로 생각된다. 『사기색은』에 조선의 명칭에 대해서 언급하면서 선의 음은 선(仙)인데 산수(汕水)가 있었으므로 취했다[18]고 했으니 선(鮮)과 산(汕)은 통용되었으므로 용선수의 약칭이 산수가 되었을

---

15 『사기』권115「조선열전」의 주석으로 실린『사기집해』. "朝鮮有濕水·洌水·汕水三水合爲洌水, 疑樂浪朝鮮取名於此也."

16 藏勵龢 等, 『中國古今地名大辭典』, 商務印書館, 民國 64(1975), pp. 1281~1282 참조.

17 『수경주』권14「유수」조.

18 『사기』권115「조선열전」에 주석으로 실린『사기색은』.

것임을 알 수 있다. 중국 문헌에서 이와 같이 약칭이 사용된 예는 흔히 있는 것으로 청장수를 장수, 압록수를 압수로 표기한 것도 그 한 예이다. 따라서 습수·열수·산수의 세 지류를 가지고 있었던 열수는 오늘날 난하의 본류나 그 지류였음을 알 수 있으니 결국 낙랑군 조선현의 위치는 오늘날 난하 유역이었다는 것이 된다. 조선현의 위치가 오늘날 난하 유역이었음은 수성현의 위치를 확인함으로써 다시 한 번 분명해진다. 앞의 『진서』「지리지」〈낙랑군〉조의 수성현에 대한 주석을 보면,

> 진(秦)이 축조한 장성이 시작된 곳이다.[19]

라고 했다. 그러므로 진장성의 동단(東端)을 확인해낸다면 수성현의 위치를 알 수 있게 된다. 그리고 수성현과 조선현은 낙랑군에 속해 있었으므로 수성현으로부터 멀지 않은 지역에 조선현이 있었을 것이고, 수성현과 조선현을 포괄한 지역이 낙랑군이었다는 것이 된다.

그러면 진장성의 동단은 어디였는가? 『사기』「몽염열전」에 따르면 진나라가 중국을 통일한 후 몽염에 의해 진장성 이른바 만리장성이 축조되었는데, 그것은 임조에서 시작되어 요동에 이르렀던 것으로 되어 있다.[20] 그러므로 진장성의 동단은 요동이었다는 것이 된다. 그러면 진·한시대의 요동은 어느 지역이었는가? 요동은 요수의 동북 지역을 지칭하는 것인데, 당시의 요수는 오늘날 요하가 아니었고, 오늘날 중국 하북성 동북부에 있는 난하였다. 따라서 당시의 요동은 오늘날 요하 동북부

---

19 『진서』권14 「지리지」상 〈낙랑군〉 '수성'. "秦築長城之所起."
20 『사기』권88 「몽염열전」. "築長城, 因地形, 用制險塞, 起臨洮, 至遼東, 延袤萬餘里."

지역이 아니라 난하 동북부 지역이었던 것이다.[21]

당시의 요동이 오늘날 난하 동북부 지역이었음은 『사기』 「진시황본기」에서 분명하게 확인된다. 거기에는 다음과 같은 내용이 적혀 있다. 진제국의 2세 황제가 동북부의 군현을 순행했는데, 그때 이사·거질·덕 등의 대신들이 수행을 하게 되었다. 갈석산에 이르러 대신들은 시황제가 세웠던 비석의 한 귀퉁이에 자신들의 이름을 기념으로 새겨넣고 돌아왔다. 이에 대해서 2세 황제는 대신들의 이름만을 새기고 시황제의 공덕을 새겨넣지 않은 것을 꾸짖었다. 그러자 대신들이 잘못을 빌고 다시 갈석산에 가서 시황제의 공덕비를 세우고 돌아왔는데, 이에 대해서 『사기』의 저자인 사마천은 대신들이 요동에 다녀왔다고 적고 있다.[22] 이는 진·한시대의 요동이 갈석산이 있는 지역이었음을 말해주고 있는 것이다. 갈석산은 중국의 문헌에 자주 등장하는 산의 명칭으로, 오늘날 중국 하북성 동북부에 위치하는 창려현의 갈석산으로서 난하 하류의 동부 연안에 있다.[23]

이로써 오늘날 난하 동북부 지역이 진·한시대의 요동이었음이 확인되었다. 따라서 진장성의 동단은 난하 하류의 동부 연안이었을 것임을 알 수 있다. 진장성 동단의 위치를 좀 더 구체적으로 전하는 당시의 기록은 아직 발견되지 않고 있다. 그러나 전국시대 연장성의 위치를 밝힘

---

21 앞 글, 「고조선의 서변경계고」, pp. 3~24.
　　앞 글, 「중국 문헌에 나타난 고조선 인식」, pp. 141~143.
22 『사기』 권6 「진시황본기」 〈2세 황제 원년〉조.
23 高洪章·董寶瑞, 「碣石考」 『歷史地理』 3輯, 上海人民出版社, 1983, pp. 225~228.
　　옛 문헌에 나오는 갈석산은 바다에 침몰되었을 것으로 보았던 '갈석창해설'이 제출된 바 있었으나, 근래의 연구 결과에 의해 옛 문헌에 나오는 갈석산은 오늘날 중국 하북성 동북부에 있는 창려현의 갈석산을 지칭하고 있음이 확인되었다.

으로써 진장성 동단의 위치를 구체적으로 확인해볼 수가 있다. 진장성은 진제국에 의해서 완전히 신축되었던 것이 아니라 기존에 전국시대에 있었던 여러 나라의 장성이 보수·연결되어 완성되었던 것이기 때문에 진장성의 동단은 원래 연장성이었다고 보아야 한다. 그러므로 연장성의 동단이 확인되면 진장성의 동단은 그곳과 큰 차이가 없는 것으로 보아야 한다.

『사기』「흉노열전」에 따르면 전국시대 말기에 축조된 연장성은 그 동단이 양평에 이르렀다.[24] 『사기』「흉노열전」에 나오는 양평에 대해서 『사기색은』은 주석하기를, 삼국시대 오나라 사람인 위소(韋昭)의 말을 인용해 삼국시대의 요동군 치소(治所)[25]라고 했을 뿐 그 이상 양평의 위치에 대해서는 언급하지 않고 있다. 그런데 『위서』「지형지」〈영주〉조 '요동군'에는, 북위시대에 요동군에는 양평과 신창 2개의 현이 있었던 것으로 기록되어 있다. 그리고 양평현에 대한 주석에는, 양평현은 서한과 동한을 거쳐 진시대에 이르기까지 변화가 없었다가 그 후 일시 폐지된 일이 있으나 북위의 효명제 정광 연간(서기 520~525)에 다시 설치되었다고 했다.[26] 이로 보아 양평의 위치는 북위시대까지는 변화가 없었음을 알 수 있다. 그러므로 서한시대로부터 북위시대에 이르는 사이의 기록에서 양평의 위치를 확인해낸다면 그곳이 바로 연장성의 동단인 양평인 것이다.

그런데 『진서』「지리지」〈평주〉조를 보면 동한 말기에 공손강과 그의 아들 공손탁 및 손자 공손문의는 3대에 걸쳐 양평이 속해 있는 요동에

24　『사기』 권110 「흉노열전」. "燕亦築長城 自造陽至襄平."
25　위 「흉노열전」의 주석 『사기색은』.
26　『위서』 권106 「지형지」 상 〈영주〉조 '요동군'. "二漢·晉屬, 後罷, 正光中復."

서 할거했으며 위나라에서는 동이교위를 두어 양평에 거주하게 하고 요동·창려·현도·대방·낙랑 5군으로 나누어 평주로 삼았다가 후에 다시 유주로 합한 것으로 되어 있다.[27] 그리고 『후한서』 「원소·유표열전」에도 공손강에 대해서 기록되어 있는데, 그는 요동인이고 양평 지역에 거주했던 것으로 되어 있다.[28] 이상의 기록을 통해볼 때 양평은 요동에 있었다는 것이 되는데, 여기서 말하는 요동이 오늘날 요하 동북 지역을 말하는 것인지 또는 난하 동북 지역을 지칭하는 것인지가 문제로 남는다. 이 문제는 이현(李賢)의 주석이 해명해준다. 당시대 사람인 이현은 앞에서 언급된 『후한서』 「원소·유표열전」에 보이는 공손강의 거주지였던 양평에 대해서 주석하기를,

> 양평은 현인데 요동군에 속해 있었다. 그 옛 성이 오늘날 평주 노룡현 서남에 있다.[29]

고 했다. 당시대의 평주 노룡현은 동한시대의 비여현인데,[30] 비여현은 고죽성이 있었던 영지현과 접해 있었다.[31] 고죽국의 중심 지역이 오늘날 난하 동부 연안이었다는 것은 주지의 사실이다.[32] 따라서 비여현은 난하 동부 연안에 있었다는 것이 된다. 그러므로 연장성의 동단인 양평이 있

---

27 『진서』 권14 「지리지」 상 〈평주〉조.
28 『후한서』 권74 「원소·유표열전」 〈원소전〉.
29 위 〈원소전〉의 '양평'에 대한 주석. "襄平, 縣, 屬遼東郡, 故城在今平州盧龍縣西南."
30 『구당서』 권39 「지리지」 2 〈평주〉조 '노룡'. "後漢肥如縣, 屬遼西郡, 至隋不改, 武德二年, 改爲盧龍縣, 復開皇舊名."
31 『한서』 권28 하 「지리지」 하 〈요서군〉조 참조.
32 陳槃, 『不見於春秋大事表之春秋方國稿』 冊1 孤竹條, 中央研究院歷史語言研究所, 民國 59(1970), pp. 28~31.

었던 요동은 오늘날 요하 동북쪽이 아니라 난하 동북쪽이었음을 알게 된다.

다소 후대의 기록이기는 하지만 당시대의 두우가 편찬한『통전』에는 당시의 노룡현에 대해서 주석하기를, 그곳은 한시대의 비여현 지역인데 갈석산이 있으며 진(晉)의『태강지리지』에 기록된 바와 같이 진장성의 축조가 시작된 곳이라고 했다.[33] 이 기록에 따르면 진장성의 동단이었던 양평은 갈석산 지역이었거나 그곳으로부터 멀지 않은 지역이었다는 것이 된다. 그런데『염철론』「험고」편에는 연나라의 국경이 갈석과 요수 (오늘날 난하)로 구성되어 있었다고 전하고 있다.[34] 그리고 진제국의 동북부 국경은 전국시대 연나라의 동북부 국경과 차이가 없었다. 따라서 연장성과 진장성은 연나라와 진제국의 동북부 국경선 위에 축조된 것임을 알 수 있다.

이상의 고찰로써 진장성의 동단은 오늘날 난하 동부 연안에 있는 갈석 지역이었거나 그 근처였음이 확인되었다. 따라서 앞에서 언급한 바 있는『진서』「지리지」에 진장성이 시작된 곳이라고 기록된 수성현은 갈석 지역이었거나 그 근방에 있었다는 결론에 도달하게 된다. 그리고 진시대에 수성현과 함께 낙랑군에 속해 있었던 조선현의 위치도 갈석으로부터 멀지 않은 지역이었을 것임을 알게 된다.

앞에서 이미 언급한 바와 같이 낙랑군과 조선현의 위치는 서한시대로

---

33 『통전』 권178 「주군」 8 〈평주〉조 '노룡'. "漢肥如縣, 有碣石山, 碣然而立在海旁故名 之, 晉『太康地志』同秦築長城所起."
    같은 내용이『사기』권2「하본기」의 '갈석'에 대한 주석으로 실린『사기색은』에도 보 인다.

34 『염철론』 권9 「험고」. "大夫曰…… 燕塞碣石, 絕邪谷, 繞援遼, ……者, 邦國之固, 而 山川社稷之寶也."

부터 진시대에 이르기까지 변화가 없었으므로 서한시대의 낙랑군 위치
는 수성현과 조선현 및 그 주변 지역을 포괄한 난하 중류와 하류의 동
부 연안이었던 것이다.

그런데 갈석은 전국시대 연나라와 진제국의 동북부 국경에 위치하고
있었음을 앞에서 말한 바 있는데 서한의 동북부 국경이 진제국의 그것
보다 동쪽으로 이동한 일이 없으므로 갈석은 서한과 위만조선의 국경
이기도 했다. 그러므로 위만조선을 멸망시키고 그 지역에 설치했던 낙
랑군은 갈석의 동쪽 지역이었을 것임을 알 수 있다. 다시 말하면 오늘
날 중국 하북성 동북부 난하 동부 연안에 있는 창려현의 갈석은 낙랑군
의 서남부 경계에 위치했던 것이다. 『한서』 「엄주오구주부서엄종왕가
전」 〈가연지전〉에는 서한 무제의 업적을 말하면서,

　　동쪽으로 갈석을 지나 현도와 낙랑을 군으로 삼았다.[35]

고 했는데, 이 표현은 갈석이 한사군(후에 현도·낙랑 2군이 됨) 지역의
서쪽 경계에 위치했음을 전해준다.

지금까지의 고찰로써 분명해진 것은, 한사군의 낙랑군은 한반도의 북
부에 위치했던 것이 아니라 오늘날 중국 하북성 동북부에 있는 난하의
동부 연안에 위치했는데 창려현의 갈석을 그 서쪽 경계로 하고 있었다
는 것이다. 따라서 낙랑군은 위만조선 강역의 지리적 중심지에 설치되
었던 것이 아니라 서한과의 접경 지역에 설치되었음을 알 수 있다.

이제 낙랑군 위치에 대한 고찰을 마무리지으면서 낙랑군에 속해 있었

---

35 『한서』 권64 「엄주오구주부서엄종왕가전」 〈가연지전〉. "西連諸國至于安息, 東過碣石
　　以玄菟·樂浪爲郡……."

던 조선현에 관해 부연해두고자 한다. 앞에서 언급한 바와 같이 『한서』 「지리지」 〈낙랑군〉조를 보면 조선현에 대해서 응소는 주석하기를 서주의 무왕이 기자를 봉했던 곳[36]이라고 했고, 『진서』 「지리지」 〈낙랑군〉조에도 조선현에 대해서 주석하기를 서주가 기자를 봉했던 땅[37]이라고 했다. 이러한 기록에 따르면, 상 왕실의 후예였던 기자가 동북 방면으로 이동해 한때 정착했다고 전하는 조선은 바로 이 낙랑군의 조선현 지역이었음을 알게 된다.

그런데 필자는 고조선의 강역을 오늘날 중국 하북성 동북부에 있는 난하 상류와 중류 및 갈석으로부터 한반도 북부의 청천강에 이르렀던 것으로 본 바 있다.[38] 따라서 기자가 봉해졌던 조선, 즉 한사군의 조선현 지역은 고조선의 서부 변경이었던 것이다.

이러한 사실은 다음과 같은 기록이 잘 입증해준다. 『사기』 「조선열전」에는 전국시대의 연나라가 전성기에 진번과 조선을 복속시키고 그곳에 변경 초소인 장새를 축조했다는 기록이 보인다.[39] 그리고 『삼국지』 「동이전」 〈한전〉의 주석으로 실린 『위략』에는 전국시대의 연나라가 장수 진개를 파견해 조선의 서방을 공격하고 2,000여 리의 땅을 빼앗았다고 했다.[40]

위의 두 기록이 동일한 사건을 전하고 있다는 점에 대해서는 학계에 이론이 없다. 그런데 위 두 기록을 대조해보면 중요한 차이점을 발견하

---

36 『한서』 권28 하 「지리지」 하 〈낙랑군〉조 '조선현'. "應劭曰, 武王封箕子於朝鮮."
37 『진서』 권14 「지리지」 상 〈낙랑군〉조 '조선현'. "周封箕子地."
38 앞 글, 「중국 문헌을 통해 본 고조선 인식」 ; 「고조선의 위치와 강역」.
39 『사기』 권115 「조선열전」. "自始全燕時, 嘗略屬眞番. 朝鮮, 爲置吏, 築鄣塞."
40 『삼국지』 권30 「동이전」 〈한전〉의 주석 『위략』. "燕乃遣將秦開攻其西方, 取地二千餘里, 至滿番汗爲界, 朝鮮遂弱."

게 된다. 『사기』「조선열전」에서는 연나라가 조선을 복속시켰다고 했고
『위략』에서는 연나라가 조선의 서방 2,000리의 땅을 빼앗았다고 한 점
이다. 여기서 연나라에 복속된 조선과 2,000리의 땅을 빼앗긴 조선이 동
일할 수가 없음을 알 수 있다.

연나라에 복속된 조선은 후에 한사군의 낙랑군 조선현이 된 지역이며,
2,000리의 땅을 빼앗긴 조선은 고조선을 지칭한 것이다. 따라서 전국시
대의 연나라가 복속시킨 조선은, 고조선이 연나라에 빼앗긴 서방 2,000
리 속에 포함되어 있었다는 결론을 얻게 된다. 여기서 한 가지 주의해야
할 것은 연나라가 빼앗은 땅이 2,000리였다는 표현에서 말하는 '2,000
리'는 실제의 거리를 말하는 것이 아니라 고대 중국어에서 '넓다'는 뜻
을 지녔던 것으로,[41] 연나라가 넓은 땅을 빼앗았다는 의미로 이해해야
한다는 점이다.

앞에서 필자는 북위의 연화 원년(서기 432)에 조선현이 비여현 지역으
로 이치되었음을 전하는 『위서』「지형지」〈평주〉조 '북평군'의 기록을
소개한 바 있다.[42] 그런데 『수서』「지리지」〈북평군〉조를 보면 수시대의
북평군에는 노룡현이 있었을 뿐인데, 노룡현에 대한 주석에는,

옛날 북평군을 설치해 신창·조선 2개의 현을 통령했는데, 후제(북제)시
대에 이르러 조선현을 폐하고 신창현에 편입시켰으며, 또 요서군을 폐하
게 됨에 따라 해양현을 비여현에 편입시켜 통령하게 되었다. 개황 6년(서
기 586)에는 또 비여현을 폐지해 신창에 편입시켰고 개황 18년(서기 598)
에는 노룡현으로 개명했다. …… 장성이 있고 관관이 있고 임유궁이 있

41 앞 글, 「중국 문헌에 나타난 고조선 인식」, p. 148 참조.
42 주 13 참조.

고 복주산이 있고 갈석이 있고 현수·온수·윤수·용선수·거량수가 있
고 바다가 있다.[43]

고 했다. 이 기록은 신창현과 조선현이 속해 있었던 북위시대의 북평군
지역이 수시대의 노룡현이었음을 전해주고 있다. 여기에 나오는 조선현
은 북위의 연화 원년(서기 432)에 비여현 지역으로 이치된 조선현을 말
한다. 그런데 앞에서 말한 바와 같이 오늘날 난하는 유수라고도 불렀는
데,[44] 『수경주』「유수」조를 보면 위의 『수서』 노룡현 주석에 나오는 현
수·노수·용선수 등이 난하의 지류였음이 확인된다.[45] 따라서 위의 인
용문 내용은 장성과 갈석이 난하의 동부 연안에 위치하고 있었음을 다
시 한 번 입증해준다.

그리고 조선현의 이치는 난하 하류 동부 연안의 매우 근접된 지역에
서 행해졌음을 분명하게 해준다. 북위 연화 원년(서기 432)의 조선현 이
치에 대해 한반도 북부에 있는 평양 지역으로부터 옮겨갔을 것으로 보
는 견해[46]가 있으나, 그것은 낙랑군의 위치를 대동강 유역으로 인식했기
때문에 일어난 오류인 것이다.

한국 사학계에 주지되어 있는 낙랑의 멸망 연대인 서기 313년은 한사
군의 낙랑군과 관계를 갖는 것이다. 『삼국사기』「고구려본기」〈미천왕
14년(서기 313)〉조에,

---

43 『수서』 권30 「지리지」 중 〈북평군〉조 '노룡현'.
44 주 16 참조.
45 『수경주』 권14 「유수」조.
46 천관우, 「난하 하류의 조선」 『사총』 21·22합집, 고려대 사학회, 1977, pp. 38~46.

겨울 10월에 낙랑군을 쳐서 남녀 2,000여 명을 사로잡았다.[47]

는 기록이 보이는데, 이에 근거해 서기 313년에 낙랑군이 한반도의 평양 지역에서 축출되었다고 보아왔던 것이다. 그런데 이미 확인된 바와 같이 낙랑군은 한반도의 평양 지역에 위치했던 것이 아니라 오늘날 난하 하류 동부 연안에 있었으므로, 이 기록은 고구려가 당시에 난하 동부 연안까지 진출해 낙랑군을 습격했음을 알게 하는 것이다.

미천왕 시대에 낙랑군과 그 주변 지역에서 벌어졌던 전쟁과 관계된 기록을 보면 미천왕 3년(서기 302)조에,

왕이 병사 3만 명을 거느리고 현도군을 쳐들어가 8,000명을 포로로 붙잡아 그들을 평양으로 옮겼다.[48]

고 했고 12년(서기 311)조에는,

장수를 파견해 요동의 서안평을 습격해 취했다.[49]

고 했다. 그리고 15년(서기 314)조에는,

47 『삼국사기』 권17 「고구려본기」 제5 〈미천왕 14년〉조. "冬十月, 侵樂浪軍, 虜獲男女 二千餘口."
48 위 「고구려본기」 〈미천왕 3년〉조. "秋九月, 王率兵三萬侵玄菟郡, 虜獲八千人, 移之 平壤."
49 위 「고구려본기」 〈미천왕 12년〉조. "秋八月, 遣將襲取遼東西安平.

(당시의 전쟁지에서) 남쪽 방향으로 대방군을 쳤다.[50]

고 했으며 16년(서기 315)조에는,

현도성을 공격해 격파하고 많은 무리를 죽이고 붙잡았다.[51]

고 했다. 또 20년(서기 319)조에는

진(晉)나라의 평주자사인 최비(崔毖)가 도망해 왔다.[52]

고 했다.

현도군은 오늘날 요하 서쪽에 있었고,[53] 대방군은 동한 헌제 건안 연간(서기 196~220)에 공손강이 낙랑군 둔유현 이남의 황무지를 나누어 설치했다.[54] 그리고 당시(진시대)의 요동은 진·한시대의 요동과 같은 지역으로서 오늘날 난하 하류 동부 유역이었다.[55] 따라서 미천왕 시대의 전쟁은 고구려가 오늘날 요하로부터 난하에 이르는 지역을 공략했음을 전하는 것이다. 만약 종래 한국 사학계의 통설처럼 낙랑군이 오늘날 평양 지역에 있었다면 미천왕 시대에 고구려는 남부와 서부 양쪽의 국경지대에서 전쟁을 치렀다는 것이 되는데, 전략적으로 과연 그렇게 무모

---

50 위 「고구려본기」 〈미천왕 15년〉조. "秋九月, 南侵帶方郡."
51 위 「고구려본기」 〈미천왕 16년〉조. "攻破玄菟城, 殺獲甚衆."
52 위 「고구려본기」 〈미천왕 20년〉조. "冬十二月, 晉平州刺史崔毖來奔."
53 주 9 참조.
54 『삼국지』 권30 「동이전」 〈한전〉. "建安中, 公孫康分屯有縣以南荒地爲帶方郡."
55 앞 글, 「고조선의 서변경계고」, pp. 14~24.

한 양면 전쟁을 감행했었을 것인지도 생각해볼 필요가 있다.

3. 평양 지역의 낙랑

한국과 중국의 옛 문헌에 기록된 바에 따르면 한사군의 낙랑군과 다른 또 하나의 낙랑이 한반도 북부 대동강 유역에 위치하고 있었다. 이 낙랑에 관한 가장 분명한 기록은 『삼국사기』「고구려본기」〈대무신왕 15년(서기 32)〉조이다. 그 내용을 보면,

> 여름 4월에 왕자 호동이 옥저를 여행했는데, 낙랑왕 최리가 출행했다가 호동을 보고는 묻기를, 그대의 얼굴을 보니 보통 사람 같지 않은데 혹시 북쪽의 나라 (대무)신왕의 아들이 아닌가 하고, 드디어는 함께 돌아가 자신의 딸을 호동의 아내로 삼게 했다.[56]

는 것이다. 위의 내용에서 낙랑국의 왕인 최리는 호동에게 그대는 북쪽의 나라 대무신왕의 아들이 아니냐고 물었으니, 고구려를 북쪽의 나라라고 한 것으로 보아 최리의 낙랑국은 고구려의 남쪽에 있었음을 알 수 있다. 따라서 최리의 낙랑국은 한반도 북부에 있었다는 것이 된다.

종래에 한국 사학계에서는 옛 문헌에 보이는 낙랑에 관한 기사는 모두 한사군의 낙랑군에 관한 것으로 인식했다. 그러나 앞에서 이미 확인

---

56 『삼국사기』권14 「고구려본기」제2 〈대무신왕 15년〉조. "夏四月, 王子好童, 遊於沃沮, 樂浪王崔理, 出行因見之, 問曰, 觀君顏色, 非常人, 豈非北國神王之子乎, 遂同歸以女妻之."

된 바와 같이 한사군의 낙랑군과 최리의 낙랑국은 서로 위치하는 지역이 다르므로 별개의 낙랑이었음을 알 수 있다. 그런데 최리의 낙랑국은 서기 37년에 고구려에 의해 멸망했다. 『삼국사기』 「고구려본기」 〈대무신왕 20년(서기 37)〉조에,

왕이 낙랑을 습격해 그곳을 멸망시켰다.[57]

라고 했는데, 이 기록만으로는 한사군의 낙랑군을 말하는 것인지 최리의 낙랑국을 말하는 것인지가 분명하지 않다. 그런데 『삼국사기』 「신라본기」 〈유리이사금 14년(서기 37)〉조를 보면,

고구려의 왕 무휼(대무신왕)이 낙랑을 습격해 그곳을 멸망시켰다. 그 나라 사람 5,000명이 투항해 오므로 6부락으로 나누어 살게 했다.[58]

고 했으니, 고구려가 멸망시킨 낙랑은 고구려와 신라의 사이에 끼어 양국과 국경을 접하고 있었음을 알 수 있다. 따라서 이 낙랑은 그 위치로 보아 한사군의 낙랑군이 될 수는 없으며 최리의 낙랑국이었음을 알게 된다.

그런데 최리의 낙랑국이 멸망한 후 7년이 지나 그 지역은 중국의 동한 광무제의 침략을 받았다. 『삼국사기』 「고구려본기」 〈대무신왕 27년(서기 44)〉조에는,

---

57   위 「고구려본기」 〈대무신왕 20년〉조. "王襲樂浪滅之."
58   『삼국사기』 권1 「신라본기」 제1 〈유리 이사금 14년〉조. "高句麗王無恤, 襲樂浪滅之, 其國人五千來投, 分居六部."

가을 9월에 (동)한의 광무제가 병사를 파견해 바다를 건너 낙랑을 정벌하고 그 땅을 취해 군현을 만드니 살수(오늘날 청천강) 이남은 (동)한에 속하게 되었다.[59]

고 했다. 종래에는 이 기록도 한사군의 낙랑군에 관한 것으로 인식했다. 그런데 이 기록을 한사군의 낙랑군에 관한 것으로 보기에는 논리적 모순이 있음을 발견하게 된다. 왜냐하면 한사군은 설치된 지 이미 오래되어 당시에는 동한의 영토에 속해 있었는데, 이미 자기들의 영토가 되어 있는 낙랑군에 군사를 파견해 그곳을 정벌하고 그 땅을 취해 군현을 만들었다는 것이 되기 때문이다. 따라서 이 기록은 동한의 광무제가 한사군의 낙랑군을 쳤던 것이 아니라, 최리의 낙랑국이 있었던 지역을 쳤음을 전하는 것이다. 동한의 군사가 낙랑을 치기 위해 바다를 건넜다고 하는 것은 그러한 사실을 더욱 분명하게 해준다. 낙랑국은 이보다 7년 전에 이미 고구려에게 멸망되었지만 그 지역이 낙랑국이 있었던 곳이었으므로 그대로 낙랑으로 불렸을 것으로 생각된다.

동한의 광무제가 낙랑 지역을 친 후 살수, 즉 오늘날 청천강 이남이 동한에 속하게 되었다고 했으니, 아마도 동한에 속하게 된 청천강 이남의 땅이 원래 낙랑국의 영토였을 것이다. 동한이 낙랑 지역을 친 것은 고구려를 견제하기 위해서였을 것으로 생각된다. 당시에 동한은 세력이 성장하고 있던 고구려와 국경을 접하고 있었기 때문에 이를 견제하기 위해서는 그 배후를 공략하고 그곳에 군사적 거점을 만들 필요가 있었던 것이다. 그리고 낙랑국이 고구려에 의해 멸망된 것은 오래지 않았으

---

59 『삼국사기』 권14 「고구려본기」 제2 〈대무신왕 27년〉조. "秋九月, 漢光武帝, 遣兵渡海伐樂浪, 取其地爲郡縣, 薩水已南屬漢."

므로 그 주민들은 아직 고구려에 동화되지 않았을 것이고 고구려에 대해서 반감도 가지고 있었을 것이다. 어쩌면 낙랑국의 유민이 동한의 힘을 빌려 낙랑국을 재건하고자 했을 가능성도 있다.

다음에 밝혀지겠지만 낙랑국의 지배계층은 한사군의 낙랑군 지역으로부터 한사군이 설치되기 이전에 이주해 온 사람이 대부분이었으므로,[60] 낙랑국이 고구려에 의해서 멸망되자 그들의 원주지였던 낙랑군 지역과 내통해 낙랑국 부흥운동을 일으켰을 가능성이 있는 것이다. 동한의 광무제는 이러한 상황을 이용해 낙랑국 지역의 주민들을 돕는다는 명분으로 그 지역을 공략했을 가능성이 있다. 그 후 청천강 이남의 낙랑 지역은 한반도에서 중국의 군사기지 및 교역의 거점으로서 중요한 역할을 했을 것이다.

동한의 광무제가 낙랑국 지역을 공략하고 설치한 군사식민지는 계속해서 낙랑으로 불렸는데, 이 낙랑과 주변 정치세력의 지리적 관계를『후한서』「동이열전」과『삼국지』「동이전」의 기록을 통해서 확인할 수 있다.『후한서』「동이열전」〈예전〉에는 예의 위치에 대해서,

예는 북쪽으로는 고구려·옥저와 접하고, 남쪽은 진한과 접했으며, 동쪽은 큰 바다에 의해 막혔고, 서쪽은 낙랑에 이르렀다.[61]

고 했다. 이로 보아 예와 낙랑은 고구려의 남쪽에 동서로 위치해 서로 국경을 접하고 있었을 것임을 알 수 있다. 그런데『후한서』「동이열전」

---

60 주 68~75 본문 참조.
61 『후한서』권85「동이열전」〈예전〉. "濊北與高句麗·沃沮, 南與辰韓接, 東窮大海, 西至樂浪."

〈고구려전〉에는 고구려의 위치에 대해서,

> 고구려는 요동의 동쪽 1,000리 떨어진 곳에 있는데, 남쪽은 조선·예맥,
> 동쪽은 옥저, 북쪽은 부여와 접했다.[62]

고 했다. 이 기록에 따르면 고구려의 남쪽에서 고구려와 접경하고 있었
던 정치세력은 예맥과 조선이었다.

위의 두 기록을 종합해볼 때 낙랑은 고구려의 남쪽, 예의 서쪽에 위치
하고 있었지만 고구려와는 국경을 접하고 있지 않았고, 고구려와 접경
을 하고 있었던 정치세력은 조선이었음을 알 수 있다. 결국 조선은 낙랑
의 북쪽에 위치해 고구려와 국경을 접하고 있었고, 낙랑은 조선의 남쪽
에 있었다는 결론에 도달하게 된다. 그리고 앞에서 언급한 바와 같이 낙
랑의 북쪽 경계는 청천강이었으므로, 이곳이 낙랑과 조선의 경계였을
것이다.

이상과 같은 낙랑과 주변 정치세력의 지리적 관계를 『삼국지』「동이
전」〈예전〉이 보완해준다. 거기에는 예(또는 예맥)의 위치에 대해서 설명
하기를,

> 예는 남쪽은 진한, 북쪽은 고구려·옥저와 접했고, 동쪽은 큰 바다에 의
> 해 막혔는데, 지금의 조선의 동쪽이 모두 그 땅이다.[63]

---

62 위 「동이열전」〈고구려전〉. "高句麗在遼東之東千里, 南與朝鮮·濊貊, 東與沃沮, 北
    與夫餘接."
63 『삼국지』권30 「동이전」〈예전〉. "濊南與辰韓, 北與高句麗·沃沮接, 東窮大海, 今朝
    鮮之東皆其地也."

라고 했다. 앞에서 인용된 바와 같이 『후한서』 「동이열전」 〈예전〉에는 예의 서쪽에 낙랑이 있었던 것으로 기록되었는데 『삼국지』 「동이전」 〈예전〉에는 예의 서쪽에 조선이 있었던 것으로 되어 있다.

다음에 확인되겠지만, 이 낙랑은 서기 300년에 멸망되었으므로[64] 『삼국지』가 편찬되던 시기에는 아직 존재하고 있었다. 따라서 『삼국지』의 편찬자인 진수가 예의 서쪽에 있었던 정치세력으로 조선만을 언급하고 낙랑에 대해서는 언급하지 않는 것은, 낙랑이 예의 서쪽에 있었던 정치세력을 대표할 만한 큰 세력이 아니었기 때문이었을 것으로 생각된다. 이 점은, 『후한서』 「동이열전」 〈예전〉에 낙랑만 언급된 것으로 보아 조선도 마찬가지였을 것이다. 다시 말하면 예의 서쪽에 조선과 낙랑이 위치했지만 모두가 큰 정치세력은 아니었던 것이다. 조선과 낙랑이 큰 정치세력이 되지 못했음은 『후한서』 「동이열전」과 『삼국지』 「동이전」에 부여·고구려·동옥저·읍루·예·한·왜 등은 독립된 항목으로 설정되어 있으나 낙랑과 조선은 그렇지 못한 점에서도 확인된다.

『후한서』 「동이열전」 〈예전〉에는 마한의 위치에 대해서,

마한은 서쪽에 있는데 54국이 있다. 북쪽은 낙랑, 남쪽은 왜와 접했다.[65]

고 기록되어 있다. 이에 따라 낙랑의 남쪽에는 마한이 있었음을 알 수 있다. 그러므로 지금까지 고찰한 바를 종합해보면 낙랑의 북쪽에는 조선, 동쪽에는 예(또는 예맥), 남쪽에는 마한이 자리 잡고 있었다는 결론에 도달하게 되는데, 낙랑의 북쪽 경계는 오늘날 청천강이었으므로 낙

---

64 주 75 참조.
65 『후한서』 권85 「동이열전」 〈한전〉. "馬韓在西, 有五十四國, 其北與樂浪, 南與倭接."

랑의 영역은 대체로 오늘날 평양을 중심으로 한 대동강 유역이었을 것으로 상정된다.

이상과 같은 결론에 대해서 다음과 같은 의문이 제기될 수 있을 것이다. 최리의 낙랑국은 고구려에 의해 멸망되었으므로 낙랑국과 고구려는 국경을 접하고 있었을 것으로 생각되는데, 만약 동한의 광무제가 설치한 군사기지였던 낙랑이 낙랑국이 위치했던 지역에 있었다면 어찌해서 그 북쪽이 고구려와 접하지 않고 조선과 접경되어 있었는가 하는 것이다. 이 점은 분명하게 해명할 수는 없지만 다음과 같은 유추가 가능할 것이다. 고구려 남변의 대부분은 조선과 접하고 있었지만 그 일부가 낙랑과 접해 있었거나 광무제가 설치한 낙랑은 최리의 낙랑국 영역을 완전하게 확보하지 못해 북쪽 경계선에 약간의 변화가 일어났을 가능성이 있는 것이다.

이제 낙랑의 명칭에 대해서 고찰해볼 필요가 있다. 앞에서 이미 살펴본 바와 같이 오늘날 중국 하북성 동북부에 있는 난하 하류의 동부 유역에는 한사군의 낙랑군이 있었는데, 어떤 이유로 한반도 북부의 대동강 유역에 동일한 명칭의 낙랑국이 존재했을까? 이 문제를 해결하기 위해서는 먼저 최리의 낙랑국이 처음으로 문헌에 등장한 것은 서기 32년이라는 사실을 상기할 필요가 있다. 그리고 이때에는 이미 한국 고대사에 큰 변화가 있었으니, 위만조선의 건국과 그 영토 확장으로 인한 고조선의 몰락, 위만조선의 멸망과 한사군 설치로 인한 위만조선 지역의 서한 영토화가 그것이다.

여기서 잠깐 고조선의 몰락과 위만조선의 흥망 및 한사군 설치에 따른 역사적 상황 변화에 대해 간단하게 설명할 필요가 있다. 고조선은 오늘날 중국 하북성 동북부에 있는 난하의 상류와 중류 및 난하의 하류 동부 연안에 있는 갈석산을 서쪽 경계로 하여 한반도 북부의 청천강에 이르는 지역을 그 강역으로 하고 있었다.[66] 그런데 고조선의 서부 변경, 즉 난하의 하류 동부 연안에 있었던 기자국의 정권을 탈취한 위만이 서한제국의 원조를 받아 고조선의 서부 영역을 침략·잠식하고 끝내는 오늘날 요하로부터 멀지 않은 지역까지를 차지해 위만조선이 성립되었다. 그 후 서한 무제가 위만조선을 멸망시키고 그 여세를 몰아 오늘날 요하까지 차지해 그 지역에 한사군을 설치하게 되었다. 한사군이 설치된 이후에도 고조선은 오늘날 요하 동쪽에 존재하고 있었지만 고조선을 구성하고 있었던 연맹부족을 통어할 능력을 이미 상실하고 왕실의 명맥만을 유지하고 있었다.[67]

이와 같은 변화는 서기전 195년으로부터 서기전 108년 사이에 일어난 것이다. 최리의 낙랑국이 문헌에 등장하기 140년 전에 일어난 변화였던 것이다. 그런데 여기서 주목해야 할 것은 고구려·예맥·부여·옥저·낙랑 등의 명칭이 서기전 2세기 이전에는 오늘날 요하 서쪽에 위치했던 것으로 문헌에 나타나는데, 『후한서』와 『삼국지』에서는 오늘날 요하 동쪽의 만주와 한반도 북부에 위치했던 것으로 기록되어 있다는 점이다.[68] 그러므로 이러한 명칭들이 동쪽으로 이동했음을 알 수 있는데 그 이동 시기가 고조선의 몰락, 위만조선의 흥망, 한사군의 설치 등이 이루어졌던 기간에 해당된다는 점이다.

필자는 이러한 점에 근거해, 고구려·예맥·부여·옥저·낙랑 등은 원래 오늘날 요하 서쪽에 거주하던 고조선 구성부족의 명칭 또는 그들이 거주하던 지명이었으며, 위만이 고조선의 서부를 침략하던 시기와 서한

---

66 앞 글, 「중국 문헌에 나타난 고조선 인식」.
67 앞 글, 「위만조선의 재인식」 참조.
68 위와 같음.

의 무제가 위만조선을 침공하던 시기에 이러한 침략세력에 항거하던 그 지역의 일부 토착주민은 동쪽으로 이동해 오늘날 요하 동쪽에 정착해 정치세력을 형성하고 그들의 본래 명칭을 여전히 사용했을 것으로 보았다.[69] 이렇게 본다면 원래 한사군의 낙랑군 지역에 거주하던 주민의 일부도 위만의 고조선 침략에 항거하며 이동했을 것이고, 그 후 서한 무제가 위만조선 침략했을 때에도 일부의 주민이 침략세력에 항거하며 동쪽으로 이동했을 것인데, 이들이 최리의 낙랑국도 건립했을 것으로 생각된다. 그 결과 한사군의 낙랑군과 최리의 낙랑국은 동일한 명칭을 갖게 되었던 것이다.

이러한 필자의 견해는 고고학적으로도 뒷받침된다. 1958년에 평양 정백동의 토광묘에서는 세형동검과 함께 '부조예군'이라고 새겨진 은인이 출토되었다.[70] 그런데『한서』「지리지」에 따르면 서한의 낙랑군에는 25개의 현이 있었는데, 그 가운데 부조현이 있었다. 그러므로 평양에서 '부조예군'의 인장이 출토되었다는 것은 그 지역이 한사군의 낙랑군이었음을 알게 하는 증거라고 인식하는 학자가 있다.[71] 그러나 이미 김정학이 지적했듯이 '부조예군'의 은인은 한사군 설치 이전에 만들어진 것이다.[72] 한사군이 설치되었던 서한시대 이후의 관직을 보면 군에는 태수·대윤·승·장사가 있었고 현에는 영이나 장·승·위 등이 있었을 뿐, 군이라는 관직은 없었다. 그런데『한서』「무제기」에,

---

69 위와 같음.
70 백련행,「부조예군의 도장에 대해」『문화유산』1962년 4호, p. 61.
71 靳楓毅,「論中國東北地區含曲刃青銅短劍的文化遺存」下『考古學報』1983年 1期, pp. 51~52.
72 김정학,「청동기의 전개」『한국사론』13, 국사편찬위원회, 1983, p. 133.

원삭 원년(서기전 128) 가을에 동이의 예군인 남려 등 28만 명이 항복하니 그곳을 창해군으로 삼았다.[73]

는 기록에서 '부조예군'과 같은 직명인 예군이라는 관직이 확인된다.

위 기록은 주지하듯이 위만조선 말기에 우거왕을 배반하고 서한으로 투항한 예군이었던 남려에 관한 기록이다. 따라서 예군은 위만조선에서 사용했던 관직명이었음을 알 수 있다. 그런데 앞에서 언급했듯이 『한서』 「지리지」에 따르면 부조현은 낙랑군에 속해 있었는데, 낙랑군 지역은 한사군이 설치되기 이전에는 위만조선에 속했고, 그 이전에는 고조선에 속하게 되었다. 따라서 '부조예군'은 고조선과 위만조선에서 사용했던 관직명이었음을 알 수 있다.

한사군의 낙랑군이 오늘날 중국 하북성 동북부에 있는 난하의 하류 동부 유역에 위치해 있었음은 앞에서 이미 확인된 바 있으므로 낙랑군에 속했던 부조현도 그 지역에 있었다는 것이 된다. 따라서 부조예군의 원주지는 난하 하류 동부 연안이었다는 결론에 도달하게 된다. 그리고 고조선이나 위만조선의 부조 지역 예군이 위만조선의 흥망 시기에 오늘날 평양 지역으로 이주해 왔을 것임을 알게 된다.

부조예군묘에서 은인과 함께 요령성과 한반도 지역의 특징적인 청동기인 세형동검이 출토되었다는 것은 이 묘에 묻힌 사람이 중국계가 아니라 고조선계였음을 알게 해주는 것이다. '부조예군' 은인을 한으로부터 주어졌을 것으로 보는 견해[74]가 있지만 필자는 그것이 고조선이나 위만조선에서 만들어졌을 가능성을 인정하고 싶다. 고조선은 서주시대

---

73 『한서』 권6 「무제기」 〈원삭 원년〉조. "東夷濊君南閭等口二十八萬人降, 爲蒼海郡."
74 주 72와 같음.

이래 중국 지역과 밀접한 관계를 맺고 있었으므로 한자는 물론 중국의 문물제도가 상당히 수입되어 있었을 것이다. 또한 위만조선에 이르면 그 지배계층의 상당수를 서한의 망명객들이 형성했을 것인데,[75] 그들은 서한의 문물제도에 매우 친숙했을 것이기 때문이다.

최리의 낙랑국이 멸망한 후 동한의 광무제가 설치한 대동강 유역의 낙랑은 오랫동안 중국의 군사기지 및 교역의 거점으로서 중요한 역할을 했겠지만 그 경영에는 어려움이 많았다.『삼국지』「동이전」〈한전〉에,

> (동한의) 환제와 영제 말년에 한(韓)·예(濊)가 강성해 군현을 통제할 수 가 없어서 주민들이 한국(韓國)으로 많이 들어갔다. 건안 연간에 공손강 이 둔유현 이남의 황무지를 나누어 대방군으로 만들고 공손모(公孫模)와 장창(張敞) 등을 보내어 유민을 수집하고 병사를 일으켜 한·예를 정벌 하니 옛 주민들이 점차 나타났다. 이후 왜와 한은 마침내 대방에 속하게 되었다.[76]

고 한 것은 그러한 상황을 알게 해준다. 위의 인용문을 이해하는 데 주 의해야 할 것은 건안 연간(서기 196~220)에 공손강이 둔유현 이남의 황 무지를 나누어 대방군으로 만들었다는 부분은 대동강 유역의 낙랑에 관 한 기록이 아니라 한사군의 낙랑군에 관한 것이라는 점이다. 왜냐하면

---

75 위만조선의 지배계층은 중국의 망명객과 토착호족 사이에 어느 정도 타협이 이루어져 복합되어 있었을 것으로 보고 있다(三上次男,「衛氏朝鮮國の政治·社會的性格」『中國 古代史の諸問題』, 東京大學出版會, 1954, pp. 217~218).

76 『삼국지』권30「동이전」〈한전〉. "桓·靈帝之末, 韓濊彊盛, 郡縣不能制, 民多流入韓 國, 建安中, 公孫康分屯有縣以南荒地爲帶方郡, 遣公孫模, 張敞等收集遺民, 興兵 伐韓·濊, 舊民稍出, 是後倭·韓遂屬帶方."

둔유현은 낙랑군의 25현 가운데 하나였기 때문이다. 따라서 위의 인용문은 다음과 같이 이해된다. 즉 동한 말기에 한과 예가 강성해 대동강유역의 낙랑을 통제할 수가 없어서 주민들이 한국으로 많이 들어갔는데, 건안 연간에 공손강이 한사군의 낙랑군 둔유현 이남의 황무지를 나누어 대방군으로 만든 후에 공손모와 장창 등을 대동강 유역의 낙랑에파견해 유민을 수집해 병사를 일으켜 한과 예를 정벌하니 옛 주민들이나타났다는 것이다.

위의 내용에 의해 대동강 유역의 낙랑은 행정적으로 낙랑군에 속해있었을 것임을 알게 된다. 여기서 일연이 『삼국유사』에서 낙랑에 대해서'옛날 한시대의 낙랑군의 속현의 땅'[77]이라고 기록한 점을 상기할 필요가 있다.

여기서 황해도에서 발견된 장무이(張撫夷)의 묘에 대해서 잠깐 살펴보겠다. 주지하는 바와 같이 황해도 봉산군 문정면(오늘날 사리원시)의토성으로부터 동북방 4킬로미터 지점에서 전곽묘가 발견된 바 있다. 그묘에서는 '대방태수장무이전(帶方太守張撫夷塼)'·'대예재무어양무이전(大歲在戊漁陽張撫夷塼)'·'대예신어양장무이전(大歲申漁陽張撫夷塼)'등의 명문이 있는 전(塼)이 출토되었다. 이러한 전의 명문에 의해 이것이 대방태수였던 장무이의 묘이고, 그는 하북성 어양현 출신이며, 이 묘의 조성 연대는 무신(戊申)으로 서진 무제 태강 9년(서기 288)일 것으로학자들은 보고 있다.

황해도 봉산군 문정면의 토성 지역에서는 중국계의 유물이 많이 출토되었으므로 이 지역에 상당히 많은 수의 중국인들이 거주했을 것으로

---

77 『삼국유사』 권1 「기이」 제1 〈낙랑국〉조. "又百濟溫祚之言, 曰東有樂浪, 北有鞨鞨, 則殆古漢時樂浪郡之屬縣之地也."

생각되어졌는데,[78] 장무이의 묘가 발견됨으로써 이 지역이 바로 한사군의 낙랑군을 나누어 둔유현 이남에 설치했던 대방군 지역이었을 것으로 믿어져왔다.[79] 그러나 낙랑군은 오늘날 난하 하류 동부 연안에 있었으므로 이 지역이 낙랑군 지역에 설치했던 대방군일 수는 없는 것으로 보는 것이 합리적일 것이다. 필자의 생각으로는 난하 하류 유역의 대방 지역 거주민들이 고조선이 붕괴된 후 이 지역으로 이주해 와서 정치세력을 형성하고 그 명칭을 자신들이 원래 거주했던 곳의 명칭에 따라 대방이라고 했던 것 같다. 따라서 그들은 난하 유역과 왕래가 있었던 것이다. 이렇게 되어 황해도 문정면 지역에는 대방군으로부터 상당수의 이주민이 건너오게 되었고 장무이도 그러한 인물 가운데 하나였을 것으로 생각된다.

『삼국지』「동이전」〈한전〉에는 앞의 인용문에 계속하여,

경초(景初) 연간(서기 237~239)에 (위나라의) 명제는 대방태수 유흔(劉昕)과 낙랑태수 선우사(鮮于嗣)를 비밀리에 파견했는데, 그들은 바다를 건너가서 두 군을 평정하고 여러 한국(韓國)의 신지(臣智)에게 읍군(邑君)의 벼슬과 인수(印綬)를 주었고, 그 다음 서열의 사람들에게는 읍장의 벼슬을 주었다. …… 부종사(部從事) 오림(吳林)은 낙랑이 본래 한국을 통제했으므로 진한(辰韓)의 8국을 분할해 낙랑에 넣으려고 했다. 그때 통역하는 관리가 말을 옮기면서 틀리게 설명하는 부분이 있어 신지와 한

---

78 關野貞 等, 『樂浪郡時代の遺蹟』古蹟調査特別報告 第4冊, 朝鮮總督府, 昭和 2 (1927), p. 263.

79 이병도, 「진번군고」『한국고대사연구』, 박영사, 1981, pp. 16~17.

인(韓人)들이 모두 격분해 대방군의 기리영(崎離營)을 공격했다.⁸⁰

고 기록하고 있다. 이 기록은 중국의 삼국시대인 서기 237년부터 239년 사이에 한반도의 낙랑과 대방국에서 이주민과 지배계층에 대한 항거가 일어났음을 전해주고 있다.

항거가 일어나자 위나라 명제는 대방태수 유흔과 낙랑태수 선우사를 비밀리에 파견하고 그들은 바다를 건너와서 두 지역을 평정했으니, 유흔과 선우사는 오늘날 난하 하류 동부 연안에 있었던 대방군과 낙랑군의 태수였음을 알게 된다. 두 사람이 한반도에 있었던 낙랑과 대방국의 관리였다면 중국에서 바다를 건너왔다는 표현은 불합리하기 때문이다. 그리고 그들이 두 군을 평정했다고 표현한 것으로 보아 당시의 한반도에는 낙랑군과 대방군 두 곳과 밀접한 관계를 가진 지역이 각각 분리되어 있었음을 알 수 있는데, 그 지역이 바로 낙랑과 대방국이었던 것으로 생각된다.

그런데 한반도의 낙랑과 대방국이 계속해서 강한 세력을 유지하고 있었다고는 생각되지 않는다. 앞에서 확인된 바와 같이 한반도의 낙랑과 대방국에서는 외세와 지배계층에 대한 항거가 자주 일어났는데, 동한 말 이후는 중국 본토가 전란이 계속되는 상황에 처해 있었으므로 한반도의 낙랑과 대방에까지 깊이 관심을 가질 여유가 없었을 것이다. 이 낙랑과 대방은 서기 300년에 신라에 복속됨으로써 멸망되었다. 『삼국사기』「신라본기」〈기림 이사금 3년(서기 300)〉조에,

---

80 『삼국지』권30 「동이전」〈한전〉. "景初中, 明帝密遣帶方太守劉昕·樂浪太守鮮于嗣越海定二郡, 諸韓國臣智加賜邑君印綬, 其次與邑長……, 部從事吳林以樂浪本統韓國, 分割辰韓八國以與樂浪. 吏譯轉有異同, 臣智激韓忿, 攻帶方郡崎離營."

낙랑·대방 양국이 귀복했다.[81]

라고 기록된 것에서 그 멸망이 확인된다. 서기 300년 이후에는 한반도의 낙랑·대방 기록이 보이지 않는 것은 그 멸망 사실을 더욱 분명하게 해준다. 그런데 『삼국사기』 「백제본기」 〈분서왕 7년(서기 304)〉조에,

봄 2월에 몰래 군사를 보내어 낙랑의 서부 현을 습격해 빼앗았다. 겨울 10월에 왕은 낙랑태수가 보낸 자객으로부터 해를 입어 돌아가셨다.[82]

는 기록이 보인다. 혹시 이 기록을 서기 304년까지도 오늘날 대동강 유역에 낙랑이 존재했음을 전하는 것으로 오인할 수 있을 것이다. 그러나 그 내용에서 확인되듯이 이 낙랑에는 현이 있었으니 낙랑군을 뜻하며, 또 낙랑태수가 자객을 보냈다고 했는데 태수는 군의 지방장관이었으므로 당시에 백제가 공격했던 낙랑은 오늘날 난하 하류 동부 연안에 있었던 한사군의 낙랑군이었음이 분명해진다.

이보다 2년 앞선 서기 302년(미천왕 3)에 고구려는 현도군을 치고 8,000명을 사로잡은 바 있는데,[83] 당시까지만 해도 고구려와 백제는 동족의식이 강했고 관계가 원만했으므로,[84] 백제의 낙랑 공략은 고구려가

81 『삼국사기』 권2 「신라본기」 제2 〈기림 이사금 3년〉조. "樂浪·帶方兩國歸服."
82 『삼국사기』 권24 「백제본기」 제2 〈분서왕 7년〉조. "春二月, 潛師襲取樂浪西縣, 冬十月, 王爲樂浪太守所遣刺客賊害薨."
83 주 48 참조.
84 『삼국사기』 권25 「백제본기」 제3 〈개로왕 18년〉조의 백제가 위국에 보낸 글 가운데 "신은 고구려와 더불어 근원이 부여에서 나왔다. 선세시(先世時)에는 (고구려가) 구의(舊誼)를 굳게 존중하더니 그 조(祖)인 쇠(釗 : 고국원왕)가 가벼이 우호를 깨뜨리고 친히 군사를 거느리고 신의 국경을 침범해 왔다."는 내용이 보인다. 이로 보아 고국원왕

현도군을 친 것과 모종의 관계가 있었을 가능성이 있다. 백제가 바다를 건너 낙랑군을 공략했음은 후에 백제가 요서를 공략한 사실[85]에서 확인되듯이 충분히 가능했던 것으로, 이 시기에 이미 백제는 오늘날 발해 서북안 지역에 군사적인 진출을 행하고 있었던 것으로 이해된다.

4. 낙랑 유적의 재검토

종래에 한국 사학계에서 한반도 북부에 있는 오늘날 평양을 한사군의 낙랑군 지역으로 보아왔던 데는 두 가지 이유가 있었다고 생각된다. 첫째는 중국의 옛 문헌에 고구려의 평양성이 한의 낙랑군이었다는 기록이 보이고, 둘째는 오늘날 평양 지역에서 중국식의 유적과 유물이 많이 발견되었는데 발굴자들이 그것을 한사군의 낙랑군 유적으로 보고함으로써, 문헌에 보이는 한의 낙랑군이었다는 평양이 바로 오늘날 평양을 지칭하는 것으로 인식하도록 만들었다. 그러나 면밀히 검토해보면 위의 두 가지 이유는 모두가 잘못 인식된 것임을 알게 된다.

고대 한국어에서 평양은 고유명사가 아니었고 '대읍' 또는 '장성'을 뜻하는 보통명사였음이 언어학자의 연구 결과에 의해 밝혀졌는데,[86] 읍은 취락을 뜻하므로 대읍은 큰 취락을 뜻했다. 고대에는 언어의 개념이 세분화되지 않았기 때문에 취락은 소읍과 대읍으로만 구분되어 일반의

이전에는 고구려와 백제가 매우 강한 유대관계에 있었음을 알 수 있다.

85 김상기, 「백제의 요서경략에 대해」 『백산학보』 3, 1967, pp. 313~342.
방선주, 「백제군의 화북진출과 그 배경」 『백산학보』 11, 1971, pp. 1~30.

86 이병선, 『한국고대국명지명연구』, 형설출판사, 1982, p. 32.

취락은 읍 또는 소읍이라고 했고, 일정한 지역의 정치적·종교적 중심을 이루는 취락은 모두 대읍이라고 했다.[87] 따라서 고대 한국어에서 평양은 오늘날의 큰 취락 또는 도읍에 해당하는 보통명사였던 것이다. 이렇게 볼 때 평양은 반드시 한 곳에만 있었을 수는 없으며, 경우에 따라서는 도읍이 이동함에 따라 평양이라는 명칭도 이동했을 것으로 보아야 한다. 따라서 옛 문헌에 보이는 한사군의 낙랑군이었다는 평양성이 반드시 한반도 북부에 있는 오늘날 평양과 일치된 지역이었을 것으로 단정할 수가 없다.

이러한 필자의 견해를 뒷받침하는 기록을 『삼국사기』에서도 찾아볼 수가 있다. 『삼국사기』 「고구려본기」 〈동천왕 21년(서기 247)〉조에,

> 봄 2월에 왕은 환도성이 난리를 치러 다시 도읍할 수 없게 되었으므로 평양성을 쌓고 백성과 종묘사직을 거기로 옮겼다.[88]

고 기록되어 있는데, 당시 오늘날 평양 지역에는 동한의 광무제가 설치했던 낙랑이 아직 존재하고 있었기 때문에 그 지역은 고구려의 영토가 될 수가 없다.[89] 따라서 동천왕 21년에 천도한 평양성은 오늘날 평양이 아니었음을 알 수 있다. 그러므로 옛 문헌에 보이는 한사군의 낙랑군이었다는 평양을 오늘날 평양으로 볼 수 없게 되며, 오히려 오늘날 난하

---

87 윤내현, 『상주사』, 민음사, 1984, pp. 41~42 참조.

88 『삼국사기』 권17 「고구려본기」 제5 〈동천왕 21년〉조. "春二月, 王以丸都城經亂, 不可 復都, 築平壤城, 移民及廟社."

89 필자의 견해에 따르지 않고 종래의 통설과 같이 평양의 낙랑을 한사군의 낙랑군으로 본다고 하더라도 이때는 아직 낙랑군이 존재하고 있었던 시기이므로 평양의 개념에 대한 필자의 논리 전개에는 변화를 주지 않는다.

하류 동부 연안의 낙랑군 지역에도 당시에 평양이라는 지명이 있었음을 알게 된다.

이제 평양 지역의 이른바 낙랑 유적을 살펴볼 차례가 되었다. 일본인 학자들에 의해 평양 지역의 중국식 유적이 한사군의 낙랑군 유적으로 보고[90]된 이후에 일부 학자들은 그것을 위조품으로 보기도 했지만,[91] 그 많은 유적과 유물을 위조품으로 단정할 수는 없을 것으로 생각된다. 따라서 필자는 평양 지역에서 발견·출토된 유적과 유물 중에서 이 유적을 한사군의 낙랑군 유적으로 인식하도록 만들었던 것들을 재검토해 그 타당성의 여부를 밝히고자 한다. 평양의 중국식 유적을 한사군의 낙랑군 유적으로 인식하는 근거로 제시되었던 것으로는 고분·토성·봉니·인장·점제비(秥蟬碑)·효문묘동종 등이 있다.

평양 지역에서는 중국식의 고분이 많이 발견되었는데, 그중 일부가 일본인 학자들에 의해 발굴되었다. 발굴 보고에 따르면 그 위치와 묘제로 보아 제1호분이 가장 오래된 것이며 규모도 가장 큰 것 가운데 하나라고 했다.[92] 그러므로 발굴 보고에 따르면 평양 지역의 중국식 고분은 모두가 제1호분보다는 늦은 시기의 것이 된다. 그런데 제1호분에서 출토된 유물을 보면 그중 '화천(貨泉)'이 있었다.[93] 화천은 왕망시대에 주조된 화폐이다. 따라서 이 고분의 조성 연대는 왕망시대 이전으로는 올라갈 수가 없다. 왕망시대는 불과 15년 동안이었고 그 뒤를 이어 동한시대가 되는데, 왕망시대에 주조된 화폐가 한반도에까지 도달한 시간을

---

90 앞 책, 『樂浪郡時代の遺蹟』.

91 정인보, 『조선사연구』, 서울신문사, 1947, pp. 196~214.
    사회과학원 고고학연구소, 『고조선문제연구』, 사회과학출판사, 1973, pp. 139~164.

92 앞 책, 『樂浪郡時代の遺蹟』, pp. 172~183.

93 위 책, p. 179.

감안한다면 제1호분의 조성 연대는 동한시대 이전으로 볼 수는 없게 된다. 이렇게 본다면 평양 지역의 중국식 고분은 모두 동한시대 이후에 조성되었다는 것이 되므로 한사군 설치 연대보다는 훨씬 늦은 시기의 것이 된다.

토성 지역에서는 많은 봉니와 함께 '대진원강(大晉元康)'·'낙랑예관(樂浪禮官)'·'낙랑부귀(樂浪富貴)' 등의 문자가 새겨져 있는 기와가 출토되었고,[94] 이것들은 이 토성 지역이 낙랑군의 치소였음을 알게 하는 증거로 제시되었다. 그런데 기와의 명문에 보이는 '대진원강'이라는 연호는 서진 혜제시대의 연호로서 서기 291년부터 서기 299년까지였다. 따라서 기와에서 확인된 연대에 따르면 이 유적은 한사군이 설치되었던 서기전 108년보다 무려 400여 년이나 뒤진 서기 290년대의 것이다. 다시 말하면 한사군의 유적으로 단정하기에는 그 조성 연대가 너무 늦다. '낙랑예관'·'낙랑부귀' 등의 명문은 오늘날 평양 지역이 낙랑이라고 불렸음을 보여주는 것이기는 하지만, 그것을 한사군의 낙랑군을 뜻하는 것으로만 해석할 수는 없다. 서기 290년대에 평양 지역에는 동한 광무제가 설치했던 낙랑이 아직 존재하고 있었다는 사실을 상기할 필요가 있다.

토성 지역에서는 그동안 200점이 넘는 중국식의 봉니가 수집되었다고 한다.[95] 그런데 이렇게 많은 봉니가 한 곳에서 수집된 예가 없으므로 처음부터 그것들이 모두 진품일 것인지 의문이 제기되었다. 그 의문점은 이미 정인보가 구체적으로 지적한 바 있다.[96] 그러나 필자는 평양 지

---

94 위 책, pp. 22~23, 43.
95 위 책, pp. 28~32.
96 주 91과 같음.

역에서 수집된 모든 봉니를 전부 위조품으로 취급하고 싶지는 않다. 하지만 그중 위조품이 상당수 포함되어 있음은 분명하다고 본다. 예를 들면, '낙랑대윤장(樂浪大尹章)'이라는 봉니가 있는데, 대윤은 왕망시대의 관직명이다. 서한시대에는 군을 다스리는 지방장관을 태수라고 했는데, 왕망시대에 이것을 개명해 대윤이라고 했다. 그러므로 이 봉니는 왕망시대에 낙랑군을 다스리던 지방장관의 것처럼 보인다. 그러나 왕망시대는 서한시대의 모든 군명을 개명했는데 낙랑군은 낙선군(樂鮮郡)이 되었다.[97] 따라서 이 봉니가 왕망시대에 만들어졌다면 '낙선대윤장(樂鮮大尹章)'이어야 하고 서한시대에 만들어졌다면 '낙랑태수장'이어야 한다. 그런데 이 봉니는 군명과 관직명이 일치하지 않는 것으로 보아 진품일 수가 없다.

어쨌든 많은 봉니가 토성 부근에서 수집되었는데, 그중 중요한 것은 '낙랑태수장(樂浪太守章)' · '조선우위(朝鮮右尉)' · '염한장인(詽邯長印)' 등이다. 서한과 동한의 관직을 보면 군에는 태수가 있었고 큰 현에는 승 · 좌위 · 우위가 있었으며, 작은 현에는 장이 있었다. 그런데 『한서』「지리지」에 따르면 당시의 낙랑군에는 25개의 현이 있었는데, 그 가운데 조선현과 염한현이 있었다.[98] 따라서 '낙랑태수장' · '조선우위' · '염한장인' 등의 봉니는 평양 지역에 낙랑군 · 조선현 · 염한현의 치소가 있었음을 구체적으로 보여주는 증거로 제시되었다.

그러나 주지하는 바와 같이 봉니는 공문서를 봉함하는 것이므로 봉니가 출토된 곳은 공문서를 받은 곳이 된다. 그러므로 '낙랑태수장' · '조선우위' · '염한장인' 등의 봉니가 진품이더라도 평양 지역은 '낙랑태수

---

97 『한서』 권28 하 「지리지」 하 〈낙랑군〉조.
98 위와 같음.

장'·'조선우위'·'염한장인' 등으로부터 공문서를 받은 곳이 되는 것이지 그 치소가 될 수는 없는 것이다.[99] 정인보는 봉니의 서체가 너무 정돈되어 있어서 그것들을 한시대의 것으로 볼 수가 없음을 지적한 바 있는데,[100] 앞에서 언급된 토성의 연대와 연결시켜서 생각해볼 때 진품의 봉니들도 한시대보다 훨씬 후에 만들어졌을 것이다.

인장은 왕광묘·왕우묘·부조예군묘·부조장묘 등에서 출토되었다. 왕광묘에서는 '낙랑태수연왕광지인'·'신광'·'왕광사인' 등의 목제 인장이 출토되었고, 왕우묘에서도 '오관연왕우'·'왕우인신' 등의 목제 인장이 출토되었다.[101] 그리고 부조예군묘와 부조장묘에서는 '부조예군', '부조장'이라고 새겨진 은인이 출토되었다.[102] 그런데 태수연이나 오관연은 모두 군태수에게 속해 있었던 군리들이었다. 따라서 이 인장들은 평양 지역이 한사군의 낙랑군 치소였음을 알게 하는 증거로 제시되었다. 그러나 태수에게 속해 있던 군리들이 반드시 군치소에만 근무했던 것은 아니며 군치소로부터 멀리 떨어진 곳에서 근무하는 경우가 있었음을 배제해서는 안 된다. 따라서 군리인 태수연이나 오관연이 근무한 것이 바로 군치소였다는 의미가 될 수는 없는 것이다. 앞에서 이미 확인된 바와 같이 평양 지역에 동한 광무제가 설치했던 낙랑은 행정적으로 낙랑군에 속해 있었음을 상기할 필요가 있다.

그런데 이보다 더 중요한 것은 이 고분의 조성 연대이다. 인장의 서체에서도 그것이 서한시대보다 늦은 것임을 알 수 있지만, 그 연대를 분명

---

99 앞 책, 『조선사연구』, p. 202.

100 위 책, pp. 203~204.

101 小場恒吉·榧本龜次郎, 『樂浪王光墓』, 朝鮮古蹟硏究會, 昭和 10(1935).
　　駒井和愛, 『樂浪』, 中央公論社, 昭和 47(1972), pp. 114~115.

102 주 70 및 앞 책, 『고조선문제연구』, pp. 150~151 참조.

하게 해주는 것은 칠기의 명문이다. 왕우묘에서는 명문이 있는 칠기가 출토되었는데, 그 가운데 '영평 12년(永平十二年)'이라는 기록이 있었다.[103] 영평 12년은 동한 명제시대로 서기 69년이 된다. 따라서 이 고분의 조성 연대는 그 이전으로 올라갈 수는 없다. 그리고 이 고분에서 수집된 목재를 표본으로 하여 방사성탄소측정을 한 바 있는데, 그 결과는 서기 133년(1850±250 B.P.)이었다.[104] 이것은 평양의 낙랑 유적에서 얻어진 유일한 과학적 연대로서 매우 중요한 의미를 갖는다. 결국 이 고분도 한사군이 설치되었던 서한시대의 것이 아니라 그보다 훨씬 늦은 동한시대의 것임을 알 수 있다.

'부조예군'·'부조장'의 은인은 평양의 정백동에서 1958년에 출토되었다. 한사군 낙랑군에는 25개 현이 있었는데 그 가운데 부조현이 있었다. 그러므로 평양에서 이러한 인장이 출토되었다는 것은 평양이 한사군의 낙랑군 지역이었음을 알게 하는 것으로 인식되었다.[105] 그러나 앞에서 이미 확인되었듯이 낙랑군은 오늘날 난하 하류 동부 연안에 있었다. 그리고 예군은 고조선과 위만조선의 지방 관직명이었다. 따라서 부조예군의 인장이 평양 지역에서 출토되었다는 것은 평양이 낙랑군 지역이었음을 알게 하는 것이 아니라, 그 지역에 한사군이 설치되기 이전에 외세의 침략에 항거하다가 난하 하류 동부 연안의 낙랑군 지역으로부터 오늘날 평양 지역으로 이주해 온 고조선족이 있었음을 알게 하는 것이다. 이 점에 대해서는 앞에서 이미 자세하게 언급했으므로[106] 여기서는 번거로움

---

103 앞 책, 『樂浪』, p. 123.
104 위 책, p. 5.
105 주 70 · 71 참조.
106 주 70~75의 본문 참조.

을 피하기 위해 이 정도로 그치고 부조장의 은인에 대해서 살펴보자.

앞에서 확인했듯이 한시대의 현에는 장이라는 관직이 있었다. 따라서 이 은인은 낙랑군 부조현의 장이 소유했던 것이라고 볼 수가 있다. 그러나 여기서 유의해야 할 점은 이 부조장의 은인은 실용적인 완전한 인장이 아니라 문자의 형태만 알아볼 수 있도록 부식시킨 것으로 하나의 상징적인 유물이라는 점이다.[107] 그러므로 이 고분의 주인이 부조현의 장이었다고 하더라도 그가 사망 시에는 자신이 사용했던 인장을 소지하고 있지 못했음을 알 수 있다. 따라서 필자는 이 부조장묘의 주인도 먼 곳으로부터의 이주민이었을 것으로 믿고 있다. 이 부조장묘는 앞에서 소개된 부조예군의 묘와는 불과 50미터 떨어진 곳에 있기 때문에 서로 친연관계에 있었을 것으로 학계에서는 믿고 있다.[108]

따라서 필자는 다음과 같이 인식하고 싶다. 즉 이 부조장은 부조예군과 친연관계에 있었거나 그 후손이었는데, 부조예군이 외세에 항거하다가 오늘날 평양 지역으로 이주한 후 그의 원주지에 남아 있다가 그 지역에 한사군이 설치되자 낙랑군 부조현의 장이 되었으나, 후에 그도 부조예군이 거주하고 있던 오늘날 평양 지역으로 이주해 왔을 것으로 보는 것이다. 부조장의 묘에서도 부조예군의 묘에서와 같이 요령성과 한반도 지역의 특징적인 청동기인 세형동검이 출토되어 부조장묘의 주인이 중국계가 아니라 고조선계였음을 분명히 알게 해주었다. 결론적으로 말하면 '부조예군'·'부조장'의 은인은 오늘날 평양 지역을 한사군의 낙랑군 지역으로 볼 수 있는 적극적인 증거가 되지 못한다.

오늘날 평양 지역을 낙랑군 지역으로 보는 중요한 증거의 하나로 제

---

107 앞 책, 『고조선문제연구』, p. 151.
108 위와 같음.

시된 것으로 점제평산군신사비(秥蟬平山君神祠碑)가 있다.[109] 이 비는 앞에서 언급된 토성으로부터 동북 약 150미터 지점에서 발견되었는데, 비문의 첫머리를 보면 'O和二年四月戊午, 秥蟬長渤興'으로 시작되었다. 그런데 서한과 동한시대에 장은 현을 다스리던 관리였으므로 이 비는 점제현의 장이 세웠을 것으로 인식되었다. 그리고 『한서』「지리지」를 보면 서한시대의 낙랑군에는 점제현(黏蟬縣)이 있었고,[110] 『후한서』「군국지」에 따르면 동한시대의 낙랑군에는 점제현(占蟬縣)이 있었다.[111] 이로 보아 서한시대의 점제현(黏蟬縣)이 동한시대에는 점제현(占蟬縣)으로 명칭이 바뀌었음을 알 수 있다. 이에 따라 점(黏)·점(占)·점(秥)은 당시에 통용된 문자이기 때문에 비문에서는 점제(秥蟬)로 기록되었을 것으로 인식했다. 그 결과 비문에 나오는 점제(秥蟬)는 서한시대 낙랑군의 점제현(黏蟬縣)을 말하며 이 비가 서 있는 지역은 바로 점제현 지역일 것으로 보았다.[112]

이에 대해서 정인보는 점제장(秥蟬長)이 자신의 관할 지역에 비를 세울 경우에는 자신의 직명을 새겨넣지 않는 것이 한시대의 비문 양식이라고 밝히면서, 비문에 점제장이라고 되어 있는 것으로 보아 비가 서 있는 지역이 점제 지역이 아님을 알 수 있다고 주장했다.[113] 그러나 크게 지지를 받지는 못했다. 비문의 양식이 언제나 일정했을 것인지 의심스럽기 때문에 정인보의 주장이 설득력을 지니고 있다고는 말하기 어렵겠지만 참고할 가치는 있다고 생각된다.

---

109 앞 책, 『樂浪郡時代の遺蹟』, pp. 240~245.
110 『한서』 권28 하 「지리지」 하 〈낙랑군〉조.
111 『후한서』 지23 「군국」 5 〈낙랑군〉.
112 주 109와 같음
113 앞 책, 『조선사연구』, p. 197.

필자는 이 비에 대해서 두 가지 문제점을 지적해두고자 한다. 첫째는 이 비가 건립된 연대이다. 비문의 첫 자는 마손이 심해 판독이 불가능했고, 둘째 자는 화(和), 셋째 자는 이(二)와 비슷했다. 그런데 화 자를 사용한 중국의 연호는 원화(元和)·장화(章和)·영화(永和)·광화(光和)·태화(太和) 등이 있는데 원화가 가장 빠른 연대인 것이다. 원화는 동한 장제(章帝)의 연호로서 원화 2년은 서기 85년이 된다. 그러므로 비문의 연호를 가장 빠른 시기의 것으로 계산하더라도 이 비는 동한시대에 건립되었다는 것이 된다.

다시 말하면 한사군의 설치 연대보다는 훨씬 늦은 시기에 건립된 것이다. 둘째는 점(黏)·점(占)·점(秥)을 음이 동일하다고 하여 서로 통용되었을 것으로 볼 수 있을까 하는 점이다. 음은 같은데도 다른 문자를 굳이 사용한 것은 서로 구별할 이유가 있었기 때문이었을 것으로 필자는 믿고 있다. 다시 말하면 점제(秥蟬)는 점제(黏蟬)나 점제(占蟬)와는 음은 동일하지만 서로 구분할 필요가 있는 다른 지명이었을 것이다. 이 비의 건립 연대가 서한시대가 아니라는 점은 이러한 필자의 생각을 강하게 뒷받침해준다.

마지막으로 효문묘동종[114]에 대해서 살펴보겠다. 이 동종의 명문은 '효문묘동종용십근(孝文廟銅鍾用十斤), 중삽십근(重卅十斤), 영광삼십육월조(永光三十六月造)'라고 되어 있다. 영광은 서한 원제의 연호로서 영광 3년은 서기전 41년이다. 따라서 이 동종은 서한시대에 제조된 것이 분명하다. 이 동종은 제9호분에서 출토된 것으로 확인되었는데, 이러한 동종이 오늘날 평양 지역에서 출토되었다는 것은 평양이 서한의 낙랑군

---

114 『樂浪郡時代の遺蹟』, pp. 219~225.

치소로서 이곳에 효문묘가 설치되어 있었음을 알게 하는 증거라고 인식됐다. 효문은 서한의 문제를 말하는데, 과연 오늘날 평양 지역에 효문묘가 설치될 수 있었을까?

서한시대에는 군국묘가 있었는데, 이것은 서한의 고조가 그의 아버지 태상황의 묘를 모든 제후왕의 도읍지에 설치하도록 함으로써 시작되었다.[115] 그러나 군국묘로서의 황제의 묘가 모든 군에 설치되었던 것은 아니었다. 군국은 그곳을 순행했거나 잠시라도 거주한 일이 있는 황제, 다시 말하면 그 지역과 연고가 있는 황제에 대해서만 묘를 설치할 수가 있었다.[116]

그런데 한사군은 서한 무제시대에 설치되었고, 문제는 무제보다 앞선 황제였으므로 문제는 낙랑군과 연고를 맺었을 수 없는 것이다. 따라서 설령 오늘날 평양 지역이 한사군의 낙랑군이었다고 하더라도 그곳에 효문묘가 설치되어 있었을 수는 없는 것이다. 여기서 한 가지 명확히 해두어야 할 것은 서한의 군국묘는 원제 영광 4년(서기전 40)에 모두 폐지되었다. 앞에서 언급한 바와 같이 평양에서 출토된 효문묘동종은 영광 3년, 즉 서기전 41년에 제조되었으므로 이 동종이 제조된 1년 후에 모든 군국묘가 폐지되었던 것이다. 그런데 여기서 중요한 것은 효문묘동종이 출토된 제9호분의 조성 연대이다. 이 고분에서 출토된 유물 중에는 서한시대 이후에 제조되었을 것으로 여겨지는 동종이 있는 것으로 보아[117] 제9호분의 조성 연대는 동한시대 이전으로 올라갈 수는 없을 것으로 생

---

115 『한서』 권1 「고제기」 하 〈10년〉조.
116 앞 책, 『조선사연구』, p. 214.
　　　『한서』 권27 상 「오행지」 상 〈무제 건원〉조.
117 앞 책, 『樂浪郡時代の遺蹟』, pp. 76~77.

각된다.

이상과 같은 점들을 종합해볼 때, 이 효문묘동종은 오늘날 평양 지역에서 사용되었던 것이 아니라 다른 지역의 군국묘에서 사용되었던 것이 전국의 군국묘가 폐지된 후 어떤 경로를 거쳐 제9호분 주인의 소유가 되었다가 그의 사망과 더불어 부장품으로 묻혔을 것임을 알 수 있다.

지금까지의 고찰로 분명해진 것은 종래에 한사군의 낙랑군 유적으로 인식되었던 평양의 중국식 유적은 모두가 동한시대 이후에 조성되었다는 것이다. 그런데 만일 평양 지역의 중국식 유적을 한사군의 낙랑군유적으로 본다면 한사군은 서한의 무제시대에 설치되었는데, 어째서 서한시대에 조성된 유적은 하나도 보이지 않고 그보다 훨씬 늦은 동한시대의 유적만 존재하는가라는 의문을 갖지 않을 수 없다. 이러한 의문에 대한 명쾌한 해답은, 이 유적들을 동한의 광무제에 의해 설치된 낙랑 유적으로 보는 것이 될 것이다.

앞에서 이미 고찰한 바와 같이 오늘날 평양 지역에는 최리의 낙랑국이 있었다. 이 낙랑국이 서기 37년에 고구려에 의해 멸망된 후 서기 44년에 동한 광무제는 평양 지역에 쳐들어와서 동한의 군사기지를 설치하고 그 명칭을 여전히 낙랑이라고 했다. 이 낙랑은 서기 300년에 축출되었는데, 평양 지역에서 발견된 중국식 유적은 바로 이 낙랑의 유적인 것이다.

끝으로 한 가지 유의해야 할 것은 설령 오늘날 평양 지역에서 연대가 빠른 중국식의 유적이 발견된다고 하더라도 그것을 바르게 인식하는 데는 매우 신중해야 한다는 것이다. 왜냐하면 앞에서 언급했듯이 낙랑국의 지배계층은 대부분 위만조선의 팽창과 서한 무제의 침략으로 인한 낙랑군 지역의 이주민들이고, 낙랑군 지역은 고조선·위만조선의 서쪽 변경에 위치해 중국 지역과 접하고 있었기 때문이다. 따라서 이들이 중국의 문물에 매우 친숙해 있었을 것이라는 점을 항상 유의해야 할 것이다. 그리고 한사군이 설치된 이후뿐만 아니라 그 이전에도 중국 지역으로부터 이주민이 있었을 가능성도 배제해서는 안 될 것이다.

5. 마치며

지금까지의 고찰로써 오늘날 평양 지역을 한사군의 낙랑군 지역으로 보아왔던 종래의 한국 사학계의 통설은 오류였음이 밝혀졌다. 그리고 한국과 중국의 옛 문헌에 등장하는 낙랑에 대해 종래에는 모두 한사군의 낙랑군을 지칭한 것으로 받아들여졌으나 그것도 오류였으며, 사실은 한사군의 낙랑군, 최리의 낙랑국, 동한 광무제가 설치한 낙랑 등 3개의 다른 낙랑이 존재했음도 확인되었다. 따라서 낙랑에 관한 옛 기록들을 분석·검토한 결과 다음과 같은 결론에 도달했다.

서한의 무제가 서기전 108년에 위만조선을 멸망시키고 설치했던 한사군은 오늘날 중국 하북성 동북부에 있는 난하의 상류와 중류 및 갈석으로부터 요하에 이르는 지역에 위치하고 있었다. 한사군 가운데 낙랑·임둔·진번 3군은 본래의 위만조선 강역에 설치되었는데, 그 지역은 오늘날 요하에 조금 못 미치는 지역이었다. 서한 무제는 위만조선을 멸망시키고 그 지역에 3군을 설치한 후 그 여세를 몰아 오늘날 요하에 이르는 고조선의 서부 변경을 공략하고 그 지역에 위의 3군보다 1년 늦게 현도군을 설치했다. 그 결과 오늘날 요하를 경계로 하여 그 동쪽에는 고조선을 구성하고 있었던 정치세력들이 자리하게 되었고, 그 서쪽에는 한사군이 위치하게 되었다.

낙랑군은 한사군 지역의 서남부에 위치해 있었는데, 그 영역을 구체적으로 확인할 수는 없지만 오늘날 중국 하북성 동북부에 있는 창려현의 갈석과 난하 중류를 그 서쪽 경계로 하고 있었던 것만은 분명하다. 그 지역은 위만조선의 서남부 변경이었고, 위만조선이 건립되기 이전에는 고조선의 서남부 변경이었다. 그러므로 낙랑군과 조선현을 포함한 낙랑군의 속현들은 고조선이나 위만조선의 영역 중심지에 위치했던 것이 아니라 그 서남부 변경에 위치했음을 알 수 있다. 그리고 낙랑군에 속해 있었던 조선현은 난하 중하류 동부 연안에 위치해 있었는데, 이곳에 기자국이 그 말기에 자리해 있었음도 확인되었다. 그동안 한국 사학계에서 낙랑군을 오늘날 평양 지역에서 축출한 연대로 인식되어온 서기 313년(미천왕 14)은 낙랑군과 관계를 맺고 있는 연대임은 분명하지만, 평양 지역에서 낙랑군을 축출한 연대가 아니라 난하 동부 연안의 낙랑군을 고구려가 공략한 연대인 것이다. 이로써 고구려는 미천왕 시대에 오늘날 난하 유역에까지 진출했음을 알 수 있다.

오늘날 평양 지역에는 한사군의 낙랑군과는 다른 또 하나의 낙랑이 자리하고 있었는데, 그것은 최리의 낙랑국이었다. 최리의 낙랑국이 어느 시기에 건국되었는지는 분명하지 않지만 서기 32년보다 앞설 것은 분명하다. 평양 지역에 낙랑군과 동일한 명칭을 가진 낙랑국이 출현한 것은 그것이 낙랑군 지역으로부터의 이주민들에 의해 건국되었기 때문이다. 위만이 기자국의 정권을 탈취하고 고조선의 서부 지역을 잠식해 들어오자 위만에게 항거하며 동쪽으로 이동한 고조선의 구성부족이 있었고, 또한 서한 무제가 위만조선을 침략하자 서한 세력에 항거하며 동쪽으로 이동한 고조선의 구성부족이었던 토착세력도 있었는데, 그들은 오늘날 요하 동쪽에 정착해 독립된 정치세력으로 성장하게 되었다. 낙랑국은 바로 이러한 정치세력 중의 하나로서 한사군의 낙랑군 지역으로부터 한사군 설치 이전에 외세에 항거하며 이주해 온 집단에 의해서 건국되었

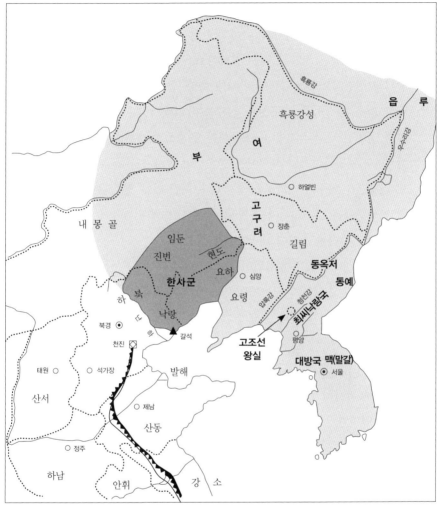

한사군의 낙랑군과 고조선 후계의 열국 위치도

을 것으로 생각된다. 최리의 낙랑국은 서기 37년에 고구려에 의해 멸망되었다.

그 후 7년이 지난 서기 44년에 동한의 광무제는 최리의 낙랑국이 위치했다가 멸망된 평양 지역을 공략하고, 그 지역에 군사기지인 낙랑을 설치해 행정적으로 낙랑군에 속하게 했다. 동한 광무제가 이 지역을 공략한 것은 성장하는 고구려를 견제하기 위해서였을 것인데, 고구려에 의해 멸망된 낙랑국 유민의 조국재건 운동을 이용했을 가능성이 있다. 서기 196년부터 220년 사이에는 공손강이 난하 하류 동부 연안에 있었던 낙랑군을 나누어 대방군을 설치했다. 한편 난하 하류 유역의 대방 지역 거주민들은 고조선이 붕괴된 후 한반도로 많이 이주해 왔는데 그들은 황해도 사리원 지역에 대방국을 건설했다.

중국에서는 왕조가 교체되면서도 한반도에 설치된 낙랑의 중요성을 계속 인지하고 있었지만 그것의 운영을 원만하게 하지를 못했다. 한반도의 낙랑에서는 외세와 지배계층에 대한 항거가 자주 일어났고, 중국에서는 동한 말 이후 전란이 계속되어 한반도에까지 깊이 관심을 가질 만한 여유가 없었기 때문이었다. 그러한 가운데 한반도의 낙랑은 서기 300년에 완전히 멸망되어 한반도에 설치되었던 중국의 기지는 완전히 축출되었다.

이상과 같은 필자의 견해가 옳다면 평양 지역과 황해도 사리원 지역에서 발견되어 한사군의 낙랑군과 대방군 유적으로 보고된 중국식 유적을 어떻게 인식해야 할 것인가가 문제로 남는다. 필자의 검토 결과에 따르면, 이 유적들은 모두가 동한시대 이후에 조성된 것으로서 한사군의 낙랑군과 대방군의 유적이 아니라 일종의 군사기지였던 동한 광무제가 설치했던 낙랑과 공손모·장창 등이 설치했던 대방의 유적임이 확인되었다. 끝으로 부연해둘 것은 평양을 비롯한 한반도 지역에서 이른 시기의 중국식 유적이 발견된다고 하더라도 그것을 바로 한사군과 연결시키는 것은 위험하다는 것이다. 예로부터 중국 지역에 정변이나 전란이 일어났을 때 상당수의 이주민이 한반도에 유입되었을 가능성이 있기 때문이다.

韓國古代史新論

종장 ● 총결

필자는 지금까지 6편의 논문을 통해 고조선(단군조선)으로부터 기자국·위만조선·한사군 등에 관한 문제를 포함한 고구려·예맥·낙랑·부여·옥저 등 여러 나라의 성립에 이르기까지 한국 고대사의 전개 과정을 고찰해보았다. 그 결과 필자는 그동안 한국 역사학계에 통용되어온 한국 고대사의 인식체계가 크게 잘못되어 있음을 발견하게 되었다. 필자가 얻어낸 결론을 요약해 정리하면 다음과 같다.

고조선은 종래에 한국 역사학계가 인식했던 것처럼 한반도 북부의 대동강 유역이 중심이었던 것이 아니라, 오늘날 발해 북안이 그 중심이었다. 고조선의 강역은 오늘날 중국 하북성 동북부에 있는 난하의 상류와 중류 및 창려현 갈석을 서쪽의 경계로 하여 하북성의 동북부 일부와 요령성·길림성·흑룡강성 전부 및 한반도를 포함하고 있었다.

고조선은 중국의 전국시대인 서기전 3세기 초에 연나라의 장수인 진개에 의해 넓은 지역을 침략받아 큰 피해를 입었다. 그러나 연나라 내부의 사정으로 더 이상 전쟁을 계속할 수 없게 되어 진개는 오래지 않아 후퇴했다. 이때 고조선은 대부분의 영토를 회복하기는 했지만 국경선에는 약간의 변화가 나타났고, 난하 서부 연안에 설치되어 있었던 연나라의 국경 최전방 초소는 난하의 동부 연안으로 이동하게 되었다. 그 후 고조선이 연나라를 침공한 사건도 있었지만 국경선에 변화를 가져온 것 같지는 않다.

그러던 것이 서기전 3세기 말 서한제국이 건립되었으나 아직 국내적으로 정치적 안정을 얻지 못했고 주변의 이민족을 제압할 능력이 없었다. 서한 정부는 난하의 동부 연안에 설치되어 있었던 고조선과의 국경선도 수비할 능력이 없어서 난하의 서부 연안으로 이동하고 진개의 고조선 침략 이전에 설치되어 있었던 국경 초소를 수리해 다시 사용하게 되었다. 결국 고조선의 서쪽 국경은 진개의 침략 이전의 상태인 난하의 상류와 중류 및 창려현 갈석으로 회복되었으며, 이 국경선은 그 후 위만조선이 멸망할 때까지 서한제국과의 경계가 되었다.

고조선의 강역이 오늘날 중국 하북성 동북부에 있는 난하의 동부 연안으로부터 만주 전역과 한반도에 이르는 지역이었으므로, 그 지역에 분포되어 있는 선사문화는 고조선 지역에서의 인류 초기 사회의 전개 과정을 시사하게 된다. 지금까지의 고고학적 발굴 결과에 따르면 고조선 지역에서는 지금으로부터 1만 년 전에 끝나는 홍적세 기간에 무리사회(band society) 단계를 거친 후 서기전 5000년(지금으로부터 7,000년 전) 이전에 부족사회(tribe society)가 확산되었으며 서기전 3000년(지금으로부터 5,000년 전)경에는 이미 추방사회(chiefdom society) 단계에 진입해 있었다. 이러한 고조선 지역의 사회 변화는 중국 지역에서 빠른 시기에 부족사회로부터 추방사회로의 사회 변화를 보여준 황하 중류·하류 유역과 장강 하류 유역의 사회 변화와 대체로 그 시기가 비슷하다. 따라서 고조선 지역에서의 초기의 사회 변화는 중국 지역보다 결코 뒤지지 않았었다.

그런데 고조선족의 조선이라는 명칭 사용 시기와 추방사회로부터 국가(state)라는 사회 단계 도달 시기를 확인할 수 있는 당시의 기록은 아직 발견되지 않고 있다. 그러나 현존하는 문헌의 기록들을 종합해볼 때 서기전 9세기 이전에 이미 고조선이 국가 단계에 진입했음이 분명하다. 그리고 고조선 지역에서는 서기전 23, 24세기 무렵에 청동기문화가 개시되었는데 이것은 황하 중류 유역의 청동기문화 개시보다 연대가 수백 년 앞서는 것이다. 고조선 지역의 청동기문화는 서기전 9세기 무렵에 이르러 비파형동검이 특징인 청동기문화 단계에 접어들고 후에 이것이 세형동검으로 발전했다. 고대국가는 청동기시대에 성립되는데 고조선의 건국 연대인 서기전 2333년이 고조선 지역의 청동기 개시 연대와 일치하는 것은 고조선이 초기부터 국가 단계였음을 알게 한다. 그리고 고조선은 서기전 9세기 이전에 이미 동북아시아의 왕자로 군림해 중국의 서주 왕실을 방문해 통혼관계를 맺고 정상외교를 벌여서 통치 영역을 획정한 것이 문헌에서 확인되는데, 이와 같이 고조선이 대국으로 등장한 시기와 비파형동검이 특징인 청동기문화의 개시 연대가 일치하는 것은 고조선의 성장과 청동기의 발달 사이에 상호 관련이 있었음을 시사하는 것으로 이해된다. 그리고 고조선 지역이 본래부터 중국의 황하 유역과는 다른 독립된 문화권을 형성하고 있었다는 것은 시사하는 바가 크다.

고조선은 조선족을 중심으로 하여 추·맥·예·진번·임둔·발·직신(식신 또는 숙신)·양이·양주·유·청구·고이·고죽·옥저 등 대부족의 연맹체적인 성격으로 형성되어 있었다. 초기에는 이들 사이에 비교적 대등한 관계가 성립되었겠지만, 세월이 흐르면서 전쟁을 치르고 농경을 위한 수리의 이해관계 및 교역의 통제 등을 조정하는 과정에서 조선족의 군장이 정치적 권력을 강화할 수 있었을 것이다.

고조선의 국가 구조를 보면 중앙에는 고조선 전 지역의 종교적·정치적 중심지인 평양성 또는 왕검성이라 불리는 도읍이 있었고, 지방에는 일정한 지역의 종교적·정치적 중심지였던 대읍이 있었으며, 대읍의 주변에는 서민들의 거주지인 소읍이 분포되어 있었다. 종교적·정치적으로 소읍은 대읍에 종속되었고 대읍은 도읍인 왕검성(또는 평양성)에 종속되었다.

따라서 고조선의 국가 구조는 소읍·대읍·왕검성이 누층적으로 층서관계를 형성한 읍제국가였던 것이다. 그런데 당시에는 읍의 거주인들은 혈연관계로 형성된 집단인 씨족 또는 부족이었으므로 읍의 누층적 관계는 바로 씨족 또는 부족의 층서관계를 뜻하는 것이다. 왕검성에는 최고 지배족인 고조선족과 중앙의 통치기구에 참여한 연맹부족의 대표자들이 거주했고, 대읍에는 추·맥·예·진번·임둔·발·직신(식신 또는 신숙)·양이·양주·유·청구·고이·고죽·옥저 등 옛 문헌에 등장하는 대부족이 거주했으며, 소읍에는 소부족 또는 씨족이 거주했던 것이다.

고조선의 통치 방법은 군사력에 기초한 무력, 행정조직을 중심으로 한 정치력 등이 주요한 역할을 했겠지만 그것은 종교적 권위를 배경으로 하고 있었다. 고조선의 통치자인 임금은 종교적 최고 권위자인 단군(천군 또는 제사장)을 겸했으며 고조선의 제후인 대부족의 군장을 비롯한 각 부족의 군장에게 규를 비롯한 예기(禮器)를 하사하고 종교의식인 제사를 분사해주어 연맹부족과 신정적 결합을 꾀해 종교적 권위에 있어서도 층서를 이루도록 했다. 결국 고조선의 임금은 정치적·종교적 권위를 모두 장악함으로써 신권통치가 가능했던 것이다. 고조선이 군사조직·행정조직·종교조직을 유지하기 위해 그에 상응하는 경제 기반으로서 토지제도와 징세제도를 시행한 것이 문헌에서 확인되지만 그 구체적인 내용은 앞으로의 연구 과제로 남는다.

고조선은 이상과 같은 국가 구조와 통치조직을 가지고 동북아시아의 질서자로 군림해 중국 지역과는 여러 차례의 전쟁과 빈번한 교역 등 깊은 관계를 가져왔는데, 이러한 고조선을 건립한 조선족의 원주지가 어디였는지는 구체적으로 알 수가 없다. 그러나 그들의 출범지가 오늘날 요하 동쪽 어느 지역이었을 것이라는 점은 분명하다. 조선족은 원주지를 떠나 오늘날 요하 동부 연안에 위치한 심양의 동남 지역으로 이주해 그곳을 첫 도읍지로 삼았는데, 그곳이 바로 『삼국유사』에 평양성으로 전해지는 곳이었다. 그 후 고조선은 서쪽으로 천도해 오늘날 난하 하류 동부 연안에 위치한 창려 부근으로 도읍을 옮겼는데 그곳이 고조선의 두 번째 도읍지로 전해오는 백악산아사달이었다. 고조선이 심양 동남 지역으로부터 서쪽으로 멀리 국경 지대인 난하 유역으로 도읍을 옮긴 것은 성장하는 중국 지역의 세력을 견제하면서 서쪽으로 진출하고자 했던 고조선의 의지가 표출된 것이라고 생각된다.

그러나 서쪽으로 진출하고자 했던 고조선의 의지는 중국 지역의 정치 상황의 변화에 의해 일단 좌절되고 도읍을 다시 동쪽으로 이동하게 되었다. 중국 지역에서는 서기전 11, 12세기 무렵에 상 왕국이 멸망하고 서주 왕국이 건립되어 분봉제도를 확장·구체화했는데 그것에 따라 오늘날 하북성 지역에는 연나라가 자리하게 되었다. 그리고 상 왕실의 후예로서 상시대에 오늘날 하남성 상구현 지역에 봉해졌던 기자가, 주족에 의해 상 왕국이 멸망하자 자신의 봉지를 잃고 일족과 함께 동북쪽으로 이동해 연나라의 변방인 오늘날 난하의 서부 연안에 자리하게 되었다. 그런데 전국시대에 이르러 구질서가 무너지고 토지겸병의 욕망이 증대됨에 따라 연나라와 기자국의 관계도 원만하지 못하게 되었다. 결국 기자국은 서기전 300년 무렵에 연나라의 장수 진개의 토벌을 받기도 했다. 그러던 것이 서기전 221년에 중국이 진(秦)나라에 의해 통일되고 중앙집권적인 군현제가 실시되자 기자국은 그 지역에 더 이상 있을 수가 없게 되어 고조선의 영역인 난하의 동부 연안으로 이주하게 되었다.

기자국의 고조선 지역으로의 이동은 고조선의 양해 아래서 이루어졌을 것인데, 이로써 기자국은 고조선의 정치질서 안에 속하고 고조선의 제후국과 같은 위치가 되었을 것으로 생각된다. 기자국이 위치했던 난하의 동부 연안은 고조선의 변경이 되는데 그 지명이 조선이었다. 이곳은 후에 서한이 위만조선을 멸망시키고 한사군을 설치하게 되자 낙랑군의 조선현이 되었다. 한사군은 오늘날 요하로부터 난하에 이르는 지역에 설치되었는데 그 지역은 고조선 전체 영역의 절반쯤 되었다. 그러므로 기자국이 위치했던 조선의 크기는 고조선 전체 면적의 약 200분의 1쯤 되었던 것이다. 그런데 과거에는 고조선과 기자가 봉해졌던 조선의 명칭이 동일했기 때문에 기자가 고조선의 통치자가 되었던 것처럼 오류를 범하기도 했다.

기자국이 난하 동부 연안으로 이동해 오자 고조선은 도읍을 오늘날 대릉하 중류 동부 연안에 위치한 북진으로 옮겼는데 그곳이 고조선의 세 번째 도읍지로 전해오는 장당경이었다. 고조선이 장당경으로 도읍을 옮긴 것은 서기전 221년 무렵이었을 것이다. 이는 기자국은 고조선의 서쪽 변경으로 이주해 와서 진제국의 침략을 방어하는 역할을 하게 되었을 뿐만 아니라 종래의 도읍지였던 백악산아사달이 너무 서쪽에 치우쳐 있어 기자국의 영역에 접하게 되었기 때문이었을 것으로 생각된다.

그 후 중국 지역에서는 통일세력이었던 진제국이 15년 만인 서기전 207년에 멸망하고 5년간에 걸친 유방과 항우의 전쟁이 있은 후 유방이 승리해 서한제국이 건립되었다. 그런데 서한 초인 서기전 195년에 위만이 서한제국의 후국인 연나라로부터 기자국으로 망명해 와서 자신이 국경 지대에 살면서 서한의 침략을 방어하겠으니 허락해줄 것을 기자국의 준왕에게 청했다. 준왕은 그를 믿고 박사로 삼아 규를 하사해 제사를 분사해주고 국경 지대인 패수(오늘날 난하)의 동부 유역에 봉지를 주어 그곳에 살게 했다. 위만은 패수 유역에 거주하면서 중국 지역으로부터의 망명자와 그 지역의 토착인들을 규합해 세력을 형성한 다음, 군사를 일으켜 준왕을 공격해 정권을 탈취했다. 준왕은 위만의 침공을 받고 오늘날 발해로 도망했다. 위만이 기자국의 정권을 탈취한 시기는 분명하지 않으나 그가 서한으로부터 기자국으로 망명한 후 오래 지나지 않은 시점이었을 것인데 서기전 195년부터 서기전 180년 사이였던 것만은 분명하다.

기자국의 정권을 탈취한 위만은 서기전 180년 무렵에 서한의 요동태수를 통해 서한 정부에 자신이 서한의 외신이 되어 서한의 변방을 방어할 것을 약속하고 그 조건으로 서한으로부터 군비와 재정의 원조를 받았다. 서한의 지원을 받은 위만은 주위를 공략해 고조선의 서부를 침략·잠식해갔다. 끝내는 위만이 오늘날 요하에 조금 못 미치는 지역까지 차지해 명실상부한 위만조선이 성립되고 그 동쪽에 위치한 고조선과 병존하는 국면이 되었다. 이렇게 되자 고조선은 도읍을 대릉하 동부 연안의 장당경으로부터 요하 동부 연안에 위치한 심양의 동남 지역으로 옮기지 않을 수 없었는데, 그곳이 고조선의 네 번째 도읍지로 전해오는 아사달이었으며 바로 첫 번째 도읍지였던 평양성이기도 한 것이다. 그 결과 고조선은 아직 상당히 넓은 영역이 통치 지역으로 남아 있기는 했지만 그 중심부를 위만에게 빼앗기고 나머지 영역마저도 충분히 지배할 수 없을 정도로 통치력이 약화되기에 이르렀다.

비록 서한의 지원을 받았다고는 하지만 고조선의 변경에 위치한 소제후국이었던 기자국의 정권을 탈취한 위만이 대국이었던 고조선의 중심부까지를 공략해 차지할 수 있었던 것은 고조선 내부에 야기된 모순과 갈등 때문이었을 것으로 생각된다. 고조선 지역은 서기전 4, 5세기 무렵에 이미 철제 농구가 일반화되기에 이르렀는데 그것은 경제 구조와 사회 구조에 변화를 가져왔다. 청동기는 예기와 무기 등 지배계층의 권위를 보호하는 용도로만 사용되었을 뿐이고 농구로는 사용되지 않았다. 따라서 청동기시대에는 석제 농구가 주류를 이루게 되어 농토의 개간이나 경작에 한계가 있었다. 따라서 토지는 거주지와 그 주변의 경작지만이 의미를 갖게 되어 읍의 집적이 정치적·경제적 기초가 되었다.

그런데 철제 농구의 보급은 넓은 농토의 개간과 경작을 가능하게 하여, 토지에 있어서 읍의 집적은 의미를 잃게 되고 토지의 영역이 중요한 의미를 갖게 되었다. 그 결과 토지의 겸병 현상이 나타나게 되었다. 그리고 철기를 이용한 농업의 생산 증대는 소토지 소유제의 출현을 가능하게 했다. 이러한 경제 구조의 변화는 고조선의 사회 구조를 변화시켜 모순과 갈등을 첨예화시키기에 충분했다. 고조선은 이와 같은 내부의 자체 모순으로 국력이 약화되어 위만의 성장을 용이하게 만들었을 것으로 생각된다.

위만은 기자국으로 망명하기 전 중국 지역에 거주하면서 전국시대의 토지겸병을 위한 각국의 항쟁, 진나라에 의한 중국의 통일과 중앙집권적 군현제의 실시, 오광·진승이 주도한 농민 의거, 한미한 출신인 유방에 의한 서한제국의 건립 등을 직접 체험했다. 그랬기 때문에 고조선에서 일어난 읍제국가 구조의 와해 현상을 자신에게 유리하도록 충분히 이용할 수 있었던 것이다. 이런 점에서 본다면 고조선의 쇠퇴와 위만조선의 성장은 외면적으로 볼 때 중국 지역에서 일어난 정치 구조·사회 구조 변화의 여파가 작용한 것이라고 말할 수도 있을 것이다. 당시에 서한은 정치적·경제적으로 아직 안정되지 못한 상태에 있었고 주변의 이민족을 제압할 능력이 없었기 때문에 동북부의 고조선을 견제하기 위해서는 위만을 이용할 필요를 느끼고 있었을 것이다. 그리고 기자국의 정권을 탈취함으로써 고조선의 통치질서를 파괴하여 고조선으로부터 반란세력으로 규정될 수밖에 없었던 위만으로서는, 신흥세력인 서한의 지원을 받아 동북아시아의 대군장으로 군림하는 것이 자신에게 유리하다고 판단했을 것이다. 이와 같이 위만과 서한은 서로를 필요로 하고 있었기 때문에 위만의 고조선 침략에 힘을 합할 수 있었던 것이다.

오늘날 난하 동부 유역으로부터 요하에 조금 못 미치는 지역까지를 차지해 고조선의 서부로부터 중심부까지를 장악함으로써 대국으로 성장한 위만조선은 위만으로부터 손자인 우거왕에 이르는 과정에서 왕권은 강화되었고 왕실은 매우 오만해졌던 것으로 보인다. 위만의 세력은 당초에 토착세력도 규합하고 있었으며 위만조선의 지배계층에는 토착인들이 상당히 진출해 있었다. 그러나 위만은 망명하기 전에 중국 지역에서 이미 중앙집권화된 통치조직과 진제국과 서한제국의 강력한 황제권을 직접 체험했기 때문에 위만조선의 통치조직을 중앙집권적 영역국가로 편성하고 점차 왕권을 강화해나갔을 것임은 의문의 여지가 없다.

그 결과 위만조선의 왕실과 토착세력과의 사이는 물론이고 서한과도 갈등이 야기되었을 것이다. 서기전 128년에 예군이었던 남려가 위만조선의 우거왕을 배반하고 28만 명을 이끌고 서한에 투항한 것, 조선상 역계경이 우거왕에게 간하다가 듣지 않으므로 2,000여 호를 데리고 진(辰)나라로 망명한 것, 위만조선 멸망 시에 이계상 삼이 사람을 시켜 우거왕을 살해한 사건 등은 위만조선의 왕실과 토착세력 사이의 갈등이 노출된 사건이었다고 생각된다. 그리고 서한 무제의 위만조선 침략도 위만조선의 오만한 태도가 그 구실이 되었던 것이다. 그러나 서한의 침략에 의한 위만조선 멸망에서 간과해서는 안 될 중요한 사실이 그 배후에 존재하고 있다는 점을 인식해야 한다.

그것은 중국의 천하사상이다. 중국인들은 상·서주 시대 이래 최고 신인 천(天)의 지상 대리자인 중국의 천자(天子)가 천하의 만물을 관장해야 한다고 믿고 있었다.[1] 따라서 세계는 마땅히 천자의 통치질서 속에 포함되어야 한다고 믿었다. 그렇기 때문에 중국인들에게는 현실적으로 중국의 통치 아래 들어와 있지 않은 세계도 천자의 질서 속에 포함되어야 하며 언젠가는 현실적인 통치 아래 들어와야 한다고 믿었다. 서한제국의 국력이 신장되자 위만조선을 공략하고 그 지역에 한사군을 설치한 것은 바로 이러한 제국주의적인 중국의 천하사상의 실천이었던 것이다.

서한의 무제는 서기전 109년에 위만조선에 대한 공략을 개시해 다음 해인 서기전 108년에 위만조선을 멸망시키고 그 지역에 낙랑·진번·임둔의 3군을 설치한 다음, 여세를 몰아 고조선의 서부를 공략해 1년 후인 서기전 107년에 오늘날 요하까지를 차지하고 그 지역에 현도군을 설치했다. 따라서 현도군은 오늘날 요하 서부에 위치해 한사군 중에 가장 동쪽에 설치되어 있었다. 그리고 낙랑군은 한사군 중에 가장 서남부에 위치해 오늘날 난하 하류 동부 연안에 있었다. 낙랑군에 속해 있었던 25개 현 중에 수성현은 오늘날 하북성 창려현의 갈석 지역에 있었고 조선현은 그곳과 근접된 난하 중하류 동부 연안에 있었다. 이 조선현 지역이 기자국이 그 말기에 위치했던 곳이며 위만이 기자국의 정권을 탈취하고 자신의 정권을 출범시킨 곳이기도 한 것이다.

그런데 위만조선의 성장으로부터 한사군의 설치에 이르는 기간에 고조선 내부에 커다란 정치적 변화가 일어났다. 그것은 고조선 왕실의 통

---

1 상시대에는 최고 신이 제(帝)였고 서주시대에 이르러 최고 신이 천(天)으로 바뀌었으므로 엄밀하게 말하면 천하사상이란 말은 서주시대부터 사용할 수 있겠으나, 제가 최고신이었던 상시대에도 동일한 내용의 사상은 존재했다.

치력 상실이었다. 고조선은 읍제국가로서 고대 봉건적 통치질서로 조직되어 있었기 때문에 모든 지역과 인민을 직접 지배하는 것이 아니라 각 지역의 군장만을 지배하는 방식인 간접 지배를 하고 있었다. 따라서 군장을 통어할 능력을 잃게 되면 통치력은 상실되기 마련이었다. 그런데 고조선은 서부를 잠식해 들어온 위만과 전쟁을 치렀고, 또 다시 위만조선을 멸망시키고 여세를 몰아 고조선의 서변을 침공해 들어온 서한과 전쟁을 치르는 과정에서 국력을 크게 잃고 결국 고조선을 구성하고 있었던 여러 부족을 통어할 능력까지 잃고 말았다. 고조선의 통치력 상실에 있어서 철기 보급 이후에 나타난 경제 구조·사회 구조 변화에 따른 읍제 구조의 와해와 영역 개념의 성장도 크게 작용했을 것이라는 점도 간과해서는 안 될 것이다.

고조선이 통치력을 상실하게 되자 원래 고조선을 구성하고 있었던 여러 부족이 독립된 정치세력으로 성장하게 되었는데, 고구려·예맥·부여·옥저·낙랑 등이 그것이다. 고구려·예맥·부여·옥저·낙랑 등은 원래 고조선의 서부 영역인 오늘날 난하로부터 요하 사이에 위치해 고조선을 구성하고 있었던 대부족이었다. 그런데 위만이 고조선의 서부를 침략·잠식해 들어오자 그 주민의 일부가 위만의 침략에 항거하며 고조선 왕실과 함께 동쪽으로 이동했고, 또 서한 무제가 위만조선을 침공하자 이에 항거하던 주민들이 요하 동쪽으로 이동하게 되었다. 두 차례에 걸쳐 동쪽으로 이동한 그들은 오늘날 요하 동부의 만주로부터 한반도 북부에 걸치는 지역에 정착해 원주지에서 사용했던 명칭을 그대로 사용했다. 그들은 초기에는 명분상으로나마 고조선 왕실을 받들었겠지만 오래지 않아서 각각 독립된 정치세력으로 성장했던 것이다.

따라서 고구려·예맥·부여·옥저·낙랑 등 여러 나라가 저마다 독립된 정치세력이 된 시기는 서기전 1세기 초로 보아도 무리가 없을 것이다. 고조선 왕실은 이후 서기 3세기 무렵까지 작은 세력으로 명맥을 유지했다. 고구려·예맥·부여·옥저·낙랑 등 여러 나라의 위치를 보면, 청천강을 북쪽 경계로 해서 대동강 유역에 낙랑이 있었고 청천강 북쪽에 조선족의 잔여세력이 있었으며 그 북쪽에 고구려가 있었다. 그리고 오늘날 함경남도 지역에 예맥이 있었고 함경북도 지역에 옥저가 있었으며, 그 북쪽 만주 지역에 부여가 있었던 것으로 추정된다. 그런데 위의 여러 정치세력 가운데 고구려가 가장 강성했는데 고구려 대무신왕은 서기 37년에 대동강 유역에 있었던 낙랑국을 공격해서 멸망시켰다.

이때 고구려는 오늘날 요하를 경계로 하여 동한(후한)과 접해 있었는데 고구려의 성장을 견제할 필요가 있다고 느꼈던 동한의 광무제는 서기 44년에 바다 건너 한반도에 군사를 파견해 낙랑국이 있었던 대동강 유역을 쳐서 빼앗고 고구려의 배후가 되는 그 지역에 군사기지를 설치했다. 이 군사기지는 여전히 낙랑으로 불렸고 행정적으로 난하 동부 연안에 있었던 낙랑군의 지시를 받았는데 그 후 오랫동안 한반도에 있어서 중국의 군사기지 및 교역의 거점으로서 중요한 역할을 했던 것 같다. 그동안 대동강 유역에서 발견되어 한사군의 낙랑군 유적으로 보고된 중국식의 유적은 한사군의 낙랑군 유적이 아니라 바로 동한의 광무제가 설치했던 낙랑의 유적인 것이다.

동한 말인 서기 210년 무렵에 공손강이 오늘날 난하 동부 연안에 있었던 한사군의 낙랑군을 나누어 대방군을 설치했다. 한편 난하 하류 유역의 대방 지역 거주민들은 고조선이 붕괴된 후 한반도로 이주해 황해도 사리원 지역에 대방국을 건립했다. 이렇게 하여 한반도에 설치되었던 동한의 군사기지인 낙랑과 고조선 유민이 세운 대방국은 서기 300년에 신라에 귀복함으로써 멸망되었다. 한반도에 낙랑이 설치되어 있었던 기간에 그 지역에서는 외세를 거부하는 토착세력의 항거가 계속되어 그 경영이 매우 곤란했다. 그러나 고조선의 옛 땅을 수복하기 위해 요하 서쪽 지역으로 진출을 꾀하는 고구려를 견제하기 위한 군사기지로서의 그 중요성을 인정한 동한·위·진 등은 곤란을 무릅쓰면서도 그것을 경영해왔던 것이다.

결국 고조선의 쇠퇴는 한국 고대사에 있어서 열국시대의 개시와 중앙집권적 영역국가의 출현을 가져왔다. 그리고 중앙집권적 영역국가로 재편성된 열국은 영토 확장을 위한 토지겸병 전쟁을 계속하게 되었다. 그런데 고조선의 옛 땅을 수복하려는 고구려가 서방으로 진출하고 한반도에 있었던 정치세력들의 성장을 견제하기 위한 동한이 군사기지까지 한반도에 설치함으로써 한층 복잡한 양상이 전개되었던 것이다. 훗날 고구려가 오늘날 난하 유역(당시의 요동)까지 진출했고 백제가 요서 지방을 경략했던 것을 보면 열국의 복잡한 양상이 한반도와 만주 동부에 국한되었던 것은 아니며, 고조선의 후계세력과 중국 지역의 세력 사이에 상호 견제가 있었음을 알 수 있다.

부록1 - 갈석고(碣石考) _ 고홍장(高洪章)·동보서(董寶瑞)•

근래에 「갈석고」는 학자들의 주목을 받는 과제가 되었다. 역사지리학자 담기양(譚其驤)은 1976년에 「갈석고」를 발표해 역사상 상당한 영향을 미친 '갈석창해설(碣石滄海說)'을 부정하고 옛 갈석산을 오늘날 하북성 창려현 북부 발해 근안에 있는 갈석산으로 보았다. 또한 황성장(黃盛璋)은 1979년 제6기 『문사철(文史哲)』이란 학보에 「갈석고변(碣石考辨)」을 발표해 오늘날 북대하(北戴河) 해안 부근 일대에서만 옛 갈석의 유적을 찾을 수 있다는 견해를 제출했다. 위 두 논문을 검토하면서 오늘날 갈석산 아래에서 오랫동안 생활하고 일을 해온 우리 현지 거주인들은 여러 해 동안의 현지 조사와 관련된 사료에 대한 분석·연구를 토대로 하여 기본적으로 담기양의 결론에 찬동하게 되었다.

갈석의 지리적 위치에 관한 『상서』 「우공」의 기록은 상당히 정확하다. "견산(岍山)과 기산(岐山)을 지나 형산(荊山)에 이르고, …… 태항산맥(太行山脈)과 항산(恒山)으로부터 갈석에 이르러 바다로 들어간다."는 기록이 「우공」 〈도산(導山)〉에 보인다. 여기에 언급된 산맥의 형세로 보아 '갈석'은 당연히 태항·항산 양대 산맥과 연결되고 그 형세가 이 산맥들과 상응하는 높은 산봉우리였을 것이다. 항산(恒山)은 상산(常山)이라고도 부르는데[서한 때 문제 유항(劉恒)의 휘(諱)를 피해 상산(常山)으로 고쳤다] 태항산맥의 북단을 가리키는 것으로, 그것은 연산산맥(燕山山脈)과 연접되어 있다. 그리고 갈석산은 연산의 주봉(主峰)이 발해 연안

• 이 글은 中國地理學會 歷史地理事業委員會 歷史地理編輯委員 編, 『歷史地理』 第3輯, 上海人民出版社, 1983, pp. 225~228에 수록된 것을 번역한 것이다.

으로 뻗어나가 돌출한 지맥이다. 따라서 "태항산맥과 항산으로부터 갈석이 이르러 바다로 들어간다."는 표현은 중국 북부의 이 지역 일대에 있는 전체 산세의 방향과 기본적으로 일치한다.

또한 이 「우공」의 기록은 『신당서』 「지리지」 〈규주(嬀州) 회천군(懷川郡) 회융현(懷戎縣)〉조에 "동남쪽 50리에 거용새(居庸塞)가 있고 동쪽으로는 노룡·갈석과 연결되어 있으며 서쪽은 태항산맥·상산에 속해 있으니 실로 천하의 험지이다."라는 기록과도 대체로 일치한다. 거용새는 바로 거용관(居庸關)인데 그곳은 서쪽으로는 태항산맥과 접하고 동쪽으로는 연산의 여러 봉우리[여기서 말하는 '노룡'은 당연히 '노룡새(盧龍塞)'인데 바로 연산산맥의 능선이다]와 연결된다. 이로써 일찍이 2,000여 년 이전의 갈석산은 바로 발해 북안(北岸)에 있었던 하나의 유명한 큰 산이었을 것임을 알 수 있다. 갈석산은 태항·항산과 같이 산세가 광대하지는 않지만 연해 지역에 있어서 중요한 표시가 될 수 있을 정도로 높고 크다. 그러나 황성장은 「우공」의 기록을 인용할 때 마지막의 '바다로 들어간다'라는 중요한 내용을 삭제하고 '상산갈석설(常山碣石說)'을 제출했는데 여기에는 분명히 문제가 있다.

갈석에 관한 「우공」의 또 다른 기록인 "갈석을 오른쪽으로 끼고 하(河)로 들어간다."[『사기』 「하본기」에는 "해(海)로 들어간다."고 되어 있다]에 대해 우리는 더욱 세밀한 분석이 필요하다고 본다. 「우공」의 이 구절 앞에는 "기주(冀州), …… 도이피복(島夷皮服)"이라는 문구가 있는데 동일한 구절이 몇 군데 더 보인다. '도이'는 『사기』 「하본기」에 따르면 '조이(鳥夷)'의 오류임이 분명하다. '도이피복'은 새를 토템으로 하는 민족이 수피(獸皮)를 공물로 삼았음을 말한다. 그런데 이 내용을 "갈석을 오른쪽으로 끼고 하로 들어간다."는 문구와 연결시켜볼 때, 기주에 있었고 수피를 공물로 했던 조이는 갈석산을 지나 서쪽으로 하구로 들어가서 그들의 도성에 이르게 되었다는 뜻이 된다. 오늘날 갈석산은 바로 옛 황하의 하구(대략 오늘날 천진시 부근에 있었다) 동북쪽에 있으므로 "갈석을 오른쪽으로 끼고"라는 표현과 부합된다.

여기서 한 가지 주목해야 할 문제가 있는데 그것은 당시 사람들이 육로나 수로, 특히 광대한 해상을 항해해서 공물을 바치러 갈 때면 반드시 큰 산을 표준으로 삼았을 것이라는 점이다. 오늘날 갈석산은 크고 작은 100여 개의 산봉우리들로 구성되어 있어서 그 둘레는 사방 수십 리에 달하며 창려·노룡·무령 3현을 포괄하는데, 그 주봉인 선대정[仙臺頂 : 속칭 낭랑정(娘娘頂)]은 해발 695미터로서 발해 연안의 해륙 교통상 요충지에 해당하는 큰 산이다. 오늘날에 이르기까지 줄곧 창려·낙정·난남(灤南) 일대의 어민들은 육지로부터 200~300리 떨어진 바다에 나가 고기를 잡을 때에 항상 갈석산을 항해의 표준으로 삼고 있다.

황성장의 논문에서는 앞에서 언급한 바와 같이 문헌의 기록을 앞뒤 부분을 생략하고 인용한 후 『산해경』과 「우공」에 보이는 갈석이 발해 북안에 있는 것이 아니라고 단언했지만 이것은 설득력이 거의 없다. 옛 갈석산의 소재지는 『한서』「지리지」 이하 각 정사(正史)의 지리지에 많이 기재되어 있다. 『한서』「지리지」에는 우북평군 여성현(驪成縣) 서남, 『속한서(續漢書)』「군국지」에는 요서군 임유현(臨渝縣), 『위서』「지형지」에는 요서군 비여현, 『수서』「지리지」에는 북평군 노룡현, 『신당서』「지리지」에는 평주 석성현(石城縣), 『명사』「지리지」에는 영평부 창려현 서북, 『청사고(淸史稿)』「지리지」에는 영평부 창려현 북부 등으로 기록되어 있다. 얼핏 보면 마치 여성·임유·비여·노룡·석성·창려 등 각 현에 모두 갈석산이 있었고 이들 갈석산은 동일한 산이 아니었던 것처럼 보인다. 그러나 각 현의 연혁을 살펴보면 그렇지 않다.

서한의 여성현은 오늘날 그 위치를 확인할 수가 없지만 『한서』「지리지」〈요서군〉 유현(絫縣)의 주석을 보면 "갈석수(碣石水)가 있다."고 기록되어 있다. 갈석수는 그 시원이 갈석산이었을 것임에 틀림없고 이 산은 여성현·유현 2개의 현의 경계에 있었다는 것이 되므로 동한 말의 사람인 문영(文穎)은 갈석산이 유현(현청의 소재지는 오늘날 창려현에 있었다)에 있다고 했던 것이다.[1] 동한시대에는 유현을 폐하고 임유현(현청의 소재지는 오늘날 무령현에 있었다)에 통합했고,[2] 진(晉)시대에는 그것을 폐하고 해양현[海陽縣 : 현청 소재지는 오늘날 난현(灤縣) 서남에 있었다]에 편입시켰으며, 동위(東魏) 이후에 그것을 폐하고 비여현(현청 소재지는 오늘날 노룡현에 있었다)에 편입시켰다가 수시대에 와서 다시 그것을 폐하고 노룡현(바로 오늘날 현)에 편입시켰다. 그리고 당시대에는 그것을 폐하고 석성현[현청 소재지는 옛 임유성에 있었다고도 하며[3] 난주(灤州) 남쪽 30리 지점에 있었다고도 한다[4]]에 편입시켰고 요시대에는 그 지역에 광령현(廣寧縣)을 설치했으며 금시대 이후에야 비로소 창려현[5]이라 명명했다. 따라서 이들 갈석산은 모두 동일한 갈석산, 즉 오늘날 창려현 북쪽에 있는 갈석산을 가리킴을 알 수가 있다.

황성장은 '석성갈석설'을 제출하면서 "난현 이남에는 기본적으로 산이 없다."고 말하고는 그것을 근거로 "그 지역에 갈석산이 있었다는 사실이 존재할 수가 없다."[6]고 단언했다. 그러나 그것은 석성현성 동북쪽

---

1 『수경주』「유수」조의 주석과『한서』「무제기」〈원봉 원년〉조의 주석 참조.
2 주 1과 같음.
3 『신당서』「지리지」·『구당서』「지리지」참조.
4 『요사』「지리지」참조.
5 진시대 이후의 연혁에 대해서는『창려현지』참조.
6 黃盛璋,『歷史地理論集』, p. 559.『文史哲』에 실린 논문에는 '與事實不合'으로 되어 있다.

80~90리 지점에 갈석산이 있다는 사실을 몰랐기 때문에 일어난 착오이다. 명·청시대 이래『영평부지(永平府志)』·『창려현지(昌黎縣志)』·『기보통지(畿輔通志)』및『명사』「지리지」·『청사고』「지리지」등에서는 모두 곽조경의 설을 근거로 옛 갈석산이 창려현의 경내에 있다고 했는데, 이것은 일리가 있는 것이다.

옛 기록과 근래의 연구 성과를 근거로 해볼 때 진 시황·한 무제·조조 모두 옛 갈석산에 오른 적이 있었다. 다만 북위의 문성제(文成帝)와 북제의 문선제(文宣帝)도 그곳에 오른 적이 있었는지는 지금도 논쟁이 되고 있는 문제이다. 황성장은 문성제와 문선제가 "진 시황과 서한 무제의 고사를 모방하기 위해 어떤 목적물을 정하고 그것을 갈석으로 간주했던 것에 불과하며 그것은 진·한시대의 갈석과는 다른 것"이라고 보았는데 그러한 견해는 다소 성급하고 독단적이다. 그는 또 문성제가 오른 산이 바로 오늘날 하북 비여현 경내에 있다고 말했는데 실제로 오늘날 하북성에는 비여현이 없으며 비여는 수시대 이전 옛 현의 명칭으로서 북조시대에는 오늘날 창려현 지역이 바로 비여현에 속해 있었다.

『위서』「고종문성제기(高宗文成帝紀)」의 기록에 따르면 태안(太安) 4년(서기 458) 정월 경오(庚午)에 문성제는 "요서의 황산궁(黃山宮)에 이르러 여러 날에 걸쳐 연회를 즐기고", 2월 병자일(丙子日), 즉 그로부터 6일 후에 "갈석산에 올라 물결이 잔잔히 이는 바다를 바라보고 산 아래 내려와서 군신(君臣)들에게 대향연을 베풀고는 각각 차등을 두어 상과 작위를 내렸다. 그리고 갈석산을 낙유산(樂游山)으로 그 명칭을 고치고 바닷가에 단을 쌓고 유행(遊行)의 일을 기록하게 했다."고 한다. 그리고 『위서』「지형지」에 따르면 비여현에 '황산(黃山)'·'갈석'이 있었다고 한다. 이 기록들로부터 문성제가 오른 갈석산은 분명히 진·한시대 이래의 갈석산이며 황성장의 견해는 잘못된 것임을 알 수 있다. 황성장은 또한 그의 논문에서 문성제가 오른 갈석은 영주(營州)에 있는데 그것은 바로 『신당서』「지리지」에 보이는 영주 유성현(柳城縣)의 갈석산이라고 말했다. 하지만 그것 역시 믿을 수 없는 것이다.

『신당서』「지리지」의 영주(관청 소재지는 유성현이었다)는 북제시대의 영주이며 관청 소재지는 오늘날 요령성 조양현(朝陽縣)이었다. 그런데 『북제서(北齊書)』「문선제기」에는 천보(天保) 4년(서기 553) 겨울 10월 정사일(丁巳日)의 "갈석산에 올라 물결이 잔잔한 바다를 내려다보았다."는 기록 앞에 "정미일(丁未日)에 영주에 도착했다."는 말이 있는 것은 확실하다. 하지만 이것을 근거로 이 갈석산이 영주에 있었다고 말할 수는 없는 것이다. 왜냐하면 그것은 한편으로 『신당서』「지리지」에 기록되어 있는 갈석산이 영주 동쪽에 있었다는 것이 되는데 그곳은 물결이 잔잔한 바다를 내려다볼 수 있는 곳이 아니기 때문이다. 그리고 다른 한편으로는 정미일로부터 정사일까지는 전후 11일이 지났으므로 문선제가 오른 갈석산은 이미 영주 경내를 벗어난 곳에 있었다고 보아야 하기 때문이다. 물결이 잔잔한 바다를 내려다본 후 이틀이 지난 11월 기미일(己未日)에 문선제는 평주(平州)에서 마침내 진양(晉陽)으로 갔으므로 갈석산은 마땅히 평주에 있었다고 보아야 한다. 당시 평주의 관청소재지는 비여성[7]이었으며 갈석산은 여전히 비여현 경내에 있었던 것이다. 이것은 문선제가 오른 갈석산이 바로 진 시황·서한 무제가 올랐던 갈석산이었음을 설명해준다.

역사상 갈석산에 대해 더 상세하고 구체적으로 묘사하고 서술한 것으로는 조조(曹操)의 〈관창해(觀滄海)〉라는 시와 역도원의 『수경주』가 있

---

7 『위서』「지형지」상 〈평주〉조 ; 『수서』「지리지」 중 〈북평군〉조.

다. 이 두 중요한 문헌을 정확히 이해하는 것은 옛 갈석에 대한 문제를 해결하는 열쇠가 된다.

역도원의 『수경주』 「유수」조에, "지금 바다와 접해 돌이 복도처럼 수십 리 펼쳐지며 산꼭대기에는 기둥 모양의 커다란 암석이 있는데 때때로 망망한 바다 가운데 서 있는 것처럼 보이며 물결이 크게 밀려오면 보이지 않고 물결이 물러가면 다시 그 모습을 드러내는데, 그것의 깊이를 알 길이 없고 세간에서는 그것을 '천교주(天橋柱)'라고 부른다. 사람이 만든 것처럼 보이지만 인력으로 만들 수 있는 것은 아니다. 위소(韋昭) 또한 이를 가리켜 갈석이라 했다. …… 유수는 이곳에서 남쪽으로 흘러 바다로 들어간다."고 기록되어 있다. 담기양이 말했듯이 청초에 호위(胡渭)가 이 기록을 잘못 해석한 데에서 역도원의 시대 이후로 갈석이 바다 밑으로 가라앉았다는 견해가 나온 것처럼 되었던 것이다.

청말에 양수경(楊守敬)과 태증정(態曾貞)이 저술한 『수경주소(水經注疏)』와 『수경주도(水經注圖)』도 기본적으로 이 잘못된 호위의 견해를 따르고 있다. 담기양이 권위 있던 이 '갈석창해설'을 부정한 것은 지극히 타당한 것이다. 그러나 역도원이 살았던 시대에는 갈석이 바다에 홀로 솟아 있었음이 확실하지만 그 후 바다와 육지의 형세와 지형이 변천했기 때문에 "그것이 바다에 잠긴 것이 아니라 땅으로 내려앉았을 것이다."라고 한 해석은 마찬가지로 성립할 수 없는 것이다. 오늘날 갈석산 남쪽의 육지는 지난 1,000여 년 동안에 확실히 상승하고 있기는 하지만 해변의 높고 큰 초석(峭石)을 매몰시킨다는 것은 불가능했다. 오늘날 창려현 남쪽 연해에는 이렇게 주관적으로 근거 없이 생각해낸 갈석이란 결코 존재하지 않는다. 『수경주』의 기록은 바로 바다에서 바라본 갈석산의 경관이었다. 오늘날 갈석산을 익히 알고 있는 사람들은 다 알고 있듯이, 창려현 북쪽의 갈석산 주봉인 선대정(仙臺頂)은 동서로 횡렬한 높고

험한 봉우리의 바로 중앙에 위치하며 촘촘히 연결된 대형(臺形)의 두 험한 봉우리가 겹쳐 이루어져 있으므로, 남쪽으로 바라보면 마치 옹기의 북[또는 복종(覆鐘) 같다고 한다]과 같은 기둥 모양의 거석이 높이 치솟아올라 수직으로 하늘을 찌를 듯하며 산에서 멀리 떨어질수록 그 꼭대기는 더욱 분명하게 드러난다. 만약 해안에서 100~200리 떨어진 먼 바다에서 바라보면 첩첩이 이어진 여러 봉우리는 시야에서 사라지고 단지 그 꼭대기만이 뾰족이 솟아 있는 것이 보일 뿐이다. 이는 "산꼭대기에는 기둥 모양의 커다란 암석이 있다."는 앞에 인용된 『수경주』의 묘사와 합치하는 것이며, 또한 "갈(碣)은 산인데 서 있는 모양이 특수하다."[8]고 한 안사고의 해석과도 일치한다.

갈석산은 해변에 있는데 여러 봉우리가 길게 횡렬로 오르락내리락하며 수십 리나 이어져 있어서 바다에서 바라보면 마치 돌로 포장한 복도처럼 보인다. 이것은 "바다와 접해 돌이 복도처럼 수십 리 펼쳐진다."는 앞에 인용된 『수경주』 기록과도 부합된다. 또 바다에서 천교(天橋)의 기둥과 같은 갈석산의 정상을 멀리 바라보면 물결이 없거나 파도가 잔잔할 때는 똑똑히 보이는데 그 정상은 마치 돌기둥이 망망한 바다 가운데에 높이 솟아 있는 것 같다. 그러나 물결이 세차게 일고 큰 파도가 하늘을 덮을 때에는 산봉우리는 시야에 보이지 않고 물결이 물러간 뒤에야 다시 볼 수 있으니, 이는 바로 '물결이 크게 밀려오면 보이지 않고 물결이 물러가면 다시 그 모습을 드러내는' 광경인 것이다. 이와 같은 생동적인 묘사는 아마 당시 역도원이 직접 와서 배를 타고 바다에서 갈석산을 바라보았거나 아니면 직접 항해한 사람의 이야기를 들었던 결과였을

---

8 『한서』「양웅전」의 주석.

것이다. 이 외에도 역도원의 기록 가운데 주의해야 할 것은 갈석이 바다 가운데 있다고 말한 적이 없고 오히려 유수가 갈석산 남쪽에서 바다로 들어간다고 말했을 뿐이라는 점이다. 이것은 또한 갈석산이 오늘날 난하의 하구 북부의 육지에 있음을 말하는 것인데, 『사기』「하본기」 주석에 인용된 공안국(孔安國)이 말한 "갈석은 바닷가의 산이다."라는 내용과 일치하는 것이다.

『사해(辭海)』 1979년판에 '갈석'을 해석해 말하기를, "『수경주』에는 '산이 유수(濡水 : 오늘날 난하)의 하구에 있는데 원래는 육지에 있었으나 후에 바닷물이 침입해 수중에 잠겼다'는 설이 기록되어 있다. 그러나 오늘날 난하 하구 부근의 해상에 산이라는 것이 없다."고 했다. 이 글을 얼핏 보면 반박할 소지가 없는 것 같지만 『수경주』의 원문을 면밀하게 검토해보면 문제가 있음을 발견하게 된다. 첫째, 앞에서 말했듯이 『수경주』에는 "유수는 갈석산의 남쪽에 이르러 바다로 들어간다."고 했지, 갈석산에 이르러 바다로 들어간다고는 하지 않았다. 그러므로 "유수 하구에 산이 있다."고 『수경주』에 기록되어 있는 것처럼 말한 것은 근거가 없다. 둘째, 『수경주』의 내용은 이미 "유수가 갈석산의 남쪽에서 바다로 들어간다."는 것을 명확히 지적했는데, 어째서 오늘날 난하의 하구 이북의 육지에서 그 산을 찾지 않고 오늘날 난하 하구 부근의 해상에서만 '갈석'을 찾는단 말인가? 그러므로 『사해』의 해석은 『수경주』의 본뜻에 결코 부합되지 않음을 알 수 있는 것이다.

사실 『수경주』에도 갈석산이 물에 둘러싸여 잠긴 적이 있다는 기록이 있지만, 그것은 『수경(水經)』의 본문을 해석한 것이다. 『수경』은 "갈석산은 요서 임유현 남쪽의 수중(水中)에 있다."고 말했다. 역도원은 『수경』의 본문을 해석하기를 "바닷물이 서쪽으로 침입했는데 세월이 갈수록 더욱 심해져서 그 산을 둘러쌌으므로 수중이라고 말한 것이다."라고 했던 것이다. 여기서 말하는 것은 "옛날 한시대에 바닷물이 물결쳐 와서 육지를 널리 삼켰는데 갈석은 커다란 물결에 휩싸여 잠겼다."[9]는 것은 지리의 변천이므로, 이를 근거로 역도원이 그 이후의 갈석산이 줄곧 수중에 있다고 보았던 것으로는 말할 수 없다.

오늘날 갈석산 앞의 오르기 좋은 작은 산[이름은 '소동산(小東山)'이며 창려성 동쪽 1리에 있다]에는 해발 40미터와 80미터 위치에 옛날 바닷물에 의해 침식된 흔적이 매우 뚜렷한 2단의 평대(平臺)가 있으며, 주봉 선대정의 중간 산허리(해발 400~500미터)에도 옛날 바닷물에 의해 침식된 흔적이 매우 뚜렷한 평대가 있다. 이것은 고대에 바닷물이 갈석산을 둘러싼 적이 있었고 갈석산은 바다 가운데 높이 솟아 있었던 적이 있음을 설명해준다. 그러나 그것은 몇천 년 전 또는 1만 년 이전의 일이다.

조조의 〈관창해〉라는 시에서는

동으로 갈석에 올라, 잔잔한 바다를 바라본다.
바닷물은 고요히 출렁이며, 산도(山島)는 높이 치솟아 있고,
수목은 울창하게 자라며, 백초(百草)는 무성하다.
가을바람 소슬히 불어오고, 커다란 물결 높이 이네.
해와 달의 운행이, 그 안에서 나오는 듯하며
은하수의 찬란함도, 그 속에서 나오는 듯하다.

라고 풍경을 묘사했다. 많은 사람들은 이것을 해변에서 산을 바라본 풍경이라고 인식하고 있지만, 필자가 현지 조사해본 결과 높은 곳에 올라

---

9   『수경주』「유수」조의 주석.

가서 멀리 바라보아야만 이 표현을 이해할 수 있다는 것을 알았다. "바닷물은 고요히 출렁이며"라는 표현은 대해가 평정한 모양을 가리킨다. 대해를 거울처럼 평평하게 놓고 바라보려면 반드시 높은 곳에서 내려다보아야 한다. "산도는 높이 치솟아 있고"라는 표현은 산과 도가 해변에서 높이 솟아 있음을 말하는 것이다. 여기에 나오는 '산'은 갈석산을 가리키는데, '도'는 무엇일까? 만약 『수경주』에 기록된 바와 같이 "옛날 한시대에 바닷물이 물결쳐 와서 육지를 널리 삼켰다."는 내용이 사실이라면, 오늘날 북대하(北戴河) 바닷가에 있는 연봉산(聯蓬山)은 당시에 자연히 바닷물에 의해 둘러싸인 하나의 고도(孤島)였을 것이다.

갈석산의 주봉인 선대정의 정상에서 50~60리 떨어진 북대하 바닷가를 멀리 바라보면 마치 눈 아래에 있는 것처럼 보인다. '수목은 울창하게 자라며'의 표현이 가리키고 있는 것은 갈석산 기슭의 수풀이 풍부하고 울창함을 말하며, '백초는 무성하다'의 표현은 바로 해변 늪 지대나 염분이 많은 호수의 잡초가 있는 탄지(灘地)와 갈대밭을 말한다. 이러한 것들은 모두 높은 곳에 올라서 바다를 바라보아야 느낄 수 있는 장관이었다.

지금도 '갈석산'에서 바라보는 바다의 모습은 여전히 유명한 경관으로 알려져 있다. 거의 해발 700미터의 선대정 맨 꼭대기에서 30리 밖의 도도한 발해(渤海)를 바라보면 산과 바다의 거리가 갑자기 짧아짐을 느낄 수 있다. 대해는 거대한 거울같이 산 앞에 가로놓여 있고 난하의 하구로부터 진황도항(秦皇島港) 사이 100리의 해면이 모두 눈 아래 들어오며, 가까운 산의 눈보라가 일어나는 것은 마치 눈앞에서 뒤집혀 말리는 것 같고 진황도(秦皇島) 밖의 윤선(輪船)은 낱낱이 셀 수 있을 정도로 잘 보인다. 산이 높고 바다가 가깝기 때문에 선대정 앞에 흩어져 겹쳐 있는 수많은 작은 산봉우리들은 마치 산과 바다 사이에 있는 수목이 울창하게 자라는 여러 개의 산도처럼 보이며, 농작물이 무성히 자라고 있는 바닷가 평원은 바닷가와 이 산도 사이에 깔아 놓은 한 장의 녹색 담요처럼 보인다. 이와 같은 오늘날의 경치는 조조가 보았던 당시의 경관보다는 못할 것이다.

담기양의 고증에 따르면, 조조가 이 지역 바다의 경치를 즐기던 시기에는 이 일대의 해안선이 오늘날 경산철로선(京山鐵路線) 가까이까지 안으로 들어왔고, 산 앞의 육지는 얕은 바다가 아니라 염분이 많은 호수였다고 한다.[10] 조조가 당시에 보았던 바다의 경치는 지금보다 더욱 크고 웅장했을 것이므로 그가 즉흥으로 "해와 달의 운행이 그 안에서 나오는 듯하며, 은하수의 찬란함도 그 속에서 나오는 듯하다."와 같은 기개가 넘치고 낭만성이 충만한 시구를 읊었다는 것이 조금도 이상한 것이 아니다.

만약 조조가 호위·양수경이 말한 바와 같은 바다 밑에 잠긴 조그마한 갈석산에 올랐다면 그곳은 앞의 시구에서 묘사된 것과 같은 볼 만

---

10 담기양의 고증은 근거가 있다고 말할 수 있는데, 첫째 그는 사서 중에서 바닷물이 한대에 북침한 일에 관한 기록들을 자세히 분석하고 연구하였으며, 둘째 그는 창려 지역에 주의를 두고 근래에 갈석산 앞의 평천에서 그리 깊지 않은 대규모의 초매층(草煤層)을 계속 발굴하였으며, 그 결과 1,000~2,000여 년 전에 그곳은 늪이나 염분이 많은 호수가 분포되어 있던 지역이었음을 말할 수 있게 되었다. 이 밖에도 필자는 창려성 남쪽 평천의 촌장(村莊) 명칭을 조사하여 지금까지 '황전장(荒佃莊/荒甸莊)' '동황초전(東荒草甸)' '서황초전(西荒草甸)' 등과 같은 '황초전(荒草甸)'이라는 문자를 아직도 가지고 있음을 발견하였다. 또 창려성 동쪽 10리 장가장(張家莊) 기차역 소재지에 홀로 솟아 있는 작은 산은 갈석산이 동남 해변으로 뻗은 여맥의 돌기이며 야호산(野湖山)으로 불린다. 그러나 그 부근에는 근대 혹은 현대에 형성된 호택(湖澤)이 존재하지 않는데 어찌해서 이러한 명칭이 유전되어왔을까. 수백 년 혹은 1,000여 년 전에 이 작은 산 앞에는 어느 정도 규모의 호택이 있었으나 지금은 자취가 없어졌을 가능성이 많다. 야호산은 경산철로선상에 위치하며 바다로부터 20리도 되지 않는 지점에 있다. 만약 호택이 있었다 해도 한대 또는 그 이후 바닷물이 후퇴하면서 남긴 것이 틀림없을 것이다.

한 명승지는 아니었을 것이다. 그리고 오늘날 북대하의 연봉산에 올랐다고 하더라도 "산도는 높이 치솟아 있고, 백초는 무성하다."는 경치는 찾기 어려웠을 것이다. 더구나 당시의 연봉산은 바닷물에 둘러싸인 외로운 섬이었으므로 반드시 배를 타야만 그곳에 다다를 수 있었을 것이다. 갈석은 중원과 요동 간 교통의 요충지이며 우공시대의 공도(貢道)는 이곳을 거쳤을 뿐만 아니라 조조가 오환(烏丸)을 정벌할 때와 사마의(司馬懿)·당 태종이 요동을 공략했을 때도 이곳을 통로로 사용했다.

『진서』「선제기(宣帝紀)」에는 위 명제 경초(景初) 2년(서기 238)에 사마의가 요동의 공손연(公孫淵)을 토벌할 때 낙양을 출발해 "고죽(오늘날 하북성 노룡현에 있었다)을 지나 갈석을 넘고 요수에서 머물렀다."는 기록이 있다. '갈석을 넘고'를 원문에는 '越碣石'이라고 했는데 '월(越)'이라는 문자는 산령을 넘는다는 말이며 어느 정도 규모의 산봉우리가 없으면 '월' 자를 쓰지 않는다. 여기서도 옛 갈석은 오늘날 갈석산이 분명하며 바다에 잠긴 작은 산이나 연봉도가 아님을 알 수 있다.

이상이 갈석 문제에 대한 우리들의 견해이다. 타당치 않거나 잘못된 점에 대해서는 전문가들의 비평과 질정을 바란다.

부록2 – 주요 사건 연표

연대	한국(고조선 지역)	중국
홍적세 (빙하기) 10000년 전 8000년 전	• 무리사회(band society) • 사회 성격 : 소수 혈연집단의 이동생활, 완전 평등. • 경제 형태 : 사냥, 고기잡이, 채집. • 고고학적 명칭 : 구석기시대, 중석기시대.	• 무리사회(band society) • 사회 성격 : 소수 혈연집단의 이동생활, 완전 평등. • 경제 형태 : 사냥, 고기잡이, 채집. • 고고학적 명칭 : 구석기시대, 중석기시대.
     3000 B.C.	• 부족사회(tribe society) • 사회 성격 : 정착생활, 혈연집단의 부락 형성, 질서 있는 평등, 부락이 정치·경제의 사회 기본 단위. • 경제 형태 : 농경과 목축. • 고고학적 명칭 : 신석기시대 전기.	• 부족사회(tribe society) • 사회 성격 : 정착생활, 혈연집단의 부락 형성, 질서 있는 평등, 부락이 정치·경제의 사회 기본 단위. • 경제 형태 : 농경과 목축. • 고고학적 명칭 : 신석기시대 전기.
       2400 B.C. 2000 B.C. 18C B.C. 11C B.C. 9C B.C. 770 B.C.	• 추방사회(chiefdom socity) • 사회 성격 : 경제적·사회적 계층 분화, 종교적 권위자 등장, 전쟁의 출현, 부락의 연맹 형성, 전문 직업인 출현, 조직적인 장거리 교역 출현. • 경제 형태 : 기본적으로 농경과 목축. • 고고학적 명칭 : 신석기시대 후기. • 청동기시대의 개시. • 고조선의 출현, 국가 단계의 사회. • 철기시대의 개시 연대 불확실. (10C B. C. ?). • 고조선은 넓은 강역의 국가 단계에 이미 진입해 있었다. • 고조선 임금의 서주 왕실 방문, 정상회담, 청동기문화가 비파형동검 단계에 진입했다.	• 추방사회(chiefdom socity) • 사회 성격 : 경제적·사회적 계층 분화, 종교적 권위자 등장, 전쟁의 출현, 부락의 연맹 형성, 전문 직업인 출현, 조직적인 장거리 교역 출현. • 경제 형태 : 기본적으로 농경과 목축. • 고고학적 명칭 : 신석기시대 후기. • 청동기시대의 개시. • 상 왕조의 건립. • 국가 단계의 사회 진입 • 서주 왕국의 건립. • 철기시대의 개시 연대 불확실. (10C B. C. ?). • 춘추시대의 개시.

연대	한국(고조선 지역)	중국
403 B.C.	• 철제 농구의 일반화.	• 전국시대의 개시. • 철기의 일반화.
280 B.C. 경	• 연나라 장수 진개가 고조선의 서방을 침략했다가 후퇴. 그 결과 고조선의 서쪽 국경선이 오늘날 중국 하북성 동북부에 있는 난하의 서부 연안으로부터 그 동부 연안으로 이동했다. • 연나라 장수 진개가 고조선을 침략했다가 후퇴한 후 고조선이 연나라의 동부 지역을 침략했다(정확한 시기는 불확실).	• 연나라의 전성기로서 소왕시대.
221 B.C.	• 기자국이 중국의 통일세력에 밀려 난하의 서부 연안으로부터 그 동부 연안, 즉 고조선의 서부 변경으로 이동해 고조선의 제후국이 되었다. • 고조선이 두 번째 도읍이었던 백악산아사달(오늘날 중국 하북성 창려 부근에 있었던 험독)로부터 세 번째 도읍이었던 장당경(오늘날 중국 요령성 북진에 있었던 험독)으로 천도했다.	• 중국의 통일, 진제국의 출현.
206 B.C.		• 한(유방)과 서초(항우)의 전쟁이 시작되었다.
201 B.C.	• 서한제국은 오늘날 난하 동부 유역에 있었던 고조선과의 국경선이 너무 멀어 지키기 어려우므로 진개의 고조선 침략 이전에 난하의 서부 연안에 설치되어 있었던 국경 초소를 다시 수리해 국경의 방어선을 그곳으로 옮기고 국경을 패수, 즉 오늘날 난하로 했다. 따라서 고조선의 서쪽 국경선은 진개의 침략 이전과 동일하게 되었다.	• 서한제국의 건립.
195 B.C.	• 위만이 서한의 연 지역으로부터 기자국으로 망명했다. 기자국의 준왕은 위만을 박사로 삼고 국경선인 패수(오늘날 난하) 동부 연안에 봉지를 주어 그곳에 거주하며 서한의 침략을 방어하도록 했다.	• 서한의 후왕이었던 연왕 노관이 서한에 모반했다가 흉노로 도망했다.

연대	한국(고조선 지역)	중국
194 B.C.	• 위만이 준왕으로부터 정권을 탈취해 위만 정권이 성립되었다. 준왕은 오늘날 발해로 도망했다.	• 처음으로 장안성을 쌓았다.
180 B.C.	• 위만은 서한제국의 외신이 될 것을 요동태수를 통해 약속했다. 위만은 서한제국으로부터 군비와 경제의 지원을 받아 고조선의 서부를 침략해 들어왔다. 끝내는 위만이 오늘날 요하에 조금 못 미치는 지역까지를 차지함으로써 명실상부한 위만조선이 건립되었다. 그 결과 고조선과 위만조선은 동서로 대치해 병존하게 되었다. • 고조선은 도읍을 장당경(오늘날 중국 요령성 북진에 있었던 험독)으로부터 아사달(오늘날 중국 요령성 심양 동남)로 옮겼는데 그곳은 고조선의 첫 번째 도읍이었던 평양성이기도 했다.	• 진평 · 주발이 여씨 세력을 주살했다. 군신이 대왕 항을 맞아들이니 이 사람이 문제이다.
128 B.C.	• 위만조선의 예군이었던 남려 등 28만 명이 우거왕을 배반하고 서한에 항복하니 서한은 그 지역에 창해군을 설치했다.	• 흉노가 서한을 침략했다.
110 B.C. ?	• 조선상 역계경이 간했으나 우거왕이 그것을 듣지 않으므로 동쪽의 진(辰)나라로 갔는데 그를 따르는 사람들이 2,000여 호나 되었다.	• 평준법을 제정했다.
109 B.C.	• 서한 무제가 군사를 일으켜 위만조선을 침략했다.	• 무제가 동래에 순행해 태산을 제사지냈다. 전(滇)을 평정하고 익주군을 설치했다.
108 B.C.	• 이계상 삼이 사람을 시켜 위만조선의 우거왕을 살해하고 서한에 항복했다. • 위만조선이 멸망하고 그 지역에 낙랑 · 진번 · 임둔 등 서한의 3군이 설치되었다.	
107 B.C.	• 서한은 위만조선을 멸망시키고 그 여세를 몰아 고조선의 서부 변경을 침략해 오늘날 요하까지를 차지하고 새로 복속된 요하 서부 연안 지역에 현도군을 설치했다. • 위만조선과 고조선의 서부 변경 거주인들이 서한의 침략에 항거하며 요하 동쪽으로 이동	• 흉노가 사신을 파견했다. 흉노가 변경을 침략하니 곽창(郭昌)을 삭방(朔方)에 주둔시켰다.

연대	한국(고조선 지역)	중국
	했다. 위만의 고조선 침략, 서한의 위만조선과 고조선 침략 두 차례에 걸쳐 오늘날 요하 서쪽의 원주지로부터 요하 동쪽의 만주와 한반도 북부로 이동한 집단은 원래 고조선을 구성했던 부족이었는데, 이제 고조선 왕실이 그들을 통제할 능력을 상실하자 그들은 각각 독립된 정치세력으로 등장했다. 그들은 원래의 부족명이나 거주지의 명칭을 국명으로 삼았는데 고구려·예맥·부여·옥저·낙랑 등이 그것이다. •이로써 한국 고대사는 열국시대가 전개되기에 이르렀다.	

Ancient Korean History:
a Reinterpretation

by. Yoon, Nae-hyun

●

Department of History

College of Liberal Arts and Sciences

Dankook University

1986

Table of Contents

In this book the author presents six papers dealing with ancient Korean history: "The Location and Territory of Old Chosŏn(古朝鮮)", "An Examination of the Transfer of the Old Chosŏn Capital", "The Social Character of Old Chosŏn", "A Re-examination of Kija(箕子)", "A Reappraisal of Wiman Chosŏn(衛滿朝鮮)", and "The Han Commandery 'Lolang(樂浪)' and the P'yŏngyang 'Nangnang(樂浪)'". In them he examines a number of issues in ancient Korean history concerning the structure and process of development of Korean civilization from Old Chosŏn (or Tangun Chosŏn 檀君朝鮮) through the Kija Kingdom, Wiman Chosŏn, and the Han Commanderies, to the establish-ment of the various states of Koguryŏ, Yemaek, Nangnang, Puyŏ, Okchŏ, etc.

During the course of his investigation of these issues the author came to discover that the interpretive schema of ancient Korean history commonly accepted in Korean historical circles is badly in error. Up to the present it has been understood by scholars that the center for the unfolding of Korean history from the period of Old Chosŏn until the time of the Han Commanderies was the northern portion of the Korean Peninsula, in the drainage basin of the Taedong River. Additionally, it has been believed that in the process of this development Wiman Chosŏn succeeded Old Chosŏn and existed in the identical area, and that after the fall of Wiman Chosŏn, the Han Commanderies were also established in this region. However, as the result of an examination of ancient Korean and Chinese historical sources, the author was able to confirm that this commonly-held theory of the Korean historiographical circles concerning the development of Korea in ancient times is greatly mistaken. His own conclusions on this topic are summarized below.

Old Chosŏn was located on the northern shore of the present-day Pohai Bay and not in the drainage basin of Taedong River in the northern part of the Korean Peninsula, as historians have thought. The territory of Old Chosŏn was bounded on the west by the upper and midle reaches of the Luan River(灤河) and by Chiehshih(碣石) in Ch'angli-hsien(昌黎縣), in what is modern Hopei Province of China, and extended all the way to the Ch'ŏngch'ŏn River(清川江) in the northern part of the Korean Peninsula; it included the northeast part of Hopei Province and all of the provinces of Liaoning and Chilin. During the Warring States Period, about the early third century B.C., Old Chosŏn had an extensive areas of its territory invaded at the hands of the Yen(燕) Kingdom general, Ch'in K'ai(秦開), and suffered great loss. However, due to internal conditions within the Yen state it was unable to continue the war and before long Ch'in K'ai retreated. At this time Old Chosŏn was able to restore most of its territory, but there was some adjustment of the state border: the front line of Yen's garrisoned troops moved from an area on the western bank of the Luan River to an area on its eastern bank. Later there was an instance of Old Chosŏn attacking Yen, but it does not appear there was any further change in the borders between the two states.

In 201 B.C., the Western Han empire was founded, but its government lacked internal political stability and was unable to gain immediate control over non-Chinese on its borders. Accordingly, the Han armies were unable to guard the border with Old Chosŏn on the eastern shore of the Luan River, and moved it to the western bank. There they repaired and used the border outposts which had been installed before the invasion of Ch'in K'ai. In the end, the western border of Old Chosŏn was restored to its position before the war with Ch'in K'ai: the middle and upper reaches of the Luan River, and Chiehshih in Ch'angli-hsien in the northeastern part of modern Hopei Province. This border line later formed the western border of the Wiman Chosŏn state.

In that the territory of Old Chosŏn stretched from the eastern reaches of the Luan River in the northeast portion of modern Hopei Province to the Ch'ŏngCh'ŏn River in the northern Korean peninsula, the prehistoric culture distributed in this area hints at the developmental process of early human society of the Old Chosŏn territory. According to the findings of archeological excavations to date, during the diluvian age, until about 10000 years age, band society existed, followed around 5000 B.C.(i.e. 7000 B.P.) by the diffusion of tribal society. Around 3000 B.C.(5000 B.P.) society had already reached the chiefdom stage. This social transformation in the territory of Old Chosŏn was generally contemporaneous with the changes in society which occurred in the middle and lower regions of the Yellow River basin and the lower reaches of the Yangtze River basin, where Chinese society at an early age moved from tribal society to chiefdom society. Accordingly, the changes in the early society of the Old Chosŏn territory by nomeans lagged behind those of the society in Chinese territory.

Contemtorary historical materials have not yet been discovered which can confirm from precisely which period the appellation "Chosŏn" was first used or when the society there developed from the stage of a chiefdom to that of a state. However, putting together redords from extant sources, it is clear that Old Chosŏn had already attained the level of a state by the ninth century B.C. Furthermore, bronze culture began in the area of Old Chosŏn around the twenty-third to twenty-fourth century B.C., a date preceding slightly that for the beginning of bronze culture in the middle reaches of the Yellow River. It is an interesting fact that the date of 2333 B.C., which has been transmitted to us from later records as the year of the foundation of Old Chosŏn, is in general accord with archaeological evidence regarding dating for the appearance of bronze culture in the area of Old Chosŏn.

A feature of the stage of development of bronze culture, reached by the ninth century B.C. in the area of Old Chosŏn, was the production of bronze daggers in the form of a *p'i-p'a*(Chinese mandolin). Subsequently this weapon was further developed into slender, finely-detailed bronze daggers. It can be confirmed in historical sources that Old Chosŏn, in the ninth century B.C., founded the dominant kingdom in northeast Asia, visited the royal family of the Western Chou state, intermarrying with them, and conducted summit diplomacy for the purpose of demarcating the territorial boundary between the two states. It is the author's understanding that the temporal agreement between the period when Old Chosŏn rose as a major state and the date for appearance of bronze culture marked by the *p'i-p'a*-form bronze daggers hints at a correlation between the growth of Old Chosŏn and the development of bronze tools.

Old Chosŏn was formed as a confederation of large tribes, centered around the Old Chosŏn tribe, and also including: the Ch'u(追) the Maek(貊), the Ye(濊), the Chinbŏn(眞番), the Imdun(臨屯), the Pal(發), the Chiksin(稷愼)(also known as the Siksin 息愼 or Suksin 肅愼), the Yangi(良夷), the Yangju(楊州), the Yu(兪), the Ch'ŏnggu(靑丘), the Koi(高夷), the Kojuk(孤竹), and the Okchŏ(沃沮). In an early period, prior to the formation of chiefdom society, relations among these various groups were relatively equal. However, as time passed, the ruler of the Chosŏn tribe was able to increase his grip on political power through the process of warfare together with control of trade and the water used for cultivation.

An examination of the structure of the Old Chosŏn state shows that in the center was the capital city called P'yŏngyang(平壤城) or Wanggŏm City(王儉城), which was the religious and political center for the entire territory of Old Chosŏn. In the provinces were large cities which served as the religious and political centers for a specific area. On the perimiters of these larger cities were distributed smaller towns which functioned as residential areas for commoners. The smaller towns were politically and religiously subordinate to the large cities, while these cities were, in turn, subordinate to the capital of Wanggŏm City(or P'yŏngyang).

Accordingly, the state structure of Old Chosŏn was that of a constellation of towns arranged into various levels in a hierarchical pattern. Since the residents of the towns at this time were members of groups based on blood relationships, such as clans and tribes, the hierarchical relationships among the towns represented a hierarchical relationship among the clans and tribes themselves. In Wanggŏm City lived the Chosŏn Tribe, which was the most powerful ruling tribe, along with representatives from other tribes in the federation who participated in the ruling mechanism. In the large cities outside the capital lived the large tribes which appear in old historical sources, including the Ch'u, the Maek, the Ye, the Chinbŏn, the Imdun, the Pal, the Chiksin (Siksin or Suksin), the Yangi, the Yangju, the Yu, the Ch'ŏnggu, the Koi, the Kojuk, and the Okchŏ.

The methods of rule utilized by Old Chosŏn included use of military strength based on armed might and political strength derived from control of an administrative structure, but these were employed with the authority of religion in the background. The king of Old Chosŏn combined his position of ruler with that of *tangun*(檀君 highest religious authority, also known as *ch'ŏngun* 天君 and *chesajang* 祭祀長) and attempted a theocratic union with the various tribes in the confederation by bestowing upon the tribal heads ritual items, including a jade tablet of enfeoffment, and the parcelling out of the authority to conduct a limited number of religious ceremonies. Hence the king was able to create a hierarchical structure for religious, as well as secular authority. In the end, the Old Chosŏn monarch held all political and religious power, thus making possible rule by divine right.

It is possible to confirm in historical records the existence of land and taxation systems which constituted the economic base for the maintenance of the military, administrative and religious structure of Old Chosŏn; a concrete description of these remains as a future project for the author.

Thus, Old Chosŏn possessed a state structure and system of rule, as detailed above, and was the domineering political force in the Northeast Asian order. As such it had firm ties with Chinese territories, having engaged in several bouts of war, as well as having had frequent contacts for trading purposes. However, the early history of this powerful kingdom is unclear, and it is impossible to determine precisely the location of the original territory of the Chosŏn tribe, which established the state of Old Chosŏn. However, it is clear that the territory from which they launched the state was in an area east of the modern Liao River.

After leaving their original homeland, the Chosŏn tribe migrated to a location southeast of modern Shenyang(Mukden) on the eastern bank of the Liao River. They took this site for their first capital, which is none other than the P'yŏngyang mentioned in the thirteenth century historical work, Samgukyusa (Memoribilia of the Three Kingdoms). Subsequently, Old Chosŏn transferred its capital westward to the eastern area of the lower reaches of the present-day Luan River in the vicinity of Ch'angli(昌黎). This is the location of "Paegaksan-asadal(白岳山阿斯達)". The reason for this transfer of the capital far west to the border area of the Luan River basin stemmed, in the author's opinion, from a determination to advance westward, at the same time, restraining the growing power of the Chinese.

However, this intent of Old Chosŏn to penetrate westward was frustrated by changes in the political conditions in the Chinese territory, and the capital was transferred back to the east. In the Chinese area the Western Chou Dynasty was established following the downfall of the Shang Dynasty around the eleventh or twelfth century B.C. As the enfeoffment system employed by the new dynasty spread and became widely practiced, the kingdom of Yen(燕國) came to be located in the area of modern Hopei Province. Also, Kija, who as a descendent of the royal Shang house had been enfeoffed with land in present-day Shangch'iu-hsien(商邱縣), Honan Province, lost his fiefdom after the fall of Shang and migrated with his entire clan to a site in a border region of Yen, on the west bank of the Luan River.

With the advent of the Warring States Period the old order collapsed and states became fired with the desire to annex territory. As a result relations between Yen and the Kija state became disharmonious. Eventually, around 300 B.C., an attempt was made to subjugate the kingdom of Kija by the Yen general Ch'in K'ai(秦開). When the state of Ch'in unified China in 221 B.C., it centralized authority by enforcing the *chün-hsien*(郡縣) administrative system and rendered impossible the continued existence of the Kija state in its former territory. As a result it moved to the eastern side of the Luan River, i.e., into the territory of Old Chosŏn.

This movement of the Kija state into the area controlled by Old Chosŏn was accomplished with the consent of Old Chosŏn. As a consequence, it may be thought that the Kija state came to have a subordinate postion within the Old Chosŏn political order, equivalent to that of the various tribal lords of Old Chosŏn. The eastern bank of the Luan River was a border area of Old Chosŏn; a portion of this territory was called "Chosŏn(朝鮮)" and was the site of the Kija feudatory. Subsequently, this area was to become Chaohsien-hsien(朝鮮縣) of Lolang Commandery(樂浪郡), established after Western Han Dynasty had destroyed Wiman Chosŏn. Hence, the territory of the Kija feudatory comprised about 1.3% of the total area Wiman Chosŏn, and about 0.5% of the total area of Old Chosŏn. Because the name of the territory with which the

Kija state was enfeoffed is the same as that of the state of Old Chosŏn, scholars in the past have committed the fallacy of regarding Kija as the ruler of Old Chosŏn.

After the state of Kija moved east of the Luan River, Old Chosŏn moved its capital to modern-day Peichen (北鎮), located on the east shore of the middle reaches of the present-day Taling River (大陵河). This became Old Chosŏn' third capital, known as Changdang-kyŏng (藏唐京). The date for the relocation of the capital was around 221 B.C. and it may be thought that the reason was that, with the move of the Kija state into the western border area of Old Chosŏn, it could play a role in defending against invasions from the Ch'in empire, and that the former Old Chosŏn capital of Paegaksan-asadal was too far west and was in contact with the territory of the Kija feudatory.

Subsequently the Ch'in Dynasty, which had become a unified Chinese power, fell in 207 B.C., fifteen years after its founding, leading to a five-year stuggle for supremacy between Liu Pang (劉邦) and Hsiang Yü(項羽), with the former winning out and founding the Western Han Dynasty. In 195 B.C., in the early years of the Western Han period, Wiman(衛滿) fled from the stste of Yen, which had become of feudal territory of the Western Han empire, to the feudatory of Kija. There he requested the ruler, King Chun(準王) to grant him permission to settle in a border region and there defend against any Han invasion. Believing Wiman, King Chun gave him the title of *paksa*(博士), bestowed upon him a ceremonial jude tablet, provided him with a role in the official sacrifices, and enfeoffed him with border territory on the eastern shore of P'aesu(浿水, the present-day Luan River). Wiman proceeded to rally refugees from China, as well as natives of the P'aesu area and mold thhem into a military force, with which he attacked King Chun and seized power. King Chun, put on the defensive by this assault, fled to the area of modern-day Pohai(渤海). The date of Wiman's seizure of power in the Kija state is not clear, but it is certain that it occurred sometime between 195 B.C., and 180 B.C., as it was not long after Wiman came as an exile to Kija from Western Han.

Wiman, once in possession of political control of the Kija state, in 180 B.C. was appointed a foriegn official of the Han empire by the Han Commissioner for Liaotung, and in return for promising to defend the border was granted military armaments and financial assistance. Thereupon, Wiman, having rceived Chinese assistance, proceeded to attack the surrounding territory, and thereby nibble away at the western flank of Old Chosŏn. Ultimately, Wiman came to possess territory to an area just short of the Liao River, and founded, in fact as well as name, the state of Wiman Chosŏn, which coexisted with Old Chosŏn to the east.

Following this turn of events, Old Chosŏn had no choice but to move its capital again, from Changdang-kyŏng (modern-day Peichen), on the eastern banks of the Taling River to an area southeast of Shenyang on the eastern side of the Liao River. This became the fourth capital of which we know, and was called Asadal(阿斯達); it was located on the same site as P'yŏngyang (平壤城), the first capital. While Old Chosŏn still possessed considerable land, the core of its territory had been taken away by Wiman, and the state had weakened to the point that it could no longer sufficiently govern even that territory which remained.

Although Wiman did receive support from the Han Chinese, it is thought that the main reason why Wiman, who had seized power from Kija, a small feudatory on the border of Old Chosŏn, was able to attack and occupy the heartland of Old Chosŏn, was due to domestic conflicts and contradictions which flared up within Old Chosŏn. Already by the fourth to the fifth century B.C. iron farming tools had become widespread in the territory of Old Chosŏn, and these brought change to the economic and social structure. Bronze had only been used for purposes supportive of the authority of the ruling class: the production of weapons and ritual devices, not farm implements. Accordingly, during the bronze age farm implements were mainly produced from stone, thus placing a limit on cultivation and the clearing of new ground. As a consequence land was significant only as a place of residence and a place of cultivation in the immediate surrounding areas; the complex of towns, with their concentration of people and adjacent farm land, was the political and economic base of the state.

However, the diffusion of iron farming tools made possible the clearing and cultivation of extensive areas of land. This caused towns to lose their significance as the major determinant of wealth and power; rather it was now the extent of land ownership which came to be important. As a result, the phenomenon of land annexation appeared. Additionally, the expansion in agricultural production stemming from to the use of iron tools made possible the productive cultivation of even small pieces of land, and hence led to the appearance of the system of small-scale land holding. Such changes in the eoncomic structure were sufficient to bring about a transformation in the social structure and aggravate contradictions and conflicts within society. It is thought that due to such domestic conflicts, Old Chosŏn weakened, and thereby the growth of the Wiman state was facilitated.

Before becoming an exile in the state of Kija, Wiman, as a resident of Chinese territory, had directly experienced a number of dramatic events, including the struggles among the states to annex each other during the Warring States Period, the unification of China under the Ch'in and the subsequent enforcement of the *chün-hsien*(郡縣) administrative system concentrating power in the center, the peasant uprising led by Wu Kuang(吳廣) and Ch'en She (陳涉), and the foundation of the Western Han empire by Liu Pang. Accordingly, he was able to use to his advantage the disintegration of the national structure of Old Chosŏn, based as it was on a hierarchical system of towns. In light of this, it is also possible to say, when viewing th decline of Old Chosŏn and the rise of Wiman Chosŏn from the outside, that they were part of the aftermath of changes occurring in the social and political structure of China.

At that time the Western Han state was still not in a condition of political and economic stability, and because they lacked the ability to dominate other nations on their perimeter, the Chinese likely felt the need to make use of Wiman to block Old Chosŏn in the northeast. For his part, Wiman likely perceived that the newly-risen Han Chinese represented a new political order and hence, it would be advantageous to have close relation with them. Furthermore, Wiman could not help but realize that his seizure of power in the feudatory of Kija had been highly disruptive, and had shattered the governing order of Old Chosŏn, thus rendering relations difficult, and making closer ties to the powerful Chinese all the more important. Because the Western Han government and Wiman needed each other in this fashion, they were able to combine forces to invade Old Chosŏn.

Wiman Chosŏn had thus grown to a large state controlling territory from the former Western border of Old Chosŏn to the former heartland of Old Chosŏn—i.e. from the eastern Luan River basin in the west, almost to the Liao River in the east—and it seems that in the process of rule, by the time of Wiman's grandson, King Ugŏ(右渠), the monarchical power had been strengthened, and the royal family had become extremely arrogant. Wiman had first been able to gain political might by mustering local inhabitants, and a considerable number of these local residents had entered the ruling class. However, there seems little margin to doubt that because Wiman had had direct experience in the Chinese territory with structures of rule employing centralized authority and with the powerful authority of the emperor in the Ch'in and Han states, he made Wiman Chosŏn into a centralized state and gradually firmed up the monarchical power.

The result was the arousal of conflict not only between the royal family and local powers, but also between the royal family and the Han. The betrayal of King Ugŏ of Wiman Chosŏn and surrender of 280,000 men to the Han Chinese by a high official (濊君), Nam Yŏ(南閭) in 128 B.C.; the flight to the state of Chin (辰國) to the east by another high official(朝鮮相), Yŏk Kye-hyang (歷谿卿), who had admonished King Ugŏ, but being ignored, led away two thousand or so households; and the assasination of King Ugŏ around the time of the fall of Wiman Chosŏn at the behest of yet another high official(尼谿相), Cham(參), are all events which may be seen as exposing the conflict between the throne and local powers. Furthermore, the invasion of Wiman Chosŏn by Emperor Han Wu-ti was launched on the pretext of the arrogant attitude of Wiman Chosŏn. However, it should be realized that in the background lay an important fact which must not be overlooked regarding the destruction of Wiman Chosŏn at the hands of the Han invasion, namely the philosophy of *t'ien-hsia* (天下思想). From the time of the Shang and Western Chou dynasties, the Chinese had believed that the Chinese ruler, known as the *t'ien-tzu* (literally, "son of heaven" 天子), was the representative on earth of the heaven(*t'ien*), the highest divinity, and as such must take charge of all things under heaven.[11] Accordingly, they believed that all the world properly should be ruled within the order over which the *t'ien-tzu* presided. Because of this, the Chinese felt that even the parts of the world which, in reality, were not under Chinese rule should become part of the *t'ien-tzu* political order, and that eventually these regions would also come under the actual authority of the Chinese state. The smashing of the Wiman Chosŏn state and the establishment of four new Chinese commanderies in that area which followed the extension of national strength on the part of the Western Han Empire was the realization of this imperialistic Chinese philosophy.

Emperor Han We-ti began to attack Wiman Chosŏn in 109 B.C. and by the next year, having destroyed it, he founded three new commanderies in that territory: Lolang(樂浪), Chenfan(眞番), and Lint'un(臨屯), Subsequently, massing remaining strength, the Chinese attacked the western part of Old Chosŏn, and by the next year, 107 B.C., took possession of territory extending to the Liao River. There they founded the fourth commandery of Hsient'u

---

11 In that during the Shang Dynasty the highest divinity was *Ti*(帝) and that belief in *t'ien* as the supreme divinity represented a change which took place in the Western Chou period, strictly speaking, it may be said that the philosophy of *t'ien-hsia* dates from the Western Chou period. However, in many respects, the philosophy of the Shang was identical in content to that of the Western Chou.

(玄菟). Accordingly, Hsient'u Commandery(*chün*郡) was located on the west bank of the present Liao River, and represented the most eastern of the four commanderies, while Lolang Commandery was furthest to the southwest in location, being to the east of the lower reaches of the modern-day Luan River. Among the twenty-five counties(*hsien*縣) which comprised Lolang Commandery, Suich'eng-hsien(遂城縣) was in the area of modern-day Chiehshih in ch'angli-hsien, Hopei Province, and Chao-hsien-hsien was in an adjoining area east of the lower to middle reaches of the Luan River. The area of this Chaohsien-hsien was the same as that of the feudatory of Kija in its latter days, and was the site where the Wiman state had begun, having seized power from Kija.

During the period stretching from the growth of Wiman Chosŏn to the founding of the four Han commanderies, Old Chosŏn underwent a massive political transformation, which ended in the loss of ability to rule on the part of the royal family. Because the structure of the Old Chosŏn state was a political order based on a hierarchical arrangement of settlements, there was not direct rule of all regions and inhabitants, but rather indirect rule with real power exercised by the lord of each region. Consequently, if the royal house of Old Chosŏn were ever to lose the ability to maintain control over these regional lords, then overall political control would suffer as a result. In the process of pursuing war first with Wiman Chosŏn, which nibbled away at the western regions of Old Chosŏn, and then with the Han Chinese, who invaded the western border area of Old Chosŏn after destroying Wiman Chosŏn, national strength was greatly depleted and the center lost the ability to dominate the various tribal lords who constituted the base of the Old Chosŏn political structure. It should not be overlooked that very important factors in this loss of ability to rule on the part of Old Chosŏn were the dissolution of the hierarchical system of towns and the growth in the importance accorded large-scale possession of territory which followed in the wake of changes in the social and economic system appearing after the spread of iron tools.

Following this decline in central authority in Old Chosŏn, the various tribes comprising the state expanded their independent political power; these included the Koguryŏ, the Yemaek, the Puyŏ, the Okchŏ, the Nangnang, etc. These tribes had originally been located in the western territory of Old Chosŏn, from the modern-day Luan River to the Liao River, and were the major tribes belonging to the tribal federation forming the Old Chosŏn state, Following the piecemeal seizure of the western regions of Old Chosŏn territory by Wiman Chosŏn, a group of the residents resisted and together with the royal family migrated east, a pattern which was repeated with the invasions of Han Wu-ti, when in resistance a group of residents moved east of the modern-day Liao River. On these two occasions, those who migrated settled in an area from Manchuria east of the Liao River to the northern part of the Korean peninsula, using the place names belonging to their original homeland. While at first, the royal family of Old Chosŏn continued to be accepted for reasons of moral legitimacy, before long a number of separate political powers grew.

Consequently, it seems by no means far-fetched to date the independence of the various nations such as Koguryŏ, Yemaek, Puyŏ, Okchŏ, and Nangnang from the early part of the first century. The royal family of Old Chosŏn managed to maintain an existence as a small power until the third century A.D. Looking at the locations of the various independent tribal states, we may infer that Nangnang was located in the Taedong River basin with its border to the north being the Ch'ŏngch'ŏn River; the remnants of Old Chosŏn were to the north of the Ch'ŏngch'ŏn River; and further to the north was Koguryŏ. Also, we may speculate that Yemaek was located in modern-day South Hamgyŏng Province, while Okchŏ was to the north in the area of North Hamgyŏng Province; Puyo was far the north in the area of present-day Manchuria. Among the various powers Koguryŏ was the most powerful; in the year 37 A.D., King Taemusin of Koguryŏ led his forces on to destroy the state of Nangnang in the Taedong River basin.

At this time the western border of Koguryŏ was the Liao River, and it was there where Koguryŏ was in contact with the Eastern Han(Later Han). In the year 44 A.D., Emperor Kuang Wu-ti of the Eastern Han, feeling that it was necessary to check the expansion of Koguryŏ, raised military forces and dispatched them to the

Korean peninsula, where they seized the site of the former Nangnang state in the Taedong River basin and established a military base there to the rear of Koguryŏ. This base was called Lolang(樂浪 Korean "Nangnang") after its former name, and administratively was under the jurisdiction of the Lolang Commandery. It appears that subsequently this base played an important role over a long period as a military and trading stronghold. The Chinese-style artifacts which were discovered in the Taedong River basin and which have been considered artifacts from Lolang Commandery are, in reality, not artifacts from Lolang Commandery, but instead are artifacts from the Lolang military base established by the Eastern Han emperor Kuang Wu-ti.

Around the end of the Later Han, in 210 A.D., Kung-sun K'ang divided the Lolang Commandery and established the Taifang Commandery. Subsequently, Kung-sun Mo and Chang Ch'ang were dispatched to Lolang on the Korean Peninsula where they used military force to attack in the area of present-day Sariwŏn, Hwanghae Province. This territory they named Taifang(帶方), and it administratively came under the jurisdiction of Taifang Commandery(帶方郡). The Eastern Han military bases on the Korean peninsula of Lolang and the laterestablished Taifang were destroyed at the hands of Silla conquest. During the period when Lolang and Taifang existed, management of their affairs was quite difficult due to repeated bouts of resistance from the natives, who fought against the presence of outside force in their territory.

However, the importance of these military bases as a means of checking the power of Koguryŏ, which was plotting to move west of the Liao River in order to regain lost territory of Old Chosŏn, was recognized by the Eastern Han, Wei, and Chin dynasties; brushing aside the difficulties they continued to manage the military outposts.

In the end, the decline of Old Chosŏn brought a new chapter in ancient Korean history: the beginning of the Multi-state Period, and the emergence of territorial nations with centralized authority. Additionally, these states came to wage constant wars of annexation in order to expand their territories. The situation was rendered even more complex by the establishment of military bases on the Korean peninsula by the Eastern Han in order to block the Westward expansion of Koguryŏ and the growth of political powers on the Korean peninsula. As can be seen from the fact that, later, Koguryŏ expanded as far as the modern-day Luan River(Liaotung at that time) and the fact that Paekche invaded the area of Liaosi, the complicated political pattern of the time was not confined merely to the Korean peninsula and eastern Manchuria. Further, it can be seen that there were strenuous efforts made on the part of the successors of Old Chosŏn on the one hand, and the Chinese areas on the other, to restrain each other.

참고문헌

Ⅰ. 사료

『高麗史』『三國志』『逸周書』『管子』『尙書』『潛夫論』『舊唐書』『尙書大傳』『戰國策』『論語』『書經』『帝王韻紀』『讀史方輿記要』『說文』『左傳』『東史綱目』『說苑』『竹書紀年』『大戴禮記』『盛京通志』『晉書』『大明一統志』『水經注』『春秋』『大淸一統志』『隋書』『通典』『孟子』『詩經』『通志』『明史』『新唐書』『河東集』『毛詩』『新增東國輿地勝覽』『漢書』『史記』『呂氏春秋』『韓詩外傳』『山海經』『鹽鐵論』『淮南子』『三國史記』『遼史』『後漢書』『三國遺事』『魏書』『黑龍江志稿』

江永,『春秋地理考實』.

郭沫若,「眚公壺」『兩周金文辭大系圖錄考釋』, 科學出版社, 1957.

_____,『殷契粹編』, 文求堂, 昭和 12(1937).

郭若愚,『殷契拾掇第二編』, 來熏閣, 1953.

郭造卿,『盧龍塞略』.

關野貞 等,『樂浪郡時代の遺蹟』, 朝鮮總督府, 昭和 2(1927).

羅振玉,『三代吉金文在』, 樂天出版社 影印本.

_____,『殷虛書契菁華』, 民國 3(1914).

_____,『殷虛書契前編』, 藝文印書館, 民國 59(1970).

_____,『殷虛書契後編』, 藝文印書館, 民國 59(1970).

_____,『殷虛書契續編』, 藝文印書館.

島邦男,『殷墟卜辭硏究』, 汲古書院, 1958.

_____,『殷墟卜辭綜類』, 汲古書院, 1971.

董作賓,『殷墟文字乙編』, 中央硏究院 歷史語言硏究所, 民國 38(1949).

_____,『小屯·殷虛文字甲編』, 中央硏究院 歷史語言硏究所, 1948.

明義士,『殷墟卜辭』, 藝文印書館, 民國 61(1972).

潘祖蔭,『攀古樓彝器款識』, 1872.

方法斂,『金璋所藏甲骨卜辭』, 藝文印書館, 民國 55(1966).

_____,『庫方二氏藏甲骨卜辭』, 藝文印書館, 民國 55(1966).

方濬益,『綴遺齊彝器款識考釋』, 1953.

小場恒吉·榧本龜次郎,『樂浪王光墓』, 朝鮮古蹟硏究會, 昭和 10 (1935).

王先謙, 『漢書補注』.

李瀷, 『星湖僿說類選』, 文光書林, 昭和 4(1929).

林泰輔, 『龜甲獸骨文字』, 商周遺文會, 1917.

姬佛陀, 『戩壽堂所藏殷虛文字』, 民國 6(1917).

II. 논저

1. 단행본

김정배, 『한국민족문화의 기원』, 고려대 출판부, 1973.

_____, 『한국고대사론의 신조류』, 고려대 출판부, 1980.

루이스 모건 지음, 최달곤·정동호 옮김, 『고대사회』, 현암사, 1978.

리지린, 『고조선 연구』, 학우서방, 1964.

문정창, 『고조선사 연구』, 백문당, 1969.

백남운, 『조선사회경제사』, 개조사, 1933.

사회과학원 고고학연구소, 『고조선문제연구』, 사회과학출판사, 1973.

_____, 『조선고고학개요』, 과학백과사전출판사, 1977.

사회과학원 력사연구소, 『조선전사』, 과학백과사전출판사, 1979.

손진태, 『한국민족사개론』, 을유문화사, 1948.

신채호, 『조선상고사』, 형설출판사, 1983.

윤내현, 『상왕조사의 연구』, 경인문화사, 1978.

_____, 『상주사』, 민음사, 1984.

_____, 『중국의 원시시대』, 단국대 출판부, 1982.

이기백, 『한국사신론』, 일조각, 1976.

이병선, 『한국고대국명지명연구』, 형설출판사, 1982.

이옥, 『고구려민족형성과 사회』, 교보문고, 1984.

이종욱, 『신라국가형성사연구』, 일조각, 1982.

장도빈, 『국사』, 산운장도빈전집(汕耘張道斌全集) 권1, 산운기념사업회, 1981.

정인보, 『조선사연구』, 서울신문사, 1947.

천관우, 『한국상고사의 쟁점』, 일조각, 1975.

최동, 『조선상고민족사』, 동국문화사, 1969.

『한국사』 2 고대, 민족의 성장, 국사편찬위원회, 1978.

한영우, 『조선전기사학사연구』, 서울대 출판부, 1984.

郭沫若,『兩周金文辭大系圖錄考釋』,科學出版社, 1957.

羅振玉,『殷墟書契考釋』,藝文印書館, 民國 58(1969).

大原利武,『滿鮮に於ける漢代五郡二水考』,近澤書店, 昭和 8(1933).

董作賓,『甲骨學六十年』,藝文印書館, 民國 63(1974).

_____,『殷曆譜』,中央研究院歷史語言研究所, 民國 55(1966).

文物編輯部,『藁城臺西商代遺址』,文物出版社, 1977.

文物編輯委員會,『文物考古工作三十年』,文物出版社, 1979.

白鳥庫吉,『朝鮮史研究』白鳥庫吉全集 第3卷, 岩波書店, 昭和 45(1970).

北京大學歷史系考古研究室商周組,『商周考古』,文物出版社, 1979.

浜作耕作·水野淸一,『赤峰紅山後』,東方考古學會叢刊 甲種 第6册, 東亞考古學會, 1938.

山東大學歷史系考古研究室,『大汶口文化討論文集』,齊魯書社, 1981.

山東文物管理處·濟南市博物館,『大汶口』,文物出版社, 1974.

西嶋定生,『中國古代の社會と經濟』,東京大出版會, 1981.

西川權,『日韓上古史の裏面』.

王獻唐,『山東古國考』,齊魯書社, 1983.

_____,『黃縣曩器』,山東出版社, 1960.

饒宗頤,『殷代卜辭人物通考』上·下册, 香港大學, 1959.

劉澤華 等,『中國古代史』,人民出版社, 1979.

李孝定,『甲骨文字集釋』卷6, 中央研究院歷史語言研究所, 民國 63(1974).

藏勵龢 等,『中國古今地名大辭典』,商務印書館, 民國 64(1975).

周法高,『金文詁林』,香港中文大學, 1975.

中國科學院考古研究所,『廟底溝與三里橋』,科學出版社, 1959.

_____,『新中國的考古收獲』,文物出版社, 1961.

_____,『灃西發掘報告』,文物出版社, 1962.

中國社會科學院,『新中國的考古發現和研究』,文物出版社, 1984.

陳夢家,『殷墟卜辭綜述』,科學出版社 1956.

陳槃,『不見於春秋大事表之春秋方國稿』1册, 中央研究院歷史語言研究所, 民國 59(1970).

鄒衡,『夏商周考古學論文集』,文物出版社, 1980.

貝塚茂樹,『京都大學人文科學研究所藏甲骨文字』,京都大人文科學研究所, 昭和 34(1959).

Colin McEvedy and Richard Jones, *Atlas of World Population History*, Penguin Books, 1980.

Elman R. Service, *Primitive Social Orgarnization*, Random House, 1971.

_____, *Origins of the State and Civilization*, W. W. Norton, 1975.

Jeremy A. Sabloff and C. C. Lamberg-Karlovsky ed., *Ancient Civilization and Trade*, University of New Mexico Press, 1975.

Kwang-chih Chang, *The Archaeology of Ancient China*, Yale University Press, 1978.

_____, *Shang Civilization*, Yale University Press, 1980.

Li Chi, *The Beginnings of the Chinese Civilization*, University of Washington Press, 1957.

2. 연구논문

김상기, 「백제의 요서경략에 대해」 『백산학보』 3, 1967.

___, 「한·예·맥이동고」 『사해』 창간호, 조선사연구회, 단기 4281.

김정배, 「소위 기자조선과 고고학상의 문제」 『한국민족문화의 기원』, 고려대 출판부, 1973.

___, 「군장사회의 발전과정시론」 『백제문화』 12집, 1979.

___, 「소도의 정치사적 의미」 『역사학보』 79집, 1978.

___, 「위만조선의 국가적 성격」 『사총』 21·22합집, 1977.

___, 「한국고대국가기원론」 『백산학보』 14호, 1973.

김정학, 「청동기의 전개」 『한국사론』, 국사편찬위원회, 1983.

김철준, 「한국고대국가발달사」 『한국문화사대계』 1, 민족·국가사, 고려대 민족문화연구소, 1964.

노태돈, 「국가의 성립과 발전」 『한국사연구입문』, 지식산업사, 1981.

방선주, 「백제군의 화북진출과 그 배경」 『백산학보』 11, 1971.

백련행, 「부조예군의 도장에 대하여」 『문화유산』, 1962.

안재홍, 「기자조선고」 『조선상고사감』, 민우사, 1947.

안지민 지음, 윤내현 옮김, 「중국의 신석기시대고고」 『사학지』 15집, 단국대 사학회, 1981.

윤내현, 「기자신고」 『한국사연구』 41, 1983.

___, 「고조선의 위치와 강역」 『군사』 8호, 1984.

___, 「은족의 기원과 고대국가의 출현」 『상주사』, 민음사, 1990.

___, 「사기·한서 조선전연구주석」 『중국전사조선전역주』, 국사편찬위원회, 1986~1990.

___, 「고조선의 사회 성격」 역사학회 편 『한국고대의 국가와 사회』, 일조각, 1985.

___, 「중국 문헌에 나타난 고조선 인식」 『한국사론』 14, 국사편찬위원회, 1984.

___, 「고조선의 도읍 천이고」 『백산학보』 30·31합호, 1985.

___, 「천하사상의 시원」 『중국의 천하사상』, 민음사, 1988.

___, 「고조선의 서변경계고」 『남사정재각박사고희기념동양학논총』, 고려원, 1984.

___, 「한사군의 낙랑군과 평양의 낙랑」 『한국학보』 41집, 일지사, 1985.

_____, 「위만조선의 재인식」『사학지』19집, 단국대 사학회, 1985.

윤내현 옮김, 「중국의 신석기시대고고」『사학지』15집, 단국대 사학회, 1981.

이병도, 「기자조선의 정체와 소위 기자팔조교에 대한 신고찰」『한국고대사연구』, 박영사, 1976.

_____, 「삼한문제의 신고찰」『진단학보』3권, 1935.

_____, 「진번군고」『한국고대사연구』, 박영사, 1981.

_____, 「패수고」『청구학총』13호, 소화 8(1933).

_____, 「위씨조선흥망고」『한국고대사연구』, 박영사, 1981.

_____, 「현도군고」『한국고대사연구』, 박영사, 1981.

_____, 「단군설화의 해석과 아사달 문제」『한국고대사연구』, 박영사, 1981.

_____, 「낙랑군고」『한국고대사연구』, 박영사, 1981.

_____, 「임둔군고」『한국고대사연구』, 박영사, 1981.

_____, 「부여고」『한국고대사연구』, 박영사, 1981.

_____, 「옥저와 동예」『한국고대사연구』, 박영사, 1981.

이융조, 「구석기시대 편년」『한국사론』한국의 고고학 I · 상, 국사편찬위원회, 1983.

이형구, 「기자조선의 정체」『조선일보』, 1983년 1월 16일자.

이호영, 「한국고대사회 발전단계의 제설」『단국대학교 논문집』12집, 1978.

임효재, 「신석기문화의 편년」『한국사론』한국의 고고학, 국사편찬위원회, 1983.

전주농, 「고조선문화에 관하여」『문화유산』1960년 2호.

정약용, 「조선고」『강역고』, 여유당전서 6 지리집, 경인문화사 영인본, 1981.

정중환, 「기자조선고」『동아논총』2집 상권, 동아대, 1964.

천관우, 「기자고」『동방학지』15집, 연세대 국학연구원, 1974.

_____, 「삼한의 국가형성」(상)『한국학보』2, 1976.

_____, 「난하 하류의 조선」『사총』21 · 22합집, 고려대 사학회, 1977.

최남선, 「불함문화론」『육당최남선전집』2, 현암사, 1973.

_____, 「조선사의 기자는 지나의 기자가 아니다」『육당 최남선전집』2, 현암사, 1973.

최몽룡, 「한국고대국가형성에 대한 일고찰」『김철준박사화갑기념사학논총』, 지식산업사, 1983.

최복규, 「중석기문화」『한국사론』12, 한국의 고고학 I · 하, 국사편찬위원회, 1983.

開封地區文管會 · 新鄭縣文管會, 「河南新鄭裵李崗新石器時代遺址」『考古』1978年 2期.

開封地區文物管理委員會 等, 「裵李崗遺址一九七八年發掘簡報」『考古』1979年 3期.

喀左縣文化館, 「遼寧喀左縣北洞村出土的殷周靑銅器」『考古』1974年 6期.

考古所寶鷄發掘隊,「陝西寶鷄新石器時代遺址發掘記要」『考古』1959年 5期.

考古研究所渭水調查發掘隊,「寶鷄新石器時代遺址第二·三次發掘的主要收獲」『考古』
　　　1960年 2期.

高廣仁,「試論大汶口文化的分期」『文物集刊』1, 文物出版社, 1980.

高洪章·董寶瑞,「碣石考」『歷史地理』3輯, 上海人民出版社, 1983.

郭沫若,「安陽圓坑墓中鼎銘考釋」『考古學報』1960年 1期.

駒井和愛,『樂浪』, 中央公論社, 昭和 47(1972).

宮崎市定,「中國古代史槪論」『アジア史論考』上卷, 朝日新聞社, 昭和 51(1976).

靳楓毅,「論中國東北地區含曲刃靑銅劍的文化遺存」『考古學報』1983年 1期.

今西龍,「箕子朝鮮傳說考」上·下『支那學』2卷 10號, 大正 11(1922).

_____,『朝鮮史の栞』, 近澤書店, 昭和 10年(1935).

內蒙古自治區文物工作隊,「內蒙古寧城縣小楡樹林子遺址試掘簡報」『考古』1965年 12
　　　期.

譚其驤,「原始社會早期遺址圖」『中國歷史地圖集』, 地圖出版社, 1982.

唐蘭,「何尊銘文解釋」『文物』1976年 1期.

大原利武,「浿水考」『滿鮮に於ける漢石五郡二水考』, 近澤書店, 昭和 8(1933).

稻葉君山,「箕子朝鮮傳說考を讀みて」『支那學』2卷 12號, 大正 11(1922).

東北博物館文物工作隊,「遼寧新民縣偏堡沙崗新石器時代遺址調查記」『考古通訊』
　　　1958年 1期.

董作賓,「甲骨文斷代研究例」『中央硏究院歷史語言硏究所集刊』外編 1種 上册, 1933.

_____,「卜辭中的亳與商」『大陸雜志』6卷 1期, 民國 42(1953).

_____,「五等爵在殷商」『中央硏究院歷史語言硏究所集刊』6本, 民國 25(1936).

佟柱臣,「試論中國北方和東北地區含有細石器的諸文化問題」『考古學報』1979年 4期.

_____,「赤峰東八家石城址勘查記」『考古通訊』1957年 6期.

_____,「從二里頭類型文化試談中國的國家起源問題」『文物』1975年 6期.

董學增,「吉林市郊二道嶺子·虎頭砬子新石器時代遺址調查」『文物』1973年 8期.

리순진,「부조예군묘에 대해」『고고민속』1964년 4호.

白川靜,「卜辭の世界」貝塚茂樹 編『古代殷帝國』, みすず書房, 1972.

傅斯年,「夷夏東西說」『歷史語言硏究所集刊外編 第一種 – 慶祝蔡元培先生六十五歲
　　　論文集』下册, 民國 24(1935).

北京大學考古實習隊,「洛陽王灣遺址發掘簡報」『考古』1961年 4期.

北京大學·河北省文化局,「1957年邯鄲發掘簡報」『考古』1959年 10期.

_____,「1957年邯鄲澗溝村古遺址發掘簡報」『考古』1961年 4期.

山東省博物館 等,「一九七五年東海峪遺址的發掘」『考古』1976年 6期.

三上次男,「衛氏朝鮮國の政治·社會的性格」『中國古代史の諸問題』, 東京大學出版會, 1954.

_____,「穢人とその民族的性格」『古代東北アジア史研究』, 吉川弘文館, 1966.

徐中舒,「再論小屯與仰韶」『安陽發掘報告』3期, 民國 20(1931).

石彦蒔,「札賚諾爾附近木質標本的 C14年代測定及其地質意義」『古脊椎動物與古人類』, 1978.

石璋如,「殷墟最近之重要發現附論小屯地層」『中國考古學報』1947年 2期.

松丸道雄,「王と諸侯との結合秩序」『世界歷史』第4卷, 岩波書店, 1970.

_____,「殷周國家の構造」『世界歷史』第4卷, 岩波講座, 1970.

_____,「殷金文に見える王と諸氏族」『世界歷史』4卷, 岩波書店, 1970.

沈陽市文物管理辦公室,「沈陽新樂遺址試掘報告」『考古學報』1978年 4期.

安金槐,「談談鄭州商代瓷器的幾個問題」『文物』1960年 8·9期.

安志敏,「關於我國中石器時代幾個遺址」『考古通訊』1959年 2期.

_____,「海拉爾的中石器遺存」『考古學報』1978年 3期.

梁嘉彬,「箕子朝鮮考」『史學彙刊』第10期, 中國文化大學, 民國 69(1980).

梁星彭,「關中仰韶文化的幾個問題」『考古』1979年 3期.

楊子范,「山東寧陽縣堡頭遺址清理簡報」『文物』1959年 10期.

楊子范·王思禮,「試談龍山文化」『考古』1963年 7期.

嚴文明,「黃河流域新石器時代早期文化的新發現」『考古』1979年 1期.

呂遵諤,「內蒙赤峰紅山考古調查報告」『考古學報』1958年 3期.

_____,「內蒙古林西考古調查」『考古學報』1960年 1期.

黎興國 等,「一批地質與考古標本的C14年代測定」『古脊椎動物與古人類』17卷 2期, 1979.

熱河省博物館籌備組,「熱河凌源縣海島營子村發現的古代青銅器」『文物參考資料』1955年 8期.

芮逸夫,「韓國古代民族考略」董作賓 등『中韓文化論集』(一), 中華文化出版事業委員會, 民國 44(1955).

吳汝康,「遼寧建平人類上臂骨化石」『古脊椎動物與古人類』1961年 4期.

吳汝康·賈蘭坡,「中國發現的各種人類化石及在人類進化上的意義」『中國人類化石的發現與研究』, 科學出版社, 1955.

敖漢旗大甸子公社歷史研究所組·遼寧省博物館,「從大甸子等地出土文物看歷史上的階級分化」『文物』1976年 1期.

王國維,「說亳」『觀堂集林』卷12, 藝文印書館, 民國 47(1958).

_____,「太史公行年考」『觀堂集林』卷11, 藝文印書館, 民國 47(1958).

_____,「鬼方昆夷玁狁考」『觀堂集林』卷13, 藝文印書館, 民國 47(1958).

王增新,「遼寧撫順市蓮花堡遺址發掘簡報」『考古』1964年 6期.

遼寧省文物干部培訓班,「遼寧北票縣豐下遺址1972年春發掘簡報」『考古』1976年 3期.

遼寧省博物館 等,「長海縣廣鹿島大長山島貝丘遺址」『考古學報』1981年 1期.

遼寧省博物館,「凌源西八房問舊石器時代文化地點」『古脊椎動物與古人類』11卷 2期, 1973.

遼寧省博物館 외,「遼寧敖漢旗小河沿三種原始文化的發現」『文物』1977年 12期.

于省吾,「釋中國」『中華學術論文集』, 中華書局, 1981.

李科友·彭适凡,「略論江西吳城商代原始瓷器」『文物』1957年 7期.

伊藤道治,「姬姓諸侯封建の歷史地理的意義」『中國古代王朝の形成』, 創文社, 昭和 50(1975).

李普 等,「用古地磁方法對元謀人化石年代的初步研究」『中國科學』1976年 6期.

林巳奈夫,「殷周時代の圖象記號」『東方學報』39册, 1968.

林朝棨,「概說臺灣第4期的地史並討論其自然史和文化的關係」『考古人類學刊』28, 1966.

張光直,「新石器時代中原文化的擴張」『中央研究院歷史語言研究所集刊』41本 2分, 民國 58(1969).

張秉權,「甲骨文中所見人地同名考」『清華學報』慶祝李齊先生七十歲論文集 下册, 1967.

張政烺,「卜辭裒田及其相關諸問題」『考古學報』1973年 1期.

張忠培,「吉林市郊古代遺址的文化類型」『吉林大學社會科學學報』1963年 1期.

浙江省文管會·浙江省博物館,「河姆渡發現原始社會重要遺址」『文物』1976年 8期.

_____,「河姆渡遺址第一期發掘報告」『考古學報』1978年 1期.

丁驌,「華北地形史與商殷的歷史」『中央研究院民族學研究所集刊』22期, 民國 54(1965).

齊文心,「殷代的奴隸監獄和奴隸暴動 – 兼甲骨文 "圉", "戎"二字用法的分析」『中國史研究』1979年 創刊號.

齊泰定,「安陽出土的幾個商周青銅器」『考古』1964年 11期.

趙佩馨,「甲骨文中所見的商代五形 – 幷釋卪剢剌二字」『考古』1961年 2期.

中國科學院考古研究所洛陽發掘隊,「1959年河南偃師二里頭試掘簡報」『考古』1961年 2期.

中國科學院考古研究所內蒙古工作隊,「內蒙古巴林左旗富河溝門遺址發掘簡報」『考古』1964年 1期.

中國科學院考古研究所內蒙古發掘隊,「內蒙古赤峰藥王廟·夏家店遺址試掘簡報」『考

古』1961年 2期.

中國科學院考古研究所發掘隊,「河南偃師二里頭遺址發掘簡報」『考古』(六) 1965年 5
　　期.

中國科學院考古研究所實驗室,「放射性炭素測定年代報告」(二)『考古』1972年 5期.

──────────────,「放射性炭素測定年代報告」(三)『考古』1974年 5期.

──────────────,「放射性炭素測定年代報告」『考古』1979年 1期.

中國科學院考古研究所安陽發掘隊,「1958~1959年殷墟發掘簡報」『考古』1961年 2期.

──────────────,「1971年安陽後岡發掘報告」『考古』1972年 3期.

中國科學院考古研究所遼寧工作隊,「敖漢旗大甸子遺址1974年試掘簡報」『考古』1975
　　年 2期.

中國科學院考古研究所二里頭工作隊,「河南偃師二里頭早商宮殿遺址發掘報告」『考
　　古』1974年 4期.

中國科學院考古研究所體質人類學組,「赤峰·寧城夏家店上層文化人骨研究」『考古學
　　報』1975年 2期.

中國社會科學院考古研究所寶鷄工作隊,「一九七七年寶鷄北首嶺遺址發掘簡報」『考
　　古』1979年 2期.

中國社會科學院考古研究所山東隊·滕縣博物館,「山東滕縣古遺址調查簡報」『考古』
　　1980年 1期.

中國社會科學院考古研究所山東隊 等,「山東滕縣北辛遺址發掘報告」『考古學報』1984
　　年 2期.

中國社會科學院考古研究所二里頭隊,「河南偃師二里頭二號宮殿遺址」『考古』1983年
　　3期.

陳夢家,「商代的神話與巫術」『燕京學報』20期, 1936.

──────,「西周銅器斷代」『考古學報』1956年 1期.

津田左右吉,「浿水考」『津田左右吉全集』11卷, 岩波書店, 昭和 39(1964).

鄒衡,「論湯都鄭亳及其前後的遷徙」『夏商周考古學論文集』, 文物出版社, 1980.

竺可楨,「中國近五千年來氣候變遷的初步研究」『考古學報』1972年 1期.

貝塚茂樹,「殷虛卜辭を通じて見た殷代文化」『中國古代史學の發展』, 弘文堂, 昭和
　　42(1967).

栗原朋信,「文獻にあらわれたる秦漢璽印の研究」『秦漢史の研究』, 吉川弘文館, 1960.

河南省文化局文物工作隊第一隊,「鄭州商代遺址的發掘」『考古學報』1957年 1期.

河姆渡遺址考古隊,「浙江河姆渡遺址第二期發掘的主要收獲」『文物』1980年 5期.

河北省博物館等臺西發掘小組,「河北藁城縣臺西村商代遺址1973年的重要發現」『文
　　物』1974年 8期.

邯鄲市文物保管所·邯鄲地區磁山考古隊短訓班,「河北磁山新石器時代遺址試掘」『考
　　古』1977年 6期.

鴿子洞發掘隊,「遼寧鴿子洞舊石器時代發掘報告」『古脊椎動物與古人類』13卷 2期,
　　1975.

胡秋原,「寰遊觀感」『大陸雜誌』14卷 12期, 民國 46(1957).

胡厚宣,「釋"余一人"」『歷史研究』1957年 1期.

_____,「殷代的刖刊」『考古』1973年 2期.

_____,「殷代的蠶桑和絲織」『文物』1972年 11期.

_____,「殷代封建制度考」『甲骨學商史論叢』初集(上), 齊魯大學, 1945.

_____,「卜辭中所見之殷代農業」『甲骨學商史論叢』初集(下), 齊魯大學, 1945.

A. A. Formozov, "Microlithic Sites in the Asiatic USSR" *American Antiquity*, Vol. 27,
　　No. 1, 1961.

David N. Keightley, "Shang China is Coming of Age – A Review Article" *The Journal
　　of Asian Studies*, Vol. XLI, No. 3, 1982.

H. T. Wright, "Recent Research on the Origin of the State" *Annual Review of
　　Anthropology* 6, 1977.

J. G. Andersson, "Researches into the Prehistory of the Chinese" *The Museum of Far
　　Eastern Antiquities*, Bulletin No. 15, 1943.

Jonathan Friedman, "Tribes, States, and Transformation" M. Block ed., *Marxist
　　Analysis and Social Anthropology*, Malaby Press, 1975.

Kent V. Flannery, [The Cultural Evolution of civilization" *Annual Review of Ecology
　　and Systematics* 3, 1972.

K. K. Ralph, H. N. Michael and M. C. Han, "Radiocarbon Dates and Reality"
　　MASCA Newsletter, Vol. 9, No. 1, 1973.

Laboratory of Quaternary Palynology and Laboratory of Radiocarbon·Kweiyang
　　Institute of Geochemistry·Academia Sinica, "Development of Natural
　　Environment in the Southern Part of Liaoning Province during the Last
　　10,000 Years" *Scientica Sinica*, Vol. 21, No. 4, 1978.

Matsuo Tsukata, "Late Pleistocene Vegetation and Climate in Taiwan," *Proceed.
　　National Academy of Sciences*, Vol. 55, 1966.

R. L. Carneiro, "A Theory of the Origin of the State" *Science* 169, 1970.

W. G. Runciman, "Origins of States: The Case of Archaic Greece", *Comparative
　　Studies in Society and History* 24, 1982 No. 3.

찾아보기

142, 144, 210, 233, 248, 249, 309, 311,
315, 316, 320, 322, 334, 335, 347, 348,
353, 359, 360, 375, 376, 388, 431, 432
위만조선 13, 16, 17, 20, 21, 26, 28, 29,
32~35, 37, 38, 47, 48, 50, 51, 53, 54,
56~59, 62, 64~66, 77, 79, 85, 97, 99,
102, 103, 105, 106, 108, 114~116, 118,
119, 121, 122, 124, 134, 142, 143, 146,
147, 150~153, 155~159, 163, 165, 194,
208, 212, 213, 232, 236, 239, 244, 250,
254, 320, 331~333, 336~342, 347~350,
352, 356~359, 361~365, 368~370, 372,
373, 384, 386~390, 393, 394, 396, 397,
399~402, 404, 405, 407~413, 417~422,
430, 442~446, 457, 462~464, 471, 476,
477, 479~481, 499~500
유수 64, 68, 69, 77, 78, 84, 91, 130, 134,
149, 228, 296, 315, 316, 318, 319, 342,
343, 345, 360, 366, 424, 433, 487, 490,
492, 493
유주 74, 428
읍루 393, 398, 441
읍제국가 18, 109, 116, 187, 189, 190,
192, 224, 232, 234~236, 238, 239, 271,
272, 377, 379, 380, 385, 395, 396, 410,
411, 413, 474, 478, 481
이리두문화 108, 181, 182, 191, 206, 207,
286, 287
『일주서』 225, 226, 229, 232, 399, 401
임둔(군) 54, 55, 65, 96, 97, 134, 142,
143, 224, 225, 230, 340, 362~364, 382,
420~422, 463, 473, 474, 499
임유궁 90, 133, 345, 432
임유현 486, 487, 492

ㅈ

자모(子某) 290
자산문화 171, 190, 276~278, 281, 282
『잠부론』 219~221, 260, 261, 310~312,
350, 351, 354, 355
장당경 114, 116, 117, 136, 138, 142,
155~158, 338, 346, 347, 476, 477, 498,
499
『전국책』 59~61, 85, 86, 370
점제 43, 44, 54, 78, 422, 453, 459, 460
제신 118, 126, 226, 245, 246, 251, 270,
290~292, 294
『제왕운기』 26, 35~37, 54, 56, 105, 115,
117, 118, 120~122, 253, 336, 337
주발 71, 72, 101, 334, 374, 499
『죽서기년』 219, 245, 313
준(왕) 20, 34, 35, 37, 70, 92, 97, 118,
119, 125, 139, 220, 221, 232, 233,
248~250, 254, 260, 261, 308~313, 322,
324, 325, 327, 334~337, 341, 347, 348,
350, 352, 354, 355, 375~378, 409, 410,
477, 498, 499
진개 69, 79, 82~88, 93, 94, 96~98, 101,
102, 108, 127, 139, 143, 144, 211, 249,
315, 316, 320, 321, 325, 334, 347, 359,
360, 372, 376, 382, 431, 471, 472, 475,
498
진번(군) 60, 65, 81~83, 88, 93, 96, 97,
124, 127, 134, 142 ,143, 224, 225,
230~232, 333, 340, 358~364, 373, 382,
387, 395, 402, 420~422, 431, 448, 463,
473, 474, 480, 499
진장성 72, 73, 75, 81, 89, 108, 132, 158,
319, 342, 343, 425~427, 429

진한 34, 144, 390, 391, 398, 439, 440, 448

ㅊ

창려 31, 62, 63, 67~69, 71, 74, 81, 89, 92, 95, 102, 106, 131, 132, 135, 146~149, 151~157, 343, 344, 367, 371, 372, 409, 426, 428, 430, 464, 471, 472, 475, 480, 484, 486~488, 490, 493, 495, 498

창해군(蒼海郡) 47, 103, 385, 386, 407, 445, 499

천안현 92, 135

청련강문화 171, 174, 278

최리왕 36, 50~52, 103, 104, 106, 392, 397, 404, 436~438, 442~444, 446, 462~464, 466

추방(chiefdom) 164, 170, 172, 174, 175, 182, 185, 191, 203, 205, 206, 209, 210, 215, 216, 232, 235, 237, 275, 279, 281, 288, 306, 472, 473, 497

ㅌ

『태강지리지』 131, 132, 429

『태평환우기』 297

탱그리(Tengri) 233

『통전』 30, 32, 68, 75, 131, 132, 194, 231, 308, 429

『통지』 251, 291, 307

ㅍ

패강 34

패수 34, 60, 81~85, 88, 96~99, 128, 141, 142, 146, 147, 150, 249, 250, 309, 315, 316, 322, 333, 334, 357~361, 367, 368,

373, 382, 387, 422, 477, 498

풍하문화 204~208, 289

ㅎ

한사군 13, 16, 17, 19, 21, 25, 26, 28, 32, 36, 38, 39, 41~56, 77, 78, 89, 90, 93, 98, 99, 106, 131, 132, 134, 142, 143, 152, 194, 214, 227, 263, 319, 320, 323, 324, 332, 337, 340, 344, 359, 362~364, 368, 369, 389, 392, 393, 399, 404, 405, 407, 411, 417~467, 471, 476, 480, 482

한수 84, 85, 315, 316, 360

한족(韓族) 217~219, 351

해모수 258

해부루 258

헌우락 357

현도(군) 54, 55, 65, 74, 90, 132, 143, 340, 344, 363~365, 368, 369, 398, 401, 403, 404, 420~422, 428, 430, 434, 435, 450, 451, 463, 465, 480, 499

홍범 125, 245~247, 257, 262, 313

홍산문화 198, 200, 203

환도성 35, 452

『회남자』 62, 72, 73, 247, 367, 371

회수 61, 366

회이 228

효문묘동종 45, 46, 453, 460~462

효혜 348, 349, 361, 362, 382

후조선 37, 118, 119, 253, 254, 337

흉노 72, 73, 75, 81, 87, 101, 124, 249, 322, 333, 334, 373~375, 381, 382, 427, 498, 499

한국 고대사 신론

초판 1쇄 펴낸 날 2017. 9. 20.

지은이   윤내현
발행인   양진호
발행처   도서출판 |만권당▌

등 록   2014년 6월 27일(제2014-000189호)
주 소   (04045) 서울시 마포구 양화로 56 동양한강트레벨 718호
전 화   (02) 338-5951~2
팩 스   (02) 338-5953
이메일   mangwonbooks@hanmail.net

ISBN 979-11-958723-4-3 (04910)
       979-11-953264-8-8 (세트)

이 도서의 국립중앙도서관 출판예정도서목록(CIP)은 서지정보유통지원시스템
홈페이지(http://seoji.nl.go.kr)와 국가자료공동목록시스템(http://www.nl.go.
kr/kolisnet)에서 이용하실 수 있습니다.(CIP제어번호: CIP2017012180)